Flußkreuzfahrten auf dem Nil

Unterwegs zwischen Kairo und Abu Simbel

Barbara Kreißl

Trescher Verlag

2., aktualisierte und erweiterte Auflage 2009

Trescher Verlag
Reinhardtstr. 9
10117 Berlin
www.trescher-verlag.de

ISBN 978-3-89794-142-7

Herausgegeben von Bernd Schwenkros und
Detlev von Oppeln

Reihenentwurf und Gesamtgestaltung:
Bernd Chill
Satz und Bildbearbeitung: Ulla Nickl
Lektorat: Corinna Grulich, Alice Gayler
Stadtpläne und Karten: Johann Maria Just,
Martin Kapp, Bernd Schwenkros

Gedruckt auf chlorfrei gebleichtem Papier

Printed in Germany

Vorwort

Kaum eine Kultur fasziniert so sehr wie die am Unterlauf des Nil um 3000 vor Christus entstandene Hochkultur der Pharaonen. Tief reichen unsere eigenen Wurzeln in diese Zeit zurück. Pyramiden, Tempel und Gräber prägen das Bild, das wir Heutigen von den alten Ägyptern haben. Zwischen Abu Simbel und Kairo finden sich ihre beeindruckenden Überreste.

Doch nur wenig wissen wir über das Leben in dem Land am Nil heute – man kennt die Namen Sadat und Mubarak, hat Bilder von den Badestränden am Roten Meer im Kopf, doch wie die Menschen in den Dörfern und Kleinstädten leben, wissen wir nicht. Es bleibt im Rahmen einer organisierten Rundreise selten Zeit, auf Entdeckungsreise in den Alltag Ägyptens einzutauchen.

Zudem erschweren verschiedene Sicherheitsvorschriften den Kontakt zwischen Fremden und Einheimischen. Groß ist die Angst der Verantwortlichen, daß fanatisierte Gewalttäter den Gästen zu nahe kommen könnten. Doch verläßt kaum ein Reisender Ägypten, ohne von der Herzlichkeit und Freundlichkeit der Ägypter beeindruckt zu sein. Sobald die Hürde des ›Geschäftemachens‹ überwunden ist, wird dies sichtbar. Wagen Sie sich doch in Orten wie Esna oder Edfu abends zu einem Bummel durch die Stadt – wo die Waren im Gemüsemarkt nur mit einer Plane zugedeckt über Nacht liegenbleiben. Die Angst vor Dieben ist gering, selbst in den Großstädten kann man sich ausgesprochen sicher fühlen.

Vielleicht legen Sie Ihre Reise sogar ganz bewußt in den Fastenmonat Ramadan: Zwar schließen die meisten Museen und Antikenstätten früher, aber dafür bietet sich abends die Gelegenheit, das fröhliche Treiben zu beobachten, das in diesem heiligen Monat auf den Straßen herrscht. Familie und Freunde sind wichtig – und das spürt man in dieser Zeit, wenn Eltern mit ihren Kindern die Schaufenster studieren und Gruppen von Jungen oder Mädchen lachend, singend, kichernd am Nil flanieren.

Auch Ägyptens islamische Geschichte hat eine Vielzahl faszinierender Denkmäler hinterlassen. Nicht umsonst schwärmten die Reisenden von Kairo als ›der Mutter der Welt‹. Die Beschäftigung mit Ägyptens politischem Schicksal im Lauf des 19. und 20. Jahrhunderts mag manche neue Erkenntnis bringen und für das Verständnis der heutigen Situation erhellend sein.

Wenn auch Ägypten nach Maßstäben der Weltwirtschaft ein armes Land ist, so besitzt es doch einen unerschöpflichen Reichtum an Kultur. Jeder, der mit offenen Augen und offenem Herzen unterwegs ist, wird beschenkt zurückkehren.

Dieses Buch soll Hilfe zum Verständnis für das alte und neue Ägypten geben. Ob wir uns einer längst vergangenen oder einer noch lebenden Kultur nähern, die Auseinandersetzung mit ihr wird immer unseren eigenen Standpunkt verändern. Das Andere besser zu verstehen macht das Leben bunter.

Mit diesem Buch möchte ich meinen Eltern danken für ihre Liebe, Menschlichkeit und Unterstützung – dafür, daß sie so sind, wie sie sind.

Segelschiffe auf dem Nil bei Assuan

Hinweise zur Benutzung

Der erste Teil dieses Buches ist **Land und Leuten** gewidmet: der ägyptischen Kultur, Geschichte und dem heutigen Zustand des Landes, den Lebensbedingungen der Ägypter und ihrem Alltag.
Der **Reiseteil**, der zweite Teil, konzentriert sich auf die klassische Nilkreuzfahrt zwischen Abu Simbel und Kairo mit dem zur Zeit nur auf dem Landweg zu besuchenden Gebiet Mittelägyptens um Minya. Aus praktischen Gründen sind Informationen zum Sinai, dem Roten Meer sowie dem Delta und der Westwüste nur im allgemeinen Landesüberblick enthalten. Auf eine ausführliche Auflistung von Hotels und Schiffen wurde verzichtet – zumal die Auswahlmöglichkeit bei pauschal gebuchten Nilkreuzfahrten beschränkt ist.
Der dritte Teil umfaßt nützliche **Reisetips von A bis Z**, einen kleinen **Sprachführer** und Tips für weitere Lektüre und Informationen aus dem Internet.
Für die Wiedergabe der arabischen und altägyptischen Worte wurde eine möglichst leicht verständliche, les- und sprechbare **Umschrift** gewählt. Mit Ausnahme der Metro-Karte von Kairo folgt auch die Beschriftung der Pläne diesem System. Vor Ort findet sich eine Vielzahl von Umschriften des Arabischen, die manchmal etwas Phantasie verlangen. Aber immerhin sind fast alle Straßen sowohl arabisch wie auch lateinisch beschildert. Jahreszahlen im Geschichtsüberblick sind gerundet und folgen weitgehend dem Lexikon der Pharaonen von Thomas Schneider – die Diskussion um die altägyptische Chronologie füllt Bände.
Die im Buch angegebenen **Hotelpreise** beziehen sich jeweils auf eine Person im Doppelzimmer (DZ) mit Frühstück:

Willkommen!

Preiswert: bis 20 Euro
Mittel: bis 40 Euro
Teuer: bis 60 Euro
Sehr teuer: über 60 Euro
Die Preisangaben für **Restaurants** gelten für ein Hauptgericht:
Preiswert: bis 5 Euro
Mittel: bis 10 Euro
Teuer: über 10 Euro

Zeichenlegende

- Allgemeine Informationen, Anreisemöglichkeiten
- Hotels
- Kreuzfahrtschiffe, Bootsfahrten
- Restaurants, Cafés
- Ton- und Lichtshows
- Märkte, Einkaufsmöglichkeiten, Souvenirs

Das Wichtigste in Kürze

Ein- und Ausreise

Für die Einreise brauchen Sie einen **Reisepaß**, der noch mindestens sechs Monate gültig ist (für Deutsche noch drei Monate); bei Einreise mit **Personalausweis**, die für Deutsche möglich ist, unbedingt Paßfotos mitbringen, an den Flughäfen gibt es keine Fotoautomaten!

Kinder unter 16 Jahren müssen entweder im Paß der Eltern eingetragen sein oder eigene Reisedokumente vorweisen.

Am Flughafen erhalten Sie das einen Monat gültige **Touristenvisum**, die Gebühren schwanken je nach Herkunftsland.

Bei **Einreise über den Sinai** benötigt man für die Weiterreise an den Nil das sogenannte ›Große Visum‹.

Die Einfuhr von Geldmengen über 10000 US-Dollar ist möglich, muß jedoch deklariert werden.

Die **Ausfuhr von Antiquitäten** (= über 100 Jahre alten Kunstgegenständen) ist strengstens verboten.

Impfungen und Gesundheitsvorsorge

Es sind **keine Impfungen vorgeschrieben**. Schutzmaßnahmen gegen Tetanus, Polio und Hepatitis sind jedoch generell sinnvoll.

Wichtig zum **Schutz gegen Sonnenbrand und Hitzschlag** sind Cremes und eine Kopfbedeckung – auch Fächer leisten gute Dienste.

Mückenschutzmittel gehören ebenso ins Gepäck wie Mittel gegen Erkältung (Klimaanlagen in Hotels und Bussen!) und Durchfall.

Schließen Sie eine **Auslandskrankenversicherung** ab, sie ersetzt die Behandlungskosten, die Sie vor Ort beim Arzt oder im Krankenhaus bar bezahlen müssen.

Geld

Die Einfuhr ägyptischer Währung ist nicht erlaubt. Das ägyptische Pfund (**Livre égyptienne**, LE) gliedert sich in 100 Piaster (fils). 100 LE=12,22 Euro oder 20 Schweizer Franken.

Ägyptische Pfund erhalten Sie schon bei den Bankschaltern am Flughafen, der

Am Isis-Tempel von Philae

Kurs in Ägypten ist günstiger als zu Hause.

Beachten Sie, daß **Reiseschecks** nicht bei allen Bankfilialen akzeptiert werden. Auch **EC-Karte** oder **Kreditkarte** (unbedingt PIN-Code bereithalten!) werden nicht überall angenommen.

Kartenautomaten sind noch selten und nicht immer funktionsfähig.

Öffnungszeiten der Banken: meist Mo–Fr 8.30–12.30 und Mo–Do 18–20 Uhr.

Viele **große Hotels** haben eigene Bankfilialen, die (fast) rund um die Uhr geöffnet haben. Hier werden Bargeld und Reiseschecks eingetauscht.

Reisezeit

Ideale Reisezeit für eine klassische Nilkreuzfahrt sind die Monate **Oktober bis März**. Die Temperaturen steigen dann nur ganz im Süden über 30 Grad.

Dezember bis Februar sind im Norden noch kühl, vor allem in den Wüstengebieten (Gisa, Saqqara!) weht mitunter ein kalter Wind. Im Delta (incl. Kairo) und an der Mittelmeerküste kann es im Winter regnen, selten fällt hier Schnee.

In den **Sommermonaten** klettern die Temperaturen in Kairo über 30 Grad, drückende Schwüle liegt über der Stadt. In Oberägypten wird es bis zu 45 Grad heiß, allerdings bei geringer Luftfeuchtigkeit.

Von **Ende Februar bis Anfang April** ist die Zeit des Wüstensturms Chamsin, der mitunter Flugpläne und das Nervenkostüm der Ägypter durcheinanderwirbelt.

Am **Roten Meer** herrschen ganzjährig angenehme Wassertemperaturen, die nicht unter 20 Grad sinken. Allerdings beeinträchtigen kühle Winde von Ende November bis Februar das Badevergnügen. Auf dem **Sinai** und in den Wüsten gibt es im Dezember und Januar nachts durchaus Frost, auf den Bergen fällt Schnee.

Kleidung

Bitte wählen Sie **keine zu knappe Bekleidung**, sie brüskiert die Gastgeber und verwehrt Ihnen den Eintritt in Kirchen und Moscheen.

Leichte, weite Kleidung aus Naturfasern ist für das Klima in Ägypten ideal. In den Wintermonaten (November bis März)

Relaxen an Bord

An Deck sind noch Plätze frei

braucht man eine winddichte Jacke oder einen warmen Pullover, auch für klimatisierte Hotels, Busse oder Flugzeuge sind Pulli und Schal angeraten.

Für Besichtigungen im meist schattenlosen Antikengelände empfiehlt sich eine **Kopfbedeckung**, ebenso für den Moscheenbesuch.

Nehmen Sie **bequeme Schuhe** mit, die meisten Denkmäler liegen in sandig-gerölligem Gebiet, auch der Bummel im Basar bietet mitunter Stolpersteine.

›Oben-Ohne‹ und Nacktbaden sind in ganz Ägypten verboten.

Fotografieren und Filmen

In **Museen und Gräbern** ist Fotografieren und Filmen verboten, ebenso bei militärischen Einrichtungen und auf dem Hochdamm von Assuan (Telezoom- und Videoverbot).

Fotografieren Sie einzelne Personen bitte nur mit deren Einverständnis.

Filme, Speicherchips und andere Medien sind in den touristischen Zentren in guter Auswahl und zu angemessenen Preisen vorhanden.

Internet

Internetcafés gibt es fast überall. Manchmal sehr langsame Verbindungen, dafür sind die Preise günstig. Teuer sind die Online-Anschlüsse in den Business-Centern der großen Hotels.

Sollten keine passenden Speicherchips für Ihre Kamera vorrätig sein, können Sie Ihre Bilder im Internetcafé auf CD brennen lassen.

Post

Post aus Ägypten nach Mitteleuropa braucht etwa eine Woche. Post kann auf den Schiffen und in Hotels an der Rezeption abgegeben werden.

Telefon

Telefonieren vom Hotel ist relativ teuer, billiger sind die Anrufe von **Telecommunication-Centers**.

Handy: Am Nil fast überall gute Erreichbarkeit, Funklöcher nur auf dem Nassersee, auf kurzen Abschnitten in Ober- und Unterägypten, in den Wüsten und auf dem Sinai. Informieren Sie sich vor der Abreise beim Netzanbieter über **Roamingbedingungen**. **Prepaid-Karten** müssen freigeschaltet werden (gebührenpflichtig). Für Viel-Telefonierer lohnt es sich, in Ägypten eine **Telefonkarte** mit einheimischer Nummer zu kaufen (Reisepaß vorweisen!).

Taxi

Die Preise sind meist Verhandlungssache, erfragen Sie an der Rezeption einen Richtwert.

Eine Fahrt vom Flughafen Kairo in die Innenstadt kostet etwa 50 bis 60 Pfund, von den Pyramiden in die Innenstadt Kairos rund 30 Pfund, vom Zentrum Luxors nach Karnak nicht mehr als 10 Pfund. Preise in Hurghada und Sharm liegen im Schnitt etwas höher.

Trinkgeld

In Ägypten gibt nahezu jeder fast immer Trinkgeld, bei ausländischen Gästen ist die Erwartung höher. Das Trinkgeld ist für alle im Tourismus arbeitenden Menschen ein wichtiger Teil ihres Einkommens, da sie meist sehr niedrige Grundgehälter beziehen.

Taxi: Preis nach oben aufrunden.

Restaurant: 5–10 Prozent Aufschlag zur Rechnung.

Toilette: pro Person 50 Piaster bis ein Pfund.

Kofferträger: Je nach Anzahl der Koffer und Weite des Wegs 5 bis 10 Pfund.

Zimmermädchen: Am besten schon zu Beginn persönlich (oder auf dem Kopfkissen) ein Erst-Trinkgeld geben, dann am Ende des Aufenthalts nochmal. Pro Tag etwa 5–10 Pfund pro Zimmer.

Auf dem Schiff: Am Ende der Reise wird für die ganze Crew ein Sammeltrinkgeld an der Rezeption abgeben. Denken Sie bei der Berechnung auch an die ›unsichtbaren‹ Mitarbeiter an Bord (Wäscherei, Küchenpersonal, Maschinisten).

Der Doppeltempel von Kom Ombo

Nilkreuzfahrten

Bezahlen an Bord: Im allgemeinen gibt es an Bord Vollverpflegung. Getränke und Extras (Wäsche, Telefonate) werden während der Reise per Unterschrift quittiert, die Gesamtrechnung am letzten Abend kann in der Regel mit Kreditkarte bezahlt werden. Halten Sie einen Barbetrag für das Crew-Trinkgeld bereit (s. Trinkgeld).

Ausstattung der Schiffe: Die meisten Schiffe der 4- bis 5-Sterne-Kategorie verfügen über drei bis vier Decks mit Gästekabinen (durchschnittliche Größe etwa 10–12 Quadratmeter), die Belegung erfolgt oft nach dem Zeitpunkt der Anmeldung. Meist lassen sich die Fenster nicht öffnen, die Belüftung erfolgt über eine individuell regulierbare Klimaanlage. Je nach Größe des Schiffes finden die Mahlzeiten in ein bis zwei Sitzungen statt,

Bar/Disco und Sonnenterrasse sind auf dem Oberdeck. Die Pools sind in der Regel sehr klein, im Unterdeck gibt es mitunter einen Fitnessraum. Fast alle Schiffe haben eine eigene Wasseraufbereitungsanlage, dennoch hat das Leitungswasser keine Trinkwasserqualität. Strom wird per Generator erzeugt – auch nachts brummen daher die Motoren!

Auf dem Nil herrscht Vielfalt – Schiffe gibt es in jedem erdenklichen Dekor. Futuristisch, pharaonisch, romantisch oder im Las-Vegas-Glitzerstil liegen sie dicht an dicht am Ufer.

Während der Fahrt bieten abendliche Shows mit Stocktänzern, tanzenden Derwischen und eine karnevaleske ›Galabija-Party‹ Unterhaltung.

Kleidung an Bord: Legere Kleidung überwiegt, bei den Mahlzeiten oder an der Bar ist Strandgarderobe unangemessen. Viele Schiffe veranstalten ein gediegenes Abschiedsdinner (Jackett erwünscht, kein Krawattenzwang). Für die Galabija-Party kann man sich bei Händlern zu Wasser und zu Land mit orientalisierenden Gewändern eindecken.

Zeit

Im Winter ist Ägypten eine Stunde vor der MEZ, während der Sommerzeit herrscht Gleichstand.

Mitnehmen

Adapter: Noch immer sorgen unterschiedlichste Steckdosen für Abwechslung.

Fächer: für die heißen Monate.

Fernglas: für den Blick ans Ufer oder zur Vogelbeobachtung.

Salzstangen oder Salzkekse: für den Fall der Fälle, ägyptische Kekse sind überwiegend süß.

Taschenlampe: hilfreich für einige schlecht beleuchtete Tempel und Gräber.

Sehenswürdigkeiten

Die wichtigsten pharaonischen Denkmäler

Die Pyramiden von Gisa und Saqqara (S. 276), die Amun-Tempel von Luxor (S. 216) und Karnak (S. 202), das Tal der Könige (S. 227), die Gräber von Scheich Abd el-Qurna (S. 239), der Horus-Tempel von Edfu (S. 189), der Isis-Tempel von Philae (S. 150), die Tempel von Abu Simbel (S. 124).

Die schönsten Kirchen und Moscheen

el-Mo'allaqa-Kirche (S. 310), Ibn-Tulun-Moschee (S. 325), el-Azhar-Moschee (S. 318), Madrasa-Moschee des Qala'un (S. 330), el-Ghuri-Moschee (S. 323), Sultan-Hassan-Moschee (S. 326), Mohammed-Ali-Moschee (S. 332), alle in Kairo.

Die interessantesten Museen

Nationalmuseum Kairo (S. 303), Koptisches Museum Kairo (S. 315), Museum für altägyptische Kunst Luxor (S. 213), Mumifizierungsmuseum (S. 219), Nubisches Museum Assuan (S. 161)

Naturschönheiten

Niltal bei Assuan (S. 147) und um Beni Hassan (S. 271), Weiße Wüste (S. 31), Bergwelt des Süd-Sinai (S. 33), Korallenriffe und Tauchgebiete am Roten Meer (S. 32).

Die Händlerflotte von Esna

Ich will nun ausführlich von Ägypten erzählen, weil es mehr wunderbare Dinge und erstaunliche Werke enthält als alle anderen Länder. Darum müssen wir es genauer beschreiben.

Herodot, um 450 vor Christus

Land und Leute

Ägypten im Überblick

Fläche: 1001450 qkm (BRD: 357022 qkm).
Geographische Koordinaten: zwischen 22. und 32. Grad nördlicher Breite sowie zwischen 26. und 33. Grad östlicher Länge.
Nachbarländer: Libyen, Sudan, Israel, Palästina (Gaza).
Landwirtschaftlich genutzte Fläche: ca. 3% (BRD 33,13%).
Hauptstadt: Kairo (Al-Qahira), Großraum Kairo-Gisa ca. 20 Mio. Einwohner.
Weitere Großstädte: Alexandria (ca. 4 Mio.), Gisa (ca. 3 Mio.), Tanta (370000), Port Said (470000), Suez (420000), Faijum (260000), Minya (200000), Assiut (345000), Assuan (220000).
Berge: Katharinenberg 2642 m (Sinai), Gebel es-Shayib el-Banat 2187 m (Ostwüste).
Fluß: Nil, künstlicher Nebenarm Bahr Yussuf.
Küsten: 2450 km am Mittelmeer und Roten Meer.
Wüsten: mehr als 95% der Landesfläche; Arabische Wüste zwischen Rotem Meer und Nil, Libysche Wüste zwischen Nil und Libyen (Ostausläufer der Sahara).

Besuch im koptischen Kloster in Luxor

Die Staatsflagge Ägyptens

Amtssprache: Arabisch.
Einwohnerzahl: ca. 81,7 Mio. (Schätzung 2008), in den Städten hohe Besiedlungsdichte: durchschnittlich 1120 Einwohner/qkm, Bevölkerungsdichte in einigen Stadtvierteln Kairos bis zu 120000 Einwohner/qkm (BRD 82,3 Millionen Einwohner; 231 Einwohner/qkm).
Bevölkerungszuwachs: 1,68% (BRD 0%).
Anzahl von Kindern/Frau: 2,7 (BRD 1,41).
Altersstruktur: 0–14 Jahre 32%; 15–64 Jahre 63,5%; älter als 65 Jahre 4,7% (BRD 13,8%; 66,2%; 20%).
Lebenserwartung: 71,8 Jahre; Frauen 74,5 Jahre, Männer 69,3 Jahre.
Urbanisierung: 43% (2006).
Analphabetenrate der über 15Jährigen: 30% (bei Frauen bis zu 41%).
Religionszugehörigkeit: 90–94% Muslime, 6–10% Kopten.
Politisches System: Präsidialrepublik, 2-Kammer-Parlament, alle 5 Jahre Wahlen zur Majlis as-Sha'ab (Volksversammlung; 454 Sitze) und alle 6 Jahre zur Majlis as-Shura (Ratsversammlung; 264 Sitze). Alle 6 Jahre erfolgt die Wahl des Präsidenten, seit Mai 2005 besteht nach einer Verfassungsergänzung die

Möglichkeit, mehrere Kandidaten zur Wahl aufzustellen, allerdings mit starken Einschränkungen. Religiös begründete Parteien werden nicht zugelassen.
Rechtssystem: Mischung aus französischem, britischem und islamischem Recht. Der 1969 gegründete Oberste Verfassungsgerichtshof ist die höchste richterliche Instanz, für Privatrecht ist das Höchste Kassationsgericht zuständig. Seit 1980 gilt durch Zusatz zur Verfassung der Islam als Hauptquelle der Rechtsprechung. Seit der Ermordung von Präsident Sadat 1981 herrscht ohne Unterbrechung Ausnahmerecht, Zivilpersonen können vor Militärgerichte gestellt werden.
Parteien: Nationaldemokratische Partei (NDP, 1981–2008 Regierungspartei von Hosni Mubarak), Nasseristische Partei, Tagammu, Neo-Wafd, al-Ghad. Neue Parteien müssen von der Regierung genehmigt werden.
Währung: Livre égyptienne (LE), ägyptisches Pfund, 1 LE:100 Piaster (fils); 100 LE: 14,18 Euro oder 21 Schweizer Franken (Stand 1/2009).

BIP pro Kopf: 2016 US-Dollar (2007) (BRD 40 395 US-Dollar).
Inflationsrate: 11% (2007).
Anteil der Bevölkerung unterhalb der Armutsgrenze: über 20% (2005).
Arbeitslosenrate: 9% (offiziell) bis 30% (inoffiziell).
Bodenschätze: Öl (Küstenregionen, vor allem am Roten Meer im Golf von Suez), Gas (ebenso), Eisenerz (Bahariya), Phosphat (Sinai).

In vielen Dörfern ist das Leben noch sehr einfach

Wichtigste Einkommensquellen des Staates: Ölexporte, Suezkanalgebühren, Tourismus, Rücküberweisungen von Gastarbeitern.
Wichtigste Industrien: Textilindustrie (Baumwollverarbeitung), Nahrungsmittelindustrie (Zucker), Stahlindustrie, Bauindustrie (Zementwerke), Petrochemische Industrie.
Militäretat: 3,4% des BIP (BRD 1,5%).
Bildungsetat: 6,1% des BIP (2004; BRD 6,2% für 2006).

Quellen: CIA World Fact Book 2008, Auswärtiges Amt der BRD, ägyptische Regierung

Die Regionen Ägyptens

Sei gegrüßt Nil, hervorgegangen aus der Erde, gekommen, um Ägypten am Leben zu erhalten!

Altägyptischer Hymnus an den Nil

Ob nun der Nil oder der Amazonas der längste Fluß der Welt ist, darüber mögen sich die Geographen streiten. Nach jüngsten Messungen übertrifft der südamerikanische Strom den Afrikaner um vier bis sechs Kilometer – bei einer Gesamtlänge von 6671 Kilometern, die der Nil zwischen dem südlichen Afrika und dem Mittelmeer zurücklegt, eine Kleinigkeit. Noch bis ins 20. Jahrhundert war die Frage nach seinen Quellen nicht zufriedenstellend geklärt. Bereits im 17. und 18. Jahrhundert war es europäischen Forschern gelungen, die Quelle des Blauen Nil im äthiopischen Hochland beim Tanasee zu lokalisieren. Britische Forscher wie Henry M. Stanley, Richard F. Burton und John Hanning Speke folgten ab 1857 dem Weißen Nil durch das Gebiet des heutigen Sudan nach Uganda bis zum Victoriasee und ins Grenzgebiet zu Zaire zum Edwardsee. 1898 entdeckten die Deutschen Richard Kandt, Hans Meyer und Oscar Baumann in Burundi die Quellflüsse Rukarara und Ruvuvu. Erst 1938 fand Burkhardt Waldecker mit der Quelle des Kasumo östlich des Tanganijkasees den südlichsten Punkt des riesigen Flußsystems.

Für uns Europäer beginnt Ägypten im Norden, am Mittelmeer. Die alten Ägypter betrachteten ihr Land jedoch umgekehrt – für sie hatte es seinen ›Anfang‹ im Süden. Genau genommen ist dies der richtige Blickwinkel, denn aus dem Süden kommt der Nil und bringt das Wasser, ohne das es in diesem von der Wüste beherrschten Land kein Leben gäbe.

Auf dem Nil nördlich von Kom Ombo

Obwohl der größte Teil Ägyptens von den hellen Farbtönen der Fels- und Sandwüsten geprägt ist, nannten seine alten Bewohner es ›Kemet‹ – das Schwarze. Mit gutem Grund: Das fruchtbare Schwemmland, das der Nil vom äthiopischen Hochland bis in die Ebenen Ägyptens herunterspült, hat eine tiefbraune, fast schwarze Farbe. Über Jahrmillionen bildeten sich längs des Flußlaufs zunächst moskitoverseuchte Sümpfe, die ab dem 8. Jahrtausend vor Christus allmählich zum bewohnbaren Fruchtland austrockneten. Bis heute ist der schmale Streifen Fruchtland längs des Nil, der in der Gesamtfläche des Landes nur knapp vier Prozent ausmacht, der Lebensraum für die Mehrheit der Bevölkerung.

Nubien und der Nassersee

Wir beobachteten hier, wie sich die Bevölkerung offenbar genau nach dem bebaubaren Boden reguliert: dort, wo sich die Überschwemmungswasser ausbreiten können, werden die Siedlungen dichter, bewegen sich mehr dunkle Gestalten zwischen den Palmstämmen. Schrumpft aber der fruchtbare Boden zu einer Borte durchsichtigen Grüns zusammen, ist jedes Leben erloschen. … Zwischen Philae und Wadi Halfa ist der fruchtbare Streifen nur zwischen 5 und 50 Meter breit.

Amelia Edwards, 1877

Dort, wo sich heute die Wassermassen des ›Nubischen Meers‹ ausbreiten, säumte einst nur ein schmaler Fruchtlandstreifen die Ufer des Nil. Zwischen den in ganz Ägypten heimischen Dattelpalmen reckten Dumpalmen ihre charakteristisch gegabelten Stämme in den wolkenlosen Himmel.

Zwei Nubier

Ende des 19. Jahrhunderts änderte sich der Lebensrhythmus Nubiens nachhaltig. Unter der damaligen britischen Herrschaft wurden in ganz Ägypten Dämme errichtet, um die jährlich im Juli und August einsetzende Nilflut zu regulieren. 1902 war die erste ›Barrage‹ von Assuan fertiggestellt – mit der Folge, daß der Nil nun in Nubien weitaus größere Landstriche für längere Zeit unter Wasser setzte als früher. Spätestens damals begann der Exodus der Nubier. Junge Männer zog es auf Arbeitssuche nach Khartum, Kairo oder noch weiter weg ins Ausland. Nur noch besuchsweise blieben sie mit der alten Heimat verbunden. Mit dem Bau des Hochstaudamms wurde das Schicksal Nubiens dann endgültig besiegelt: Seit 1971 erstreckt sich über eine Fläche von 5000 Quadratkilometern südlich

Im Nassersee gibt es Krokodile

von Assuan bis in das Gebiet des Sudan hinein der Nassersee. Die noch rund 100 000 tatsächlich vor Ort lebenden Bewohner wurden nach ihrer Staatszugehörigkeit umgesiedelt. In Ägypten erhielten sie in Assuan und im Gebiet um Kom Ombo neuen Lebensraum, während ihnen im Sudan am Atbarafluß bei der Stadt Chashm al-Qirba Siedlungsraum zugewiesen wurde.

Fast 40 Jahre nach dem Untergang Nubiens leben am Nassersee noch immer kaum Menschen. Starke Schwankungen der Uferlinie, kaum fruchtbares Schwemmland und die fehlende Infrastruktur erschweren eine Rückkehr in die alte Heimat. Lediglich Abu Simbel mit den beiden Felstempeln von Ramses II. bietet eine bescheidene Lebensgrundlage. Nubiens Nordgrenze liegt rund 50 Kilometer flußabwärts des ersten Katarakts, jener Granitschwelle, die sich wie ein natürlicher Grenzwall bei Assuan quer durch den Nil zieht.

Oberägypten

Aber was er am meisten vermißte, das war der schwarze Boden des Nil, dieses Bett aus schwarzer Erde..., das alles Lebendige darauf bereicherte, der fruchtbarste Boden von allen. Diese schwarze Erde des Nil hatte das erste Leuchten der Zivilisation gesehen – diese schwarze Erde, die er nie wieder sehen würde ...

Mohammed Salmawy, 1987

Offiziell umfaßt Oberägypten das gesamte rund 900 Kilometer lange Niltal südlich von Kairo bis zur Grenze mit dem Sudan. Es umschließt also auch Nubien und Mittelägypten, das es verwaltungstechnisch eigentlich gar nicht gibt, aber das nach allgemeinem Konsens etwa zwischen Minya und Beni Suef liegt.

Im südlichen Teil Oberägyptens reicht die Wüste mit ihren Gebirgszügen und Sandmassen oft noch sehr nah an den Fluß heran. Auf den Feldern wird

Zuckerrohr wird verladen

Am Nil bei Alt-Philae

vorwiegend Zuckerrohr angebaut, das in zahlreichen Fabriken zum heißbegehrten Süßstoff umgewandelt wird. Nicht von ungefähr gelten die Ägypter als Weltmeister im Zuckerverbrauch.

Auffällig im Flußverlauf ist der große Bogen, den der Nil südlich von Luxor beginnend bis etwa Nag Hammadi nach Osten schlägt. Altägyptische Tempelbauherren, die sich gerne an den Himmelsrichtungen und am süd-nördlichen Flußlauf ausrichteten, hatten hier Probleme: Das kanonische Bildprogramm sah bestimmte Szenen für die immer im Süden liegende linke Seite vor, die aber nun wegen der Ausrichtung des Tempels auf den Nil gar nicht mehr im Süden lag. Kurzerhand machte man den Osten zum ›virtuellen Süden‹, den Westen zum ›virtuellen Norden‹, und das Bildprogramm paßte wieder.

Oberägypten zwischen Assuan und Luxor ist das Kerngebiet des ›Pharaonen-Tourismus‹, denn hier liegen die bedeutendsten antiken Stätten in dichter Folge: Zwischen dem Isistempel von Philae und den Gräbern im Tal der Könige bei Luxor finden sich ein gutes Dutzend Gotteshäuser und ebenso viele Friedhöfe aus dem 3. bis 1. Jahrtausend vor Christus.

Assuan, Qena, Sohag, Assiut und Minya sind als Provinzhauptstädte wichtige Markt-, Verwaltungs- und Verkehrszentren. Als Universitätsstädte ziehen sie viele junge Menschen aus dem Umland an, trotz der nicht allzu rosigen Zukunftsaussichten für Akademiker. Arbeitslosigkeit trifft die Sa'idis, wie die ›Landeier‹ aus dem Süden genannt werden, generell härter als die Bewohner des Nordens. Denn hier hat der Staat zu lange nicht in die Schaffung von Arbeitsplätzen investiert, im Gegensatz zu den großen Industriegebieten, die im Dunstkreis von Kairo, Alexandria oder am Suezkanal entstanden sind. Der größte Teil der Ägypter, die als Gastarbeiter in den Golfstaaten arbeiten, stammt aus dem Süden des Landes. Mit dem Ausbau des heimischen Badetourismus am Roten Meer fanden sie in den letzten Jahren vermehrt auch Arbeitsplätze in Hurghada, Safaga, Marsa Alam oder auf dem Sinai.

Faijum

Denn man ehrt in diesem Landgau vorzüglich das Krokodil, und ein in einem See besonders unterhaltenes ist dem Volke sogar heilig, gegen die Priester aber zahm. Es heißt Suchos, und wird genährt mit Brot, Fleisch und Wein, welches die zum Beschauen kommenden Fremden immer mitbringen.

Strabo (um 63 vor Christus bis 23 nach Christus)

Das im Wüstengebiet westlich des Nil eingebettete Faijumbecken gilt als Garten Ägyptens. In der fruchtbaren Senke wird überwiegend Obst wie Mangos und Zitrusfrüchte sowie Getreide angebaut.

Im Verlauf des Tertiär hatte ein Vorläufer des heutigen Nil begonnen, hier fruchtbaren Schlamm abzulagern. Es entstand ein ausgedehntes Sumpfgebiet, das erst im Lauf des 20. und 19. Jahrhundert vor Christus von Pharaonen wie Sesostris II. und Amenemhet III. als Fruchtland urbar gemacht wurde. Kanäle durchziehen bis heute das Faijum und riesige Wasserräder heben das Wasser auch in die höherliegenden Randgebiete des rund 1800 Quadratkilometer großen Gebiets. Der Qarun-See im Norden hat einen ungewöhnlich hohen Salzgehalt, da sich Zufluß und Verdunstung schon lange nicht mehr die Waage halten. Die Fische im See haben sich den geänderten Lebensverhältnissen angepaßt – zur Freude von Fischkundlern und Hobbyanglern aus Kairo, die gerne ein ruhiges Wochenende am See genießen.

Kairo

Eines freilich hat sie (die Stadt Kairo) vor allen anderen uns bekannten Orten voraus: Sie ist so reich an Wechsel, daß uns in ihr ein kurzer Ritt mit so verschiedenartigen Kulturelementen, Kunstleistungen und natürlichen Gegensätzen zusammenführt wie sonst nirgends. Drei Erdtheile berühren sich hier mit den Stirnen.

Georg Ebers, 1885

›Die Waage der beiden Länder‹ nannten die alten Ägypter ihre Hauptstadt, die wie das moderne Kairo am Übergangspunkt zwischen Ober- und Unterägypten lag. Kairo ist eine Stadt der Superlative: Sie ist eine der ältesten durchgehend besiedelten Städte, der Großraum Kairo gehört mit rund 20 Millionen Einwohnern zu den größten Metropolen weltweit. Hier stehen mit den Pyramiden von Gisa die einzigen noch existierenden antiken Weltwunder. Einige der Stadtviertel weisen eine rekordverdächtige Besiedlungsdichte auf. Selbst Kairos Müll erweckt noch Staunen: Die ›Zabbalin‹ – die sogenannten Müllmenschen – schlagen im Recycling jedes noch so moderne Müllverwertungssystem.

Ägypter nennen ihre Hauptstadt oft einfach ›Misr‹ – ein Name, der eigentlich für ganz Ägypten steht. Aber Kairo ist ja auch ein Spiegel des ganzen Landes. Inmitten der Großstadt existieren dörfliche Strukturen, zwischen Hochhäusern

Blick auf das Zentrum von Kairo

zieht ein Wasserbüffel noch den Pflug über einen schmalen Streifen Ackerland. Die Moderne existiert ganz selbstverständlich neben den Traditionen, Armut lebt Tür an Tür mit unermeßlichem Reichtum. Analphabeten und Akademiker treffen sich in Bus und Metro genauso wie Nubier, Oberägypter, Alexandriner, Oasenbewohner oder Bauern aus dem Delta.

Und immer weiter breitet sich die Stadt in die Wüste aus, um Wohnraum zu schaffen für jährlich ein paar zehntausend Menschen mehr.

Das Delta

Zwischen diesen (zwei Mündungen) aber sind fünf andere Ergießungen, und zwar beträchtliche, aber auch mehrere schwächere; denn viele schon von den ersten Theilen ausgehende und durch die ganze Insel vertheilte Nebenarme bildeten viele Flussbetten und Inseln, so dass das ganze Delta beschiffbar wurde.

Strabo, Geograpfhica XVII, 4

Die Königin des Deltagebiets ist ohne Zweifel Alexandria – die Stadt, die einen Beliebtheitswettbewerb in Ägypten mit Abstand gewinnen würde. Wer möchte nicht den heißen Sommern im Süden entfliehen, um an der Mittelmeerküste in Alexandria die kühle Brise zu genießen? In den letzten Jahren hat Alexandria ein umfassendes Verschönerungsprogramm erfahren, angefangen mit der Erweiterung der Küstenstraße bis hin zu dringend notwendigen Kanalisierungsarbeiten, die unter anderem auch dem durch Industrieabwässer stark verschmutzten Mareotis-See im Süden der Stadt das Leben retten sollen.

Mit dem Hinterland des grünen Deltas ist ›Iskanderiya‹ durch ein weitverzweigtes Straßen- und Kanalnetz verbunden. Unter Mohammed Ali wurden diese Kanäle angelegt, um das ›weiße Gold‹, Ägyptens berühmte langfaserige Baumwolle, besser zum großen Exporthafen zu bringen. Auch die Bewässerungskanäle im wichtigsten Landwirtschaftsgebiet Ägyptens sind im 19. Jahrhundert ausgebaut und verbessert worden. Das Delta mit seinen rund 24 000 Quadratkilometern Fläche ist fast doppelt so groß wie das Fruchtland Oberägyptens und daher für die Nahrungsmittelproduktion des Landes von entscheidender Bedeutung. Nördlich von Kairo teilt sich der Nil in zwei große Arme, die durch das mittlere und westliche Delta bis zum Mittelmeer ziehen. In der Antike waren es noch sieben Flußarme gewesen, die aber mittlerweile verlandet sind und durch Kanäle ersetzt wurden. Insbesondere in den östlichen und westlichen Randgebieten haben Neulandprojekte in den letzten 25 Jahren zu einer Ausweitung der Anbaufläche beigetragen, während an der Mittelmeerküste durch stärkere Abspülung und Versalzung des Bodens Ackerland verlorenging. Reis, Weizen,

Die neue Bibliothek in Alexandria

Mais, Gemüse, Weintrauben und Futterpflanzen für die Viehhaltung werden im Delta angebaut. Baumwolle spielt nicht nur für die Textilindustrie eine wichtige Rolle, aus ihren Samen wird in Ägypten Speiseöl gewonnen.

Tanta, el-Mahalla el-Kubra, Zagazig und Shibin el-Kom sind die großen Städte im Delta. Von überregionaler Bedeutung ist das große Fest des Sufi-Sheikhs Ahmed el-Badawi von Tanta (1200–1276), zu dem alljährlich tausende von Gläubigen pilgern.

Wüsten und Berge

Über 95 Prozent Ägyptens werden von den kargen Weiten der Wüste eingenommen. Es überwiegt Steinwüste vom Typ der Hamada mit grobem Steinschutt an der Oberfläche, doch finden sich auch ausgedehnte Dünenfelder und weite ›Sandmeere‹. Beiderseits des Niltals und auf dem Sinai erheben sich Berge, die im Osten weit über 2000 Meter aufragen. Sie treten vor allem in Oberägypten dicht an den Fluß heran und grenzen damit die Ausbreitung des fruchtbaren Schwemmlandes auf wenige Kilometer ein.

Im Norden Ägyptens besteht der Untergrund überwiegend aus Kalkstein, während im Süden Sandstein vorherrscht. Granit beherrscht das südliche Drittel des Sinai und tritt auch innerhalb der nubischen Sandsteinformationen wie zum Beispiel am ersten Katarakt bei Assuan auf.

Die Oasen der Westlichen Wüste

Geographisch betrachtet gehört die westlich des Nil liegende Libysche Wüste zur Sahara. Sie macht fast 70 Prozent der gesamten Landesfläche aus. Während des Erdaltertums kam es wiederholt zu Aufsedimentierungen, Aufwölbungen und Absenkungen dieses Teils der afrikanischen Platte. Im Tertiär vom Meer überspült, fiel das Gebiet nach erdgeschichtlich gesehen kurzer Zeit wieder trokken. Weite Tafelländer aus Kalk- und Sandsteinschichten prägen die Landschaft westlich des Nil. Es ist eine überwiegend von Steinsplittern übersäte Hamada, in der zwei große Senken eingebettet sind. Ganz im Nordwesten Ägyptens, nur wenige Kilometer südlich der Mittelmeerküste, bricht das Gelände in Stufen ab zu der 135 Meter unter dem Meeresspiegel gelegenen Qattara-Senke. Während etwas weiter westlich in der Oase Siwa Grundwasservorräte noch die traditionelle Oasenlandwirtschaft erlauben, ist die Qattara-Senke ein schon seit Jahrtausenden ausgetrocknetes Seengebiet mit ausgedehnten Salz- und Tonflächen.

Rund 500 Kilometer südlich der Küste und knapp 200 Kilometer westlich des Niltals beginnt die zweite große Senke. Mit dem von Kissenlava gesäumten Abstieg in das Becken von el-Charga erreicht man die größte der ägyptischen Oasen. Sie bildet mit den Oasen von ed-Dachla, el-Farafra und el-Bahariya einen weiten Bogen, der nach Westen ausschwingend in nördlicher Richtung verläuft. Diese Oasen werden von über 20 000 Jahre alten, fossilen Grundwasservorräten

Felsformation ›Kamel‹ in der Westlichen Wüste östlich von Dachla

gespeist, die heute jedoch kaum mehr Nachschub erhalten. Noch in der zweiten Hälfte des 20. Jahrhunderts setzte man auf diese Wasserreserven große Hoffnungen, ein ›zweites Niltal‹ sollte zwischen el-Charga und ed-Dachla geschaffen werden. Mittlerweile haben sich diese optimistischen Erwartungen allerdings als nicht realistisch erwiesen.

Das große Feld der hohen Wanderdünen zwischen el-Charga und ed-Dachla sowie die bizarren Kalksteinformationen der Weißen Wüste um el-Farafra gehören zu den landschaftlichen Attraktionen dieser Gegend – sternenklare Nächte und Expeditionen auf Kamelrücken tragen das ihre dazu bei, daß die Oasen sich zu einem ganz speziellen Reiseziel entwickelt haben.

Ostwüste und Rotmeerküste

Aber wenn 12, 15 Jahre ohne Regen vergehen, werden wir in die Dörfer getrieben. Wenn es regnet, findet man mehr von uns in den Bergen. Einige unserer Kinder, deren Väter in den Städten leben, werden die Berge nie kennenlernen. Leute, die im Dorf geboren sind, werden sich nie an das Leben der Berge anpassen. Wer wird bleiben? Vielleicht gibt es in siebzig Jahren keine Araber (Nomaden) mehr hier.

Saalih Ali, ein Angehöriger der Chushman-Beduinen aus der Ostwüste

Bis zu 2187 Meter ragen die Berge auf, die das Niltal nach Osten zum Roten Meer hin abriegeln. Große Trockentäler durchfurchen das Gebirge, sie entstanden in den niederschlagsreichen Zeiten des Tertiär und führen heute nur noch nach seltenen Gewittergüssen Wasser. Das Rote Meer ist ein Teil des großen ofstafrikanischen Grabensystems, dessen Aufbrechen auch die Auffaltung des Küstenrands und die Bildung des ägyptischen Ostgebirges bewirkte. Für die Wirtschaft des Landes ist diese Region im letzten Drittel des 20. Jahrhunderts von stetig wachsender Bedeutung geworden: Erdölvorkommen werden besonders

Hotelanlage am Roten Meer

am Golf von Suez ausgebeutet, während weiter im Süden die in Jahrmillionen entstandenen Korallenriffe und der große Fischreichtum die Basis für einen immer weiter expandierenden Bade- und Tauchtourismus bilden. Abgesehen von den in diesem Zusammenhang anwachsenden Orten an der Küste wie Suez, Safarana, Hurghada, Safaga oder Marsa Alam ist das Gebiet zwischen Nil und Rotem Meer dünn besiedelt. Nur noch etwa tausend Nomaden, deren Vorfahren großenteils erst während des 18. und 19. Jahrhunderts von der arabischen Halbinsel einwanderten, durchziehen mit ihren Ziegenherden das karge Bergland. Sie leben in dem Gebiet zwischen dem Wadi Araba im Norden und der Verbindungsstraße vom Nil zum Roten Meer zwischen Qift und Quseir.

Suezkanal und Sinai

Du aber hebe deinen Stab auf und recke deine Hand über das Meer und teile es voneinander, daß die Kinder Israel hineingehen, mitten hindurch auf dem Trockenen.

2. Buch Mose, Vers 16

Die Verwirklichung eines jahrtausendealten Traums ist der von Menschenhand geschaffene Kanal, der die Trennlinie zwischen dem afrikanischen und dem asiatischen Teil Ägyptens markiert. Schon in der Zeit der Pharaonen hatte es Versuche gegeben, das Rote Meer und das Mittelmeer unter Einbeziehung des Niltals miteinander zu verbinden. Doch erst im 19. Jahrhundert nach Christus wurde der kühne Plan eines Durchstichs in der Landenge zwischen der Mansala Lagune im Nordosten des Deltas und den Bitterseen nördlich von Suez verwirklicht. Es war ein gewaltiges Projekt, das für die weltweite Schiffahrt von ebenso großer Bedeutung war wie für die Entwicklung des modernen Ägyptens. Lange Jahre war es aus politischen Gründen kaum möglich, den Kanal zu überqueren. Erst nach dem Friedensschluß mit Israel 1979 konnte Ägypten sich der Erschließung

des Sinai widmen. Heute erleichtern ein Tunnel bei Suez und eine im Jahr 2001 eingeweihte Brücke bei el-Qantara auf halber Strecke zwischen Port Said und Ismailia das Übersetzen.

Der Norden des Sinai ist geprägt von einem 500 bis 1000 Meter hohen, von zahlreichen Wadis durchfurchten Plateau aus Sedimentgesteinen. Der Süden der Halbinsel besteht dagegen überwiegend aus Granit, der sich zu mächtigen Bergen auftürmt. Der Katharinenberg ist mit 2642 Metern der höchste Berg Ägyptens.

Traditionell von Beduinen bewohnt, die mit ihren Herden zwischen den Weideplätzen und den kleinen Oasen ein eher karges Dasein fristeten, hat auch auf dem Sinai das 20. Jahrhundert das Leben gründlich verändert. Der überwiegende Teil der Sinai-Bewohner arbeitet in den Badeorten an der Küste des Golfs von Aqaba und im Süden um Sharm es-Sheikh oder in den Erdölförderstätten am Golf von Suez. Der Norden soll nach Plänen der Regierung landwirtschaftlich erschlossen werden; dazu führt ein großer, parallel zum Mittelmeer verlaufender Kanal Wasser vom Nil auf den Sinai.

Klima und Reisezeit

Ägypten gliedert sich in mehrere Klimazonen, die sich in etwa auf die Wüstengebiete und den Sinai, das Deltagebiet sowie das Niltal in Oberägypten verteilen.

Die Wüsten und der Sinai sind geprägt von extremen Temperaturschwankungen zwischen Tag und Nacht sowie im Verlauf der Jahreszeiten. Die Winter sind empfindlich kalt, nachts fällt das Thermometer im Januar auch unter den Gefrierpunkt. Von Juni bis September dagegen wird die 40-Grad-Marke erreicht, nachts kühlt es sich um bis zu 15 Grad ab. Die Wassertemperaturen im Roten Meer sind ganzjährig angenehm, selbst im Norden um Nuweiba und Sharm es-Sheikh sinken sie nicht unter 20 Grad. Allerdings kann der kühle Wind an Land das Strandvergnügen zwischen Ende November und Februar beeinträchtigen und während der 50 Tage des Chamsin zwischen Ende Februar und Anfang April können heftige Sandstürme das ganze Land heimsuchen.

Im Delta herrscht mediterran geprägtes Klima mit relativ regenreichen Wintern – in Alexandria kann es im Januar vereinzelt zu Schneefällen kommen! – und trockenen Sommern. Die Temperaturen fallen selten unter die Fünf-Grad-Grenze, im Sommer läßt der kühlende Nordwind auch Werte über 30 Grad angenehm erscheinen.

In Kairo wurden in den letzten zehn Jahren immer mehr Klimaanlagen verkauft, die längst nicht mehr als Luxus betrachtet werden: Die Dunstglocke über der Stadt macht die ab Juni auf über 35 Grad kletternden Temperaturen kaum erträglich, die Luft ist drückend und feucht. Im Winter bietet Kairo frischere Luft und bessere Aussichten, doch gibt es zwischen Dezember und Februar durchaus auch Regentage. In den zur Wüste liegenden Randgebieten der Stadt weht ein mitunter kalter Wind.

In Oberägypten dagegen sind die heißen Sommer (bis zu 45 Grad in Luxor und Assuan) aufgrund der Trockenheit leichter zu verkraften, die Winter sind aus europäischer Sicht mit 15 bis 25 Grad die ideale Reisezeit.

Ägypter

So vielfältig wie ihre Geschichte und ihr Land, so vielfältig, gegensätzlich und buntgemischt sind auch die Bewohner Ägyptens. Woher sie kamen und welcher ethnischen Gruppe sie zuzuordnen sind, ist ein Streitpunkt der Gelehrten. Schon in der Vorgeschichte gab es verschiedene Einwanderungswellen. Aus dem Süden des heutigen Sudan, den längst zur Wüste ausgetrockneten Steppengebieten Richtung Libyen und aus den Ländern Vorderasiens kamen die Menschen an den Nil und vermischten sich mit denen, die schon vorher da gewesen waren.

Kinder in Oberägypten

Auch die altägyptische Sprache, deren letzte Entwicklungsstufe noch heute existiert, verbindet die hamitische und semitische Sprachgruppe miteinander. Das Koptische findet heute noch als Liturgiesprache innerhalb der christlichen Kirche Ägyptens Verwendung. Allerdings wurde die Hieroglyphenschrift schon vor gut 2000 Jahren gegen das viel einfachere griechische Alphabet eingetauscht.

Auch der Name ›Ägypter‹ hilft nicht weiter bei der genaueren Bestimmung ihrer Zugehörigkeit. Ägypten, Egypt, Egitto, Kopten: dies sind alles Namen, die sich auf einen alten Tempel zurückführen lassen: In Memphis, am Westufer beim heutigen Kairo, stand das Heiligtum des Gottes Ptah. Er wurde von seiner Priesterschaft als Schöpfer der Welt verehrt, der die Menschen aus Lehm auf der Töpferscheibe formte und ihnen auch ihre Lebenskraft (Ka) verlieh. Sein Tempel hieß Haus der Lebenskraft des Ptah, ›hut ka Ptah‹. Seine überragende Bedeutung zeigte sich, als die Griechen ins Land kamen und kurzerhand den Tempel zum Stellvertreter des ganzen Landes machten, aus hut-ka-Ptah wurde 'aigyptos – Ägypten.

Wohin mit so vielen Menschen?

Noch in den 1980er Jahren lag der jährliche Bevölkerungszuwachs bei rund drei Prozent. Mittlerweile ist die Zahl auf deutlich unter zwei Prozent gesunken, aber dennoch kommt alle neun Monate eine Million Menschen zu den schon am Nil lebenden dazu. Wohin mit ihnen in einem Land, das nur einen schmalen Grünstreifen als Lebensraum bietet? In die Wüste! Schon in der Regierungszeit Gamal Abd el-Nassers kam der Gedanke auf, die Wasserreserven der Oasen zu nutzen, um neues Fruchtland zu gewinnen. Unter Präsident Sadat wurde das New-Valley-Projekt zwischen el-Charga und ed-Dachla als große Hoffnung propagiert. Riesige Flächen wurden in die Wüste planiert, Brunnen gebohrt - und dann versandete der Schwung in der Realität. Zu wenig Wasser, ein zu hoher Gehalt an der Landwirtschaft nicht zuträglichen Mineralien im Tiefenwasser, zu hohe Kosten, keine Rentabilität. Gleichzeitig wurden in einem Radius von etwa 200 Kilometern um Kairo herum neue Städte gegründet. Auch sie lagen mitten in der

Blick auf die Millionenstadt Kairo

Wüste und schienen alles andere als verlockend zu sein. Doch mit der Ansiedlung von Industrie und Handel, dem Aufbau einer guten Infrastruktur, Schulen, Kinos, Parks, Einkaufszentren sowie attraktivem und vergleichsweise billigem Wohnraum kamen nach anfänglichem Zögern immer mehr junge Familien. Besonders die Städte, die an der Verbindungsstraße zum Suezkanal entstanden, haben sich mittlerweile etabliert. Zunächst gedacht als Entlastungsstädte für Kairo, das jährlich mit Zigtausenden von Zuwanderern überflutet wird, sind mittlerweile auch um Alexandria, Dumyat, Minya, Assiut, Achmim und Assuan Neustädte gegründet worden. Auf diese Weise will die Regierung die teilweise dramatische Abwanderung aus den Provinzen verhindern.
Auch Präsident Mubarak hat ›sein‹ Landgewinnungsprojekt - und es ist genauso heftig umstritten und prestigeträchtig wie das seiner beiden Vorgänger. Natürlich liegt auch diesmal die Hoffnung in der Wüste. Schließlich kann es sich Ägypten nicht leisten,

das kostbare Fruchtland am Nil als Bauland zu verschwenden. Der Gedanke, das im Nassersee reichlich vorhandene Wasser zu nutzen, lag nahe. Auch gehört das Gebiet ganz im Süden zu den eher dünnbesiedelten Teilen des Landes.

So begannen in den 1990er Jahren die Bagger rund 50 Kilometer nördlich von Abu Simbel bei Toschka mit ihrer Arbeit: Ein Kanal sollte dereinst – so war die langfristige Erstplanung – den See mit der Oase el-Charga verbinden. Das sind immerhin 800 Kilometer durch eine der heißesten und trockensten Gegenden der Welt. Mittlerweile ist der Plan auf 60 Kilometer geschrumpft, die erste Hälfte des nur wenige Meter breiten Kanals ist bereits fertig. Aus den Vereinigten Emiraten stammt der großzügige Finanzier Sheikh Zayid an-Nahyan, dem zu Ehren der allgemein nur Toschka-Kanal genannte Graben seinen offiziellen Namen erhielt. Man hofft, mit den aus dem Nassersee abgeleiteten fünf Milliarden Kubikmetern Wasser pro Jahr eine Fläche in der Größe des Saarlands in einen blühenden Garten verwandeln zu können. Eigentlich hätten hier Fellachen vom Nil neues Land bekommen sollen. Die Preise für einen Feddan (4200 Quadratmeter) Land klangen verlockend: Gut 2 Euro statt der am Nil üblichen 5000 Euro für 49 Jahre uneingeschränkter Nutzung. Aber die Erschließung des Landes mußte vom Käufer erbracht werden. Denn der Staat hatte bereits 1,5 Milliarden Euro für den Bau des Kanals bezahlt. So kam es denn anders: Der als Chef von Euro-Disney bekannte saudische Prinz Ibn Tallal investiert als Großkäufer in den Aufbau der Infrastruktur. Er will einen modernen landwirtschaftlichen Großbetrieb hier aufziehen: Datteln, Bananen, Oliven und Ingwer sollen angebaut werden. Ob in diesem Zusammenhang die angestrebten drei Millionen Menschen als Arbeitskräfte benötigt werden, für die Hosni Mubarak das Projekt ursprünglich geplant hatte, ist zu bezweifeln.

Junge Ägypterinnen

Auch Siwa, die Oase im äußersten Nordwesten, nahe der Grenze zu Libyen, ist in den Brennpunkt der staatlichen Umsiedlungsprojekte geraten. Schließlich gibt es hier Wasser, leben die Siwis gut vom Dattelanbau und können daher bitteschön ein paar tausend Zuwanderer vom Nil aufnehmen. Vor Ort sieht man diese Pläne mit großer Skepsis. Zum einen fürchten die Bewohner der entlegenen Oase um ihre kulturelle Identität. Noch spricht man hier einen Berberdialekt, der mit dem Arabisch der Niltal-Ägypter nichts zu tun hat, und lebt in einem ruhigeren Rhythmus. Auch wissen die traditionellen Oberhäupter der hier ansässigen Stämme sehr gut um das empfindliche Gleichgewicht der Natur – das Wasser aus der Tiefe ist fossiles Grundwasser. Es wird nicht ewig reichen, zumal wenn mit den Neusiedlern modernere Technik einzieht, die das Wasser schneller und aus größerer Tiefe fördert. Nachhaltiger Erfolg ist mit einer intensiven Besiedlung von Siwa wohl auch nicht zu erreichen.

Kopten

Naheliegenderweise betrachten sich die Kopten als die wahren Nachfahren der alten Ägypter – ihr Name und die Verwendung der alten Sprache gelten als Beleg für die direkte Abstammung. Heute werden mit dem Ausdruck Kopten ausschließlich die in Ägypten lebenden und zur koptischen Kirche gehörenden Christen bezeichnet. Doch galten noch bis ins 7. Jahrhundert alle Bewohner des Landes als Kopten. Und dazu zählten auch die erst ab dem 4. Jahrhundert vor Christus verstärkt eingewanderten Griechen oder Römer, die nun keineswegs von den alten Pharaonen abstammten.

Die Geschichte der christlichen Kopten beginnt bereits im 1. Jahrhundert in Alexandria. Mit der Missionierung durch den Evangelisten Markus – historisch zwar nicht gesichert, dafür aber umso inniger geglaubt – breitete sich die neue Religion zunächst in der jüdischen Gemeinde Alexandrias aus. Es kam bald zur Unterscheidung einer aus Einwandererkreisen stammenden gebildeten judenchristlichen Gruppe und einer ägyptischen Gruppe sogenannter ›Heidenchristen‹. Mit dem Verlust der politischen Unabhängigkeit nach der Eroberung durch Rom, hatten offenbar auch die alten Götter und Priester an Macht und Überzeugungskraft im Land verloren. Die neue Botschaft, die Hoffnung auf Erlösung versprach, fand viel Zulauf. Enorm hohe Steuern, die Rom Ägypten auferlegt hatte, ließen die Menschen am Nil verzweifeln – sie suchten ihr Heil in der Flucht. Weg vom Fruchtland zog es sie zu Tausenden in die Wüste, wo weise Männer und Frauen als Eremiten lebten und Trost spendeten. Außerdem war man dort sicher vor römischen Finanzbeamten. Im 2. und 3. Jahrhundert entwickelte sich besonders in der Wüste westlich des Deltagebiets eine große Gemeinschaft von Einsiedlern. Gleichzeitig verfolgte Rom die Anhänger dieser neuen Sekte immer härter, tausende von Christen starben für ihren Glauben. Die Regierungszeit von Diokletian (284–305) war geprägt von besonderer Grausamkeit gegenüber den

Das Antonius-Kloster

Fresken im Paulus-Kloster

Anhängern Christi. Zum Gedenken an die Märtyrer beginnt die koptische Kirche ihre Jahreszählung mit dem Regierungsantritt dieses Herrschers am 29. August 284, das Jahr 2000 nach Christus entspricht dem Jahr 1716 Anno Märtyrii. Erst nach 312, als Kaiser Konstantin das Christentum annahm und mit dem Toleranzedikt von Mailand die Christen nicht mehr verfolgt wurden, besserte sich die Lage der jungen Gemeinde.

Christen gegen Christen

Dennoch kam es nicht zu einer Beruhigung, denn nun wurden innerchristliche Streitigkeiten mit größter Heftigkeit ausgetragen. Die theologische Frage nach der Natur Jesu wurde zum gefährlichen Thema: War Jesus Gott gleich oder Gott ähnlich? War er menschlich oder göttlich oder beides? Wenn Jesus Gott war, bedeutete das nicht, daß es zwei Götter gab? Und stand dies dann nicht im krassen Widerspruch zur christlichen Ein-Gott-Lehre? Aus der schon 180 nach Christus in Alexandria gegründeten theologischen Schule stammte der Gelehrte Athanasius, der ganz klar eine Zwei-Naturen-Lehre als Ketzerei verdammte. Ihm stand Arius gegenüber, der Jesus als nicht wesensgleich zu Gott verstand. Die Auseinandersetzungen wurden so heftig, daß sich der Kaiser gezwungen sah, im Jahr 325 ein Konzil in Nicäa einzuberufen, zu dem 318 Bischöfe aus allen Ländern eingeladen wurden. Dabei wurde der Meinung der ägyptischen Schule unter Athanasius Recht gegeben, die Anhänger des Arius als Ketzer verurteilt. Doch nur kurze Zeit später verkehrte Kaiser Konstantius das Urteil ins Gegenteil und Athanasius wurde exkommuniziert. Kaiser Theodosius brachte den nächsten Wechsel, wieder gerieten die Arianer in Bann. Anhänger beider Seiten schlugen sich derweil in Alexandria die Köpfe ein, Kirchen wurden geplündert und ein gegenseitiges Exkommunizieren war an der Tagesordnung. Ein weiteres Konzil in Chalkedon brachte 451 die endgültige Entscheidung: Die monophysitische

Lehre von der einen gottmenschlichen Natur Jesu unterlag, woraufhin sich die ägyptische Kirche unter dem Patriarchen von Alexandria von der Reichskirche in Byzanz lossagte. Dem Kaiser gefiel dies wenig, und er entsandte einen eigenen Patriarchen, der als erster in einer langen Reihe byzanztreuer Kirchenfürsten in Ägypten nur mit Gewalt eingesetzt werden konnte. Unter Kaiser Justinian kam es zu ähnlich grausamen Szenen wie in der Regierungszeit Diokletians, tausende von koptischen Christen wurden auf sein Geheiß getötet.

Außerhalb Alexandrias hatten sich die Christen Ägyptens in der Zwischenzeit gegen die nach wie vor existierenden altägyptischen Kulte gewandt. Tempel waren beschlagnahmt und zu Kirchen umgebaut oder wie das Serapeum in Alexandria zerstört worden. Führende Theologen wetterten gegen die Vermischung christlichen und altägyptischen Glaubensguts – es ging um die Reinheit der Lehre, die tatsächlich nachhaltig bedroht war.

Andererseits zog es viele Männer und Frauen in die Klöster, die seit 320 wie Pilze aus dem Boden schossen. Die von Pachom (285–348) erstellten Klosterregeln fanden ihren Weg schon bald sogar bis nach Europa. Mönche und Nonnen verehrten ganz besonders Antonius (um 250–355) und Paulus (um 230–343), die beiden großen Heiligen der koptischen Kirche, die sich als Eremiten in die Berge am Roten Meer zurückgezogen hatten. Die ihrem Andenken geweihten Klöster ziehen bis heute zahlreiche Pilger an.

Die Kopten unter muslimischer Herrschaft

Als im Jahr 642 Ägypten von Muslimen erobert wurde, begrüßten die Kopten die neuen Herrscher erwartungsvoll. Sie erhofften von ihnen, denen der Ruf religiöser Toleranz vorauseilte, eine Verbesserung ihrer Lage. Byzanz hatte mit Steuerforderungen und Folterungen die Menschen am Nil schwer bedrückt – es konnte also nur besser werden.

Als Ahl al-Kitab (Besitzer des Buchs) stehen Juden und Christen nach muslimischer Meinung in der gleichen Offenbarungstradition und verehren, verkündet von einer Reihe gemeinsamer Propheten, denselben Gott. So stellte der arabische Feldherr Amr Ibn el-As dem koptischen Patriarchen Benjamin einen Schutzbrief aus, der ihn und seine Gemeinde vor der Verfolgung durch Byzanz bewahrte. Dafür mußte eine Schutzsteuer bezahlt werden, die in den folgenden Jahrhunderten für die Kopten zum Stein des Anstoßes wurde. Anfang des 8. Jahrhunderts löste Arabisch als Amtssprache das Griechische ab und verdrängte zunehmend die koptische Volkssprache. Im 9. Jahrhundert wurden die Zeiten für die Kopten schwieriger, Abbasidenherrscher wie der Kalif Harun ar-Raschid verboten den Bau von Kirchen und Klöstern, die Christen wurden in ihren Freiheiten beschränkt. Im Lauf der folgenden muslimischen Dynastien hatten die Kopten immer wieder schwere Zeiten zu bestehen, doch überwog ein friedliches Nebeneinander der Gemeinden.

Mönch im Bschoi-Kloster im Wadi Natrun

Die Kopten heute

Die Zahl der Kopten jedoch schrumpfte – der genaue Prozentsatz an der Gesamtbevölkerung ist heute ein strittiger Punkt. Offiziell gibt es in Ägypten 8 Prozent Kopten, nach kirchlichen Angaben sollen es jedoch über 20 Prozent sein. Die Frage ist von innenpolitischer Bedeutung, denn den Kopten stehen laut Verfassung entsprechend ihrem Anteil Posten in der staatlichen Verwaltung und auch Ministerämter zu. Vor allem in den Provinzen Minya, Assiut und Qena sind die Kopten überproportional vertreten, ihr Anteil überschreitet dort mitunter die 50-Prozent-Marke.

Mit dem Auftreten christlich-europäischer Mächte in Ägypten ist in den letzten 200 Jahren seitens einiger muslimischer Gruppierungen immer wieder der Vorwurf laut geworden, die Kopten betrieben mit ihren christlichen Glaubensgenossen weltweit eine Verschwörung zum Schaden des Landes, ihnen mangele es an der Treue zum Vaterland. Dabei sind Kopten ebenso stark von der Liebe zu ihrer Heimat durchdrungen und haben sich oft in der jüngeren Geschichte gegen europäische Vorherrschaftsansprüche engagiert.

Völkermischung im Zeichen des Islam

O ihr Leute, Gott sagt: ... Ein Araber ist nicht vorzüglicher als ein Nichtaraber, noch ein Nichtaraber vorzüglicher als ein Araber; ein Schwarzer ist nicht vorzüglicher als ein Weißer, noch ein Weißer vorzüglicher als ein Schwarzer, außer durch Frömmigkeit.

Aus einer Predigt des Propheten Mohammed

Die ersten Muslime, die nach Ägypten kamen, stammten von der arabischen Halbinsel, der Heimat des Propheten Mohammed. Innerhalb weniger Jahre nach der Verkündung der neuen Religion hatte sie ein erstaunlicher Schwung weit über die Grenzen ihrer Heimat hinausgetragen. Die Araber installierten in Damaskus, Kairo und Baghdad ihre Herrschaft, eroberten Marokko und den Iran. Im riesigen islamischen Reich kam es zu regelrechten Völkerwanderungen, die zu einer Durchmischung von Völkern und Kulturen führte. Ägypten entwickelte sich mit seiner neuen Hauptstadt zu einem der großen Zentren der islamischen Welt. In dieser Zeit erhielt es seinen bis heute in der Landessprache gebräuchlichen Namen: Misr, was in seiner ursprünglichen Bedeutung so viel wie zivilisiertes Land heißt. Ein passender Name!

Die Fatimiden, die Ägypten von 969 bis 1171 beherrschten, stellten die letzte arabische Dynastie am Nil. Sie hatten, aus Tunesien kommend, die letzten Abbasiden vertrieben. Im Gegensatz zu ihren Vorgängern waren sie keine Sunniten, sondern zählten als Nachfolger der Familie des Propheten Mohammed und seiner Tochter Fatima zu den Schiiten. Der stark ausgeprägte Heiligenkult – dem orthodoxen Islam eigentlich ein Greuel –, der bis heute bei vielen Festen in Ägypten zu beobachten ist, geht auf die Zeit dieser Herrscherfamilie zurück. Als Angehörige der edlen Prophetenfamilie galten sie als mit besonderer Segenskraft,

›baraka‹, ausgestattet. Als sie im 12. Jahrhundert nur mit der Unterstützung der in Syrien regierenden Dynastie das Vordringen der Kreuzfahrer abwehren konnten, kam zu ihrer Unterstützung ein kurdischer General ins Land: Salah ed-Din übernahm nach dem Tod des letzten Fatimidenkalifen die Macht am Nil. Um sich militärisch abzusichern, holte er mamlukische Militärsklaven nach Kairo – junge Männer, die als Kinder in den nördlichen und östlichen Randgebieten des islamischen Reiches rekrutiert worden waren. Mit ihnen kamen vor allem Türken und Tscherkessen nach Ägypten. Gleichzeitig lockte der Indienhandel Kaufleute aus aller Welt nach Kairo – die ganze Welt traf sich am Nil. Salah ed-Din war es auch, der die sunnitische Variante des Islam wieder einführte, die seither vorherrschende Form des Glaubens.

Noch stärker wurde der türkische Einfluß mit der Eroberung Ägyptens im Jahr 1517 durch das Osmanische Reich. Längst war die anfangs bevorzugte Stellung muslimischer Ägypter einer allgemeinen Ausbeutung aller im Lande lebenden Menschen durch die fremden Herrscher gewichen. Ein dramatischer Bevölkerungsrückgang war die Folge dieser menschenfeindlichen Politik. Nur noch etwa drei Millionen Menschen lebten am Ende des 18. Jahrhunderts in Ägypten, deutlich weniger als zu Beginn der römischen Herrschaft.

Fatimidischer Grabbau im Garten des Nubischen Museums in Assuan

Grundlagen des Islam

»Allah - es gibt keinen Gott außer ihm, dem Lebendigen, dem Ewigen. Herabgesandt hat er auf dich das Buch in Wahrheit, bestätigend, was ihm vorausging. Und herab sandte er die Thora und das Evangelium zuvor als Leitung für die Menschen und sandte nun die Unterscheidung«, heißt es im Koran, Sure 3, Vers 2. »La ilahu ila llah wa Muhammadu rasulu-llah« - »Es gibt keinen Gott außer dem Gott, und Mohammed ist der Gesandte des Gottes«: Dieses islamische Glaubensbekenntnis betont die Einzigartigkeit des einen Gottes und die Anerkennung seines Propheten. Dabei sieht sich der Islam ganz klar in der Offenbarungstradition von Bibel und Thora, alle vorangegangenen Propheten seit Abraham werden anerkannt und geachtet. Jesus gilt als der letzte der Propheten vor Mohammed. Für Muslime ist die Beachtung der im Koran offenbarten Gebote die Richtschnur ihres Lebens. Es sind von Gott selbst erlassene Vorschriften, denn der Koran gilt als das Wort Gottes, das durch Vermittlung des Engels Gabriel dem Propheten vorgetragen wurde. Die Bedeutung dieses Gotteswortes läßt sich mit einem Zitat aus der Bibel, Johannes 1,1, beschreiben: »Im Anfang war das Wort, und das Wort war bei Gott, und Gott war das Wort.« Daher ist es dem Gläubigen unmöglich, Kritik am Text zu üben, was jedoch nicht ausschließt, daß sich das Verständnis der Verse im Lauf der Jahrhunderte wandelt. So entwickelten sich unterschiedliche Schulen und Rechtstraditionen, die bis heute Bestand haben. Neben den Offenbarungstexten des Koran ziehen islamische Gelehrte einen zweiten Überlieferungsstrang heran. Die Aussprüche des Propheten und Berichte über sein vorbildliches Verhalten wurden gesammelt, Hadith und Sunna dienen als wichtige Orientierungshilfen.

›Allahu akbar‹ - dieser Ruf vom Minarett ist ›typisch orientalisch‹. Er kennzeichnet den Beginn des Gebetsrufs, der die Gläubigen fünfmal täglich daran erinnert, sich demütig vor Gott zu verneigen. Nichts soll wichtiger sein, als sich der Allmacht Gottes zu unterwerfen. Kurz vor Sonnenaufgang, mittags, zwischen 15 und 16 Uhr, kurz vor und kurz nach Sonnenuntergang sollten Mann und Frau diesem Ruf folgen. Doch kann es, im Notfall, durchaus Aufschub geben - es gilt, wie mehrfach im Koran erwähnt, den gesunden Menschenverstand zu nutzen.

Betende an der Fährhaltestelle in Luxor

Minarett des Qurqumas

Als heiliger Monat wird der Ramadan bezeichnet, da während einer seiner Nächte Mohammed die erste Offenbarung erhielt. Als Fastenmonat kommt dem Ramadan eine weitere Bedeutung zu: Alle gesunden Menschen sollen sich während seiner 30 Tage von Sonnenauf- bis -untergang jeglicher Nahrung enthalten, nichts trinken und keinen Vergnügen frönen. Auch Wohlhabende sollen spüren, wie es sich anfühlt, ohne ausreichende Versorgung arbeiten zu müssen. Damit wird an ihr soziales Gewissen appelliert, ihre Bereitschaft zu Spenden und sozialer Fürsorge soll geweckt werden. Daher steht am Ende des Ramadan die Sammlung der Armensteuer ›Zakat‹. Wer fastet, ohne Zakat zu zahlen, verwirkt die Segnungen des Ramadan. Günstigstenfalls verteilt man die Abgabe an die Bedürftigen innerhalb der eigenen Familie oder Nachbarschaft. Doch existieren auch fromme Stiftungen und Sozialministerien für die Verteilung der Armensteuer. Wer aus Gesundheitsgründen nicht fasten darf, sollte je nach seinem Vermögen beim abendlichen Fastenbrechen Speisen unter die Bedürftigen verteilen. Auch beim großen Fest am Ende des Ramadan, Id el-Fitr, werden öffentliche Speisetische aufgestellt. Gerade in Ägypten ist der Ramadan ein ausgesprochen fröhlicher Monat: Abends treffen sich Familie und Freunde zum gemeinsamen Essen, zu dem – wie auch im christlichen Abendland – kalorienreiche Fastenspeisen und Süßigkeiten gehören. Vor allem während der zweiten Hälfte des Monats herrscht in den Einkaufsstraßen abends bis in die Nacht hinein Hochbetrieb: Zum Id el-Fitr wird die ganze Familie neu eingekleidet, für die Kinder gibt es knallrot eingefärbte Zuckerpuppen und bunte Laternen.

Rund 70 Tage später steht das zweite wichtige Fest im islamischen Kalender an, Id el-Adha. Das Opferfest erinnert an die Bereitschaft Abrahams, auf Gottes Befehl seinen Sohn zu opfern. Das Fest kennzeichnet auch den Höhepunkt des Pilgermonats Dhu al-Hidja, in dem die große Wallfahrt nach Mekka und Medina abgehalten wird. Diese Pilgerreise ist jedem Muslim – Mann oder Frau – einmal im Leben auferlegt. Für viele Gläubige ist sie die Krönung ihres Lebens, die ihnen die ehrwürdige Anrede Hadj beziehungsweise Hadja einträgt. Ägyptische Pilger lassen als deutlich sichtbares Zeichen ihrer Reise zu den heiligen Stätten Bilder an die Hauswand malen, die neben der Kaaba in Mekka Löwen, Stocktänzer, Schiff oder Flugzeug zeigen.

Nubier

Nach und nach schluckte der Ölgolf alle Söhne (des Dorfs). Nur die Frauen und einige alte Leute blieben zurück. Die Häuser wurden von Generatoren erleuchtet, die die Söhne aus der Fremde geschickt hatten. Fernsehen und Video lenkten von der Landarbeit ab. Hin und wieder kamen junge Männer zurück, um Mädchen aus ihrem Dorf zu heiraten.

Abbas Mustapha Sadek, 1994

Bereits zur Pharaonenzeit lebten die Nubier im südlichsten Ägypten und den angrenzenden Gebieten. In Malereien erschienen sie mit deutlich dunklerer Hautfarbe als die übrigen Bewohner des nördlichen Niltals. Doch wurden sie auch klar unterschieden von den noch tiefer im Süden lebenden Menschen mit viel stärker ›afrikanisch‹ geprägter Physiognomie. Die nubischen Sprachen, die sich trotz der starken Arabisierung und trotz ihrer Schriftlosigkeit bis heute erhalten haben, existierten nach Ausweis altägyptischer Quellen schon in der Antike. Im ägyptischen Siedlungsgebiet lebten bis 1964 drei unterschiedliche Sprachgruppen: Ganz im Norden um Assuan die Kenzi oder Kenuz, die unter dem Namen Nobatae um die Zeitenwende herum in den Oasen der Westwüste gelebt hatten. Eine kleine Gruppe arabischsprechender Nubier siedelte südlich von Assuan. Das restliche Gebiet bis Wadi Halfa an der heutigen Grenze zwischen Ägypten und dem Sudan bewohnten die Mahasi (Nobiin) sprechenden Fedija. Sie werden mit dem kriegerischen Stamm der Blemyer gleichgesetzt, der im 2. Jahrhundert nach Christus die Römer schwer in Bedrängnis brachte.

Fast alle Nubier geben als ihre Religion den Islam an – 1960 bekannten sich nur 3 von 16000 zum Christentum –, doch ist dies eine relativ späte Entwicklung. Noch bis ins 14. Jahrhundert nach Christus verteidigten sie hartnäckig den christlichen Glauben gegen alle Versuche aus dem Norden, sie zum Islam zu bekehren. Genauso unerschütterlich hatten sie zuvor dem Kult der Göttin Isis die Treue gehalten, deren Verehrung ihnen erst im 6. Jahrhundert nach Christus mit Gewalt ausgetrieben wurde.

Den Sammelnamen Nubier verdanken sie alle zusammen einem heißbegehrten Bodenschatz ihrer Heimat: Nub heißt auf altägyptisch Gold. ›Bewohner des Bogenlandes‹ nannten die Pharaonen sie, denn ihre Beherrschung von Pfeil und Bogen beeindruckte so sehr, daß Söldnertruppen im Dienste des ägyptischen Königs angeheuert wurden. Erst Strabo führte um 30 vor Christus die Bezeichnung Nubien ein.

Umsiedlung

Das Zusammengehörigkeitsgefühl der verschiedenen nubischen Gruppen ist eine junge Entwicklung, die auf den Bau des Hochdamms von Assuan zurückzuführen ist. Zwar arbeitete ein Großteil der Nubier bereits lange vor 1960 in Kairo, Khartum oder anderen Städten, doch kehrten sie immer wieder in ihre Heimat zurück. Die Bindung an die alte Heimat wurde vor allem durch Eheschließungen aufrechterhalten. Zu großen Festtagen besuchten die Männer ihre Familien, oft dauerte es aber Jahre, bis ein Wiedersehen möglich war. Die Frauen gelten daher bei den Nubiern als die Hüterinnen der Traditionen und der sozialen Bande, die sie an die Kinder weitergeben. Bis heute ist die Vermittlung der nubischen Sprachen ein Hauptverdienst der Mütter, denn in ägyptischen Schulen wird kein Nubisch unterrichtet, und die Männer haben seit der Umsiedlung aus Arbeitsgründen sehr viel stärker das Arabische übernommen. In Neu-Nubien, dem Gebiet um Kom Ombo, errichtete die ägyptische Regierung im Rahmen der Umsiedlung der 50000 ägyptischen Nubier Dörfer, die vom Baustil her an ihre traditionelle Bauweise erinnern. Auch wurden die alten Dorfnamen auf die neuen Siedlungen übertragen und sogar deren geographische Reihenfolge von Nord nach Süd beachtet. Dennoch fiel es besonders den Älteren sehr schwer, sich mit der endgültigen Auswanderung abzufinden. Die jüngere Generation hat den Traum einer Rückkehr nach Nubien weitestgehend aufgegeben. Nach über 40 Jahren gibt es an den Ufern des Nassersees noch immer keine nennenswerte Infrastruktur, und es fehlt an Arbeitsplätzen.

Beduinen

Diese Tasche aus Steinbockleder enthielt alles, was Mohammad für nötig erachtete: Streichhölzer; ein Messer; einen Siegelring mit Mohammads Namen; der Ausweis für die staatlichen Kooperativläden; eine Muschel für Skorpionstiche; Bleiglanzpulver gegen Augeninfektionen; ein Gazellenhorn zur Aufbewahrung dieses Pulvers; ein Aspirin; etwas Draht; ein Stift; Bargeld; eine Pinzette, um glühende Kohle auf die Pfeife zu legen; die Pfeife.

Joseph Hobbs, 1990

Als Beduinen oder Nomaden werden nichtseßhafte Menschen bezeichnet, die in kargen Gebieten mit ihren Tieren – meist Kamelen und Ziegen – leben und dabei von Weideplatz zu Weideplatz oft weite Strecken zurücklegen. Das Wort Nomade ist griechischen Ursprungs, während Beduine auf das arabische Wort badu für Wüste verweist. Die Beduinenstämme Ägyptens sind während verschiedener Ein-

Beduinenzelt auf dem Sinai

wanderungswellen aus der arabischen Wüste zugezogen, zum Teil erst im Verlauf des 18. und 19. Jahrhunderts. Schon in altägyptischer Zeit lebten in den Randgebieten der Ostwüste, des Sinai und in den Ausläufern der Sahara Nomaden. Von den seßhaften Niltalbewohnern wurden die ›Sandläufer‹ mißtrauisch betrachtet. Eine gewisse Geringschätzung dieser ›unzivilisierten‹ Lebensart hat sich bis heute erhalten. Als Grenzgänger, die Staatsgrenzen nicht immer respektieren, hatten besonders die Beduinen des Sinai vor dem ägyptisch-israelischen Frieden 1979 immer wieder Probleme mit der Regierung. Kairo bemühte sich, die kreuz und quer durch den Sinai wandernden Stämme seßhaft zu machen – zunächst mit mäßigem Erfolg. Staatliche Kontrolle war für die Beduinen ein rotes Tuch, weder mit Schulen oder Krankenhäusern noch mit vergünstigten Lebensmitteln wollten sie sich ködern lassen. Erst in den letzten 20 Jahren hat sich die Situation gewandelt: Der Tourismus und die Ölindustrie mit ihren attraktiven Arbeitsplätzen haben die Ablehnung des neuen Lebensstils überwunden.

Ähnlich sieht es im Nordwesten Ägyptens aus, wo die aus Libyen stammenden Beduinen der Aulad Ali leben. Auch sie sind größtenteils in feste Steinhäuser umgezogen, haben das Leben im Zelt aufgegeben. Kairo und Alexandria bieten ausreichend Verdienstmöglichkeiten, und die Getreidefelder des Deltas sind zuverlässiger als die kargen Weiden der Wüste.

Es ist schwierig, die genaue Prozentzahl der Beduinen an der Bevölkerung zu nennen, denn von der ägyptischen Verwaltung werden sie nicht als ethnische Minderheit betrachtet. Schätzungen gehen von etwa einer Million Beduinen insgesamt aus.

Berber

Etwa 6000 Menschen zählen zur Gruppe der Berber, die nicht mit den Beduinen zu verwechseln sind. Bei den überwiegend in der Oase Siwa lebenden Berbern handelt es sich um Angehörige einer bereits in der Antike in ganz Nordafrika lebenden Bevölkerung. Ihr Name und ihre ethnische Zugehörigkeit geben Rätsel auf. Berber finden sich von Ägypten bis nach Marokko, ihre Hautfarbe reicht von hell bis dunkelbraun, ebenso weisen Augen und Haarfarbe eine beträchtliche Farbpalette auf. Die am häufigsten zitierte Erklärung für den Namen nennt einen griechischen Ursprung: barbaroi waren die für griechische Ohren unverständliche Laute stammelnden Einwohner Nordafrikas. Dabei gehört sowohl das Siwi in Ägypten wie das Tamazight im Maghreb zu den Berbersprachen, die entfernt mit dem Altägyptischen verwandt sind.

Die Berber von Siwa lebten noch bis vor kurzem in relativer Abgeschiedenheit als Oasenbauern. Mittlerweile hat die Regierung ihr Siedlungsgebiet jedoch für ein Neulandgewinnungsprojekt entdeckt und versucht, Bauern aus dem Niltal in diese entlegene Ecke Ägyptens zu locken. Die traditionellen Oberhäupter von Siwa betrachten diese Entwicklung mit einiger Sorge. Sie fürchten, daß die empfindlichen Wasservorräte zu schnell aufgebraucht werden, und daß sich die alten Sitten und Gebräuche sowie die eigene Sprache gegen die Übermacht vom Nil nicht werden behaupten können.

Die ägyptische Küche

Um acht Uhr dreißig waren wir zum Dinner gebeten. Unser Gastgeber sagte: ›Heute Abend sind wir alle Araber, wir trinken Nilwasser und essen mit den Fingern.‹ So tranken wir also Nilwasser und aßen zum ersten Mal in unserem Leben mit den Fingern. Das Dinner war exzellent. Ich muß sagen, daß es das beste Essen war, das ich je außerhalb Europas zu mir genommen habe.

Amelia Edwards, 1877

Man sollte sich vielleicht nicht ganz an das Vorbild von Amelia Edwards halten und Nilwasser zum Essen trinken. Schließlich leidet Ägypten bei Reisenden aus aller Welt unter dem Ruf, daß der ›Fluch der Pharaonen‹ sich vor allem auf Magen und Darm auswirke. Nilwasser ist sicher eines der wirkungsvollsten Elemente dieses Fluchs. Mineralwasser, das leicht und günstig überall zu haben ist, stellt da eine gute Vorbeugungsmaßnahme dar. Auch wenn man sich an die Grundregel ›Schäl es, koch es oder laß es‹ hält, bleiben noch genügend köstliche Gerichte, die man ohne Gefahr für Leib und Wohlergehen bei einer Nilreise genießen sollte. Verblüffen Sie den Schiffskoch doch mal mit der Frage nach ›Molochiya‹, einem typisch ägyptischen Gericht, das eher selten angeboten wird, aber ausgesprochen lecker ist. Während einer Nilkreuzfahrt wird man in der Regel mit abwechslungsreichen Buffets verwöhnt, die internationale und ägyptische Spezialitäten anbieten.

Salatât

Mit den Fingern zu essen, ist vor allem bei den Vorspeisen durchaus angemessen: Mit einem Stückchen Fladenbrot tunkt man in die verschiedenen Dips und kann auf diese Weise die große Auswahl reihum probieren. Die vielfältigen Vorspeisen werden in Ägypten ›Salatât‹ genannt, selbst wenn nicht ein einziges grünes Blatt zu entdecken ist.

Einkaufen im Tante-Emma-Laden

Tahina Sämige Sesampaste, wunderbar, wenn sie mit einer Prise Kreuzkümmel (Kamun) verfeinert wird.
Homos Mildes Kichererbsenpüree, das gerne auch mit Tahina vermischt wird, zu guter Letzt mit Olivenöl beträufelt und mildem Paprika überstäubt.
Tabouleh Petersilie-Hirse-Salat, mit Limone abgeschmeckt.

Schnellimbiß auf ägyptisch: Die Süßkartoffel-›Lokomotive‹

Baba Ghanoug Auberginenmus, mit Knoblauch und Kreuzkümmel gewürzt, je nach Jahreszeit mit säuerlichen Granatapfelkernen dekoriert.
Batingan oder Qusa Gebackene Auberginen- oder Zucchinischeiben.
Wara' ainab Mit gewürztem Reis gefüllte Weinblätter, je nach Laune des Kochs kann der Reis mit Kräutern oder Hackfleisch gemischt sein.
Muhammara Paprikapaste, aus roten Paprikaschoten mit Salz, Chili, Knoblauch, Kreuzkümmel und Koriander gewürzt und etwas Olivenöl sämig gemacht.
Turschi oder Muchallil Scharf-sauer-salzig eingelegte Pickles, als Besonderheit darunter die kleinen Limonen.

Shurba

Unser Wort Sorbet kommt aus dem Arabischen, wo shurba ursprünglich etwas Trinkbares bezeichnet, also auch die Suppe, denn die wurde traditionell aus kleinen Schälchen geschlürft und nicht gelöffelt.

Für den kleinen Appetit ist eine Suppe manchmal genau das Richtige. Spezialitäten der ägyptischen Küche sind:

Shurbet ads Durchpürierte Linsensuppe, die nur dann richtig schmeckt, wenn sie mit Kreuzkümmel und Limonensaft abgeschmeckt wird.
Shurbet Lisan el-Asfur (Vogelzungensuppe) Keine Angst, die Vogelzungen sind kleine pinienkernförmige Nudeln, die in einer herzhaften Brühe schwimmen. Ideal, um den Salzhaushalt nach einem heißen Tag unter der ägyptischen Sonne wieder aufzufüllen.
Natürlich gibt es auch Tomatensuppe, Karottensuppe, Lauchcremesuppe und, je nachdem, was der Markt gerade bietet, weitere Gemüsesuppen.

Grundnahrungsmittel

Viele Ägypter können sich keine täglich wechselnden Menüs mit raffinierten Speisen leisten, Fleisch kommt nur zu Festtagen auf den Tisch. Wichtig sind daher Hülsenfrüchte als Eiweißlieferanten und billige, sättigende Gerichte. Daß solche Volksküche mitunter besonders schmackhaft ist, weiß man auch von daheim.

Aisch Eigentlich heißt aisch ›Leben‹. In Ägypten nennt man so das Brot. Aisch finu ist das aus feinerem Weizenmehl hergestellte Brot, aisch baladi heißen die kräftigeren ›Bauern‹-Fladen. Frisches Brot gehört zu Vorspeisen, Suppen und Hauptgerichten unbedingt dazu. Fladenbrot wird noch immer von der ägyptischen Regierung subventioniert, denn wenigstens am Brot sollen sich die Menschen sattessen können.

Ful Oft von den Gästen etwas mißtrauisch beäugt, steht am Frühstückstisch ein dunkelbrauner Brei, daneben Schälchen mit kleingehackten Zwiebeln, Tomaten, Petersilie, Kreuzkümmel, Olivenöl, Limonen. Es ist das traditionelle Frühstück in Ägypten: Ful. Dicke Bohnen werden lange gekocht und kurz vor dem Essen zu einem Brei zerstampft und nach Lust und Laune gewürzt. Dazu ein Fladenbrot – und schon ist man für einen Vormittag voller Besichtigungen bestens gestärkt.

Gewürzhändler ›Safran macht den Kuchen gelb‹

Falâfel oder Ta'amiya Kleine Gemüseböllchen, die in Ägypten aus weißen Bohnen und Lauch zubereitet und mit Knoblauch, frischem Koriander, Kreuzkümmel und Chili gewürzt und in Sesamkörnern gewälzt werden. Lekker als Ergänzung sind die eingelegten Turschi oder ein frischer Joghurtdip.

Koschari Gehört zur einheimischen Schnellküche, ist lecker und macht ordentlich satt. Reis, Nudeln, Kichererbsen und kleine braune Linsen werden auf dem Teller aufgehäuft und mit einer pikanten Tomatensauce übergossen. Oben drauf gehören dann noch braun geröstete Zwiebeln. Wer's mag, kann richtig scharfe Sauce dazu bestellen.

Hauptgerichte

Zu einem ›richtigen‹ Essen gehört selbstverständlich Fleisch, Fisch oder Geflügel. Dabei handelt es sich keineswegs um die immer so gern zitierten Hammelhoden oder ähnlich Obskures. Im Gegenteil kennt die ägyptische Küche auch eine ganze Reihe köstlicher Gemüsegerichte.

Bamya Bei uns als Okraschoten bekannt. In Ägypten werden sie in einer würzigen Tomatensauce zubereitet und traditionell im Tontopf gegart. Ganz ähnlich zubereitet werden auch grüne Bohnen, Kartoffeln und Zucchini.
Mahschi Sammelbezeichnung für ›Gefülltes‹. Meist handelt es sich um Zucchini (kusa), Tomaten (tamatim), Paprika (filfil) oder Auberginen (batingan).
Rus (Reis) Kommt entweder als einfacher weißer Reis, mit Kurkuma (Gelbwurz) gefärbt oder mit kleinen Fadennudeln durchmischt als Beilage auf den Tisch. Besonders lecker ist er, wenn Rosinen, Mandelstifte, etwas Kardamom und Zimt den Geschmack verfeinern. Oft wird dann auch etwas Hackfleisch mit untergemischt.
Tajine Mittlerweile hat sich auch in der ägyptischen Küche das Wort tajine für Schmorgerichte eingebürgert, es gibt sie mit Kalb, Lamm oder Hühnchen und einer Mischung frischer Gemüse.
Frêch Frêch, mit langem ›e‹, ist das Dialektwort für Huhn, das gegrillt (maschwi), gefüllt (mahschi) oder am Spieß (kebab) gebraten wird.
Kufta Hackfleischspießchen, meist aus reinem Rinderhack, manchmal aus Lammfleisch. Auch kleine, längliche ›Buletten‹ werden mit diesem Namen bezeichnet.
Molochiya Ein außerhalb Ägyptens und dem Libanon kaum bekanntes Gericht, da die Langkapsel-Jute, Corchorus olitorius, sonst kaum als Gemüsepflanze Verwendung findet. Ihr relativ hoher Proteingehalt ist allerdings für die Ernährung am Nil ein wichtiger Faktor. Molochiya wird mit Hühnerbrühe zu einer sämigen grünen Suppe verarbeitet, die entfernt an Spinat erinnert. Mit Knoblauch (reichlich) und Kamun abgeschmeckt, ist sie ein idealer Begleiter zu Reis und Huhn (Molochiya wa frêch). Wenn es etwas Besonderes sein soll, dann darf auch mal Molochiya wa arnab (mit Hase) auf den Tisch kommen.
Hamâm oder summân mahschi Gefüllte Täubchen oder Wachteln gehören ebenfalls zu den Speisen, die zu feierlichen Anlässen serviert werden. Nicht nur in ländlichen Regionen wird in malerischen Taubentürmen dieses Geflügel

Taubenhaus im Faijum

gezüchtet, auch auf Kairos Hochhausdächern sind kastenartige Konstruktionen zu sehen, wo das nächste Festessen hochgepäppelt wird. Die Füllung besteht aus mit Kräutern, Rosinen und Nüssen gewürztem Reis.

Samak Sammelbezeichnung für Fisch. Sie werden am Nil jedoch keinen Nilfisch angeboten bekommen – außer auf dem Nassersee, wo das Wasser und die Fische frischer sind –, sondern im allgemeinen wird Fisch vom Mittelmeer oder aus dem Roten Meer zubereitet.

Meeresfrüchte wie Shrimps (gambari) oder Muscheln (sadaf) sind am besten in Alexandria, Kairo oder auf dem Sinai und an der Rotmeerküste zu probieren.

Nachtisch

Bitte nehmen Sie sich für eine Nilkreuzfahrt nicht vor, abzunehmen. Es wird Ihnen vom ersten bis zum letzten Bissen leidtun. Denn die Köche legen sich beim Nachspeisenbuffet noch einmal so richtig ins Zeug! Schokoladenkuchen, Obsttorte, Crème caramel – diese Verführer kennt man ja. Aber hier gibt es auch Basbûsa, den mit Sirup getränkten Grieskuchen, Baklawa aus Blätterteig und Nüssen oder Mahalabiya, einen mit Pistazien garnierten Milchpudding, sowie mit süßen Datteln gefülltes Mürbegebäck oder Kunâfa aus zuckrigen, dünnen Nudeln, die sich kunstvoll um eine karamelisierte Nußmischung schlingen. Und zu guter Letzt kommt noch die heimliche Nationalspeise Om Ali!

Sie können ja zwischendurch einen Obsttag einlegen, auf daß die Köstlichkeiten nicht allzusehr ins Gewicht fallen mögen. Fast ohne Kalorien, aber dafür herrlich frisch und aromatisch sind die je nach Jahreszeit angebotenen Früchte: hellgelbe bis rosafarbene Guaven (nicht mit Birnen zu verwechseln), leuchtend rote Granatapfelkerne, Melonen in grün-gelb-rot, Orangen, dunkelbraune oder gelbe Datteln, blaue Trauben, verhüllte Physalis, grün-violette Feigen, orangefarbene Mangos und Papayas. Einfach paradiesisch!

Obst zum Nachtisch

Rezepte

Fatta mit Lamm

Zutaten für 4 Personen: 750 g Lammfleisch ohne Knochen, Salz, frischgemahlener schwarzer Pfeffer, 1–2 Nelken, 2 kleingehackte Zwiebeln, Kreuzkümmel oder Lorbeerblatt, Reis, Butter (oder Butterschmalz), 3 große gepreßte Knoblauchzehen

Lammfleisch in kleine Würfel schneiden und in einem großen Topf mit sechs Tassen Wasser übergießen, langsam zum Kochen bringen. Salz, Pfeffer, Nelken und Zwiebeln zufügen. Nach Geschmack Kreuzkümmel oder Lorbeerblatt dazugeben. Schaum abschöpfen. Auf niedriger Stufe bedeckt anderthalb Stunden köcheln lassen. In der Zwischenzeit Reis kochen: Eine Tasse Wasser zum Kochen bringen, einen Teelöffel Butter, etwas Salz und den Reis zufügen. Aufkochen und gelegentlich umrühren, bedeckt ziehen lassen, bis der Reis gar ist. Das Fleisch mit einem Schaumlöffel aus der Brühe heben, in einer kleinen Pfanne mit einem Teelöffel Butter kurz anbraten. Vom Feuer nehmen und warmstellen. In der gleichen Pfanne eine Löffelspitze Butter schmelzen, Knoblauch hinzufügen und leicht bräunen lassen. Pfanne vom Herd nehmen, eine viertel Tasse Essig dazugießen und nochmals kurz aufkochen lassen. Eins von zwei getoasteten Fladenbroten in eine Suppenterrine legen, etwas Knoblauchmischung darüberträufeln, dann die Hälfte vom Reis aufhäufen, mit einem Teil der Brühe übergießen. Das zweite Fladenbrot, den restlichen Reis und das Fleisch hinzugeben und zum Schluß die restliche Knoblauchmischung und die Brühe darübergießen, mit frischer Petersilie garnieren. Natürlich kann statt Lamm auch Huhn oder Kalbfleisch genommen werden.

Om Ali

Om Ali ist der ägyptische Nachtisch schlechthin. Jeder gute Koch hütet sein persönliches Rezept, je nach Stimmung und Küchenvorräten läßt sich das Grundrezept immer wieder variieren. Diese warme und gehaltvolle Nachspeise eignet sich wunderbar, um sie an kalten Wintertagen zu Hause nachzukochen und von der ägyptischen Sonne zu träumen.

Zutaten: 100–150 g Blätterteig, 100 g gehackte Haselnüsse, 2 EL Kokosflocken, 75–100 g Rosinen, Zimt, 1/2 l Milch, 50–75 g Zucker, 250 ml geschlagene Sahne, Butter

Blätterteig dünn ausrollen und im Ofen backen. Abkühlen lassen, in kleine Stückchen brechen und in eine Schüssel tun. Haselnüsse und Kokosflocken, Rosinen und nach Geschmack Zimt zufügen. Milch mit Zucker aufkochen, abkühlen lassen, bis sich eine Haut bildet. Die Teig-Nuß-Mischung in vier feuerfeste, mit Butter gefettete Förmchen verteilen, Milch darüber gießen und Sahne darüber verteilen (für eine Variante ohne Sahne entsprechend mehr Milch nehmen). Kleine Butterflöckchen auf die Portionen verteilen und im vorgeheizten Ofen bei 220 Grad etwa 15 Minuten goldbraun backen. Warm servieren.

Tip: Ganz faule Köche benutzen statt des Blätterteigs Cornflakes.

Und was gibt es zu trinken?

Wasser. Natürlich nicht aus dem Nil geschöpft, sondern stilles Mineralwasser – das Sie nach spätestens einer Woche nicht mehr sehen können. Deswegen gibt es eine ganze Fülle anderer Getränke, allen voran die frischen Obstsäfte. Je nach Saison Orangen-, Mango- oder Guavensaft. Ganzjährig im Angebot ist Limonensaft, der automatisch stark gezuckert daherkommt – kein Mensch am Nil trinkt freiwillig Saures. Aber da Ausländer bekanntlich seltsam sein können, bereitet man auf Wunsch auch ungesüßten Limonensaft zu. Zuckerrohrsaft (asab) ist übrigens längst nicht so süß, wie das Wort vermuten läßt, er schmeckt eher ›grün‹.

Süß und erfrischend: Tamarindensaft

Zum Essen hätten Sie doch gern ein kühles Helles? Dann probieren Sie das einheimische Bier: Gut trinkbar sind ›Stella‹ (Local und Export) oder ›Sakkara‹ – eindeutig mit dem schönsten Etikett! – sowie ›Meister‹. Am ›Birelli‹ – der alkoholfreien Variante – scheiden sich die Geister, aber viele einfachere Lokale unterwegs haben keine Lizenz zum Alkoholausschank, und die muslimische Mehrheit im Lande darf dieses Malzgetränk ohne Gewissensbisse trinken.

›Obelisk‹, ›Grand Marquis‹ oder ›Omar Khayyam‹ sind die klangvollen Namen der einheimischen Rotweine. Unter dem Namen ›Obelisk‹ gibt es auch leichte, trockene Rosé- und Weißweine. Als eher lieblich gelten der weiße ›Cru de Ptolemées‹ und der Rosé ›Rubis d'Egypte‹.

In den letzten Jahren sind die ägyptischen Weine dank der Privatisierung der einst verstaatlichten Weingüter deutlich trinkbarer geworden; obwohl kritische Nasen und Zungen eher ungewöhnliche Geschmacksnuancen wie ›Nylon‹ und

›Pappkarton‹ auszumachen glauben. Alle Rotweine werden aus Cabernet-Sauvignon-Trauben hergestellt, die Weißweine sind durchgehend Pinot-blanc-Produkte. Generell schneiden die Rotweine bei der Beurteilung besser ab.

Unbestritten gut tut nach dem Essen eine kleine Tasse Mokka. Meist wird der Kaffee ('ahwa) mittelsüß (masbut) getrunken, mit einer Prise Kardamom aromatisiert. Wer ihn ganz schwarz liebt, bestellt den 'ahwa saada (schwarz), wer einen Hauch von Zucker für die volle Geschmacksentfaltung unerläßlich findet, wählt ihn ar-riha, und wer es ganz süß mag, nimmt ihn ziyâda (übersüß).

Auch ein Glas Tee mit frischer Minze (schai bi-na'na') wirkt belebend und selbst bei großer Hitze erfrischend. In Ägypten wird der ›schai‹ mit schwarzem Tee zubereitet, nicht wie in den Maghrebländern mit Grüntee. Ausgesprochen erfrischend schmeckt der aus tiefroten Blüten zubereitete Malventee Karkadé, den man kalt oder heiß serviert bekommt. Mit Honig gesüßt, hilft er auf leckere Weise, falls die Klimaanlage eine Erkältung gebracht hat. Wer mit zu viel gutem Essen seinen Magen überstrapaziert hat, dem hilft vielleicht ein Glas heißer Yansun (Anistee) oder Kamun (Kreuzkümmel)-Aufguß.

Kleine Einkaufsliste

Anis (Yansûn) eignet sich gut für Hustentees oder bei Magenverstimmung.
Erdnüsse (Fûl sudani) mit oder ohne Salz, sind ideale Energiespender für zwischendurch.
Gelbwurz (Kurkuma) eignet sich gut zum Gelbfärben von Reis oder Saucen.
Knoblauch (Tôm) sollte man am Ende der Reise kaufen. Im April/Mai kommt die frische Ernte auf den Markt. Frischer ägyptischer Knoblauch hat ein phantastisches Aroma und ist trotzdem mild.
Kreuzkümmel (Kamûn) das Gewürz des Orients schlechthin, paßt zu fast allem. Dabei ist es ausgesprochen freundlich zum Magen – bei Blähungen oder Krämpfen hilft ein Teeaufguß.
Limonen (Laimun) klein, aber köstlich. Peppen Sie ihr tägliches Mineralwasser doch mit ein paar Spritzern auf.
Malventee (Karkadé) heiß oder kalt, süß oder herb – Karkadé schmeckt immer. In großen Mengen genossen wirkt er blutdrucksenkend.
Minze (Na'na') frisch oder getrocknet eignet sich Minze nicht nur als Teezusatz, sondern verfeinert auch erfrischende Joghurtdips.
Muskatnuß (Gôz et-tîb) zu Pasta, Fleischgerichten und Süßspeisen. Die kleinen Nüsse sind deutlich billiger als bei uns.
Nelken (Qurunful) mit Kardamom als Reisgewürz oder gemahlen zu Kaffee und Tee.
Schwarzer Pfeffer (Filfil aswad) sehr aromatisch und vergleichsweise günstig.
Zimt ('irfa) paßt wunderbar zu fast allen Gerichten mit Tomatensauce, zu vielen Fleischgerichten, zu Süßspeisen und kann auch als wärmender Tee aufgegossen werden.

Gewürze in großer Auswahl

Die Geschichte Ägyptens

Was nun die Ägypter selber betrifft, so pflegen die im bebauten Teil Ägyptens wohnenden unter allen Völkern am meisten das Andenken an die Vergangenheit und sind bei weitem die geschichtskundigsten Menschen, die ich auf meinen Reisen besucht habe.

Herodot, um 450 vor Christus

Ägypten fasziniert bis heute viele Menschen auf der ganzen Welt. Jeder hat schon einmal den Namen Ramses' des Großen gehört, Nofretete gilt als schönste Frau der Antike, auch die alten Gottheiten wie Ra und Amun sind noch nicht vergessen. Aber Ägyptens Geschichte endet nicht mit dieser großartigen Zeit der Pharaonen. Genauso spannend sind die folgenden Epochen, in denen sich zuerst das Christentum und später der Islam im Land ausbreiteten. Seine strategisch wichtige Lage am Übergang zwischen Europa, Asien und Afrika hat Ägypten stets die Aufmerksamkeit der großen Weltmächte eingebracht – vom römischen Imperium über Byzanz und das große arabisch-islamische Reich, später dann vom Osmanischen Reich bis zum British Empire, der Sowjetunion und schließlich den USA – alle wollten sie das Land am Nil besitzen, kontrollieren oder wenigstens auf ihrer Seite haben. So ist die jahrtausendelange Geschichte Ägyptens bis heute auch ein Spiegel der Weltgeschichte.

Von der Vorgeschichte zur Reichseinigung

Schon ab 700 000 vor Christus, als der Nil noch stark seinen Lauf veränderte, ließen sich erste Siedler am Fluß nieder, obwohl Malaria während des Sommers in den sumpfigen Überschwemmungsgebieten längs des Nil ein großes Problem gewesen sein dürfte. Dagegen boten die noch grüneren Steppengebiete der heutigen Wüsten günstigeren Lebensraum. Im 13. bis 11. Jahrtausend wurden im Südwesten Ägyptens Versuche mit der Domestikation von Wildgetreide gemacht, dann aber wieder aufgegeben. Ernsthaft widmeten sich Bauern dem Getreideanbau erst ab der Mitte des 8. Jahrtausends. Begünstigt durch klimatische Veränderungen entstanden ab dieser Zeit am Fluß dauerhafte Siedlungen, was einen vermehrten Austausch zwischen den Regionen erleichterte. Neolithische Kulturen breiteten sich im gesamten Niltal und Delta aus, ab dem 5. Jahrtausend intensivierte sich der Handel mit Vorderasien und dem Gebiet des heutigen Sudan. Wichtigste Fundplätze des 5. und 4. Jahrtausends waren Badari und Naqada in Oberägypten, die mit ihrer charakteristischen Keramik frühen Kulturepochen Ägyptens ihre Namen gaben. 1982 entdeckten deutsche Archäologen in Merimde am westlichen Deltarand die bislang älteste Rundplastik Ägyptens: Das rund zehn Zentimeter hohe Köpfchen aus Lehm wird in die Zeit um 4100 vor Christus datiert.

Mit der Entdeckung von Kupfererzen auf dem Sinai begann die Herstellung von Metallwerkzeugen. Im ›Fürstengrab‹ von Hierakonpolis, rund 85 Kilometer südlich von Luxor, wurde erstmals das später so charakteristische ›Erschlagen der Feinde‹ an die Wand gemalt. Das Zusammenwachsen kleiner Häuptlings- oder

Fürstentümer fand zwischen 3000 und 2750 vor Christus seinen Abschluß. Nach altägyptischer Überlieferung übte König Menes um 3000 vor Christus als erster die Herrschaft über ganz Ägypten aus. Für weitere 200 Jahre, von der 0. bis zur 2. Dynastie nach Menes, erschütterten schwere Kämpfe zwischen Ober- und Unterägypten das noch nicht gefestigte Königreich. Bildberichte darüber wurden auf großformatigen Schieferpaletten festgehalten, die als Grabbeigaben oder Tempelstiftungen zur frühesten Repräsentativkunst gehören. Auf Prunkkeulen dagegen verewigten die Künstler die zivilisatorischen Leistungen ihrer Herrscher. Schon damals war der Ausbau des Bewässerungssystems eine der vornehmsten Aufgaben des Pharao. Parallel zu diesen bildlichen Darstellungen werden die Anfänge der Hieroglyphenschrift faßbar.

Das Alte Reich

O ihr Lebenden, die ihr auf Erden seid, verehrt den König, damit ihr leben könnt. Seid aufmerksam bei seinen Arbeiten, tut, was er wünscht. Es ist nützlich für den, der es tut, denn er ist ein Wohlausgestatteter, den Gott liebt.

Inschrift auf dem Grab des Metjetji, Saqqara, um 2400 vor Christus

Mit der 3. Dynastie (um 2705–2640 vor Christus) begann die erste ›große‹ Epoche Ägyptens. Memphis wurde zur Hauptstadt, im benachbarten Heliopolis lag das Zentrum des Sonnenkultes. In der Regierungszeit von Pharao Djoser (2690–2670) vollzog sich eine kulturgeschichtlich bedeutende Entwicklung: Imhotep erbaute für seinen Herrscher ein Grabmal aus Stein, fortan das Baumaterial für die Ewigkeit. Aus der ursprünglich geplanten Mastaba, einem quaderförmigen Bau mit geböschten Seiten, wurde eine Stufenpyramide – auch damit setzte Imhotep Maßstäbe. Gleichzeitig wurde das Land straff durchorganisiert, es bildete sich eine umfassende Verwaltung heraus, die in den folgenden rund 3000 Jahren so manches Mal auch schwache Herrscher stützte. An der Spitze stand der Pharao, dem die gesamte Verantwortung für das Funktionieren dieses Gemeinwesens übertragen wurde: Er hatte für ausreichende Nilfluten im Sommer, für

Statue des Pharao Djoser

reiche Ernten, volle Scheunen und die Versorgung all seiner Untertanen zu sorgen. Und das für alle Zeiten, im Diesseits und im Jenseits! Schließlich war er in der Ausübung des Königsamtes als Stellvertreter des Horus auf Erden selbst (noch) unbestritten göttlich. Seinem Schutz für alle Ewigkeit galt daher höchste Priorität, denn nur dann konnte er diese Aufgaben auch im Jenseits weiter erfüllen.

Die Zeit der großen Pyramidenbauer

In der 4. Dynastie (um 2640–2505) folgte unter Snofru die Weiterentwicklung von der Stufenpyramide zum klassischen Pyramidenkomplex mit Taltempel, Aufweg und Totentempel. Dazu waren mehrere Versuche notwendig, und letztendlich war es Snofrus Sohn Cheops, der von den Bemühungen seines Vaters profitierte. Nach dem Bau seiner großen Pyramide von Gisa brachen bescheidenere Zeiten im Königshaus an: Die gottgleichen Pharaonen nannten sich nun ›Sohn des Ra‹ und erhielten mehr menschlich anmutende Züge. Chephren baute noch einmal ganz groß, doch bereits unter Mykerinos schrumpfte das Maß des Königsgrabes auf weniger als die Hälfte. Im gleichen Zeitraum wuchs die Macht der Beamtenschaft, die sich erste wirtschaftliche und politische Freiheiten schuf.

Die Rote Pyramide des Snofru in Dahshur

Die Pharaonen der 5. Dynastie (um 2505–2345) errichteten zwar noch Pyramiden, doch ließen sie daneben in Abusir große Tempel zur Verherrlichung des Sonnengottes erbauen. Söhne aus ›bürgerlichen‹ Familien drängten zunehmend in hohe Positionen bei Hofe und beschnitten den Machtanspruch der Königsfamilie. Folgerichtig wurden die Grabanlagen dieser Beamten größer und prächtiger, es entstanden einige der schönsten Reliefs der pharaonischen Zeit. Es tat sich auch etwas in der Welt des Glaubens; der so dominante Sonnenkult bekam Konkurrenz. Osiris als Totenrichter und Herrscher des Jenseits gewann an Popularität. In den Provinzen erhielten Verwalter und Beamte weitere Rechte, die Ämtererblichkeit höhlte in den folgenden Jahrzehnten Pharaos allumfassenden Machtanspruch aus.

In der 6. Dynastie (um 2350–2215) verloren die Pharaonen dramatisch an Autorität. Pepi I. mußte sich nach einer Verschwörung mittels einer strategischen Hochzeit Rückendeckung aus der Provinz holen. Sein Enkel Pepi II. wurde mit sechs Jahren Pharao und regierte nach Auskunft einer altägyptischen Königsliste 94 Jahre. Trotz seiner langen Amtszeit gelang es ihm nicht, die Führung des Staates wieder zu übernehmen. Zu viele wirtschaftliche Privilegien waren dem Königshaus bereits verlorengegangen, der universale Versorgungsanspruch war längst nicht mehr bezahlbar. Gegen Ende der Dynastie zerfiel Ägypten in mehrere selbständige Fürstentümer.

Die Erste Zwischenzeit

Sieh das Land, dem sie übel mitgespielt haben, ist in Gaue zerfallen und allerlei große Städte. Was ein Einzelner beherrscht hatte, ist jetzt in der Hand von zehn Leuten.

Lehre für König Merikare, 9./10. Dynastie

Manetho, jener Priester, der im Auftrag von Ptolemaios II. die Geschichte des pharaonischen Ägypten schrieb und in 30 Dynastien unterteilte, verzeichnete für den Beginn der Ersten Zwischenzeit 70 Herrscher in 70 Tagen! Für moderne Ägyptologen sind die angeblichen Könige der 7. und 8. Dynastie kaum faßbar. Ob ihre Macht weit über die Hauptstadt Memphis hinausreichte, erscheint zweifelhaft. Knapp 50 Jahre prägten Bürgerkrieg, Hungersnot und Orientierungslosigkeit das Land, bevor sich in Herakleopolis und Theben zwei starke Fürstenhäuser etablierten. Ihnen gelang es, in ihren jeweiligen Gebieten wieder Recht und Ordnung herzustellen und die wirtschaftliche Lage ins Lot zu bringen. Die Fürsten von Herakleopolis (9./10. Dynastie) residierten südlich des Faijumbeckens unweit der heutigen Stadt Beni Suef; beim heutigen Luxor lag das Zentrum der ›Thebaner‹ (11. Dynastie). Um 2050 kam es zu Kämpfen zwischen den Fürsten, die nun jeweils Anspruch auf die Gesamtherrschaft erhoben. Der Thebaner Mentuhotep II. besiegte schließlich die nördlichen Rivalen und zum zweiten Mal in der Geschichte kam es um das Jahr 2010 vor Christus zur Reichseinigung.

Das Mittlere Reich

Bedrücke nicht den Landmann durch Steuern! Wenn du ihn schröpfst, verlegt er sich auf's Vagabundieren. ... Das sind die Leute, die das, was ist, hervorbringen; man lebt von dem Werk ihrer Hände. Wenn es daran mangelt, herrscht Elend.

Mahnungen an die Beamten, loyalistische Lehre um 1900

In der Folge ihres Sieges machten die neuen Pharaonen ihre Heimatstadt Theben, das altägyptische Waset, zur Residenz. Die lokal verehrten Gottheiten Month und Amun nahmen Teil am Aufstieg ihrer Schützlinge, speziell Amun

Dekorierter Holzsarg aus der 12. Dynastie

wurde zu einem der mächtigsten Götter des Landes. Mentuhotep II. wählte das Bergland von Theben-West als Bestattungsplatz der Könige, Beamten und Priester. Die Oasen der Westwüste und Teile Nubiens gelangten wieder unter ägyptische Kontrolle, und mit syrischen Fürsten wurden Handelsbeziehungen aufgenommen. Bis in die 20. Dynastie hinein huldigten die Nachfolger des Mentuhotep diesem Pharao als einem der ganz Großen der ägyptischen Geschichte.

Um in den Steinbruchgebieten der Ostwüste Material für seinen Sarg brechen zu lassen, organisierte der sonst eher unscheinbare Pharao Mentuhotep IV. eine aufwendige Expedition mit Tausenden von Arbeitern. Sein Wesir Amenemhet trat die Nachfolge auf dem Pharaonenthron an und begründete damit die 12. Dynastie (um 1975–1795).

Die klassische Zeit

Die Residenz wurde wieder in den Norden nach Itj-taui beim heutigen Lischt verlegt, wo auch ein neuer Pyramidenfriedhof entstand. Bekannt wurde Amenemhet I. durch die berühmte Lebensgeschichte des Sinuhe, in der die Ereignisse nach einem Attentat auf den König geschildert sind. Literarische Werke aus dieser Zeit galten für ägyptische Schreiber noch Jahrhunderte später als vorbildlich in Sprache und Weisheit. »Nimm dich in acht vor Untergebenen, die nichts geworden sind; Vertraue keinem Bruder, kenne keinen Freund, schaffe dir keinen Vertrauten – das führt zu nichts.« Bitter sind die Worte aus der Lehre des Amenemhet, die er seinem Nachfolger Sesostris I. verkündete. Der lernte daraus, wie seine 45jährige Regentschaft zeigt.

Amenemhet III.

Sein Hauptaugenmerk richtete er auf die Erneuerung der Verwaltung, doch blieb ihm ausreichend Energie für weit über den zweiten Katarakt hinausführende Eroberungszüge in Nubien. Sein Enkel Sesostris II. begann mit großem Aufwand die Trockenlegung eines Teil des Faijumsumpfes, an dessen Westrand seine Pyramide aus Lehmziegeln entstand. Eindrucksvolle Bildnisse gibt es aus der Zeit Sesostris' III. (etwa 1870–1850), der sich im fortgeschrittenen Alter mit scharfer Nase, Falten und Tränensäcken porträtieren ließ. Vier Kriege in Nubien sicherten Ägyptens Herrschaft bis zum zweiten Katarakt; der Wasserweg dorthin wurde durch das Aushauen einer Schiffsrinne im Granitgestein des ersten Katarakts erleichtert. Mit Festungsbauten wurde das eroberte Gebiet gesichert, noch im Neuen Reich galt Sesostris als Schutzherr Nubiens. Ägypten genoß unter ihm und seinem Sohn eine wirtschaftliche Blütezeit. Amenemhet III. (1850–1805) führte im Faijum das Landgewinnungsprojekt seines Großvaters fort. Wie sein Vater baute er in Dahshur eine Pyramide, zog dann aber doch die näher beim Faijum gelegene zweite Pyramide von Hawara als Bestattungsplatz vor. Dort wurde er noch in römischer Zeit als eine Art Schöpfergott, der das Fruchtland aus dem Wasser entstehen ließ, göttlich verehrt. Ganz am Ende der 12. Dynastie saß eine Frau auf dem Pharaonenthron, Nofrusobek (1800–1795), die Schwester Amenemhets III.

Die Zweite Zwischenzeit

Ein Fürst ist in Auaris, ein anderer in Kusch, und ich sitze zusammen mit einem Nubier. Jeder schneidet sich ein Teil aus diesem Ägypten und teilt das Land mit mir auf.

Inschrift auf einer Stele des Kamose, 17. Dynastie

Nur gestützt durch einen stabilen Beamtenapparat überstand Ägypten die folgenden Jahrzehnte. Während der 13. Dynastie (um 1795–1650) wechselten sich 50 Könige in rascher Folge ab. Im östlichen Delta etablierte sich eine unabhängige Fürstenfamilie und gründete die 14. Dynastie. Um 1650 vor Christus ereignete sich Folgenschweres: ›Herrscher des Fremdlandes‹, heqa chasut, schwangen sich zu Pharaonen auf: die Hyksos. Ob es sich dabei um längst schon im Delta ansässige Einwanderer handelte oder um erst kürzlich mit Pferd und Streitwagen eingefallene Ausländer, ist umstritten. Altägyptische Quellen späterer Zeiten behaupten steif und fest, es habe sich um eine Eroberung von außerhalb gehandelt. Moderne Ägyptologen halten das für Negativ-Propaganda. Ausgrabungen scheinen den Ägyptologen Recht zu geben: Im Nordostdelta lebte offenbar schon seit geraumer Zeit eine beachtliche Gruppe von Siedlern aus dem syrisch-palästinensischen Raum. Rund 100 Jahre währte die Herrschaft dieser 15. Dynastie, die im Ostdelta mit Auaris eine neue Hauptstadt begründete. Chajan und Apophis, die bedeutendsten Hyksos-Könige, regierten von etwa 1600 bis 1550 ganz Ägypten. Nur ein von unbeugsamen Thebanern (17. Dynastie) bevölkertes Dorf hörte nicht auf, den Fremdlingen Widerstand zu leisten. Um 1555 formierten sie sich unter Seqenenre-Tao II. zum Kampf gegen die Hyksos.

Nach Seqenenre-Taos Tod auf dem Schlachtfeld führte sein Sohn Kamose den Kampf fort. Ein Brief des Apophis an den Herrscher von Kerma in Nubien beschrieb die Lage: »Hast du nicht gesehen, was Ägypten gegen mich unternimmt? Sein Herrscher, Kamose, der Starke, bedrängt mich auf meinem Territorium, ohne daß ich ihn angegriffen habe … Komm, ziehe nach Norden. Ich werde ihn nicht weglassen, bevor du angelangt bist. Dann werden wir die Städte Ägyptens aufteilen und unsere beiden Länder werden glücklich und in Freude sein.«

Der Bote mit dem Brief wurde von Theben abgefangen, aus dem geplanten Zweifrontenkrieg wurde nichts. Doch bald schon starb Kamose, und der minderjährige Ahmose trat die Nachfolge an. Er erhielt tatkräftige Unterstützung von seiner Großmutter Teti-scheri und seiner Mutter Ahhotep I. Rund 15 Jahre nach den ersten Kämpfen in Vorderasien eroberte schließlich Ahmose Auaris, kurz darauf errang er auch in Nubien einen Sieg.

Chnum und Thutmosis III. im Satet-Tem

Das Neue Reich

Diese Fremdländer aber, von denen ich gesprochen habe, die eroberte mein Herr mit seiner Kraft, mit seinem Bogen, mit seinem Pfeil und mit seiner Streitaxt.

Bericht des Mimose, Schatzmeister Thutmosis' III.

Mit der Wiederherstellung der Einheit des Reiches begann eine Epoche der imperialen Ausdehnung Ägyptens. Schon Ahmose brachte Südpalästina unter seine Herrschaft und bekräftigte Ägyptens Anspruch auf Nubien mit dem Ausbau der alten Festungen. Erstmals wurde zur besseren Kontrolle dieses wirtschaftlich so wichtigen Gebiets ein ›Vizekönig von Kusch‹ als direkt dem Pharao unterstellter Beamter eingesetzt. Innenpolitische Streitigkeiten und Rivalitäten um den Thron brachten eine weitere Neuerung: Der Anspruch auf den Thron mußte von nun an durch die Eheschließung mit einer Königstochter legitimiert werde. Dies sollte in der Folgezeit der 18. Dynastie (um 1540–1290) im Königshaus zu zahlreichen Eheschließungen zwischen Vollgeschwistern führen.

Ahmes-Nefertari galt gemeinsam mit ihrem Sohn Amenophis I. (um 1514–1493) ab dem 13. Jahrhundert vor Christus als Schutzpatronin der Arbeiter- und Künstlersiedlung von Deir el-Medina. Amenophis I. ließ im Tempel des Amun neue Kapellen errichten wie die Alabasterkapelle im Freilichtmuseum von Karnak, auch im Bezirk von Deir el-Bahri entstanden wichtige Kultbauten. Vielleicht als Erbe aus der Zeit der Kämpfe gegen die Hyksos wurde die militärische Ausbildung der Königssöhne von großer Bedeutung, es entwickelte sich eine Art ›Rittertum‹. Die Rückbesinnung auf alte Glaubensvorstellungen führte zur Neufassung der Jenseitsvorstellungen in den Unterweltsbüchern. Auch Medizin und Astronomie erhielten Aufschwung; der berühmte Papyrus Ebers, der um 1550 vor Christus geschrieben wurde und sich heute in Leipzig befindet, enthält ›Grundlagen der ärztlichen Geheimnisse‹, Krankheitsbeschreibungen und Rezepte.

Ein Familienwechsel auf dem Thron brachte Thutmosis I. (1493–1482) an die Macht, der zu seiner Legitimation die Tochter seines Vorgängers heiratete. Wieder mußten die Nubier in ihre Schranken gewiesen werden, im Rahmen eines Feldzugs erreichten die Ägypter sogar den fünften Katarakt und eroberten Obernubien: »Die Bogenschützen von Nubien, im Gemetzel gefallen, liegen in den Ebenen; ihr Blut strömte wie Platzregen«, schildert eine Inschrift die grausigen Ereignisse. Die Folge war der Untergang des nubischen Königreichs von Kerma. Im Nordosten Ägyptens bildete sich das Großreich Mitanni, mit dem sich Thutmosis ebenfalls kriegerisch auseinandersetzen mußte – und dabei immerhin bis zum Euphrat vorstieß. Trotz all dieser Kriege blieb ihm noch Zeit, seinem Schutzgott Amun angemessen Aufmerksamkeit zu widmen. Auf Thutmosis I. geht die Vergrößerung des Tempels von Karnak zurück. Er war es auch, der einen neuen Friedhof in den versteckten Seitentälern des Westgebirges von Waset anlegen ließ. Sein Architekt Ineni berichtete, daß er »in der Einsamkeit, ungesehen, ungehört« dort arbeitete. Das Tal der Könige blieb – mit nur kurzer Unterbrechung – für fast ein halbes Jahrtausend der Bestattungsplatz der Pharaonen.

Königin Hatschepsut wird Pharao

Nur drei bis vier Jahre regierte Thutmosis II., der vor allem als Vater von Thutmosis III. und Ehemann der Hatschepsut (1479–1458) Bedeutung hatte. Nach seinem frühen Tod kamen beide an die Macht. Da Thutmosis III. noch minderjährig war, übernahm seine Stiefmutter als Regentin die Staatsführung. Recht bald schon erhob sie sich aber zur Pharaonin, angeblich nach dem Willen sowohl ihres leiblichen Vaters Thutmosis I. wie auch des göttlichen Vaters Amun.

Die Rote Kapelle der Hatschepsut – Frau Pharao erscheint als Mann

Hatschepsut brach damit die uralte Regel, daß nur ein Mann Pharao werden kann. Zwar blieb Thutmosis während ihrer gesamten Regierungszeit Mitregent und wurde auf vielen ihrer Denkmäler im vollen Herrschaftsornat abgebildet, doch war es wohl sie, die die Politik im Land bestimmte. Ein großes Bauprogramm – vor allem für Amun – und eine aufwendige Expedition ins Weihrauchland Punt waren die prägenden Ereignisse ihrer Zeit. Als engster Vertrauter Hatschepsuts stand der Baumeister und Gelehrte Senenmut an der Spitze der Parteigänger der Pharaonin. Er unterstützte als Erzieher der Prinzessin Nofrure wohl auch den Versuch, diese als Nachfolgerin ihrer Mutter aufzubauen. Nach dem Tod der jungen Prinzessin mußte Hatschepsut die Hoffnung auf eine Thronfolge in weiblicher Linie aufgeben. Ob und warum zu diesem Zeitpunkt auch die Unterstützung durch ihre Anhänger schwand, ist schwer festzustellen. Sicher ist, daß Senenmut gegen Ende der Regierungszeit nicht mehr das Wohlwollen seiner Herrin genoß, vielmehr zog er ihren Zorn auf sich und verlor alle seine Posten. An seinen Statuen wurde sein Name entfernt, vielen Figuren wurde zur rituellen Vernichtung die Nase abgeschlagen.

Der große Imperator

Nach dem Tod Hatschepsuts übernahm Thutmosis III. (1479–1426) schließlich doch die Herrschaft. Die Erinnerung an seine Vorgängerin wurde getilgt, Inschriften und Reliefs ausgehackt, Bauwerke zerstört, Obelisken ummauert. In der Außenpolitik fand eine deutliche Wende statt: Thutmosis mußte sich gleich im ersten Jahr seiner Alleinherrschaft der Herausforderung durch das mächtig gewordene Reich von Mitanni stellen. Im palästinensisch-syrischen Raum erinnerten sich die meisten Stadtstaaten schnell wieder ihrer Loyalität zu Ägypten, doch blieb das Verhältnis zwischen den beiden Großmächten gespannt. Insgesamt sechzehnmal zog der Pharao gegen Mitanni und seine Anhänger zu Felde. Daß sich das auch kulturell bereichernd auswirkte, berichten seine ›Kriegstagebücher‹: Luxuswaren, Streitwagen, exotische Pflanzen und Tiere kamen so an den Nil. Ein neues Gerät zur Bewässerung, das Schaduf, wurde eingeführt, und erstmals hörten die Ägypter das Gackern des vorher unbekannten Huhns. Auch nach Süden führte Thutmosis Feldzüge, bis die Grenze Ägyptens schließlich am vierten Katarakt gesichert wurde. Trotz all der zeit- und kräfteraubenden militärischen Aktivitäten gelang es ihm auch noch, große Bauprojekte zu organisieren. In Karnak entstanden neue Pylone, Höfe und das Achmenu zur Feier des königlichen Regierungsjubiläums. Ein ganzes Heer von Bauarbeitern muß auch in Nubien tätig gewesen sein, um mit Tempeln und Festungen, Kapellen und Verwaltungspalästen die Größe Ägyptens zu verkünden. Der Sohn von Thutmosis III., Amenophis II. (1426–1400), hatte es schwer, sich als Nachfolger seines übermächtigen Vaters ein eigenes Profil zu geben. Seine Körperkraft und Geschicklichkeit in allen Waffengattungen betonte er auf verschiedenen Denkmälern, die erbarmungslose Vernichtung von Feinden war ebenfalls ein mehrfach belegtes Thema.

Im ›Botanischen Garten‹ von Karnak, neue Pflanzen und Tiere kommen ins Land

Weltmacht Ägypten

Ich bin dein Vater Horemachet-Chepri-Ra-Atum. Ich werde dir das Königtum übergeben. Das Land in seiner Länge und in seiner Breite wird dein sein, und alles, das vom Auge des Allherrn erleuchtet wird.

Von der Sphinx-Stele Thutmosis' IV. in Gisa

Im Gegensatz zu seinem Vater Amenophis II. bemühte sich Thutmosis IV. (1400–1390) besonders im noch immer von kriegerischen Auseinandersetzungen geprägten Verhältnis mit Mitanni um Entspannung. Es kam sogar zur Heirat mit einer Tochter des Mitanni-Königs Artatamas I. Ägypten konnte nach langer Zeit endlich Frieden genießen, der in den letzten rund 50 Jahren erkämpfte Wohlstand blieb auch ohne weitere Eroberungen erhalten. Aus der Ehe Thutmosis' mit

Amenophis auf einem Relief aus dem Luxor-Tempel

einer seiner Nebengemahlinnen stammte der nächste Pharao: Amenophis III. (1390–1353). Seine Zeit war von künstlerischer Blüte und Luxus geprägt, es entstanden überaus feine Reliefs, die die elegante Mode der damaligen Zeit in liebevollen Details festhielten. Ungewöhnlicherweise hatte sich Amenophis als Hauptgemahlin eine Frau nicht-königlicher Herkunft erwählt: Teje. Sie scheint eine sehr dominante Persönlichkeit gewesen zu sein, die häufig bei bislang einzig dem Pharao vorbehaltenen Aufgaben gleichberechtigt neben ihrem Gatten abgebildet wurde. Amenophis III. wandte sich verstärkt dem Kult des Sonnengottes Ra zu, möglicherweise um dadurch ein Gegengewicht zu schaffen zur damals schon sehr starken Amunspriesterschaft. Gleichzeitig betonte er zu Lebzeiten seine Göttlichkeit als Pharao, vielleicht auch, um andere mächtige Gruppierungen im Land in ihre Schranken zu weisen. Außenpolitisch ging es weitgehend friedlich zu, Amenophis betrieb mit Mitanni und Babylon eine freundliche Heiratspolitik. Ägypten besaß offenbar immense Reichtümer, wenn man den Worten des Mitanni-Herrschers Tuschratta glauben darf: »Mein Bruder möge mehr Gold senden als das, was mein Vater erhielt. Ist doch inmitten des Landes meines Bruders das Gold wie Staub in Menge da!« Amenophis III. ließ sich nicht lumpen, für eine der ausländischen Prinzessinnen gab es Brautgeschenke an deren Familie im Wert von einer halben Tonne Gold. Wichtigster Beamter und engster Berater des Pharao war der bereits betagte Ex-Militär Amenophis Sa Hapu, der unter anderem auch die Aufstellung der gewaltigen Memnonskolosse vor dem Totentempel seines Herrschers organisierte. Amenophis III. schätzte diesen alten Weisen offenbar so sehr, daß er ihn noch zu Lebzeiten offiziell zu einer Art Heiligen erklärte, der die Bitten der Normalsterblichen an Amun leiten sollte. Abgesehen davon beschäftigte er seinen Architekten auch mit ganz handfesten Aufträgen. Als einer der größten Bauherren hinterließ Amenophis III. eine Fülle von Denkmälern in Ägypten und Nubien, allein 1000 Statuen sind von ihm erhalten. Davon zeigen ihn vor allem die aus seinen späteren Jahren als wohlgebauten, sportlich gestählten Jüngling – ein Trugbild, wie man vom Fund der Mumie und einigen Bildnissen aus der Zeit seines Sohnes weiß. Amenophis III. dürfte mit seinen etwa 50 Jahren dickbäuchig und kränkelnd gewesen sein. Sein Gebiß war in besonders traurigem Zustand, der Pharao muß unter bösen Zahnschmerzen gelitten haben. Vielleicht bat er deshalb Tuschratta von Mitanni um die Übersendung einer heilkräftigen Statue der Ischtar von Ninive.

Echnaton

Unter Amenophis IV. (1353–1336), dem Sohn und Nachfolger Amenophis' III., sollte bald Schluß sein mit solcher Vielgötterei. Bei seiner Thronbesteigung führte er zwar noch den altehrwürdigen Namen ›Amun ist zufrieden‹, doch spätestens im vierten Jahr seiner Herrschaft wurde alles anders. Es begann damit, daß dem Amun-Tempel von Karnak ein riesiger Aton-Tempel vor die Nase gesetzt wurde, dessen Reliefs in einem bislang ungesehenen Kunststil gearbeitet wurden. Regelrecht revolutionär war die Tatsache, daß es in diesem Heiligtum keine einzige Statue des Gottes gab, ja nicht einmal ein ordentliches Sanktuar. Der vom Pharao erwählte Gott Aton war schließlich für alle sichtbar am Himmel, seine Strahlen reichten in die offenen Höfe des Tempels. Wirklich neu war die Gottheit nicht, als eine der zahlreichen Erscheinungsformen des Sonnengottes wurde Aton schon in den Pyramidentexten erwähnt. Neu war, daß ihm weder Gemahlin noch Götterkind zur Seite gestellt wurden. Das Vorbild der göttlichen Familie als Grundeinheit der Gesellschaft, als Garantie für den ewigen Kreislauf des Lebens – nach fast 2000 Jahren einfach abgeschafft! Zum Ersatz gab es ein ausgesprochen schockierendes Bild des Pharao, der sich mit fast karikaturhaften Gesichtszügen und extrem breiten Hüften und dicken Oberschenkeln zeigen ließ.

Eine neue Residenz für Aton

Zu all dem änderte er auch noch seinen Geburtsnamen: Echnaton – oder richtiger Achanjati – der ›Strahl des Aton‹, hieß der Herrscher von nun an. Waset, die alte Hauptstadt, in der all die Priester des Amun und die Beamten der alten Regierung saßen, erschien ihm nicht mehr haltbar. Eine neue Residenz wurde gegründet, ›Achet-Aton‹, der Horizont des Aton. »Ich errichtete Achet-Aton für Aton, meinen Vater, an diesem Platz. Auf einer Stelle, welche er sich selbst bereitet hat und die für ihn durch ein Gebirge umrahmt ist«, verkündete Echnaton auf einer Grenzstele der neuen Hauptstadt beim heutigen Dorf Tell el-Amarna. Neue Leute kamen mit ihm und bauten den Aton-Staat auf, sie waren nur durch die Gunst des Königs erwählt, dem sie untertänigst huldigten: »Du bist Ra, du bist das Abbild des lebendigen Aton! Du wirst seine hohe Lebenszeit verbringen!« Absolute Loyalität drückt sich in den Texten aus, die von den hohen Beamten und Priestern in ihren Gräbern angebracht wurden: »O Herrscher, der mich unter den Menschen erschuf; ausgezeichnet bin ich durch sein Ansehen! Er ließ mich reich sein, da ich arm war.«

Echnaton wird gern als Begründer des Monotheismus bezeichnet, doch schleichen sich mitunter Zweifel ein. Wohl verehrte er Aton als einzige Gottheit, jeglicher andere Kult wurde strengstens verfolgt. Aber gleichzeitig war er der einzige, der Aton erkennen konnte. Alle anderen hatten nur die Möglichkeit,

Hier residierte einst Echnaton: die Fundamente des Palastbezirks von Achet-Aton

Echnaton als das ›lebende Abbild‹ des Gottes zu verehren. Man vermutet, das hier der Grund für die absonderliche Gestalt des Pharao zu suchen ist. Echnaton wurde für die Menschen seiner Zeit der Ersatz für alles, was vorher von den Göttern verkörpert worden war. Er war der Urgott, der aus sich selbst Leben erschuf – daher die Zwittergestalt mit Brüsten und ›gebärfreudigem‹ Becken.

Des Königs Hymnus an den Sonnengott

Im von Echnaton selbst verfaßten Hymnus auf Aton heißt es: »Schön erhebst du dich am Horizonte des Himmels, lebender Aton, mit dem alles Leben beginnt. Fürwahr: Gütig bist du und groß, hochstrahlend ob allem Land. Fern bist du, und doch ist dein Strahlenglanz über der Erde. Und es sehen dich die Menschen, doch niemand begreift deinen Weg. Wie mannigfaltig sind deine Werke! Sie sind dem menschlichen Blick verborgen, o einziger Gott, dem kein anderer gleicht. Nach deinem Willen hast du allein die Erde geschaffen, die Menschen, die Herden, großes und kleines Getier, und alles, was auf Erden nur weilt, auf Füßen umhereilt und fliegend sich hoch in die Lüfte erhebt. … In meinem Herzen bist du, doch niemand ist sonst, der dich kennt, nur Echnaton, dein Sohn. Ihm hast du Einsicht gegeben in deinen Plan, in deine Macht.«

Echnaton

Echnaton und Nofretete

Als göttliche Familie traten Echnaton und Nofretete mit ihren gemeinsamen Töchtern unter die Strahlenarme des Sonnengottes. Nofretete gibt bis heute Rätsel auf. Ihre Herkunft aus Ägypten als Tochter des späteren Königs Eje erscheint mittlerweile recht sicher, doch ist ihr Ende mysteriös. Die große königliche Gemahlin, Mutter zahlreicher Töchter und selbstbewußt neben ihrem Gatten agierende Herrscherin, verschwindet einfach aus der Geschichte. Es haben sich keine Hinweise erhalten, ob die Königin starb, in dem für sie vorbereiteten Grab bestattet wurde oder ob sie möglicherweise in Ungnade gefallen und verbannt worden war – ein weites Feld für Spekulationen. Neben ihr gab es andere Frauen an der Seite Echnatons, Kija und zwei seiner Töchter trugen ebenfalls die Titel von königlichen Gemahlinnen.

Heilsbringer oder Despot?

Die Regierungszeit Echnatons war eine für die Menschen damals vermutlich außerordentlich schwierige und verunsichernde Epoche – alles, was über 2000 Jahre als richtig gegolten hatte, wurde als falsch deklariert. Das ganze Weltbild war ins Wanken geraten – die Menschen hatten Angst vor dem Zorn der Götter, wünschten sich Amun zurück: »Mein Herz sehnt sich nach deinem Anblick, Freude meines Herzens, Amun, du Kämpfer des Armen! Wende dich uns wieder zu, du Herr der Zeitfülle! Du warst hier, als noch nichts entstanden war, und du wirst hier sein, wenn sie zuende sind.« Dieser Text stammt aus der direkten Nachfolgezeit des Echnaton, als Semenchkare auf dem Pharaonenthron saß.

Nach Amarna

Das Land war im äußersten Elend, die Götter hatten sich von diesem Land abgewendet. Wenn man sich an einen Gott bittend wandte, um von ihm Rat zu erfragen, so kam er nicht herbei, in keinem Fall.

Von der Restaurationsstele des Tutanchamun

Echnaton hinterließ bei seinem Tod ungeklärte Verhältnisse. Aus den Quellen ist kein designierter Thronfolger bekannt, und in den Archiven seiner Hauptstadt Achet-Aton (Tell el-Amarna) fand sich die Abschrift eines Briefs der Königswitwe an den hethitischen Herrscher Schuppiluliuma I., der damals wie heute

Der Goldthron des Tutanchamun im Nationalmuseum Kairo

Aufsehen erregt: »Mein Gemahl ist tot, und ich habe keinen Sohn. Aber man sagt mir, daß du viele Söhne hast. Wenn du mir einen deiner Söhne schickst, könnte er mein Gemahl werden.« Ein ausländischer Königssohn hätte durch die Ehe mit einer ägyptischen Königin Anspruch auf den Pharaonenthron gehabt! Tatsächlich scheint ein Sohn des Hethiterkönigs auf die Reise gegangen zu sein, erlag aber unterwegs einem Mordanschlag. Hatten ägyptische Kreise den Mord angezettelt, um die Machtübernahme eines Ausländers zu verhindern? Schuppiluliuma jedenfalls sah das so und setzte sein Heer gegen Ägypten in Bewegung. In der Zwischenzeit bestieg in Ägypten Semenchkare (1336–1332) den Thron. Die Herkunft des neuen Pharao ist unsicher; war er ein Sohn, Halbbruder, Cousin oder Neffe Echnatons? Nach seinem frühen Tod wurde er möglicherweise in Luxor im Tal der Könige beigesetzt.

Kindkönig Tutanchamun

Als nächster Pharao bestieg der Knabe Tutanchaton in Achet-Aton den Thron. Nach nur zwei Jahren gab er das Erbe Echnatons auf und leitete die Rückkehr zur alten Religion ein. Als deutliches Zeichen dafür änderte er seinen Namen in Tutanchamun (1332–1323) und verließ die Residenz in Mittelägypten, um Memphis zur neuen Hauptstadt zu machen. Im ganzen Land wurden die Tempel der alten Götter wiederhergestellt, überall das unter Echnaton ausgehackte Bild des Amun erneuert. Schwerpunkt der Restaurationsarbeiten war Waset, die Stadt des Amun.

Aber auch Tutanchamun fand ein vorzeitiges Ende; die Spekulationen über eine Ermordung wurden durch eine 2005 durchgeführte Computertomographie am Leichnam des Pharao entkräftet. Sein Sterbealter lag nach diesen neuesten Erkenntnissen zwischen 18 bis 20 Jahren. Seine weltweite Berühmtheit verdankt der junge Pharao dem Umstand, daß sein kleines Grab als einziges im Tal der Könige 1922 nach Christus mit fast all seinen Beigaben entdeckt wurde. Die Grabbeigaben befinden sich heute im Nationalmuseum in Kairo.

Nach dem frühen Tod Tutanchamuns gab es keinen männlichen Erben mehr, der als legitimer Nachfolger den Thron hätte übernehmen können. Eje (1323–1319), der schon als Erzieher Tutanchamuns maßgeblich Einfluß auf die Regierungsgeschäfte gehabt hatte, wurde Pharao. Mit ihm starb der endgültig letzte Pharao aus der großen Herrscherfamilie der 18. Dynastie.

Die Goldmaske des Tutanchamun

Haremhab (1319–1292), der als nächster den Thron bestieg, leitete den Wechsel zu einer aus dem Militär stammenden neuen Dynastie ein. Auch er war bereits als Regent für Tutanchamun aktiv geworden. War Haremhab ein erbitterter Gegner Ejes, der später dessen Grab schänden ließ, oder waren beide eher Gleichgesinnte auf dem Weg zurück zu den alten Verhältnissen? Zwang Haremhab eine Schwester der Nofretete gegen ihren Willen zur Ehe, um seinen Anspruch auf den Thron zu legitimieren, oder war seine Gemahlin Mutnedjmet gar nicht königlicher Herkunft? Unter Ägyptologen ist bis heute heftigst umstritten, ob Haremhab ein machthungriger Intrigant oder ein vernunftgesteuerter Pragmatiker war. Spätere Pharaonen sahen ihn als denjenigen, der die ›Maat‹, die Ordnung, wiederhergestellt und die vollständige Restauration der guten alten Zustände bewerkstelligt hatte. Und mit der Einsetzung seines vertrauten Generals und Wesirs Ramses sorgte er endlich nach langer Unruhezeit für eine geordnete Thronfolge.

Aufbruchstimmung

Freue dich du ganzes Land! Die gute Zeit ist gekommen. Ein Herr – Leben, Heil und Gesundheit! – ist erschienen in allen Ländern, Ordnung ist an ihren Platz zurückgekehrt.

Zur Thronbesteigung des Merenptah, 1213 vor Christus

Dem Stammvater der 19. Dynastie, Ramses I. (1292–1290), blieben nur zwei Jahre, in denen er seine Hausmacht für sich und seinen Sohn festigen und damit die Grundlagen für eines der mächtigsten Herrschergeschlechter Ägyptens legen konnte. In jüngster Zeit machte er erneut Schlagzeilen: Nachdem eine in den USA aufbewahrte Mumie sehr wahrscheinlich als Ramses I. identifiziert worden war, wurde sie am 9. März 2004 in einem großen Staatsakt ins Museum von Luxor überführt.

Ramses' Sohn Sethos I. (1290–1279) verdanken wir die überaus eleganten Reliefs im Totentempel von Abydos und die Ausgestaltung des großen Säulensaals von Karnak. In seiner Heimat beim heutigen Dorf Qantir im Ostdelta gründete Sethos eine neue Hauptstadt mit Namen ›Haus des Ramses‹, Pi-Ramesse. Damit verlagerte sich der politische Schwerpunkt nach Nordosten. ›Hausgott‹ der neuen Dynastie war der im Osiriskult so verfemte Seth, der als mächtiger Kriegsgott aber auch der Beschützer der Landesgrenzen war. Trotz der Verlagerung der Residenz ließ Sethos sich im Tal der Könige bestatten, im wohl schönsten der Pharaonengräber. Giovanni Battista Belzoni, der Entdecker des Sethos-Grabs, vermerkte 1817: »Fortuna hat mir eine Befriedigung geschenkt, ... der Welt ein bisher unbekanntes, vollkommenes Monument ägyptischen Altertums präsentieren zu können. Ein Kunstwerk, dessen hinreißende Perfektion alles bisher Bekannte übertrifft, sowohl von der Ausführung als auch dem Grad der Erhaltung her.« Der Zustand des Grabes hat sich seit der Freilegung dramatisch verschlechtert, seit Jahren arbeitet ein internationales Team von Restauratoren an der Rettung dieses einzigartigen Denkmals.

Ramses der Große

Wir betrachten die Fülle deiner Wundertaten, seit du erschienen bist als König der beiden Länder.

Inschrift auf der Kuban-Stele

Der etwa 25jährige Ramses II. (1279–1213) erbte von seinem Vater ein in seinen Grenzen wieder gefestigtes Land, dessen ausländische Besitzungen weitgehend unter Kontrolle gebracht worden waren, sowohl Richtung Syrien-Palästina und Libyen wie auch in Nubien. Doch lange sollte der Frieden nicht halten. Das hethitische Großreich drängte mit Macht in die auch von Ägypten beanspruchten Gebiete Syriens. Im Jahr 4 kam es zur Konfrontation bei Kadesch. Über 50000 Kämpfer auf beiden Seiten standen sich damals am Orontes gegenüber, Amun und Baal sei Dank kam es aber doch nicht zum völligen Vernichtungskrieg. Die Herrscher einigten sich auf einen Friedensvertrag, der ›auf ewig‹ Freundschaft zwischen den beiden Großmächten sichern sollte. Zu Hause widmete sich Ramses verstärkt seiner Lieblingsbeschäftigung, dem Bauen. Pi-Ramesse wurde vergrößert und prächtig ausgestattet, Nubien erhielt eine ganze Reihe von Tempelneubauten, und selbstverständlich waren die Baumeister auch in Memphis und Waset mit Aufträgen wohl versorgt. Die Auftragsbücher der Bildhauer waren so voll, daß sie mit der Lieferung nicht mehr nachkamen. Kurzerhand übernahm man Statuen früherer Pharaonen, überarbeitete sie ein wenig und stellte sie als Bilder Ramses' des Großen in die neuen Tempelhöfe. In dieser Zeit wurde nicht nur viel Neues gebaut; Chaemwaset, einer der Söhne Ramses' II., engagierte sich als Denkmalschützer, Archäologe und Restaurator. An den Pyramidenkomplexen von Gisa wurden Reparaturarbeiten in Angriff genommen.

In der 67jährigen Regierungszeit des Pharao starben viele seiner Kinder und Ehefrauen – das berühmte Grab für seine Lieblingsfrau Nefertari und die riesige Anlage für seine Söhne im Tal der Könige geben eindrucksvolles Zeugnis von der liebevollen Sorge für ihre jenseitige Existenz. Sein eigener Totentempel mit gewaltigen Ramses-Statuen war noch lange Zeit Sitz der Verwaltung der ›Friedhofsstadt‹.

Gefangener Asiat unter den Füßen am Thronsockel von Ramses II.

Krieg mit den Nachbarn und Streit im Inneren

Als 13. Sohn seines über 90jährigen Vaters trat schließlich Merenptah (1213–1204) die Nachfolge an. Schon seit geraumer Weile hatten die Libyer im Nordwesten des Landes für Unruhe gesorgt, die mit den ›Seevölkern‹ aus dem Mittelmeerraum gemeinsame Sache machten und immer wieder Ägyptens Nordgrenzen attackieten. Merenptah gelang es, ihnen eine schwere Niederlage beizubringen. Aufstände in Nubien und in Syrien-Palästina wurden ebenso niedergeschlagen, und der Pharao verkündete auf einer Siegesstele in seinem Totentempel (heute im Museum in Kairo) stolz: »Die Könige werfen sich nieder und rufen schalom … Libyen ist erobert, das Hethiterland befriedet, Kanaan ist mit allem Übel erbeutet. Askalon ist herbeigeführt, Gezer ist gepackt, … Israel ist verwüstet, … wer als Fremdling herumzieht, wird gebändigt.« Bei dieser Inschrift handelt es sich um die älteste bekannte Nennung Israels, die damit auf die Zeit um 1210 vor Christus zu setzen ist.

Nach dem Tod Merenptahs kam es zu Unstimmigkeiten bei der Thronfolge. Sethos II. (1204–1198) wäre als nächster Herrscher ganz Ägyptens zu zählen, gäbe es nicht einen Pharao namens Amenmesse, dessen Regierungszeit (um 1204–1200) sich mit der des Sethos überschneidet. Auch die weitere Königsfolge ist verwirrend: Der junge Siptah (1198–1193) regierte mit seiner Stiefmutter Tausret und dem mächtigen Kanzler Bai. Königin Tausret (1198/1193–1190) übernahm nach dem Tod Siptahs das Pharaonenamt, wurde aber von Sethnacht bekämpft und starb bei vermutlich bürgerkriegsartigen Auseinandersetzungen.

Sethnacht (1190–1187), der Begründer der 20. Dynastie, war der Vater von Ramses' III. (1187–1156). Ähnlich kritisch wie für sein großes Vorbild

Kapellen aus der Regierungszeit von Merenptah in Gebel es-Silsile

Ramses II. die Auseinandersetzung mit den Hethitern erwies sich für diesen die Bedrohung durch die Seevölker: »Die Fremdländer machten ein Bündnis auf ihren Inseln; nicht hielt irgendein Land vor ihren Armen stand; sie kamen heran, vorwärts nach Ägypten«, schildert ein Text aus dem Totentempel Ramses' III. die Situation um 1180 vor Christus. Die erfolgreiche Abwehr dieser wohl vom Balkan und aus der Ägäis stammenden Koalition ist das größte Verdienst dieses Pharao. Trotz wirtschaftlicher Probleme hielt er an einem ehrgeizigen Bauprogramm fest – mehrfach streikten die Arbeiter, weil ihre Entlohnung monatelang ausblieb: »Wegen Hunger und Durst kommen wir hierher. Es gibt keine Kleidung, keine Salben, keinen Fisch, kein Gemüse. Schicke deswegen zu Pharao, unserem guten Herrn und zum Wesir, unserem Vorgesetzten, damit man unseren Unterhalt bereitet.« Nach über 30 Jahren Regierung wurde Ramses III. von Mitgliedern der eigenen Familie ermordet, die in einer Haremsverschwörung gegen die geplante Thronfolge rebellierten. Doch gelang es dem designierten Erben Ramses IV. (1156–1150), den Putsch niederzuschlagen, die Mörder seines Vaters wurden hingerichtet.

Bis zum Ende der 20. Dynastie folgten bis zu Ramses XI. noch sieben Pharaonen dieses Namens, die mit einer Pockenepidemie, schlechter Wirtschaftslage, Angriffen libyscher Stämme und Plünderungen im Tal der Könige zu kämpfen hatten. Ihren dramatischen Höhepunkt erreichte diese Entwicklung unter Ramses XI. (1105–1076), dem die Sicherheitslage zu entgleiten drohte: Der vom König zur Verwaltung Nubiens eingesetzte Vizekönig von Kusch versuchte in Oberägypten die Macht zu ergreifen. Bürgerkrieg überzog das Land, im Süden übernahmen die Priester des Amun unter Führung von Herihor die Macht.

Gottesstaat des Amun oder Pharaonenreich im Delta?

Du bist der tapfere Verteidiger aller Götter. ... Daher flehen wir dich an. Sieh, er (Amun) hat uns dich gebracht, damit wir unser Elend überwinden und den Sturm um uns unterbrechen, denn dieses Land ist vollkommen gesunken.

Inschrift des Hohepriesters Osorkon am Bubastiden-Tor von Karnak, um 835 vor Christus

Smendes, der erste Herrscher der 21. Dynastie, mußte die Koexistenz des Priesterstaates von Theben akzeptieren. Auch als die Hohepriester des Amun begannen, ihre Namen wie die des Pharao in Kartuschen zu schreiben und fast ganz Oberägypten regierten, kam es nicht zu kämpferischen Auseinandersetzungen. Scheinbar sahen die Regenten der beiden Länder ein, daß ein friedliches Neben- und Miteinander die bessere Lösung war. Diplomatische Heiraten stärkten die Freundschaft. Unter Psusennes (1039–991) wurde Tanis, die neue Hauptstadt in Unterägypten, ausgebaut. Ihr großer Nilhafen, an dem der Handel zwischen dem Mittelmeer und Oberägypten abgewickelt wurde, brachte wirtschaftlichen Aufschwung. Die Ausstattung der Königsgräber von Tanis mit Goldmasken und exquisiten Schmuckstücken spiegelt diesen Reichtum, zu sehen sind diese Gegenstände heute im Nationalmuseum.

Sowohl die Pharaonen von Tanis wie der Gottesstaat des Amun in Theben mußten sich gegen eine dritte Kraft im Land wehren. Libysche Stämme, die als Söldner schon lange am Westrand des Deltas heimisch geworden waren, beanspruchten immer mehr Macht. Die Priester von Theben erbauten mächtige Festungen in Mittelägypten, doch im Delta gelang es diesen Meschwesch und Libu, ihr Einflußgebiet auszudehnen.

Um 950 vor Christus eroberten die libyschen Meschwesch unter Scheschonk dann auch den Gottesstaat des Amun von Theben, und Psusennes II. (959–945) von Tanis erkannte diesen neuen Mann offiziell als Pharao im Süden an.

Es dauerte nur noch fünf Jahre, bis die Libyer mit der 22. Dynastie ihre Macht über das ganze Land ausdehnten. Scheschonk I. (945–924) vollzog die Reichseinigung und errichtete im Ostdelta mit Bubastis eine neue Residenz. Völlig in altägyptischer Tradition unternahmen es die neuen Herren, das Ansehen Ägyptens im Ausland wiederherzustellen: Als Militärs gelang ihnen die Rückeroberung einer Reihe von Stadtstaaten in Palästina. Dabei kam es um 925 zum berühmten Einfall in Jerusalem und der Plünderung des von Salomo erbauten Jahwe-Tempels, wie es in der Bibel, im Buch 1. Könige, beschrieben ist: »Aber im fünften Jahr des Königs Rehabeam zog Sisak, der König von Ägypten, herauf wider Jerusalem und nahm die Schätze aus dem Hause des Herrn und dem Hause des Königs und alles, was zu nehmen war, und nahm alle goldenen Schilde, die Salomo hatte machen lassen.« Mit den erbeuteten Schätzen scheinen Scheschonk und seine Nachfolger Osorkon I. (924–889) und Osorkon II. (874–850) am Nil ein anspruchsvolles Bauprogramm finanziert zu haben, das selbstverständlich auch den Amun-Tempel von Karnak einschloß. Denn trotz aller wiedererstarkter Macht der Pharaonen war die Bedeutung der Amunspriester nach wie vor groß. Besonders die Gottesgemahlin des Amun, deren Amt seit etwa 1050 vor Christus mit immer größerer Machtbefugnis ausgestattet worden war, spielte in der Politik eine wichtige Rolle.

Die Ruhe im Land hielt rund hundert Jahre. Andere libysche Stämme hatten die Zeit genutzt, Ämter und Ländereien zu erwerben und ein unabhängiges Fürstentum im Westdelta um die Stadt Sais

Statue der Amenirdis, Hohepriesterin des Amun, im Museum Assuan

zu errichten. Ab 840 herum kontrollierte die 22. Dynastie nur noch Bubastis und Tanis, denn auch Theben war wieder abtrünnig geworden. Die genauen politischen Verhältnisse dieser Zeit zu rekonstruieren, ist aufgrund der spärlichen Quellenlage nahezu unmöglich. Um 820 etablierte sich die 23. Dynastie, deren Könige sich mit mindestens zwei Konkurrenten im Land abfinden mußten, und ab 725 teilten sich sogar bis zu fünf Könige die Macht am Nil.

Neue Herrscher aus dem Süden

Als die Erde sich mit einem neuen Tag erhellte, kamen jene zwei Herrscher des Südens und zwei Herrscher des Nordens mit Uräusschlangen, um die Erde vor der Macht Seiner Majestät zu küssen. Und so kamen die Könige und die Fürsten des Nordens die Schönheit Seiner Majestät bewundern.

Siegesstele des Piye vom Gebel Barkal, um 725 vor Christus

Bereits um 740 herum hatte sich Piye (747–716), der nubische König von Kusch, die Herrschaft über Oberägypten gesichert, indem er dort nach einem Eroberungszug seine Schwester Amenirdis I. als Gottesgemahlin des Amun einsetzen ließ. Erst als unterägyptische Widerständler unter Führung von Tefnacht und seinem Sohn Bakenrenef (24. Dynastie) ihn herausforderten, machte er sich zur Eroberung des ganzen Landes auf den Weg nach Norden. Nach einem offenbar leichten Sieg zog er sich jedoch wieder in seine Residenz nach Napata zurück. Und provozierte damit einen zweiten Versuch der Unterägypter, das Land unter ihrer Führung zu vereinen. Piyes Bruder und Nachfolger Schabaka (716–702) brachte Bakenrenef eine endgültige Niederlage bei und ließ sich im Jahr 713 als erster Pharao der 25. Dynastie zum ›Herrn der beiden Länder‹ krönen. Dabei definierten die kuschitischen Herrscher diesen Ausdruck neu: Die beiden Länder waren nicht mehr Unter- und Oberägypten, sondern Ägypten und Kusch. Seit jeher von Amun als ein Reich geschaffen, waren es die Herrscher aus dem Süden, denen es endlich vergönnt war, den Willen des großen Gottes zu verwirklichen. Als deutlich sichtbares Zeichen trugen sie den Doppeluräus, zwei Kobras, als Herrschaftszeichen an der Stirn. Schabaka widmete sich der Restaurierung alter Tempelbauten im ganzen Land, sorgte für die Wiedereinsetzung der Kulte und sicherte Ägypten mit diplomatischen Mitteln Frieden. Die Geisteswissenschaftler und Künstler der damaligen Zeit beschäftigten sich intensiv mit den Werken der klassischen Epochen der ägyptischen Kultur, dem Alten und Mittleren Reich. Das Ergebnis war eine Blütezeit der Kunst, die Altehrwürdiges im pharaonischen Stil mit typisch Kuschitischem verband. Zu bewundern sind Statuen aus dieser Zeit im Nubischen Museum von Assuan. Die Durchdringung der Kulturen zeigt sich auch in den Grabbauten der 25. Dynastie bei Napata: Piye hatte dort eine neue Bautradition begonnen, indem er über dem Grab eine Pyramide errichten ließ.

Der wichtigste König der 25. Dynastie war Taharqa (690–664), der seine Herrschaft vom Mittelmeer bis zum heutigen Khartum ausübte. Er führte die Regierungsgeschäfte von seiner Residenz in Memphis, während als Statthalterin in Theben seine Schwester Schepenupet II. das Amt der Gottesgemahlin des Amun innehatte. Gewaltige Bauvorhaben in Karnak, vor allem aber in Nubien, betonten die enge Verbindung des kuschitischen Königshauses mit dem großen Gott Amun. Mit dem Erstarken des assyrischen Reichs kamen aber Probleme: Noch gelang es Taharqa zwar, die Angriffe Sanheribs (705–681) abzuwehren, doch dessen Nachfolger Assarhaddon (681–669) brachte dem Pharao eine schmähliche Niederlage bei. Bis nach Memphis drangen die Assyrer vor und schlugen Taharqa in die Flucht. Ein dritter Angriff unter Assurbanipal erreichte sogar Theben, Taharqa mußte sich nach Napata zurückziehen. Sein Sohn Tanwatamani (664–656) versuchte noch einmal die Rückeroberung, scheiterte aber an dem Bündnis der Assyrer mit den im Delta wiedererstarkten Fürsten von Sais. Theben wurde 663 geplündert, weigerte sich allerdings noch bis 656, die neuen Machtverhältnisse anzuerkennen. Erst dann konnten sich die Könige der neue 26. Dynastie (664–525) mit Fug und Recht als Herrscher über ganz Ägypten bezeichnen.

Die Säule des Taharqa von Karnak

Von der Unabhängigkeit zur Kolonie

Amasis soll, als er noch ein einfacher Mann war, viel gezecht und gelacht haben und gar nicht ernst und arbeitsam gewesen sein. ... Unter dem König Amasis soll Ägypten den größten Reichtum besessen haben. Der Strom spendete dem Lande, und das Land spendete den Menschen. Zwanzigtausend bewohnte Städte soll es damals in Ägypten gegeben haben.

Herodot, um 450 vor Christus

Im Jahr 655 vor Christus gelang es den Saiten unter Psammetich I. (656–610), endlich auch die Assyrer abzuwehren. Bei den von der unterägyptischen Dominanz wenig begeisterten Thebanern installierte der König seine Tochter Nitokris als Gottesgemahlin des Amun und stattete sie und den Tempel des Gottes mit einer überaus großzügigen Mitgift aus.

Im Inneren wurden eine Reihe von Reformen angestoßen, zu der auch die Einführung des Demotischen, einer neuen vereinfachten Schrift, gehörte.

Außenpolitisch war von allen Seiten mit Angriffen zu rechnen – Psammetich mußte sein Militär ausbauen. Er setzte dabei auf die Errichtung einer seetüchtigen Flotte, waren doch die Feinde in den letzten Jahrhunderten oft übers Mittelmeer gekommen. Söldner aus aller Herren Länder wurden in den Grenzgarnisonen stationiert. Sein Nachfolger Necho II. (610–595) begann den Bau eines Kanals zwischen dem östlichen Nilarm und den Bitterseen nördlich des Golfs von Suez, konnte das Werk aber nicht vollenden.

Memphis entwickelte sich während der 26. Dynastie zu einer echten Weltstadt mit Tempeln der unterschiedlichsten fremdländischen Gottheiten, Ausländervierteln für Händler und Söldner sowie königlichen Palastanlagen. Bei der Ausgestaltung der wichtigsten Bauwerke kopierten die Künstler über 1000 Jahre alte Vorbilder aus der 12. Dynastie. Griff man bewußt auf die gute alte Zeit zurück, um die eigene Schwäche zu überdecken?

Unter Apries (589–570) war es nach einer schweren Niederlage gegen Kyrene zum Aufstand gekommen, der den General Amasis (570–526) an die Macht brachte. Als erfolgreicher Militär schlug er babylonische Angriffe auf Ägypten zurück und eroberte Teile Zyperns. Geschickte Diplomatie brachte ihm Bündnisse mit wichtigen Partnern gegen das erstarkende Perserreich. Im Delta erlangte die von griechischen Händlern gegründete Stadt Naukratis große wirtschaftliche Bedeutung. Im Gegensatz zu der wenig schmeichelhaften Beschreibung bei Herodot galt Amasis anderen Zeitgenossen als großer Weiser. Seine Tochter Nitokris II. amtierte als letzte Gottesgemahlin des Amun in Theben, ihre Grabkapelle befindet sich im Tempel von Medinet Habu.

Wenig Zeit blieb dem Sohn des Amasis, Psammetich III., bevor noch im Jahr seiner Thronbesteigung 525 das persische Heer zum Angriff auf Ägypten überging. Beide Seiten hatten griechische Söldner in ihrem Aufgebot. Der in ägyptischen Diensten stehende Phanes von Halikarnass war zu den Persern übergelaufen und hatte ihnen wichtige Informationen verraten. Als es bei Pelusium am Westrand des Sinai 525 zur Schlacht kam, erlitt Ägypten eine vernichtende Niederlage.

Die Perser am Nil

Kambyses eroberte sogar Memphis und mit der alten Krönungsstadt erhob er Anspruch auf ganz Ägypten. Zwei weitere Eroberungszüge nach Nubien und zur Oase Siwa scheiterten jedoch. Von Legenden umrankt ist vor allem der Zug durch die Wüste nach Siwa, bei dem angeblich das ganze Heer des Perserkönigs von einem Sandsturm begraben wurde. Darius I. trat 522 die Herrschaft über das Achämenidenreich an. Er ließ den unter Necho II. begonnenen Kanal zum Roten Meer fertigstellen, ordnete eine Niederschrift altägyptischer Gesetzestexte an und baute in der Oase el-Charga einen Tempel, der ein regelrechtes ›Who is who‹ der altägyptischen Götterwelt darstellt. Die Kunstfertigkeit der Ägypter wurde so hoch geschätzt, daß Künstler vom Nil an den achämenidischen Königshof geholt wurden; der Beamte und Priester Chnumibre trug den Titel eines ›Leiters der

Arbeiten auf der ganzen Erde‹. Xerxes I. (465–424) hinterließ im Gegensatz zu seinem Vater keine guten Erinnerungen in Ägypten – im Gegenteil galt er als Inbegriff des Tyrannen. Da sein Regierungsantritt von einem Aufstand der Ägypter begleitet worden war, hatte er wohl gleich von Anfang an hart durchgegriffen.

Im Jahr 404 nutzte Ägypten die Chance, sich von der Fremdherrschaft zu befreien, als es bei der Thronbesteigung von Artaxerxes II. in Persien selbst Widerstand gab.

Aus Sais im Delta stammte Amyrtaios, der Befreier Ägyptens, der allerdings ein paar Jahre brauchte, um auch im Süden des Landes anerkannt zu werden. Kurz nach diesem Erfolg wurde er 399 vom Begründer der 29. Dynastie, Nepherites I. (398–393), hingerichtet. Eine neue Residenz wurde im Westdelta in Mendes angelegt, Ägypten genoß eine zehnjährige Pause im Kampf gegen Persien, das sich gerade mit Sparta bekriegen mußte. Doch um 385 brachen wieder Kämpfe aus, in denen sich Pharao Achoris (390–378) zwar tapfer schlug – aber dafür zu Hause seine Gegner nicht von der Machtübernahme abhalten konnte. Nektanebos I. (378–360) aus der Deltastadt Sebennytos bestieg den Thron. Noch einmal wurde ein großes Bauprogramm aufgelegt, auch militärisch konnte Nektanebos triumphieren und gemeinsam mit seinem Sohn Theos die Perser zurückschlagen. Sein Großneffe schnappte sich 359 den Thron, während Theos auf Kriegszug weilte und behauptete sich ganze 18 Jahre an der Macht, bevor ihn schließlich doch die übermächtigen Perser verdrängten.

Zehn Jahre währte die zweite Perserherrschaft (341–332), die als 31. Dynastie gezählt wird. Die Könige Artaxerxes III. und Arses waren recht glücklose Figuren, die nacheinander von ihrem Heerführer Bagoas vergiftet wurden, und auch Darius III. konnte sein Amt nicht genießen, mußte er sich doch nach nur drei Jahren auf dem Thron dem großen Alexander geschlagen gegeben.

Alexander der Große

Der meister, den er dô gwan, was Aristotiles der wîse man. Der lartin alle di cundic heit, wî der himel umbe geit. ... Rôme und Egiptelant stânt beide an sîner hant. Er hât ouh manic ander lant verwunnen und verbrant, bedwungen und zestôret, der ein teil Dario hôret.

Alexanderlied des Pfaffen Lamprecht, um 1170 nach Christus

Im Jahr 333 vor Christus kam es zur Entscheidungsschlacht zwischen Griechen und Persern bei Issos im heute türkisch-syrischen Grenzgebiet. Darius III. unterlag dem großen Feldherrn Alexander, der im weiteren Verlauf seines Eroberungszugs nach Ägypten vorstieß. Der dortige Statthalter Persiens übergab das Land kampflos, und Alexander gelangte 332 vor Christus im Triumph bis nach Memphis. An der Mittelmeerküste in der Nähe der Siedlung Rakotis veranlaßte er die Gründung der Stadt Alexandria. Um als Pharao Ägyptens mit Zustimmung der Götter inthronisiert werden zu können, zog der große Eroberer längs der Küste bis nach Siwa zum Tempel des Amun. Das Orakel war dem jungen Griechen günstig – Amun erkannte ihn als seinen Sohn an und damit als rechtmäßigen Herrscher

Ägyptens und der ganzen Welt. Offenbar war dieser Aufwand nötig gewesen, um die Zustimmung der Priester von Memphis zur Königskrönung Alexanders zu erhalten. Oberägypten mußte auf einen Besuch des ›tapferen Herrschers, der sich den Fremdländern nähert‹ – so einer der Namen der ägyptischen Königstitulatur Alexanders – verzichten, denn ihn lockten weitere Eroberungen im Osten seines Weltreichs. Nur zehn Jahre später starb er in Babylon, sein Leichnam wurde nach Ägypten gebracht und in Alexandria bestattet.

Nachfolgeregelung

Mit dem Tod ihres Herrn verwickelten sich die von ihm als Verwalter der einzelnen Teile seines Riesenreichs eingesetzten Statthalter in heftige Konkurrenzkämpfe. General Ptolemaios sicherte sich Ägypten, respektierte aber pro forma noch den Anspruch der offiziellen Erben Alexanders, seines Halbbruders Philippos Arrhidaios (323–317) und seines Sohnes Alexanders IV. (317–305). Erst als der Zerfall des Großreichs nicht mehr zu übersehen war, nahm Ptolemaios I. (305–285) den Pharaonentitel an. Er eroberte Syrien und Phönikien und sicherte Ägypten die Kyrenaika, zeitweise auch Zypern und eine Reihe griechischer Inseln. In Ägypten begann er ein großes Landgewinnungsprojekt im Faijum, organisierte die Wirtschaft des Landes und führte ein einheitliches Münzsystem ein. In Alexandria, das zur neuen Residenz erwählt wurde, gründete er die später so berühmte Bibliothek und das Museion. Als neue Staatsgottheit wurde Serapis verehrt, der sowohl Züge des griechischen Zeus wie der ägyptischen Götter Amun und Osiris in sich vereinte. Als Ptolemaios I. im Alter von 84 Jahren starb, hinterließ er seinem Sohn Ptolemaios II. ein weitgehend gefestigtes Reich.

Die Ptolemäer

Zwar hatte ihn sein Vater schon zum Mitregenten ernannt, doch da Ptolemaios II. (283–246) bloß ein Sohn aus dritter Ehe war, machten ihm seine Halbgeschwister den Thron nach dem Tod des Vaters streitig. Die blutigen Auseinandersetzungen sollten prägend für fast die gesamte Ptolemäerzeit werden. Arsinoë II., seine Schwester, brachte nach einigen Umwegen ihren Bruder dazu, seine erste Frau Arsinoë I. mit ihren Kindern vom Hofe zu verbannen und sie zu heiraten – ein für Griechen skandalöses Arrangement.

Die Trockenlegung der Sumpfgebiete im Faijum brachte einen großen Zuwachs an landwirtschaftlich nutzbarem Land, zahlreiche Orte wurden hier neu gegründet. Im Süden Ägyptens gab Ptolemaios II. den Neubau des Isis-Tempels von Philae in Auftrag, in Alexandria wurde ein Weltwunder fertiggestellt: der Leuchtturm von Pharos. Als Sohn Arsinoës II. erbte Ptolemaios III. das Reich, das er durch seine Heirat mit Berenike, der Tochter des Königs der Kyrene (Libyen), erweiterte. Im 3. syrischen Krieg (246–241) festigte sich dann auch noch der Anspruch auf Syrien – Ägyptens Macht erreichte nach langer Zeit wieder einen Höhepunkt. Doch wurde das ptolemäische Herrscherhaus daheim am Nil nicht überall geliebt: Aufgrund enormer Steuerbelastungen meuterten die Provinzen Oberägyptens, es kam zu schweren Ausschreitungen gegen die Vertreter der Regierung. Möglicherweise versuchten die Ptolemäer mit ihrer großzügigen Spenden- und Baupolitik die ägyptische Priesterschaft – seit jeher wichtige Träger der Verwaltung – auf ihre Seite zu ziehen. Ptolemaios III. (246–221) jedenfalls stiftete den Neubau des großen Horus-Tempels von Edfu, gab Gelder für Isis von Philae, Amun von Karnak, Chnum von Esna und weitere Heiligtümer.

In Alexandria unterrichtete der große Gelehrte Erathostenes (276–194) an der Bibliothek. Er berechnete als erster den Umfang der Erde, die Entfernungen zur Sonne und zum Mond und den Neigungswinkel der Erdachse. Auch vermutete er, daß die Quellen des Nil in Seen irgendwo im Süden zu suchen und daß die alljährlichen Überschwemmungen auf Regenfälle zurückzuführen seien.

Nichts als Ärger im ganzen Land

Unter Ptolemaios IV. (221–205) und seiner Schwestergemahlin Arsinoë III. gab es in Alexandria erst einmal wieder eine Mordserie innerhalb der Familie: Mutter, Onkel und Bruder wurden aus dem Weg geräumt. Gegen Ende seiner Regierung kam es ausgehend von Theben zu einem erneuten Aufstand. Dort leitete Harwennefer, der sich zum Gegenkönig ausrufen ließ, die Opposition gegen das ausländische Königshaus im Norden. Ganz offensichtlich entglitt den Ptolemäern für längere Zeit die Kontrolle über den Süden Ägyptens, denn bis 186 vor Christus mußten auch die Bauarbeiten am Tempel von Edfu eingestellt werden. Zwanzig Jahre Bürgerkrieg, der zeitweise bis ins Delta übergriff, verschlechterten die Lage im Land. Nach der endgültigen Niederschlagung des Gegenkönigtums zeigte sich Ptolemaios V. (205–180) besonnen, er verfügte Steuererleichterungen und erließ eine Amnestie, die allerdings nicht den Anführern des Widerstands galt. Sein Erlaß wurde in demotisch, hieroglyphisch und griechisch auf verschiedenen Stelen festgehalten – ein Exemplar lieferte im 19. Jahrhundert nach Christus dem französischen Gelehrten Jean-François Champollion den Schlüssel zur Entzifferung der Hieroglyphen: der Stein von Rosette. Bei dem Versuch, die

Opfernde Ptolemäer in Kom Ombo

zwischenzeitlich verlorenen Gebiete in Syrien und Kleinasien zurückzuerobern, wurde Ptolemaios noch vor Beginn des Feldzugs von seinen eigenen Militärs vergiftet, die daraufhin den noch minderjährigen Ptolemaios VI. zum Herrscher ausriefen. Seine Mutter, Kleopatra I., übernahm die Regentschaft, wurde aber vier Jahre später ebenfalls ermordet.

Krieg von außen und Machtkämpfe in Alexandria destabilisierten das Land weiter. Nur durch die Einmischung Roms konnte die Eroberung Ägyptens durch die Seleukiden unter Antiochos IV. verhindert werden.

Zwei konkurrierende Ptolemäer (VI. und VIII.) sorgten allerdings weiterhin für Abwechslung. Im Faijum rührte sich der Unmut, Tausende von Menschen versuchten sich durch Landflucht der drückenden Steuerlast zu entziehen. Trotz all dieser Schwierigkeiten wurde in Nubien und Oberägypten fleißig gebaut: Ed-Dakke, Philae, Esna, Edfu und Karnak erhielten Erweiterungen, in Kom Ombo wurde gar ein neues Heiligtum für Sobek und Haroëris gegründet. Abstoßend wirkt das Verhalten der weiteren Herrscher: Ptolemaios VIII., der seinen Konkurrenten Nr. VII ermorden ließ, heiratete zur Festigung seiner Macht dessen Mutter Kleopatra II., zeugte mit ihr einen Sohn und heiratete dann ihre Tochter Kleopatra III. Aus dieser Ehe stammte schließlich der Nachfolger, Ptolemaios IX. Kein Wunder, daß es zum Bürgerkrieg kam, in den diverse ausländische, aber verschwägerte Staaten verwickelt wurden. Auch unter Ptolemaios IX. und X. verbesserte sich die Situation nicht – Kleopatra II. und III. unterstützten jeweils einen der beiden Brüder. Unternubien ging an das Reich von Meroë verloren, die Region um Theben probte erneut den Aufstand. Ptolemaios XII. (80–51) wurde von den Bewohner Alexandrias zum Herrscher berufen, und es gelang ihm, Ägyptens Unabhängigkeit gegen Ansprüche Roms zu verteidigen. In seinem Testament hatte nämlich Ptolemaios X. Ägypten den Römern vermacht, was sein Nachfolger nur durch erhebliche Bestechungsgelder vorübergehend vergessen machen konnte. Zeitweise mußte Ptolemaios XII. in Rom um Asyl ansuchen, während seine Tochter Berenike IV. in Alexandria herrschte, die er nach seiner Rückkehr dafür ermorden ließ.

Kleopatra – Ägyptens letzter Pharao

52 vor Christus ernannte Ptolemaios XII. Kleopatra VII. (51–30) zur Mitregentin, die als letzte Herrscherin Ägyptens Geschichte machte. Neben dem familienüblichen Willen zur Macht besaß Kleopatra offenbar auch ein gerüttelt Maß an Intelligenz und Bildung. Sie soll 17 Sprachen beherrscht haben, darunter – übrigens als einzige aus der Ptolemäerdynastie – auch Ägyptisch und Nubisch. Sie war gezwungen, ihren Bruder Ptolemaios XIII. als Mitregenten zu akzeptieren, er zwang sie sogar vorübergehend ins Exil.

Als Vertreter Roms wurde Caesar auf Seiten der Kleopatra in den Machtkampf der Geschwister verwickelt. Während seines Aufenthalts in Alexandria kam es zu einem verheerenden Brand, dem große Teile der Bibliothek zum Opfer fielen. Ptolemaios XIII. starb, Caesar und Kleopatra traten nach diesem Sieg ihre berühmte gemeinsame Nilreise an. Nach der Geburt von Ptolemaios Caesarion besuchte

Kleopatra Caesar in Rom, was dort mit gemischten Gefühlen aufgenommen wurde. In der Folge von Caesars Ermordung im Jahr 42 übernahm Marc Anton die Verwaltung des Ostens – und erlag ebenso dem Charme der großen Kleopatra wie sein Vorgänger. Die gemeinsamen Zwillinge und ein weiterer Sohn wurden von Marc Anton reich mit römischen Besitzungen in Armenien, Medien, Libyen, Phönikien und Syrien ausgestattet. Kleopatra erhielt den Titel ›Königin der Könige‹ und herrschte uneingeschränkt über Ägypten und Zypern. Rom und besonders Octavian betrachteten dies als unzumutbare Provokationen. Die Scheidung Marc Antons von Octavians Schwester brachte das Faß zum Überlaufen. Kleopatra wurde zum Staatsfeind erklärt, Marc Anton all seiner Ämter enthoben. Es kam zum Krieg, den die vereinten Flotten von Kleopatra und Marc Anton 31 vor Christus bei Actium verloren. Am 1. August 30 eroberte Octavian Alexandria – Marc Anton und Kleopatra begingen Selbstmord.

Kleopatra die Große erscheint am Hathor-Tempel von Dendera

Ägypten als römische Provinz

Hier sind die Serapisverehrer Christen, und die sich Christi Bischöfe nennen, verehren auch den Serapis. Hier gibt es keinen jüdischen Synagogenvorsteher, keinen Samariter, keinen christlichen Priester, der nicht Astrolog, Opferdeuter und Salber wäre.

Hadrian (117–138) an Konsul Servian

Nachdem Octavian, der spätere Kaiser Augustus (30 vor bis 14 nach Christus), Ägyptens Unabhängigkeit endgültig gebrochen hatte, verlor das Land an politischer Bedeutung und wurde mehr und mehr zur Kornkammer Roms degradiert. Bis zu 135 000 Tonnen Getreide jährlich wurden vom Nil an den Tiber gebracht! Die Verwaltung lag in der Hand von Präfekten, die wie Cornelius Gallus vorrangig ihr eigenes Fortkommen im Auge hatten. Irrwitzige Steuern wurden verhängt, die einen großen Teil der Landbevölkerung veranlaßten, die fruchtbaren Uferstreifen zu verlassen und ihr Heil in der Wüste zu suchen. Ein Kriegszug nach Nubien führte um 20 vor Christus zur Festlegung der Grenze zwischen Rom und

Meroë. Obwohl Augustus ägyptische Götterkulte in Rom streng verfolgen ließ, wurde in Ägypten weiter an den alten Tempeln gebaut, und selbst die römischen Herrscher erschienen als gute Pharaonen im Schurz mit Doppelkrone an den Wänden. In der Regierungszeit des Augustus unternahm Strabo seine vierjährige Ägyptenreise und verfaßte anschließend eine ausführliche Landesbeschreibung. Augustus' Stief- und Schwiegersohn Tiberius (14–37 nach Christus) war aufgrund seiner Beschäftigung mit unbotmäßigen Germanen mehr im Norden engagiert, dennoch trat auch er als Bauherr am Nil auf. In Rom selbst veranlaßte er die Zerstörung des Tempels der Göttin Isis. Sein Nachfolger Caligula (37–41) setzte die Göttin wieder in ihre Rechte ein und ließ ihren berühmten Tempel auf dem Marsfeld erbauen. Mit der Einführung des Kaiserkults im ganzen römischen Reich kam es auch zu Aufständen in Ägypten. Vor allem die jüdische Gemeinde in Alexandria, die sich der Aufstellung einer Kaiserstatue in ihrer Synagoge widersetzte, erlebte schwere Verfolgungen. Nach der Ermordung Caligulas trat Claudius (41–54) die Nachfolge an, der in Ägypten vor allem als Begründer des Chnum-Tempels von Esna Spuren hinterlassen hat. Die Herrschaft des verschwenderischen Nero (54–68) leerte die Staatskassen und führte auch am Nil zu wirtschaftlichen Problemen, dennoch wurde zwischen Philae, den Oasen und Mittelägypten munter weitergebaut. Nicht nur in Rom, sondern im ganzen Reich wurden die Christen verfolgt. Von Alexandria aus gelang es Vespasian (69–79), die Macht in Rom zu ergreifen. Die von ihm und seinem Sohn Titus (79–81) betriebene Verfolgung der Juden traf auch die in Ägypten ansässigen Gemeinden, deren Tempel geschlossen wurden. Eine zweite Welle der Christenverfolgung gab es unter Domitian (81–96), der lieber der Isis huldigte.

Römische Kaiser im Ägypten-Fieber

Im Verlauf der römischen Eroberungen gelangte der Kult der großen Muttergöttin Isis mit den Legionen auch weit über die Alpen: Sogar Trier und Mainz besaßen eigene Isis-Tempel! Ägyptische Statuen und Obelisken wurden in größerem Maßstab nach Rom importiert, wo auch die einheimischen Baumeister ägyptisierend arbeiteten. Trajan (97–117), der Soldatenkaiser, große Reformator und ›größte Feldherr seit Julius Cäsar‹, trat auch in Ägypten belebend in Erscheinung. Der unfertige Kiosk von Philae, die Festungsbauten am alten Nilhafen von Kairo sowie der Kanal zwischen Rotem Meer und Niltal waren nur einige seiner Bauprojekte. Regelrecht ägyptoman war sein Nachfolger Hadrian (117–138), der 130 eine Schiffsreise auf dem Nil unternahm, bei der sein Liebling Antinoos ums Leben kam. Ihm zu Ehren wurde in Mittelägypten die Stadt Antinoopolis gegründet; zahlreiche Statuen zeigen den vergöttlichten Antinoos in pharaonischem Stil. Um 152, 172 und 175 kam es zu Aufständen in Ägypten, die unter den jeweiligen Herrschern Antonius Pius (138–161) und Marc Aurel (161–180) niedergeschlagen wurden. Caracalla, der im Jahr 215 mit Spott von den Bewohnern Alexandrias empfangen wurde, rächte sich blutig – dennoch huldigte er dem ägyptischen Gott Serapis, und auch Isis gehörte nun zu den bevorzugten Gottheiten des römischen Reichs.

Der Trajans-Kiosk in Philae

Multikulturelle Glaubenswelten

In der Zeit des 1. und 2. Jahrhunderts nach Christus entstanden in den griechischen und römischen Kolonien im Faijum Kunstwerke ganz eigenen Charakters: Stark beeinflußt von altägyptischen Glaubensvorstellungen wurden für die aufwendig mumifizierten Verstorbenen sogenannte ›Mumienportraits‹ angefertigt. Es entstanden lebensnahe Bildnisse von Männern und Frauen in römischer Tracht. Parallel dazu wurden in anderen Regionen Ägyptens Masken aus Stuck für die Mumien angefertigt, die mit kräftigen Farben und – je nach Vermögen – auch Blattgold bemalt wurden. Nicht nur die im Glauben ägyptisierten Griechen und Römer behielten altägyptische Bestattungssitten bei, auch die junge christliche Gemeinde mumifizierte ihre Verstorbenen. Dabei waren ihnen offenbar nicht alle Praktiken genau bekannt: Zwischen den altägyptischen und christlichen Einbalsamierern in der Oase el-Charga kam es zu einem fachspezifischen Briefwechsel.

Byzanz übernimmt

Nach dem Auseinanderbrechen des römischen Imperiums fiel Ägypten Ende des 4. Jahrhunderts unter die Oberherrschaft von Byzanz. Mit der Kirchenspaltung nach dem Konzil von Chalkedon verschlechterten sich in der zweiten Hälfte des 5. Jahrhunderts die Beziehungen zwischen Konstantinopel und Alexandria dramatisch. Enorme Steuerforderungen, Seuchen und Hungersnöte bedrückten die Bevölkerung, Ägypten verlor immer mehr an Bedeutung.

Anfang des 7. Jahrhunderts verwickelten sich Byzanz und das persische Sassanidenreich in schwere Kämpfe. Unter Chosrau II. gelang es 619 den Sassaniden, Ägypten zu erobern und sich dort rund zehn Jahre zu halten, bevor Kaiser Herakleios sie 628/629 wieder vertreiben konnte.

Frühes Christentum am Nil

Bereits im 1. Jahrhundert wurden Texte der Evangelien übersetzt, um der jungen Gemeinde am Nil das Wort Gottes näher zu bringen. Weltweites Aufsehen erregten die 1945 entdeckten koptischen Handschriften von Nag Hammadi. Sie stammen aus dem 4. Jahrhundert und enthalten eine Sammlung teils älterer, stark gnostisch beeinflußter christlicher Texte. Zu den Schriften dieser Sammlung gehören das Thomas-Evangelium, das Ägypter-Evangelium und die Apokryphen des Johannes. Möglicherweise waren sie von Mönchen vergraben worden, als derartige Texte für ketzerisch erklärt worden waren.

Maßgebend für die theologische Entwicklung Ägyptens waren die Gelehrten der um 180 gegründeten Katechetenschule von Alexandria. Bedeutende Lehrer dort waren Anfang des 3. Jahrhunderts Klemens von Alexandria und Origenes, der als Begründer der Bibelforschung gilt.

Schenute (333–451), Vorsteher des Weißen Klosters von Sohag in Oberägypten, war für die koptische Kirche als Theologe und Literat von besonderer Bedeutung. Als hochgebildeter Mann verhalf er dem Koptischen, das über Jahrhunderte nur als einfache Volkssprache genutzt worden war, wieder zu Ansehen. In seinen Reden und Predigten wandte er sich scharf gegen noch existierende alte Kulte und schreckte bei der Verbreitung des christlichen Glaubens auch nicht vor Gewaltanwendung zurück. In vielen Tempeln sind noch heute die Zerstörungen an den Reliefs zu erkennen, die christliche Bilderstürmer des 4. und 5. Jahrhunderts dort verursacht haben. Daß es andererseits auch einen regen Austausch zwischen den altägyptischen und christlichen Gemeinden gab, belegen Briefe aus der Oase el-Charga. Die christlichen Priester von Bagawat erkundigten sich bei ihren Kollegen nach der richtigen Technik des Einbalsamierens - schließlich könnte ein gut konservierter Leichnam auch für die Auferstehung eines braven Christen von Vorteil sein.

Die frühchristliche Grabkapelle Bagawat

Im Zeichen des Islam

Geschützt und sicher ist der Ort, an dem sich Benjamin, der Patriarch der Kopten aufhält, im Frieden Gottes; deshalb möge er unbesorgt und wohlgemut herkommen und die Angelegenheiten seiner Kirche verwalten sowie die Regierung seines Volkes übernehmen.

Amr Ibn el-As an Bischof Benjamin, 642 nach Christus

Geschwächt durch die Kriege untereinander, konnten weder die Sassaniden noch Byzanz den anrückenden arabischen Truppen Widerstand leisten. 640 schlugen die muslimischen Truppen unter Führung von Amr Ibn el-As in der Nähe von Kairo die Soldaten des oströmischen Kaisers. Zwei Jahre später fiel auch die Hauptstadt Alexandria in ihre Hand. Der Erfolg war den neuen Herren am Nil insofern leichter gemacht worden, als die einheimische Bevölkerung nur zu gerne das Joch der byzantinischen Herrschaft loswerden wollte.

Amr Ibn el-As und seine Truppen sollen sich in der Hafenstadt Alexandria nicht wohlgefühlt haben – als Wüstensöhnen erschienen ihnen das Meer und die beiden Nilarme, die sie von ihrem Heimatland Arabien trennten, offenbar

Der Hof der el-Azhar-Moschee

als schwer einschätzbare Risikofaktoren. So kehrten sie nach der Eroberung Alexandrias zurück ans Ostufer des Nils an der Südspitze des Deltas. Dort hatten die Römer als letzte große Bauherren eine Hafenfestung errichtet, in deren Nachbarschaft die neuen Herren sich niederließen. Al-Fustat nannten sie die Hauptstadt der neuen Provinz, die ab 661 den in Damaskus residierenden Omaijaden (661–750) unterstellt war. Auch für die neuen Machthaber war Ägypten in erster Linie als Getreidelieferant von Bedeutung. Um das begehrte Korn möglichst schnell nach Mekka und Medina zu bringen, wurde der Kanal zwischen Nil und

Rotem Meer wieder in Betrieb genommen. Schwierigkeiten in der Verwaltung des Riesenreichs und Streitigkeiten um die Macht brachten schließlich das Ende der ersten islamischen Dynastie.

Die Abbasiden (750–868) verlagerten den Schwerpunkt des Reichs nach Baghdad. Zum Bau der neuen Hauptstadt, aber auch zur Ausstattung der Armee wurden die Steuern kräftig angehoben – was nicht ohne Folgen blieb. In Ägypten kam es zwischen 815 und 830 zu wiederholten Aufständen, Christen wie auch Muslime wehrten sich gegen die Forderungen aus Baghdad. 868 erschien Ahmad Ibn Tulun als Gouverneur in Ägypten, nutzte aber sehr bald die Probleme seiner abbasidischen Herren im Südirak aus und gründete seine eigene Dynastie (868–905). Nur kurz erlangten die Abbasiden die Kontrolle am Nil zurück, bevor sich Ägypten 935 unter den Ichschididen wieder lossagte. Deren Regierungszeit von rund 35 Jahren war geprägt von Erdbeben, Hungersnöten und Aufständen in Nubien.

Schiitisches Zwischenspiel am Nil

In den nordwestlichen Gebieten des islamischen Großreichs waren mittlerweile die schiitischen Fatimiden (969–1171) immer stärker geworden – Ägypten mußte sich ihnen 969 ohne große Gegenwehr ergeben. Sie gründeten als neue Hauptstadt el-Qahira (Kairo) und errichten die el-Azhar-Moschee. Das Land erlebte unter dem toleranten, die Wissenschaften fördernden Herrscher el-Aziz eine Blütezeit. Doch sein Nachfolger el-Hakim führte ein despotisches und fanatisches Regiment. Christen, Juden und Frauen litten unter drastischen Einschränkungen. Wieder wurde Ägypten auch von schweren Hungersnöten und der Pest heimgesucht. Nicht nur die Bevölkerung, sondern auch das Militär revoltierte. Zu allem Überfluß hatten die Fatimiden auch noch mit der Bedrohung durch die Seldschuken und die Kreuzritter zu kämpfen. Die aus Berbern, Sudanesen und Türken zusammengesetzten fatimidischen Truppen fochten mehr untereinander um die Vorherrschaft als daß sie Angreifer von außen abwehrten. So sah sich der erst zwölfjährige fatimidische Kalif el-Adid gezwungen, seinen syrischen Nachbarn Nur ed-Din um Hilfe zu bitten gegen die unter Amalrich I. vorrückenden ›Frankenheere‹. Dieser schickte seinen kurdischen General Shirkuh, in dessen Gefolge auch sein Neffe Salah ed-Din an den Nil kam.

Salah ed-Din übernimmt die Macht

Nach dem Tod seines Onkels übernahm Salah ed-Din als Wesir die militärische und auch die administrative Verwaltung Ägyptens. Nachdem der junge Kalif 1171 gestorben war, leitete Salah ed-Din (1171–1193) die Rückkehr Ägyptens zum sunnitischen Islam ein. Auf den Ausläufern der Moqattam-Berge südwestlich von el-Qahira ließ er eine Burg errichten, die als Herrscherresidenz bis ins 19. Jahrhundert genutzt wurde. 1174 löste sich Salah ed-Din endgültig von der syrischen Dynastie der Zengiden und dehnte die Herrschaft seiner Dynastie der Aijubiden (1171–1252) auch auf Syrien aus.

Für Christen und Juden war diese Zeit eine Phase der Entspannung, denn die Aijubiden waren zwar strenge Sunniten, die den schiitischen ›Irrweg‹ bekämpften, zeigten aber ansonsten viel Toleranz in Glaubensdingen. Die jüdische Gemeinde von Kairo wurde von dem großen Theologen, Philosophen, Rechtsgelehrten und Arzt Moses Maimonides (1135–1204) geführt. Als Leibarzt des von Salah ed-Din eingesetzten Wesirs hatte er Zugang zu höchsten politischen Kreisen. Er diente Lessing rund 600 Jahre später als Vorbild für die Gestalt des weisen Juden Nathan.

Auch wirtschaftlich ging es bergauf, Kairo wurde zum Dreh- und Angelpunkt des Indienhandels. Seide, Wollstoffe, Gewürze, Arzneien, Kupfer, Olivenöl, Wachs, Rosinen, Zucker, Seife, Käse und Papier gehörten zu den Waren, die auf dem Seeweg zwischen Asien und dem Mittelmeer in den Handelshäusern Ägyptens verkauft wurden. Koptische und jüdische Händler profitierten ebenso wie ihre muslimischen Kollegen.

Zur Stabilisierung ihrer Dynastie bauten die Aijubiden-Sultane das System der Mamluken-Soldaten auf, die zwar theoretisch als Sklaven bezeichnet wurden, praktisch aber als Statthalter höchste militärische und politische Macht erreichen konnten. Vor allem während der fünf Kreuzzüge mußten sie ihre Schlagkraft beweisen, denn die ›Befreier des heiligen Landes‹ griffen mehrfach auch das reiche Ägypten an. Viele der aijubidischen Sultane zogen allerdings die Diplomatie vor, wenn dadurch Kämpfe umgangen werden konnten, so auch der Nachfolger Salah ed-Dins, Sultan el-Kamil, der 1229 mit Friedrich II. verhandelte.

Die Mamluken

Am Donnerstag, dem 22., wurden die Mamluken immer gemeiner zum Sultan, weil sie Lehen und Ämter haben wollten – so sehr, daß er sich schon von der Herrschaft lossagen und irgendwo verbergen wollte, damit sie sich einen anderen Emir als Herrscher wählen sollten.

Ibn Iyas, Alltagsnotizen eines ägyptischen Bürgers, 1501

Das Ende der Aijubiden kam 1249 unter Turan Shah, der nach schweren Kämpfen Damietta von französischen Kreuzrittern zurückerobern konnte, nur um kurz darauf in Kairo von seinen eigenen Mamluken ermordet zu werden. Seine Witwe Shagaret ed-Durr heiratete Aybek, einen dieser ehemaligen Militärsklaven. Damit war der Grundstein für die erste der beiden Mamlukendynastien Ägyptens gelegt.

Die Bahri-Mamluken

Aus dem Osten bewegte sich währenddessen eine neue Gefahr auf Ägypten zu: Die Mongolen eroberten 1258 Baghdad, zwei Jahre später standen sie in Aleppo und Damaskus. Dem eben erst an die Macht gekommenen Sultan Baybars (1260–1277) gelang es, ihnen in Ain Djalut in Palästina eine schwere

Portalkunst der Mamlukenzeit

Niederlage beizubringen, aber noch bedrohten die Kreuzritter in Palästina Ägyptens Sicherheit. In Kairo entstanden eine Reihe prachtvoller Bauwerke wie die Madrasa (Schule) ez-Zahirija (1874 zerstört), die den Auftakt bildete zu einem regelrechten Bauwettstreit zwischen den jeweils herrschenden Mamluken. Zu den schönsten architektonischen Hinterlassenschaften gehören die Grabmoschee, das Krankenhaus und die Madrasa des Qala'un (1280–1290) im Herzen von Kairo. Obwohl die Mamluken in Ägypten bis heute nicht zu Unrecht als grausame und blutsaugerische Ausbeuter verachtet werden, gab es doch auch unter ihnen einige, denen das Wohlergehen der Bevölkerung am Herzen lag. Mit seinem Krankenhaus schuf Qala'un eine weit über die Grenzen Ägyptens hinaus bekannte Institution, in der sich nicht nur Ärzte um die Patienten kümmerten, sondern auch Musiker und Geschichtenerzähler für Kurzweil sorgten. Ab dem Ende des 13. Jahrhunderts entwickelte sich der für Kairos Architektur charakteristische mamlukische Stil mit seinen üppigen Ornamenten, die sich wie Spitzendecken über Fassaden, Minarettschäfte und Kuppeln ziehen. Qala'uns Sohn en-Nasr Mohammed (1293–1340) erlebte das typische Schicksal vieler Mamluken-Sultane: Als unmündiger Knabe wurde er von machthungrigen Generälen auf den Thron gesetzt, ein paar Jahre später abgesetzt und schließlich doch wieder eingesetzt. Immerhin konnte er sich glücklich preisen, nicht bei der ersten Absetzung auch gleich ermordet worden zu sein. In seiner Regierungszeit stieg Kairo zum Zentrum der Kunsthandwerker auf. Unberechenbar und prunksüchtig regierte Sultan Hassan, der mit dem Bau seiner riesigen Grabmoschee unterhalb der Zitadelle die Staatsfinanzen aufs Äußerste strapazierte. Obwohl Pest und Hungersnöte die Bevölkerung in tiefe Armut gestürzt hatten, investierte der Sultan lieber in den eigenen Ruhm. Daß seine Untertanen ihm keine Träne nachweinten, als er 1361 ermordet wurde, verwundert da nicht.

Die Burgi-Mamluken

Ein neues Geschlecht von Mamluken schlug sein Hauptquartier in den Kasernen der Zitadelle auf. Die als Burgi-Mamluken bezeichneten Herrscher stammten überwiegend aus dem Kaukasus, von wo sie wie ihre türkischen Vorgänger als Militärsklaven in alle Herren Länder verschickt wurden. Sie setzten im großen und ganzen sowohl die Politik wie auch die Bautradition ihrer Vorgänger fort; Mord und Intrigen waren an der Tagesordnung, Steuergelder wurden vornehmlich für die Errichtung großartiger Paläste oder Grabmoscheen ausgegeben. Der erste der Burgi-Sultane war Barquq (1382–1399), der schwere Angriffe der Mongolen unter Timur Lenk abzuwehren hatte. Ibn Chaldun, der Universalgelehrte aus dem Maghreb, leitete unter ihm für einige Jahre das Rechtswesen.

In der zweiten Hälfte des 15. Jahrhunderts retteten die hohen Zölle auf Waren aus Indien die wirtschaftliche Lage Ägyptens, das permanent von der Staatspleite bedroht war. Sultan Qaitbay (1468–1496) erlaubte es sich noch einmal, so richtig nach Herzenslust Bauaufträge zu verteilen. Sein Komplex in der nördlichen Totenstadt Kairos zählt zu den schönsten Bauwerken der Zeit. Als 1498 den Portugiesen die Umsegelung Afrikas gelang und damit der Weg nach Indien nicht mehr zwangsweise über Ägypten führte, brach die Wirtschaft des Mamlukenstaats zusammen. Sein militärisches Aus kam mit dem Erstarken des osmanischen Reichs. Bei der entscheidenden Schlacht nördlich von Aleppo halfen den neuen Eroberern ihre überlegene Waffentechnik und die Informationen eines Überläufers. Sultan el-Ghuri (1501–1517) mußte Selim dem Grausamen weichen, und der Verräter Chair Bay wurde zum Pascha von Kairo ernannt.

Blick in die Ibn Qala'un-Moschee

Ägypten unter osmanischer Herrschaft

Dennoch verloren die Mamluken nicht ihren Einfluß in Ägypten, denn die Hohe Pforte in Istanbul übertrug ihnen die Verwaltung der neuen Provinz. Als Steuereintreiber hatten sie nach wie vor die Möglichkeit, den Reichtum Ägyptens zum großen Teil in die eigene Tasche fließen zu lassen. Hans Ludwig von Lichtenstein beschrieb in seinem Reisebericht der Jahre 1585 bis 1589: »Wie wir allda Bericht empfangen, muß ein jeder Bassa (Pascha) 300000 Dukaten jährlichen Einkommens an des türkischen Kaisers Dienst und Kammer antworten. Und was ein Bassa zu Alkahir (Kairo) über obben nannte 300000 Dukaten aufheben und erschinden kann, hat er zu seines Standes Unterhaltung dahero denn die Unterthanen und Kaufleute mit schwehren Zollen und dergleichen Auflagen zum höchsten beschwehret werden.« Wenigstens wurde der Verlust des Indienhandels durch eine neue Ware wettgemacht, die aus dem Jemen nach Norden kam und mit den Türken auch Wien erreichte: Der Kaffee brachte seinem Hauptumschlagsplatz Kairo im 16. Jahrhundert gute Gewinne.

Für die ägyptische Bevölkerung änderte der Wechsel an der Spitze also nichts an ihren schlechten Lebensbedingungen – das Rad aus Steuerbelastung, Hungersnöten, Epidemien und Aufständen drehte sich weiter. Machtkämpfe zwischen den einzelnen mamlukischen Beys und den osmanischen Vertretern destabilisierten die Lage zusätzlich und Ende des 18. Jahrhunderts war eine effektive Verwaltung und Regierung längst zerrieben. Das erleichterte es dem jungen und ehrgeizigen französischen General Napoleon Bonaparte, in Ägypten einzumarschieren.

Französisches Zwischenspiel

Wenige Tage nachdem Napoleon in Alexandria an Land gegangen war, ließ er am 7. Juli 1798 einen auf Arabisch abgefaßten Text unter der Bevölkerung Kairos verteilen: »Im Namen Gottes, des Barmherzigen, des Erbarmers. Es gibt keinen Gott außer Gott. Er hat keinen Sohn und herrscht ohne Partner. Im Namen der Französischen Republik, errichtet auf dem Prinzip der Freiheit, und im Namen des führenden Generals, Bonaparte, dem Emir der französischen Armeen, machen wir Folgendes allen Bewohnern Ägyptens bekannt. Ägypter! Man wird euch erzählen, daß ich hierher komme mit der Absicht, eure Religion zu stürzen, aber das ist eine große Lüge. Glaubt sie nicht. Antwortet den Betrügern, daß ich gekommen bin, um eure Rechte wiederherzustellen, die von Usurpatoren angegriffen worden sind – daß ich Gott mehr anbete als die Mamluken und daß ich den Propheten Mohammed und den ehrwürdigen Koran respektiere. Die werden glücklich sein, die sich umgehend mit uns vereinen, denn sie werden erhöht werden. Aber wehe denen, die sich den Mamluken anschließen. All ihre Spuren werden vom Antlitz der Erde verschwinden.« Doch trotz der jahrhundertelangen Ausbeutung durch die Mamluken wollten die Ägypter den Versicherungen des Franzosen nicht so recht Glauben schenken, und die französischen Truppen hatten auch in den folgenden Jahren mit heftiger Gegenwehr zu kämpfen. Tatsächlich war es Napoleon wohl mehr um Ägyptens strategische Lage zu tun gewesen, Frankreichs Wege nach Osten hätten drastisch verkürzt werden können. Frankreichs Hauptgegner im Hintergrund war jedoch Großbritannien, dessen Verbindung mit Indien durch einen Einmarsch in Ägypten bedroht wurde. Daher erwuchsen den Ägyptern starke Verbündete: Die britische Flotte unter Admiral Nelson versenkte Napoleons Schiffe vor der Küste Ägyptens. Ein von der Hohen Pforte entsandtes Entsatzheer schlug Napoleon 1799 jedoch mit Leichtigkeit

– schwieriger wog die Situation im Land, wo es immer wieder zu Angriffen auf die französischen Besatzer kam. Letztlich machte sich Napoleon schon 1799 aus dem Staub, 1801 folgte ihm der Rest der stark geschrumpften Truppe – als Kriegsgefangene der Briten.

Der größte und nachhaltigste Erfolg der napoleonischen Expedition nach Ägypten lag auf einem ganz anderen Gebiet: In Begleitung der Soldaten waren 165 Gelehrte zu dieser Reise aufgebrochen und sie machten sich daran, das Land am Nil gründlich zu erforschen. Mit ihrem zwischen 1812 und 1829 in der ›Description de l'Égypte‹ veröffentlichten Berichten lösten sie eine regelrechte Ägyptomanie in Europa aus. Zu den von ihnen entdeckten Denkmälern gehört auch der Stein von Rosette, der endlich den Schlüssel zur Entzifferung der Hieroglyphen lieferte. Aufgrund der französischen Niederlage gegen die Briten gelangte das wichtige Stück dann allerdings nach London.

Neuanfang unter Mohammed Ali

Mehmed Alis Wirken, solange es ungehemmt blieb, hat unbestreitbar die wichtigsten Grundbedingungen aller Zivilisation zuerst im heutigen Orient hervorgerufen: Ordnung, Sicherheit und das Erwachen einer höhern Industrie. Hiermit hat er, trotz hundert Fehler und Mängel, die Dankbarkeit der Geschichte verdient.

Hermann Pückler-Muskau, 1844

Nach der Vertreibung der Franzosen schickte die Hohe Pforte einen neuen Statthalter und Truppen, um seine Einsetzung zu gewährleisten. Natürlich kam es erst einmal wieder zu den üblichen Machtkämpfen mit ihren Begleiterscheinungen Mord, Aufstand und Intrigen. 1805 schließlich bat eine Abordnung von Kairos Bürgern den albanischen General Mohammed Ali, die Regierung zu übernehmen. Mit Zustimmung Istanbuls gelang es ihm recht schnell, für Ordnung im Land zu sorgen. Um zukünftige Konkurrenzkämpfe mit und zwischen den Mamluken zu verhindern, ergriff er 1811 drastische Maßnahmen: Die führenden Beys der Mamluken wurden zu einem großen Fest auf die Zitadelle eingeladen, um den gemeinsamen Sieg über die Briten zu feiern. Ihrer Waffen entkleidet, wurden sie nach einem üppigen Festmahl von den Vertrauten Mohammed Alis überrumpelt und aufs Grausamste niedergemetzelt. Flüchtige Mamluken wurden sogar bis nach Nubien verfolgt, um der machthungrigen Gruppe ein für alle Mal den Garaus zu machen.

Aufbruch in die Moderne

Nachdem er die seit über 600 Jahren herrschenden Mamluken beseitigt hatte, widmete sich Mohammed Ali der Festigung seiner Macht, dabei aber auch dem Aufbau Ägyptens. Mit dieser Einstellung war er wohl seit fast 2000 Jahren der erste Herrscher des Landes, der sich um die Belange der Bevölkerung kümmerte. Sein Traum war, Ägypten nach französischem Vorbild zu modernisieren. Dazu sandte er junge Männer zum Studium nach Paris, lud aber auch französische Wissenschaftler nach Ägypten ein. Schulen wurden gegründet, eine Druckerei eingerichtet, zahlreiche Bücher ins Arabische übersetzt, das Gesundheitswesen und die Landwirtschaft völlig neu gestaltet. Der junge französische Arzt Antoine Clot wurde beauftragt, ein Krankenhaus zu erbauen und eine medizinische Schule einzurichten. Am bis heute bestehenden Qasr el-Aini-Hospital forschte unter anderem auch der deutsche Arzt Theodor Bilharz, der hier den Erreger der nach ihm benannten Bilharziose entdeckte. Und im Jahr 1820 präsentierte Louis Alex Jumel, der im Dienste Ägyptens botanische Forschungen betrieb, eine langfasrige Baumwollsorte. Das ›weiße Gold‹ sollte Ägypten in den kommenden Jahrzehnten einen unerwarteten Geldsegen einbringen und damit insgesamt den wirtschaftlichen Aufschwung anschieben.

Die Mohammed-Ali-Moschee

Endlich durften auch Ägypter wieder ins Militär eintreten, wo sie Zugang zu verschiedensten Bildungseinrichtungen und die Chance auf eine Karriere hatten. Mit den ehrgeizigen Eroberungszügen nach Syrien, Arabien und dem Jemen bot sich ihnen reichlich Gelegenheit zum Einsatz. Frankreich und Großbritannien beobachteten den plötzlichen und rasanten Aufschwung Ägyptens mit Argwohn. Ihnen war nicht daran gelegen, das schwächer werdende osmanische Reich durch eine neue Großmacht ersetzt zu sehen. 1827 brachten sie der im Mittelmeer operierenden ägyptischen Marine eine schwere Niederlage bei. Wenige Jahre später griffen die Europäer erneut ein, um Ägyptens Macht zu beschneiden: Mohammed Ali mußte im Vertrag von London 1840 auf Syrien und Kreta verzichten. Dafür unterstellte 1841 der osmanische Sultan den Sudan ägyptischer Herrschaft und erklärte Ägypten zur Erbmonarchie.

Bauwolle – das ›weiße Gold‹ Ägyptens

Zwar saß Mohammed Ali noch bis 1848 auf dem Thron, doch hatte er krankheitsbedingt in den letzten Jahren die Regierungsgeschäfte Ibrahim, einem seiner Söhne, überlassen. 1848 starb der ›Begründer des modernen Ägypten‹ in geistiger Umnachtung. Er wurde in der von ihm geplanten Alabastermoschee auf der Zitadelle beigesetzt.

So richtig nach dem Herzen des fortschrittsgläubigen großen Paschas muß der Vorschlag des französischen Ingenieurs Ferdinand de Lesseps gewesen sein. Ein Kanal zwischen dem Mittelmeer und dem Roten Meer sollte die Handelswege revolutionieren, Ägyptens Bedeutung steigern und den Triumph der Technik zeigen. Doch es waren Mohammed Alis Bruder, Said Pascha (1854–1863), und sein Sohn Ismail Pascha (1863–1879), die dieses Projekt schließlich Wirklichkeit werden ließen. Für die Zukunft Ägyptens sollte es schwerwiegende Folgen haben.

Die Modernisierungsmaßnahmen unter Mohammed Ali

Hermann Fürst von Pückler-Muskau bemühte sich, in seinem Buch ›Aus Mehmed Alis Reich‹ (1844), die Maßnahmen Mohammed Alis den westlichen Lesern nahezubringen:

»In jeder Provinz befinden sich mehrere Primärschulen für den ersten Elementarunterricht, wo die Kinder, wie in allen übrigen Erziehungsanstalten des Vizekönigs, freie Wohnung, Kost, Kleidung und von fünfzehn bis zu dreißig Piaster monatliche Besoldung erhalten. Von hier gehen sie in die großen Vorbereitungsschulen über, deren sich eine in Kahira, die andere in Alexandrien befindet und wo die Besoldung von 30 bis 50 Piaster steigt. Nach vierjährigen Studien treten sie in die höheren Schulen ein, die sogenannte polytechnische in Bulak, die der fremden Sprachen in Kahira, die der Artillerie in Tura, der Kavallerie in Dschiseh, der Infanterie in Damiette, der Marine zu Alexandrien und der Medizin in Abu-Zabel, in welchen allen die Besoldung der Schüler 100 bis 150 Piaster erreicht. Aus diesen Schulen ... gingen viele Lehrer und ein großer Teil der jetzigen Staatsbeamten hervor.

Diejenigen, welche ein Handwerk erlernen und ihre Geschicklichkeit darin hinlänglich bekunden, dotiert der Vizekönig sehr häufig mit einem Kapital bis zu 12 000 Piaster und bezahlt ihre ganze Einrichtung bis auf die Werkstätten und Verkaufsläden hinab, deren man, in der Stadt umhergehend, in allen Straßen immer neue entstehen sieht und sie leicht an der Eleganz und Solidität ihrer Ausführung erkennt.

So führt der Vizekönig jetzt die Vakzine (Impfung) ein, und da das Volk dawider ist, zahlt er für jedes Kind, das vakziniert wird, den Eltern einen Piaster. In den Hospitälern, denen der unermüdlich tätige Clot Bey vorsteht, wird, obgleich sie ursprünglich nur für das Militär bestimmt sind, jetzt dennoch auch jeder andere Kranke, der darum bittet, unentgeltlich aufgenommen, und wer nicht Platz findet, wenigstens gratis mit Medikamenten versehen, wiewohl die Abneigung, welche die Eingebornen gegen Hospitäler haben, sie selten davon Gebrauch machen läßt.

Daß man Mehmed Alis Bemühungen, sein Land, soweit seine Einsicht reicht, zu zivilisieren, größtenteils von unserm Standpunkte aus nur verspottet hat, finde ich ebenso kurzsichtig als unhistorisch. Mit einem Sprunge kann Ägypten kein zivilisierter Staat nach europäischen Begriffen werden. ... Man schlage doch nur David Hume auf, um sich zu überzeugen, daß unter Heinrich dem Achten und selbst noch unter Elisabeth der Zustand fast derselbe war wie heute unter Mehmed Ali, in manchem, zum Beispiel der religiösen Unduldsamkeit, schlimmer.

›Wohlan‹, fuhr Mehemed Ali fort, ›ich will nicht leugnen, daß hier mehr als Alltägliches geschehen sei, und ich habe allerdings gestrebt, den Beispielen großer Männer zu folgen, soweit ich es vermochte. ... Doch nur meine Enkel können einst ernten, was ich gesät habe. Wo eine so grundlose Verwirrung herrschte als hier, wo eine so vollständige Auflösung aller gesunden Staatsverhältnisse stattfand, wo ein so ganz verwildertes, unwissendes, zu aller heilsamen Arbeit unfähiges Volk lebte – da kann die Zivilisation nur langsam wieder emporwachsen. Sie wissen, daß Ägypten einst das erste Land der Erde war, das allen übrigen vorleuchtete; jetzt ist es Europa. Mit der Zeit nimmt die Aufklärung vielleicht auch hier von neuem wieder ihren Sitz. Es schaukelt ja alles ewig in der Welt!‹«

Der Suezkanal

Necho II. und Darius hatten bereits an einem Kanal gearbeitet, der das Mittelmeer mit dem Roten Meer verband. Dabei machten sie aber den Umweg über das Niltal, ein direkter Durchstich der Landenge erschien ihnen wohl zu riskant. Mit den Messungen des österreichischen Ingenieurs Alois Negrelli konnten Anfang des 19. Jahrhunderts Bedenken ausgeräumt werden, daß möglicherweise eines der Gewässer das andere überschwemmen könnte. Negrelli fand heraus, daß die Pegel beider Meere auf gleicher Höhe liegen – man konnte also sogar auf Schleusen verzichten. Ferdinand de Lesseps entwickelte auf dieser Grundlage Pläne für den Bau eines Kanals, der vom Golf von Suez aus über die Bitterseen und den Timsah-See schnurgerade nach Norden bis zum Mittelmeer führen sollte. Bis zu 40 Prozent würde die geplante Wasserstraße die Handelswege zwischen Europa und Asien verkürzen, die Kosten- und Zeitersparnis wäre ungeheuer! Mit seinem Enthusiasmus steckte de Lesseps auch den ägyptischen Herrscher Said Pascha an, mit dem er 1856 das Abkommen zum Bau des Kanals unterzeichnete. Danach hatte Ägypten 70 Prozent der Baukosten zu tragen und durfte 15 Prozent der zu erwartenden Gewinne einbehalten. Die ägyptische Staatskasse allerdings war durch enorme Investitionen in den Aufbau des Landes, die verschwenderi-

Das Café Riche, Anfang des 20. Jahrhunderts Treffpunkt der Nationalisten

sche Hofhaltung von Mohammed Alis Nachfolgern und den Ausbau der Armee bereits aufs Äußerste strapaziert. Lesseps hatte zur Unterstützung des Projekts in Europa die ›Societé d'Études du Canal de Suez‹ gegründet, die 1858 mit dem Verkauf von Aktien versuchte, die nötigen Gelder aufzutreiben. Großbritannien und Frankreich hielten sich jedoch zunächst zurück, da sie die Folgen des Kanals für ihre eigene Position im Nahen Osten kritisch beurteilten. So kaufte letztlich doch Ägypten selbst die meisten Anteile – und nahm dafür bei britischen und französischen Banken enorme Kredite auf.

Galoppierende Staatsverschuldung

Am 25. April 1859 wurden die Bauarbeiten bei Suez begonnen, die Ende 1869 vollendet waren. 20 000 zwangsrekrutierte Bauern leisteten unter erbärmlichen Bedingungen Fronarbeit. In den elf Jahren war nicht nur der Kanal gebaut worden, sondern auch die Städte Ismailia und Port Said wurden gegründet. Für die große Eröffnungsfeier am 17. November 1869 war auch in Kairo in großem Stil gebaut worden. Der Pariser Stadtplaner Haussmann hatte eigene Entwürfe für

Der Suezkanal

die Umgestaltung der Stadt gezeichnet. Breite Boulevards, großzügige Parks und prachtvolle Paläste verschlangen Unsummen von Geldern. Giuseppe Verdi war beauftragt worden, eine neue Oper zu komponieren, die den Staatsgästen bei der Eröffnung vorgeführt werden sollte – dazu mußte natürlich auch ein repräsentatives Opernhaus erbaut werden. Zwar wurde die bestellte ›Aida‹ nicht rechtzeitig fertig, doch konnte man die Gäste mit der Aufführung von ›Rigoletto‹ beeindrucken. Kaiserin Eugenie, Ismails Staatsgast Nummer eins, wurde nach allen Regeln der Kunst verwöhnt. Und auch die anderen illustren Gäste dürften den Luxus genossen haben. Ägyptens Staatskasse aber wurde immer leerer …

Nachdem Mitte des 19. Jahrhunderts auch noch die Preise für Baumwolle auf dem Weltmarkt sanken, erschien die finanzielle Lage am Nil bedrohlich. Außer dem Kanal hatten der Bau einer Eisenbahnlinie zwischen Alexandria, Kairo und Suez sowie der Aufbau eines Postdienstes beträchtliche Summen verschlungen. Auch die neugegründete Nationalbibliothek, Kanalisationsprojekte in allen größeren Städten und grundlegende Verwaltungsreformen waren nicht kostenlos zu haben. Zwar gewährten europäische Banken weiterhin großzügige Kredite, doch es war längst abzusehen, daß Ägypten seine Schuldendienste nicht mehr erfüllen konnte. Es drohte die Staatspleite.

Briten am Nil

Großbritannien hatte ab 1875 mit Aufkäufen der Suezkanalaktien begonnen und hielt mittlerweile die Mehrheit. Im Jahr darauf erlangten Frankreich und Großbritannien gemeinsam die Finanzkontrolle über Ägypten. Sie setzten eigene Minister in der ägyptischen Regierung ein und erreichten 1879 die Absetzung Ismail Paschas. Sein Sohn Taufiq wurde zum Nachfolger ernannt. Demonstrationen und Ausschreitungen in Kairo und anderen Städten Ägyptens zeigten die Unzufriedenheit der Bevölkerung mit der Fremdbestimmung; Taufiq geriet als Marionettenkönig der Europäer immer mehr ins Kreuzfeuer der Kritik. Nach Auseinandersetzungen mit dem Kriegsminister Ahmed Orabi bat Taufiq Briten und Franzosen um Unterstützung gegen seine eigene Regierung. Die Situation eskalierte – Angriffe auf britische Einrichtungen brachten das Militär auf den Plan: Im Juli 1882 bombardierte die britische Flotte Alexandria. Taufiq unterstellte sich britischem Schutz, Orabi wurde vom osmanischen Sultan abgesetzt. Mit britischen Truppen – die unter anderem auch die Suezkanalzone ›sicherten‹ – versuchte Taufiq, sich an der Macht zu halten. Es war der Beginn einer rund 70 Jahre währenden britischen Besetzung, während der Männer wie Lord Cromer (1883–1907) und Earl Horatio Kitchener (1911–1914) als britische Hochkommissare und Generalkonsule die Geschicke am Nil bestimmten. Mit Ausbruch des Ersten Weltkriegs erklärte Großbritannien Ägypten zum Protektorat, der Khedive Abbas II. wurde kurzerhand abgesetzt und durch seinen Onkel Hussain Kamil ersetzt. Ihm folgte 1917 Fuad I., dem es 1922 immerhin gelang, pro forma die Unabhängigkeit von Britannien zu erlangen und Ägypten zum Königreich auszurufen. Doch blieb der für das britische Empire so lebenswichtige Suezkanal noch unter europäischer Kontrolle; der Konzessionsvertrag, auf den sich das osmanische Reich – damals noch nomineller Oberherr Ägyptens – und die europäischen Staaten 1888 geeinigt hatten, hatte eine geplante Laufzeit bis Ende 1968.

1937 trat der 17jährige Faruq die Nachfolge als König an. Sein autokratischer Regierungsstil, vor allem aber sein verschwenderischer und für die meisten Ägypter anstößiger Lebenswandel kosteten ihn in kurzer Zeit die Sympathien der Bevölkerung. Innenpolitische Unruhen wurden jedoch überlagert durch die internationalen Machtkämpfe im Umfeld des Zweiten Weltkriegs. Am 4. Februar 1942 ließ der britische Botschafter Panzer vor dem Abdin-Palast in Kairo auffahren und verlangte Faruqs Abdankung, sollte er nicht eine Großbritannien genehme Regierung einsetzen. Faruq gab klein bei und blieb im Amt. Ägyptens nationalistische Bewegung allerdings wurde immer unzufriedener. Die Nachkriegsjahre wurden von Unruhen und schweren Auseinandersetzungen zwischen dem Palast und verschiedenen politischen Gruppierungen erschüttert.

Der Putsch von 1952

Niemand könnte jedoch bestreiten, daß dies ein ehrfurchtgebietendes und überaus wichtiges Ereignis war, daß es Ägypten und alle arabischen Länder berührte, Afrika zutiefst erschütterte, in Asien Interesse erregte und, wirklich, die Aufmerksamkeit der ganzen Welt auf sich zog.

Khaled Mohi El Din, 1995

Zwei unterschiedliche Gruppen fingen die starken nationalistischen Strömungen dieser Zeit auf – die 1928 gegründeten Muslimbrüder und eine wachsende Zahl ägyptischer Offiziere. Die Muslimbrüder waren damals eine regelrechte

Volksbewegung, die im ganzen Land Anhänger besaß, aber vom Großteil der politischen und militärischen Führung skeptisch betrachtet wurde. Mitte der 40er Jahre jedoch entwickelte sich eine lockere Zusammenarbeit der beiden Parteien mit dem Ziel, eine politische Veränderung herbeizuführen. 1949 schlossen sich einige der Militärs zur Gruppe der Freien Offiziere zusammen, unter ihnen bereits damals Gamal Abd el-Nasser. Ägyptens innenpolitische Situation verschlechterte sich zusehends: Während sich König Faruq immer mehr auf seine Vergnügungen konzentrierte, verschärften sich im Land die sozialen Probleme. Am 23. Juli 1952 kam es schließlich zum unblutigen Putsch, drei Tage später unterzeichnete Faruq in Alexandria seine Abdankungsurkunde. Sie war ihm im Namen von General Mohammed Nagib, dem Führer der Freien Offiziere, mit folgendem Schreiben zugestellt worden: »Aufgrund des völligen Chaos, das in letzter Zeit im ganzen Lande herrschte und alle Bereiche betraf, in Folge Ihres Benehmens, Ihrer Mißachtung der Verfassung und Ihrer völligen Geringschätzung des Volkswillens, so daß die Sicherheit der Person, des Eigentums und der Würde von niemand mehr gewährleistet werden konnte; und aufgrund der Tatsache, daß das Ansehen Ägyptens weltweit untergraben wurde aufgrund Ihres Benehmens .... wurde ich beauftragt, Euer Majestät aufzufordern, zugunsten Eures Erben, Seiner Hoheit Prinz Ahmed Fuad, abzudanken.«

Der Hochdamm von Assuan

Ägypten unter den Freien Offizieren

Ali Maher wurde beauftragt, eine neue Regierung zu bilden, doch schon im September 1952 übernahm General Nagib als Premierminister die Führung des Landes. Knapp ein Jahr nach der Revolution verkündete das Revolutionskomitee die Abschaffung der Monarchie, 1954 trat Gamal Abd el-Nasser nach schweren Meinungsverschiedenheiten mit General Nagib an die Spitze der Regierung. Ein Präsidentschaftsreferendum im Juni 1956 bestätigte den sehr populären Politiker offiziell in seinem Posten.

Eines der vorrangigen Ziele der neu an die Macht gekommenen Regierung war – ganz in der Linie Mohammed Alis – Ägypten zu modernisieren. Industrie und Landwirtschaft waren die beiden Schlüsselbereiche. Um Strom zur

Versorgung der Bevölkerung und zum Aufbau von Industrien zu gewinnen und um gleichzeitig die jährlich schwankenden Nilüberschwemmungen unter Kontrolle zu bringen, sollte ein riesiger Stausee südlich von Assuan entstehen. Zur Finanzierung des Hochdamms von Assuan brauchte Ägypten Geld. Zunächst schien es so, daß die Weltbank, Großbritannien und die USA als Financiers einspringen würden. Zeitgleich stand Nasser in Verhandlungen mit den USA um Waffenlieferungen. Da Ägypten in dieser Zeit des Kalten Krieges aber als blockfreier Staat nach Meinung der Amerikaner nicht die richtige Position bezog, wurden diese Anfragen mehrere Jahre lang einfach nicht beantwortet. Als Nasser schließlich bei der Sowjetunion seine Bestellung machte, zog der Westen seine Finanzierungszusage für den Staudamm zurück.

Die Suezkrise

In dieser Situation sah Nasser 1956 keinen anderen Ausweg, als den Suezkanal zu verstaatlichen, um mit den Durchfahrtsgebühren die geplante Modernisierung des Landes finanzieren zu können. Großbritannien und Frankreich als wichtigste Nutznießer des Suezkanal-Konzessionsvertrags traten mit Israel in Geheimverhandlungen: Israel sollte über den Sinai bis zum Kanal vorrücken, worauf britische und französische Truppen einschreiten würden, um kriegerische Auseinandersetzungen zwischen Israel und Ägypten zu verhindern. Am 29. Oktober startete Israel seinen Vormarsch, und zwei Tage später besetzten französisch-britische Truppen die Kanalzone. Durch das Eingreifen der UNO und der USA wurden die Kämpfe beendet, die europäischen Truppen zogen ab – allerdings nicht, ohne vorher sämtliche Schiffe im Kanal versenkt und diesen so auf Jahre hinaus unpassierbar gemacht zu haben.

Nasser und der Arabische Sozialismus

Diese Situation, in der Ägypten nach wie vor dringend nach einem Geldgeber für den als unverzichtbar betrachteten Bau des Hochdamms suchte, wußte die Sowjetunion zu nutzen. Durch ihr finanzielles und technisches sowie personelles Engagement beim Bau des Hochdamms, ergänzt durch militärische Berater und Ausrüstung, änderte sich schließlich die politische Ausrichtung Ägyptens und seiner führenden Politiker, die ursprünglich einmal strenge Verfechter der Blockfreien-Bewegung gewesen waren. Nach 1960 wurden im Rahmen des ›arabischen Sozialismus‹ Banken und Industrien verstaatlicht. Politische Opposition wurde zunehmend härter unterdrückt, 1962 wurde als einzig noch zugelassenen Partei die ASU (Arabisch Sozialistische Union) gegründet, die bis 1977 ihre Macht behauptete.

Die Enteignung von Großgrundbesitzern und die Umverteilung des Landes an die besitzlosen Bauern – die kurz darauf im Rahmen sozialistischer Wirtschaft in staatlichen Kooperativen zusammengeschlossen wurden – war ein weiterer wichtiger Programmpunkt der Revolution gewesen. Ebenso die Förderung der Ausbildung: Jedem Hochschulabsolventen wurde ein Posten im Staatsdienst versprochen – was nicht unwesentlich zum noch heute existierenden Wasserkopf der staatlichen Verwaltung beitrug. Viele der Ideen zum Wohle des Volkes scheiterten an einer starken Hierarchisierung und Bürokratisierung des Landes, aber auch an mangelnden Finanzen. Nasser engagierte sich vielleicht zu stark auf der internationalen Ebene, wo er als Führer der arabischen Welt viel Erfolg verbuchte. Sein militärisches Eingreifen im Revolutionskrieg des Jemen kostete Ägypten von 1962 bis 1967 Menschenleben, Geld und politische Freunde. Der Beistandspakt mit Syrien führte 1967 nach wiederholten Attacken seitens Israels auf syrisches Gebiet zum Sechs-Tage-Krieg und einer katastrophalen Niederlage der ägyptischen Streitkräfte. Der Sinai fiel an Israel, Nasser dankte ab. Doch das Volk rief ihn in Massendemonstrationen zurück. Seine Popularität schien ungebrochen. Am 28. September 1970, nachdem er am Tag zuvor einen Waffenstillstand zwischen dem jordanischen König und der PLO zuwege gebracht hatte, verstarb Gamal Abd el-Nasser im Alter von nur 52 Jahren.

Anwar el-Sadat

Nassers Nachfolger, Anwar el-Sadat, distanzierte sich von den strengen Nasseristen in der Regierung und verfolgte einen Wechsel in der politischen Ausrichtung. Am 6. Oktober 1973 griffen Ägypten und Syrien gleichzeitig die israelischen Truppen an der Suezkanalzone und den Golanhöhen an. Ägyptens Truppen konnten einen ersten Überraschungserfolg erzielen, dessen positive Auswirkungen auf das Selbstbewußtsein der arabischen Nationen selbst durch den schweren israelischen Gegenangriff nicht völlig ausgelöscht wurde. Sowjetisches und amerikanisches Eingreifen führte schließlich zu einem schnellen Ende der Kämpfe in Ägypten. Sadats Position zu Hause war gestärkt, denn ihm war es als erstem arabischen Staatschef gelungen, die für unbesiegbar gehaltenen Israelis zumindest für einen Moment zu überrumpeln. Ägypten erhielt einen schmalen Streifen am Ostufer des Suezkanals zurück – erstmals gelangte der Kanal nach

Das Ehrenmal für den unbekannten Soldaten und das Grab von Anwar el-Sadat

über einhundert Jahren wieder in ägyptischen Besitz. Ab 1974 begann Sadat eine allmähliche Kehrtwende in der Außen- und Wirtschaftspolitik. Öffnung – Infitah –, und zwar nach Westen, war das neue Zauberwort. Liberalisierungsmaßnahmen und die Einführung von Freihandelszonen sollten ausländische Investoren ins Land locken.

Frieden mit Israel

Die einschneidendste Änderung bewirkte jedoch Sadats Reise nach Israel, wo er im November 1977 in einer Rede vor der Knesset Ägyptens Bereitschaft zu einem Frieden ankündigte. Obwohl Sadat von Anfang an darauf hinwies, keinen Separatfrieden mit Israel schließen zu wollen, wurde es doch ein Alleingang der beiden Staaten. Tatsächlich wurde im März 1979 der Friedensvertrag zwischen den beiden Ländern in Camp David unterzeichnet. Sadat hatte bereits 1977 gewarnt, »kein Interimsfriede zwischen Ägypten und Israel oder zwischen irgendeinem arabischen Konfrontationsstaat und Israel kann einen dauerhaften, auf Gerechtigkeit gegründeten Frieden für diese Region herbeiführen«.

Der Preis für den Frieden mit Israel war hoch: Schlagartig brachen die meisten arabischen Staaten ihre diplomatischen Beziehungen zu dem Land am Nil ab, der Sitz der Arabischen Liga wurde von Kairo nach Tunesien verlagert, Ägypten ausgeschlossen. Das Land, das lange Zeit eine Führungsrolle in der arabischen Welt innegehabt hatte, war nun völlig isoliert. Die Abhängigkeit von den westlichen Verbündeten, vorrangig von den USA, wuchs. Zwar war der Großteil der ägyptischen Bevölkerung dankbar für den Frieden – nahezu jede Familie hatte in den Kriegen mit Israel Verluste betrauern müssen –, aber die Kritik am ›Pharao‹ Sadat wuchs. Seine Wirtschaftspolitik hatte eine soziale Schieflage bewirkt, die Aufhebung von Subventionen für Nahrungsmittel die sogenannten ›Brotaufstände‹ ausgelöst. Es gab nicht genügend neue Arbeitsplätze, wer immer konnte, wanderte als Gastarbeiter in die Ölstaaten. Zu Hause stiegen die Preise und die Unzufriedenheit mit einem korrupten und von Vetternwirtschaft geprägten System. Sadat wurde immer unzugänglicher für Kritik und entfremdete sich zunehmend von seinen Freunden und Beratern. Seine schärfsten Gegner waren aber islamische Gruppierungen, die er in seinen frühen Regierungsjahren hofiert, später dann aber verboten hatte. Am 6. Oktober 1981, dem Jahrestag des Oktoberkriegs gegen Israel, wurde Sadat während einer Truppenparade von einem Anhänger der militanten Gruppe ›al-Djihad‹ erschossen. Der Ausnahmezustand wurde über das Land verhängt.

Mohammed Hosni Mubarak

Seit nunmehr einem guten Vierteljahrhundert ist Mohammed Hosni Mubarak Ägyptens Präsident. Dabei hatte man 1981 zu Beginn seiner Amtszeit von dem ›farblos‹ wirkenden Mann nicht so viel Standfestigkeit erwartet. Wie auch seine Vorgänger Nasser und Sadat kam Mubarak aus dem Militär, das seit 1952 nachhaltig die ägyptische Politik bestimmt. Obwohl es ihm relativ schnell gelang, nach der Ermordung Sadats die Ruhe im Land wiederherzustellen, wurde doch der Ausnahmezustand bislang nicht aufgehoben. Wann immer die Opposition im Lande – und hier sind keineswegs nur die militanten Gruppierungen gemeint – sich zu allzu heftiger Kritik an der Regierung hinreißen läßt, gibt es Verhaftungen, Verbote, Zensur. Amnesty International stellt Ägypten diesbezüglich seit Jahren kein gutes Zeugnis aus.

Die Bevölkerung verfolgte dennoch Mubaraks Aktivitäten Anfang der 80er Jahre mit Wohlwollen. Die koptische Gemeinde registrierte erfreut, daß ihr Oberhaupt Schenute III. aus der Verbannung entlassen wurde, in die Sadat den kritischen Patriarchen geschickt hatte. Der Korruption wurde der Kampf angesagt, und auf internationaler Ebene gelang es dem neuen Präsidenten, Ägyptens Isolation in der arabischen Welt zu durchbrechen. Die Arabische Liga kehrte zurück nach Kairo, Ägypten wurde wieder als vollwertiges und wichtiges Mitglied in die Union aufgenommen. Damit nahm auch das Verkehrsaufkommen auf dem Suezkanal zu – der Handel mit den Golfstaaten blühte. Die Gebühren für die Durchfahrt sind eine der wichtigsten Einnahmequellen des Staates, sie beliefen sich im Jahr 2003 auf gut 2,5 Milliarden US-Dollar. Die Privatisierung der Wirtschaft, die in den 1990er Jahren forciert wurde, fand das Lob der Weltbank. Liberalisierungsmaßnahmen und der Druck der Globalisierung brachten

Präsident Mubarak und die Pharaonen

aber vor allem für die kleinen Leute neue Risiken. Die Inflation stieg, 2001 war das ägyptische Pfund nach einer Neubewertung nur noch die Hälfte wert. Die Preise stiegen, jedoch nicht die Löhne. Wieder nahmen Vetternwirtschaft und Korruption überhand. Opposition war nahezu unmöglich – Kritiker wurden ohne Gerichtsverfahren, ohne Anwalt auf unbestimmte Zeit verhaftet und vor ein Militärgericht gestellt. Die Muslimbruder-Organisation war eine der wenigen, die dennoch aktiv blieb. Sozial engagiert im lokalen Rahmen, halfen die Brüder in Notlagen, nach Erdbeben oder im Fall der Arbeitslosigkeit. In ihren Reihen formierte sich aber auch der militante Widerstand – Mitte der 80er Jahre begannen die ersten Angriffe auf staatliche und militärische Einrichtungen, die später auf ausländische Ziele ausgeweitet wurden. Nur mit harter Gegengewalt gelang es Mubaraks Regime, diese gewaltbereiten islamistischen Gruppen zu unterdrücken. Die zivilen Freiheiten der Einzelnen wurden dabei weiter eingeschränkt. Die Menschen in Ägypten schwiegen, aber sie waren nicht mehr zufrieden mit ihrem ›Pharao‹. Wahlergebnisse, die Mubarak mit weit über 90 Prozent im Amt bestätigten, galten allgemein als Theaterinszenierungen, zu denen nur ein Bruchteil der Bevölkerung überhaupt erschien.

Kifaya – Genug!

Doch war neben einer weitverbreiteten Politikverdrossenheit immer mehr der Unwille zu spüren, die Zustände weiter hinzunehmen. Dazu kamen Befürchtungen, Mubarak bereite seinen Sohn Gamal zur Amtsübernahme vor – viele Ägypter reagierten mit heftiger Ablehnung auf so eine drohende ›Erb-Demokratur‹.

»In einem Land, in dem nahezu alles – von der Wahl zum Universitätspräsidenten bis zur Gründung einer Partei – von der Zustimmung der Regierung abhängt, ist der Glaube an die Wirksamkeit und an den Sinn der politischen Mitgestaltung verkümmert«, formulierte ein Mitglied der 2004 entstandenen ›Kifaya‹- (Genug)-Bewegung die Stimmung. Und doch gelang es dieser Gruppe vor den Präsidentschaftswahlen von 2005 tatsächlich, Bewegung in die Politik zu bringen. Mubarak, der von seinen außenpolitischen Verbündeten unter Druck gesetzt wurde, seinen autokratischen Regierungsstil etwas zu mäßigen, ließ erstmals in der politischen Geschichte Ägyptens echte Wahlen für das Präsidentenamt zu. Insgesamt zehn Kandidaten machten sich bereit, in das – von vornherein recht ungleiche – Rennen zu gehen. Wahlkampagnen konnten die meisten Herausforderer nur in Kairo und Alexandria organisieren; das staatliche Fernsehen und die amtlichen Zeitungen wußten sehr gut, auf wessen Seite sie standen. Ayman Nour von der neugegründeten ›al-Ghad‹-Partei und Nomaan Goma'a für die älteste und traditionsreichste ägyptische Partei ›al-Wafd‹ waren die beiden aussichtsreichsten Kandidaten. Tatsächlich kamen sie auf Platz zwei und drei, allerdings weit abgeschlagen hinter dem amtierenden Mubarak, der über 88 Prozent der Stimmen erhielt. Wie das passieren konnte? Ägypter erklären schwierige Dinge gerne mit einem Witz: »Ein Mann hatte bei der Präsidentenwahl sein Kreuz nicht für Mubarak gemacht. Auf dem Heimweg kamen ihm die schlimmsten Gedanken, und er malte sich aus, was ihm und seiner Familie wohl zustoßen würde, wenn die Staatsgewalt das herausfände. Also eilte der Mann zurück ins Wahllokal und sagte zu dem verantwortlichen Polizeioffizier: ›Es tut mir wirklich sehr leid, aber ich glaube, ich habe meinen Wahlzettel falsch ausgefüllt.‹ ›Ja, das hast du‹, antwortete ihm der Polizist, ›aber mach dir keine Sorgen. Glücklicherweise haben wir deinen Fehler gleich erkannt und korrigiert. Sei beim nächsten Mal vorsichtiger!‹«

Die im Dezember 2005 durchgeführten Parlamentswahlen erbrachten – trotz nur geringer Wahlbeteiligung von regional schwankenden 5–24 Prozent – aber doch eine kleine Überraschung: Zwar fielen auf die regierende NDP (Nationaldemokratische Partei) Mubaraks immer noch über 70 Prozent der Sitze, doch erhielten die offiziell nach wie vor verbotenen Muslimbrüder, deren Kandidaten als Unabhängige antraten, etwa 20 Prozent der insgesamt 454 Sitze. Gemeinsam mit zehn weiteren Gruppierungen bilden sie die politisch sehr weit gefächerte Nationale Front für Wandel, die sich die Verwirklichung demokratischer Ziele vorgenommen hat wie die Beschränkung der Amtszeit des Präsidenten und die Aufhebung des Ausnahmezustands. Tatsächlich wurden 2008 bei einer Verfassungsänderung die Kandidatur unabhängiger Kandidaten für die Präsidentschaft nahezu unmöglich gemacht und die Notstandsgesetze auf Dauer festgeschrieben.

Ägyptische Götter

Wohlversorgt sind die Menschen, das Kleinvieh Gottes;
ihretwegen erschuf er Himmel und Erde;
er drängte die Gier des Wassers zurück
und schuf die Luft, damit ihre Nasen leben.
Seine Ebenbilder sind sie, hervorgegangen aus seinem Leib.

Lehre des Merikare, Mittleres Reich

Noch Johann Wolfgang von Goethe verspottete die alten Ägypter ob der Vielzahl und absonderlichen Gestalt ihrer Götter: »Nun soll am Nil ich mir gefallen,/ Hundsköpfige Götter heißen groß/O, wär' ich doch aus meinen Hallen/Auch Isis und Osiris los!« (aus den ›Zahmen Xenien‹).

Befremdlich wirken sie schon, diese Wesen mit Schakals- oder Falkenköpfen, geflügelte oder gebeinte Schlangen und derlei mehr. Aber vielleicht wird diese Kombination doch verständlich, wenn man sich das Problem der altägyptischen Künstler vergegenwärtigt, die in einer überwiegend analphabetischen Umwelt die Vorstellung der göttlichen Andersartigkeit vermitteln wollten. Um die unfaßbare Allmacht zu zeigen, machte sich ›der Eine zu Millionen‹. Netjer, der Gott, bekam eine jeweils lokal erfahrbare Form: Krokodile gaben dem Sobek Gestalt, Falken dem Himmelsgott Horus, Kuh und Stier den Mutter- beziehungsweise Vatergottheiten Hathor und Min. Insgesamt waren es rund 600 Götter und Göttinnen, die längs des Nil verehrt wurden. Einige von ihnen wurden ›politische‹ Götter wie Amun, der seine Macht dem thebanischen Herrscherhaus verlieh und mit diesen Fürsten zu höchsten Höhen aufstieg und in der Regierungszeit des Sonnen-Fanatikers Echnaton abstürzte, so daß seine Anhänger verfolgt und alle Amun-Tempel geschlossen wurden. Andere entwickelten wie Osiris überregionale Popularität, da er allen Menschen Gerechtigkeit und ewiges Leben versprach. Beruhigend für alle, die in den Tempeln den Überblick verlieren: Auch der normale Altägypter wußte die hohen Damen und Herren nicht alle mit Namen anzusprechen. Es reichte, die eigene Stadtgottheit und vielleicht drei bis vier der Großen zu kennen. Wozu gab es schließlich Priester?

Amum auf der Obeliskenspitze von Karnak

Die Familien

Die wohl bekannteste und politisch bedeutendste Götterfamilie besteht aus Amun, Mut und Chons. Im ganzen Land und bei allen Schichten erfreuten sich besonders Isis, Osiris und Horus großer Beliebtheit, in Memphis wirkten Ptah und Sachmet mit Sohn Nefertem. Ganz im Süden bildeten Satet, Anuket und Chnum auf Elephantine eine göttliche Wohngemeinschaft.

Die Götterfamilie von Karnak

Amun, Mut und Chons waren seit dem Mittleren Reich Ägyptens prominenteste Götterfamilie. So scheint es wenigstens nach Ausweis der erhaltenen Denkmäler. Amun und seinen Lieben wurden der riesige Tempel von Karnak und der ›kleine‹ Luxor-Tempel erbaut, fast in allen Heiligtümern von Theben-West und Nubien erscheinen sie an prominenter Stelle. Vater und Mutter erscheinen überwiegend in Menschengestalt, seltener mit Widder- oder Löwenkopf. Blau wie der Himmel ist die Hautfarbe des Amun, hohe Federn weisen auf die Luft als sein Element hin. Sein Name bedeutet ›der Verborgene‹. Daß Mut, deren Name übersetzt Mutter bedeutet, nicht nur die brave Mama war, zeigt ihre Löwengestalt – wehe dem, der sich ihr und den Ihren in böser Absicht näherte! Chons, der Sohn der beiden, trägt den Mond auf dem Kopf.

Die allägyptischen Hoffnungsträger

Wenn Amun und seine Familie die Mächtigsten im Lande waren, so waren Isis, Osiris und Horus sicher die Beliebtesten. Was am dramatischen Schicksal der Familie liegen mag, das – mit Happy End – auch heute Kinosäle füllen könnte. Der Kult der Isis wurde in der Römerzeit immerhin bis über die Alpen getragen – auch Mainz und Trier besaßen eigene Isis-Tempel. Die Göttin trägt meist einen Thron, das Schriftzeichen ihres Namens, auf dem Kopf und erscheint fast immer menschengestaltig. Allerdings hat sie mitunter geflügelte Arme, die sie dann gerne schützend um ihren Gemahl Osiris breitet, so zum Beispiel im Allerheiligsten von Philae. Dieser tritt nicht nur in seinem großen Tempel in Abydos als Mumie auf, ein deutlicher Hinweis darauf, daß er gleich zweimal ermordet (von seinem Bruder Seth) und wiederbelebt wurde (von seiner liebenden Schwester und Frau Isis mitsamt Helfern). Posthum gezeugt wurde Horus, was seiner jugendlichen Kraft keinen Abbruch tat. Erfolgreich rächte er seinen Vater und übernahm als letzter der Götter die Herrschaft über Ägypten. Daraus leitet sich seine Bedeutung für das Königsamt ab, er ist das gute Vorbild für alle Pharaonen.

Die göttliche Familie von Memphis

Ptah und Sachmet wurden seit frühester Zeit in Memphis verehrt, tauchen aber auch in den Grab- und Tempelbildern von Theben-West oft auf. Die altehrwürdige erste Hauptstadt des Landes besaß einen Karnak ebenbürtigen Tempel, in dem Ptah mit der enganliegenden Lederkappe auf dem Haupt als Handwerker- und Schöpfergott zu Hause war. Diesem friedlichen, kreativen Mann war eine kämpferische Frau zur Seite gestellt. Sachmet, die Mächtige, war als Löwengestaltige für Krieg und Krankheit zuständig. Nefertem, das Kind der beiden mit dem Namen ›Der völlig Schöne‹, wird gleichgesetzt mit der Lotosblüte. Als ›Herr der Nasen, der die Kehle atmen läßt‹ unterstand ihm auch die Produktion von Duftsalben.

Götter-Dreier auf Elephantine

Ausnahmsweise nicht als Vater-Mutter-Sohn-Gruppe fanden sich Satet, Anuket und Chnum auf Elephantine zusammen. Die erste auf der Insel war Satet, die an ihrer hohen kegelförmigen Krone mit zwei Gazellenhörnern zu erkennen ist. Als Bringerin des kühlen Wassers aus dem strudelreichen Gebiet des ersten Katarakts wurde sie hier bereits im ausgehenden 4. Jahrtausend verehrt. Ihre Verbindung zu Nubien kann man Anuket auf den Kopf zusagen: Ein hochaufragender Kranz aus Straußenfedern schmückt die Dame aus dem Süden. Chnum, als zeugungskräftiger Widder auch andernorts im Lande recht bekannt, zog im Neuen Reich bei den beiden Damen ein und – wen wundert's – beanspruchte bald den meisten Platz.

Chnum und Thutmosis III. auf Elephantine

Paarweise

Ob Schutzgöttinnen oder Hüter der Wissenschaft: Zu zweit ließ sich wohl manche Aufgabe besser meistern. Ein ausgesprochen gegensätzliches Paar waren Seth und Nephthys; der eine trachtete seinem Bruder Osiris nach dem Leben, die andere versuchte gemeinsam mit ihrer Schwester Isis, ihn zu retten.

Ladies first

Nechbet und Wadjit sind als Damen in Geier- und Kobragestalt die Schutzgöttinnen der beiden Landeshälften. Mit ausgebreiteten Schwingen schwebt Nechbet gerne über dem Prozessionsweg an der Tempeldecke. Wadjit dagegen bäumt sich als ›Die Große‹ an der Stirn des Pharao auf, um alle Feinde in respektvollem Abstand zu halten.

Seth und Nephthys sind als Geschwister und Ehepaar miteinander verbandelt, doch ob die Beziehung glücklich war? Schließlich gilt Seth als der Jähzornige, Grausame, in der lebensfeindlichen Wüste Beheimatete, der zum großen Entsetzen seiner Mitgötter aus lauter Machtgier sogar den eigenen Bruder Osiris meuchelte. Was Nephthys gar nicht guthieß, weshalb sie mit ihrer aller Schwester Isis sich daran machte, den Leichnam des Getöteten wiederzubeleben. Als ›Herrin des Hauses‹, so die Übersetzung ihres Namens, bleibt sie im Vergleich mit ihren drei prominenten Geschwistern bescheiden im Hintergrund. Seth tritt in nicht-mörderischer Absicht im Großen Tempel von Abu Simbel auf, Nephthys ist in den Gräbern im Tal der Könige oft zusammen mit Isis zu sehen.

Die Klugen

Im Ressort Bildung und Wissenschaft sind Thot und Seschat anzutreffen. Thot ist als Herr der Buchrollen zauberkundig und recht wandlungsfähig: Mal erscheint er als Pavian, mal als Ibis, gerne auch als Mischwesen zwischen Mensch und Vogel. Auf dem Kopf trägt er Mondsichel und -scheibe, die mit Wachsen und Schwinden seine Beherrschung der Mathematik andeuten. Als göttlicher Reinigungspriester findet er sich im Eingangsbereich nahezu jedes Tempels. Seschat dagegen tritt immer als Frau auf, gerne mit dem Pantherfell der Priesterwürde bekleidet. Auf dem Kopf ragt eine stilisierte Papyruspflanze auf. Seschats Lieblinge waren offenbar die Architekten, ihnen steht sie bei Tempelgründung und statischen Berechnungen mit Rat und Tat zur Seite, so beispielsweise in den beiden Säulensälen des Edfu-Tempels.

Große Frauen

Die große Mutter schlechthin ist Hathor, mit ihren Kuhohren in vielen Tempeln anzutreffen. Die Göttin Maat symbolisiert die göttliche Ordnung, für den täglichen Sonnenauf- und -untergang ist Nut zuständig.

Mutter, Frau, Geliebte

Hathor ist eine der sachkundigsten Göttinnen, die für Liebe, Ehestiftung, Kinder und Schutz in nahezu allen Lebenslagen verantwortlich ist. Als fürsorglicher Mutter wurde ihr die Kuh als heiliges Tier zugesellt, die liebevoll ihr Kälbchen leckt und es mit Milch aus dem prallgefüllten Euter versorgt. Speziell in Theben-West wurde Hathor als Herrin des Gebirges, in dem tausende von

Gräbern angelegt wurden, zur Beschützerin im Jenseits. Mit ihrem Gatten, dem Falkengott Horus, lebte sie in recht modern anmutender Ehe: Die beiden hatten getrennte Wohnsitze, er in Edfu, sie in Dendera, und nur gelegentlich besuchten sich die göttlichen Eheleute. Aber dann wurde mit dem ganzen Hofstaat und den Bewohnern vor Ort ein prachtvolles Fest gefeiert! Ihr Kind, der kleine Ihi, rasselte als Musikgott dann in Dendera für seine Eltern mit dem Sistrum, während der andere Sohn Harsomtus in Edfu als Vereiniger der beiden Länder eher politisch aktiv war.

Hathor-Kapitell in Philae

Justitia altägyptisch

Sie ist die Grundlage des ägyptischen Staates, ja der gesamten Weltordnung: Maat steht für Gerechtigkeit, Wahrheit, göttliche Ordnung. Rein menschengestaltig, ist sie nur an der Straußenfeder zu erkennen, die sie als Kopfputz trägt. In jedem Tempel finden sich Bilder, auf denen Pharao eine kleine Figur der knienden Maat den Hausgöttern darbringt, um zu versichern, daß er sich ganz und gar der Maat verpflichtet fühlt. Als Maßstab für ein gottgefälliges Leben erscheint sie beim Wiegen des Herzens am Tag des Gerichts.

Die Himmlische

Nut ist die Himmelsgöttin, auf deren Leib die Sterne in Booten von einem Horizont zum anderen fahren. Am Abend verschluckt sie die Sonne und ihr Gefolge, die am Morgen aus ihrem Schoß neu geboren werden. An der Decke des Tempels von Dendera sind besonders schöne Bilder dieser Vorstellung der täglichen Wiedergeburt zu sehen. Diese Vorstellung läßt sie zur Schützerin der Verstorbenen in der Unterwelt werden, die wie die Sterne und die Sonne auf neues Leben hoffen. Auch Nut kann als Kuh erscheinen, weiß mit schwarzen Sternenflecken. Ihre Familienbeziehungen sind außerordentlich komplex, je nach Mythos ist sie Mutter, Tochter oder Enkelin des Ra, Gattin oder Zwillingsschwester des Erdgotts Geb sowie Mutter zahlreicher anderer Gottheiten.

Nut-Bild in Dendera

Einzigartige

›Ägypten ist ein Geschenk des Nil‹ – dieser Satz von Herodot wird oft zitiert. Kein Tempel in ganz Ägypten ist dem Kult dieses Lebensspenders gewidmet! Doch tatsächlich gibt es keinen Tempel, in dem Hapi, so der altägyptische Name des Nil, nicht gegenwärtig wäre. Als zweigeschlechtliches Wesen mit hängenden Brüsten und dickem Bauch ist er die Basis allen Seins; sein Bild erscheint wortwörtlich fundamental: In den Sockelfriesen an den Wänden schreitet er in langer Prozession mit seinen Gaben daher, manchmal begleitet von weiblichen Gestalten als Personifikationen fruchtbaren Ackerlands. Der Nil verbindet Ober- und Unterägypten, im übertragenen Sinne vereinigt er die beiden Landesteile auch auf Staatsebene. Die Szene auf den Seitenflächen des Königsthrons zeigt Hapi, der die Wappenpflanzen des Nordens und des Südens um den langen Stiel des Hieroglyphenzeichens für ›Vereinigung‹ knotet.

Lebensspendende Sonne

Obwohl einzig, sind sie eigentlich drei: Ra, Aton oder Atum sind Namen des Sonnengottes, mit verschiedenen Zeiten und Orten besonders verknüpft. Lokal unterschiedliche Glaubensvorstellungen kreisten in vorgeschichtlicher Zeit um die Sonne als Lebensurkraft. Im Lauf von Jahrhunderten bildeten Theologen daraus komplexe Mythen, die uns heute nicht immer ganz logisch nachvollziehbar erscheinen.

Atum, ›Der Vollständige‹, wurde im ältesten Sonnenkultzentrum von Heliopolis beim heutigen Kairo verehrt. Aus dem Urozean entstand er durch reine Willenskraft und schuf aus sich allein das erste göttliche Paar, Schu und Tefnut. Meist stellten die altägyptischen Künstler ihn als alten, gebeugten Mann mit Bart dar, obwohl er auch in Gestalt einer Schlange oder eines Ichneumons auftreten kann. Wie anderen Göttern später auch, ist ihm der Stier als heiliges Tier zur Seite gestellt.

Auch Ra entstand aus dem Urozean, eingehüllt in die Blätter einer Lotusblüte. Nach anderer Version flatterte er als Phoenix auf und landete auf der Spitze des ersten Obelisken, der sich in Heliopolis befand. Wie Atum wird ihm die Vaterschaft für Schu und Tefnut zugeschrieben – mit oder meist ohne Hilfe einer Göttin. Als Mann, Sonnenscheibe oder als Mann mit Falkenkopf wird Ra gezeigt. Als Ra-Harachte oder Amun-Ra war er mit anderen großen Göttern verschmolzen, wodurch sein Allmachtsanspruch unterstrichen wurde.

Aton ist heute hauptsächlich in Verbindung mit Echnaton und seiner Kultur- und Glaubensrevolution verbunden. Als Sonne am Mittag wird er jedoch bereits in den Pyramidentexten des Alten Reichs erwähnt. Schon damals war sein Bild die Sonnenscheibe, deren Strahlen auf die Erde reichen. Echnaton machte Aton zum ›Einzigen‹, dem keine anderen Götter beigesellt werden durften. Nach seinem Tod wurde jedoch die alte Welt der vielen Götter wiederhergestellt. Mit der Erinnerung an den verfemten Pharao wurde auch Aton aus dem Gedächtnis verdrängt.

Allerlei Getier

Krokodil, Mistkäfer oder Schakal: Nicht immer empfinden wir heute die tierischen Erscheinungsformen der Götter als schmeichelhaft.

Krokodil

Als gefährlicher Bewohner des Nil jagte er den Menschen Angst und Schrecken ein: Sobek in seiner Gestalt als Krokodil verkörperte so aber auch die Macht des Gottes, dessen Wille sich den Menschen entzieht. Vom Faijum bis nach Kom Ombo wurde er als Herrscher der Flüsse mit unberechenbaren Launen verehrt.

Skarabäen

Käfer

Ausgerechnet der Mistkäfer (Skarabäus) wurde zu einem der beliebtesten Amulette der alten Ägypter. Sein Verhalten war nach ihrer Meinung überaus symbolträchtig: Seine Eier legt der Käfer in eine Kugel aus Mist, die er dann vorsichtig in eine vorbereitete Vertiefung rollt. Aus dem Urstoff kommen wie zu Beginn der Schöpfung neue Lebewesen! Die Kugel selbst wurde auch als Bild der Sonne gesehen, die vom fürsorglichen Käfer auf ihrem Weg über den Himmel geführt wird. Als Cheper ist der Käfer der Werdende, Seiende, sich Verwandelnde und gilt als Erscheinungsform des morgendlichen Sonnengottes.

Schakal

Anubis erscheint in reiner Tiergestalt als Schakal oder als Mann mit Schakalskopf. Als Aasfresser trieben sich diese wilden Tiere wohl in der Nähe der Einbalsamierungshäuser und Friedhöfe herum, was die Verbindung zum Totenreich nachvollziehbar macht. Doch im Gegensatz zum Tier wird die Gottheit zum Beschützer des Leichnams, der mit Salben, Amuletten, Leinenbinden und Zaubersprüchen Mumien fabriziert.

Altägyptische Kunst

Ägyptische Kunst gefällt. Nach Jahrtausenden spricht uns das pharaonische Ideal vom vollkommenen, gottähnlichen Menschen an: Schlanke Körper, Muskeln an den richtigen Stellen, freundliche, faltenfreie Gesichter, elegante Gewänder und eine große Auswahl an Frisuren: Sie könnten geradezu als ideale Models gelten. Wenn sie nur nicht so eine seltsam verrenkte Körperhaltung hätten, die an Hexenschuß oder ähnlich Schmerzhaftes denken läßt. Überhaupt stimmt bei genauerem Hinsehen so einiges nicht – zumindest nicht, wenn wir unsere Sehgewohnheiten als Maßstab anlegen. Dabei waren die alten Künstler eindeutig keine Stümper, die nicht in der Lage gewesen wären, detaillierte Naturbeobachtungen wiederzugeben. Pflanzen- und Tierbilder sind mitunter so präzise gearbeitet, daß Biologen sie genauestens identifizieren können. Ein wichtiger Grund für die von unserer Kunstauffassung abweichenden Darstellungen ist das Grundprinzip altägyptischer Kunst: Alles wirkt! Das Bild ist nicht für den Betrachter geschaffen, sondern um aus sich heraus zu sein. Es schreibt den aktuellen Zustand in idealisierter Form fest für die Ewigkeit und garantiert damit dauernde Existenz. Deshalb ist Stein das ideale Bildmaterial und sind Reliefs ›besser‹ als bloße Malereien. Die Bilder, die wir kennen, stammen überwiegend aus Gräbern und Tempeln – Bereiche, die ebenfalls der Ewigkeit geweiht sind. Die Gnade der Götter, die den Menschen immer aufs Neue Leben schenken, sollte nie enden, so wie die Dankbarkeit der Menschen sich in ständig wiederholten Opferungen zeigt. Das ewige Leben sollte die schönsten Elemente des Diesseits versammeln in völliger Vollkommenheit. Ägyptische Künstler stellten so gut wie keine unfertigen, häßlichen oder gefährlichen Dinge dar – sie hatten im idealen Leben keinen Platz.

Relief

Als Maler und Relifeur hatte man so seine liebe Not mit dem Gebot ›Alles wirkt‹. Schließlich mußte der menschliche Körper ›wirksam‹ in die Zweidimensionalität umgesetzt werden. Jeder kennt das Problem aus dem Zeichenunterricht: Was tun mit den Füßen, wenn eine Person von vorne dargestellt wird? Die Ägypter waren da erfindungsreich: Quasi proto-kubistisch setzten sie den Körper aus verschiedenen Blickwinkeln zusammen. Die Beine erscheinen in Schrittstellung von der Seite; die Taille ist leicht gedreht, damit der Bauchnabel zu sehen ist; die Schultern sieht man von vorne – das macht eindeutig mehr Eindruck. Das Gesicht erscheint im

Statuenpaar von Rahotep und Nofret

Relief aus dem Grab des Ni-anch-Chnum und Chnumhotep in Saqqara

markanten Profil, wobei allerdings das Auge in Frontalansicht gezeigt wird. Die Arme sind vor allem in der Kunst der früheren Epochen vom Körper weggestreckt, damit sie ja nicht Brust und Unterleib zerschneiden. Später wurde man diesbezüglich etwas lockerer, da stehen dann mehrere Personen gestaffelt hintereinander und ganze Körperhälften sind verdeckt. Es verblüfft, daß die Ägypter in einer Sache offenbar fast wahllos waren: Die linke und die rechte Hand waren austauschbar, und bei den Füßen wurde lange Zeit nur der große Zeh abgebildet, so daß es so aussah, als ob die Person zwei linke oder rechte Füße hätte.

Ungewohnt, aber nicht ganz fremd ist die Methode, wichtige Personen größer als ihre Umgebung darzustellen. Grabbesitzer, Pharaonen und natürlich Götter erscheinen dominant neben Bediensteten, Ausländern und Untertanen oder anderem Unbedeutenderen. Wenn möglich, sollten aber vor allem bei Tempelreliefs die Figuren auf gleicher Augenhöhe sein. Vielleicht ist das mit ein Grund, weshalb der König vor den thronenden Göttern steht – stünde die Gottheit auf, würde sie den irdischen Herrscher deutlich überragen.

Rundplastik

Ordnung – Maat ist der rechte Begriff – ist eines der wichtigsten Ziele menschlichen Schaffens. Denn mit Ordnung, wie sie die Götter den Menschen vorgeben, wird das Chaos gebannt, das vor der Schöpfung herrschte und das vollkommen lebensfeindlich ist. Bei fast allen Steinstatuen zeigt sich die Ordnung ganz augenfällig in Basisplatte und Rückenpfeiler, die der Figur Halt und Stütze geben. Dabei wären die Statuen auch ohne diesen Rahmen standhaft. Das linke Bein ist vorgesetzt und deutet verhaltene Aktivität an. Die Proportionen des

Körpers waren in einen Kanon eingebunden, der über die Jahrtausende nur wenig variierte. Göttliche Vollkommenheit wurde im Ebenmaß des Körpers angestrebt und in der Auswahl eines idealen Alters. Nicht zu jung, aber auch noch nicht vom Alter gezeichnet sollte die Person für die Ewigkeit erhalten werden. Es soll nicht ein zufälliger Moment herausgegriffen werden, sondern der ideale Zeitpunkt. Trotz dieses Grundgedankens finden sich in der ägyptischen Rundplastik eindeutig auch individuelle Portraits, mitunter wie bei Sesostris III. mit Falten und Tränensäcken. Amenophis III. dagegen ließ sich gerade im Alter besonders jugendlich zeigen – die Verjüngung bei den Riten des Heb-Sed anläßlich des 30. Regierungsjubiläums hatten offenbar gewirkt. Moderne Schönheitschirurgen können ob eines solchen Ergebnisses nur vor Neid erblassen.

Tempelarchitektur

Ein altägyptischer Tempel war nicht nur das Haus der Gottheit, sondern war auch das Abbild der Welt. Die Welt, versteht sich, war Ägypten. Und wie die Schöpfungsmythen lehrten, entstand die Welt, als der erste Hügel aus den Fluten des Urozeans emporstieg – wie man es alljährlich am Ende der Überschwemmungszeit in Ägypten beobachten konnte. Der Tempel symbolisierte den Urhügel, nach wie vor vom Urgewässer umspült. Die in Wellen gebauten Umfassungsmauern der Tempel von Dendera und Kalabscha sowie die Inselkonstruktion des Osireions im Osten des Sethos-Tempels von Abydos machen dies ganz deutlich. Eine der wichtigsten Aufgaben der Menschen war die Erhaltung der göttlichen

Pylonturm mit Hohlkehle in Philae

Ordnung, die mit der Schöpfung auf die Erde kam. Als vornehmster Vertreter der Menschen erscheint daher der Pharao an den Grenzen der Welt – also den Außenseiten der Tempel – und wehrt das Chaos ab. Das kann in Gestalt von Feinden oder von wilden Tieren gezeigt werden; es wird vom König bekämpft und besiegt, erschlagen, durchbohrt, vernichtet. Im Inneren des Tempels, also innerhalb Ägyptens, aber herrscht ein freundliches Miteinander von Irdischem und Göttlichem. Der Pharao bringt Opfergaben dar, die von der Gottheit huldvoll entgegengenommen werden, und als Dank empfängt der König Leben – das anch-Zeichen –, welches er an seine Untertanen weitergibt.

Leben symbolisieren auch einige Elemente des Tempels; so die Papyrussäulen, die als monumentale Schriftzeichen für Frische die Erneuerung des Lebens versprechen.

Überhaupt finden sich sehr viele Bezüge zur Natur und Pflanzenwelt in der altägyptischen Tempelarchitektur: Die von einer Hohlkehle bekrönte Tempelfassade ist die stilisierte Widergabe einer einfachen Wand, die aus in den Boden gesteckten und mit Lehm verputzten Palmwedeln besteht. Die oberen Enden der Palmwedel hängen leicht gewölbt über den Lehmmantel. Säulen sind als Palmen oder mächtige Blumensträuße gebildet. An den Sockelzonen der Heiligtümer läuft eine Prozession von Nilgöttern und Personifikationen der landwirtschaftlichen Güter – Wasser und Ackerland bilden die Grundlage des Lebens. Die Tempeldecke zeigt logischerweise Sternenmuster oder Himmelsbewohner wie die geiergestaltige Göttin Nechbet.

Tief im Inneren des Heiligtums ist der geschützte Aufenthaltsort der göttlichen Kraftquelle. Kein Normalsterblicher kann diese Urquelle des Lebens erkennen, kann ihr gegenübertreten. Nur Pharao oder die Hohepriester der Gottheit haben Zugang zu diesem geheimen Ort. Nur ihnen ist es möglich, das Wohlwollen der Götter zu erlangen, auf daß sie weiterhin aus ihren Sphären herabsteigen in den Tempel, nach Ägypten. Solange die Gottheit sich im Tempel wohlfühlt und ihm einwohnt, wird sie auch für Ägyptens Wohlergehen sorgen. Daher ist kein Aufwand zu groß, keine Opfergabe verschwendet – Gott wird alles im Übermaß zurückgeben.

Rainer Maria Rilke formulierte es in seinem Gedicht ›In Karnak war's‹ auf unübertroffen elegante Weise: »Und hier war das gefaßt, was nie verborgen war und nie gelesen: Der Welt Geheimnis, so geheim im Wesen, daß es in kein Verheimlicht-Werden paßt. Bücher verblätterns alle: keiner las so Offenbares je in einem Buche -, (was hülfts, daß ich nach einem Namen suche): das Unermeßliche kam in das Maß der Opferung. – Oh sieh, was ist Besitz, solang er nicht versteht, sich darzubringen? Die Dinge gehen vorüber. Hülf den Dingen in ihrem Gang. Daß nicht aus einem Ritz dein Leben rinne. Sondern immerzu sei du der Geber. Maultier drängt und Kuh zur Stelle, wo des Königs Ebenbild, der Gott, wie ein gestilltes Kind, gestillt hinnimmt und lächelt. Seinem Heiligtume geht nie der Atem aus.«

Palmkapitell mit Dattelständen in Philae

Hier sieht man, mehr denn je, wie diese Länder, die wir Ägypten und Nubien nennen, nichts anderes sind als die Ufer eines einzigen Flusses inmitten der Wüste. In Ägypten ist das Tal oft genug so breit, daß man die steinige Öde jenseits der Getreidefelder vergißt.
Aber in Nubien ist die Wüste allgegenwärtig.

Amelia Edwards, 1877

Nubien

Auf dem Nubischen Meer

Das alte Siedlungsgebiet der Nubier erstreckte sich längs des Nil über eine Länge von mehr als 1000 Kilometern zwischen dem ersten und vierten Katarakt. Vor allem das zwischen erstem und zweitem Katarakt gelegene **Unternubien** erregte immer wieder das Interesse der Pharaonen. Hier lagen Dioritsteinbrüche und hielten die in Hirtenkultur lebenden Bewohner große Rinderherden. Aber vor allem lagen im **Wadi el-Allaqi** ergiebige Goldminen, die eine der wichtigsten Quellen für den Reichtum Altägyptens waren. Darüber hinaus war Nubien ein wichtiges Durchgangsgebiet für den Handel mit südlicheren Regionen Afrikas. Leopardenfelle für Gewänder der Hohepriester, Straußenfedern für Fächer, Ebenholz, Elfenbein und Dufthölzer waren ebenso begehrt wie Paviane, Meerkatzen, Giraffen, Strauße, Leoparden und Löwen, die im königlichen Zoo gehalten wurden.

Abu Simbel

Die beiden **Felstempel Ramses' II.** sind der Grund für die Weiterexistenz des nubischen Dorfes rund 300 Kilometer südlich von Assuan. Ihretwegen wurde hier in den 1960er Jahren ein Flughafen gebaut, entstand damals ein großes Hotel mit Swimmingpool und zerbrachen sich Ingenieure aus aller Welt die Köpfe über die Rettung der Denkmäler. Ihretwegen kommen täglich tausende von Besuchern aus aller Herren Länder in den tiefen Süden Ägyptens.

In den letzten Jahren hat sich Abu Simbel kaum verändert, obwohl mehr Bäume und Büsche gepflanzt wurden. Sie sollen nicht nur die Touristen, die per Flugzeug oder mit Bussen durch die Wüste kommen, erfreuen, sondern sie bilden auch eine Barriere gegen den Wüstensand, der immer wieder über die Straßen geweht wird. Wer bei Abu Simbel nach bebauten Ackerflächen, Wasserbüffeln, Kamelen und Eseln sucht,

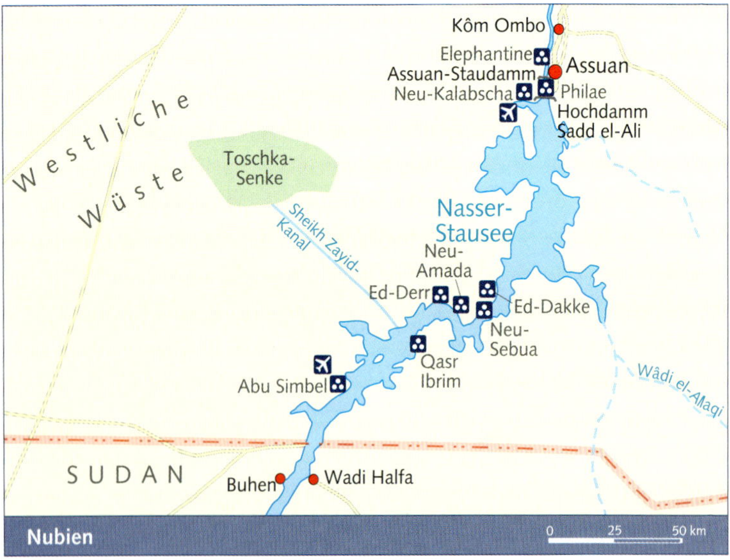

Nubien

Die Tempel von Abu Simbel

der wird enttäuscht. Es gibt kein Fruchtland mehr, alles vom Nil über Jahrtausende abgelagerte Land ging mit dem Aufstauen des Nassersees verloren. Auf dem kleinen **Markt** auf halber Strecke zwischen Flughafen und Tempeln findet man deshalb nur eine spärliche Auswahl an Obst und Gemüse. Es wird für teures Geld aus dem Norden hierher gebracht. Aber vielleicht wird sich das ja bald ändern. Das Toschka-Projekt hat die ersten grünen Flecken in die Landschaft gezaubert. Bei dem Projekt sollen langfristig große Wassermengen aus dem Nassersee in die Wüste westlich des Sees und weiter nach Norden geleitet werden. In zehn Jahren sollen dort drei Millionen Menschen leben.

Die meisten Besucher haben kaum Zeit, sich über solche Dinge Gedanken zu machen. Ein zweistündiger Kurzbesuch bei Ramses dem Großen, und schon geht es wieder zurück. Wer sich allerdings zu einer **Fahrt über den Nassersee** entschlossen hat, der darf sich hier in Abu Simbel auf den ruhigen Lebensrhythmus Nubiens einlassen. Zehnmal so groß wie der Bodensee ist das Nubische Meer, zwei Drittel der Fläche gehören zu Ägypten. Drei Tage dauert die Fahrt nach Norden bis zum ersten Katarakt; drei Tage in einer weiten, nur von Wasser, Himmel und Bergen beherrschten Landschaft.

Der große Tempel

Bis gegen Mittag beleuchten die Sonnenstrahlen die mächtige Fassade des aus dem Felsen geschnittenen Tempels. Vier 20 Meter hohe **Kolossalfiguren von Ramses II.** thronen vor dem Heiligtum. Sie wurden direkt aus dem anstehenden Sandstein gehauen. Einer der vier Statuen ist der eigene Kopf vor die Füße gerollt. Schuld war wohl ein Erdbeben schon zu Lebzeiten von Ramses, das auch bei den benachbarten Kolossen Schaden verursachte. Die mit relativ groben Blöcken reparierten Stellen hatte man vor 3200 Jahren wahrscheinlich mit Stuck kaschiert, mittlerweile hat die Zeit das Flickwerk freigelegt. Bei genauer Betrachtung der Figuren erkennt man auch die Spuren der Umsetzungsarbeiten: An der Wade zum Beispiel und vor dem Ohr wurde gesägt, um den gewichtigen Herrscher stückchenweise an seinen neuen Aufenthaltsort bringen zu können. Insgesamt wurden die beiden Tempel in 1036 Blöcke zerlegt, die bis zu 36 Tonnen wogen. 64 Meter höher und 180 Meter weiter landeinwärts bereiteten Bauarbeiter den neuen Aufstellungsort vor. Unter dem künstlich aufgeschütteten Berg verbirgt sich ein Stahlbetongehäuse, an dessen Innenwänden die bis zu 80 Zentimeter dicken Reliefblöcke befestigt wurden. Von 1964 bis 1968 dauerten die Arbeiten zur Rettung der beiden Heiligtümer, die Kosten beliefen sich auf 42 Millionen Dollar.

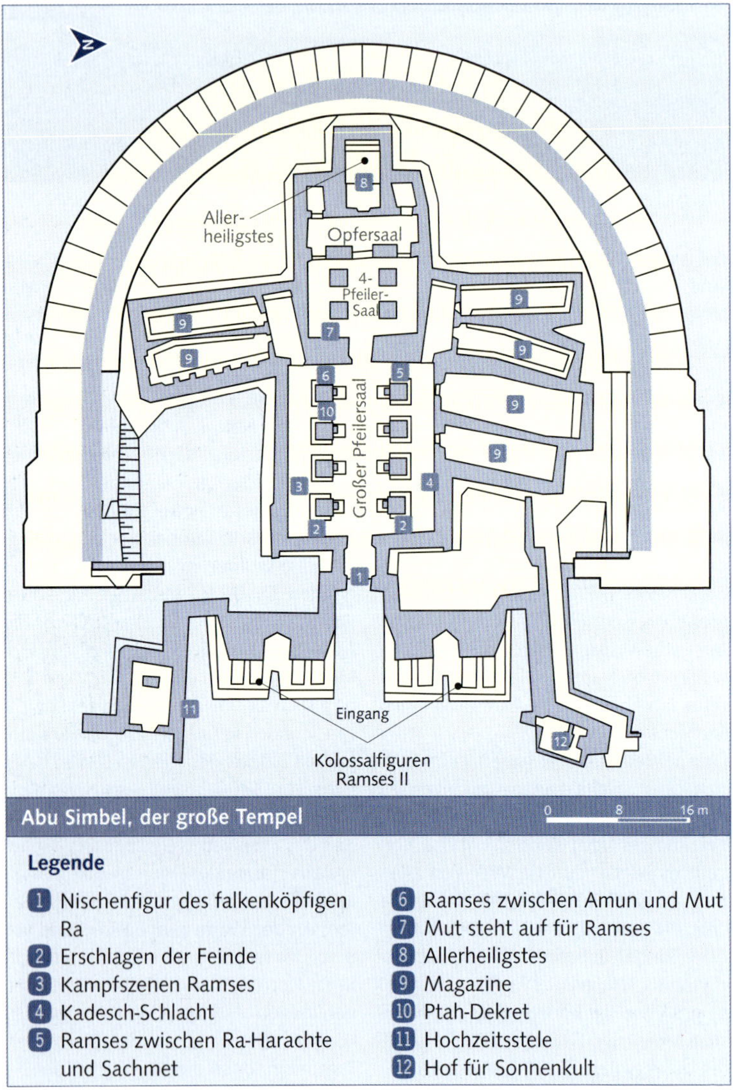

Abu Simbel, der große Tempel

0 8 16 m

Legende

1 Nischenfigur des falkenköpfigen Ra
2 Erschlagen der Feinde
3 Kampfszenen Ramses
4 Kadesch-Schlacht
5 Ramses zwischen Ra-Harachte und Sachmet
6 Ramses zwischen Amun und Mut
7 Mut steht auf für Ramses
8 Allerheiligstes
9 Magazine
10 Ptah-Dekret
11 Hochzeitsstele
12 Hof für Sonnenkult

Ein Ziel der Ingenieure und Ägyptologen war es, das berühmte **Sonnenwunder** von Abu Simbel zu erhalten: Zweimal jährlich, am 20. Februar und am 20. Oktober, beleuchtete die Morgensonne die im Allerheiligsten des großen Tempels sitzenden Statuen. Die genaue Vermessung des neuen Standorts war die Voraussetzung dafür, daß mit jeweils nur einem Tag Verschiebung nach hinten die Götter nach wie vor für wenige Minuten am Morgen angestrahlt werden.

Charakteristisch für alle Tempel Ramses' II. in Nubien ist die Betonung der Macht des Herrschers. Hier im fernen Süden ließ Ramses sich bereits zu Lebzeiten als Gott darstellen. Doch selbst Götter sind ohne Familie nicht komplett – neben und zwischen den Beinen der Sitzfiguren stehen deshalb **Gemahlin, Töchter und Söhne des Pharao**. Unter den Füßen des Herrschers an den Seiten der Thronsockel sind in Relief **Reihen gefesselter Fremdländer** angegeben, im Süden (links) Afrikaner und im Norden (rechts) Vorderasiaten und Libyer. Wie der gesamte Tempel dienen die Bilder der Gefangenen als Machtdemonstration Ägyptens, dem der Rest der Welt Untertan ist.

Auf Kopfhöhe mit den Statuen tritt aus einer Nische über dem Eingangstor die **Gestalt eines falkenköpfigen Mannes** 1. Er trägt die Sonne als Krone und kann daher als Abbild des Sonnengottes Ra gedeutet werden. Zwei Embleme, die er in Händen hält, ergänzen das Bild zu einem Rebus: User in der rechten Hand des Gottes und Maat – die mit einer Feder gekrönte weibliche Figur in der Linken – ergeben zusammen mit Ra den Thronnamen des Herrschers: User-Maat-Ra. Links und rechts der Nische erscheint im Relief Ramses beim Opfer vor diesem Ensemble. Er huldigt so einerseits dem Sonnengott und gleichzeitig sich selbst. Am oberen Abschluß der Fassade hockt eine ganze Reihe von Pavianen, die mit in Anbetung erhobenen Pfoten die Morgensonne begrüßen.

Im **ersten Saal** flankieren acht Pfeiler mit vorgeblendeten Figuren des Pharao den Mittelgang. Die Wandbilder zeigen überwiegend kriegerische Themen. Gleich an den Eingangswänden erscheint Ramses II. in dynamischer Schrittstellung mit erhobener Streitaxt und Keule beim rituellen **Erschlagen der Feinde** 2. An der südlichen Längswand schließen sich Szenen an, die den König im Streitwagen, begleitet von seinem Kampflöwen, oder zu Fuß im Nahkampf zeigen. Bei der **Erstürmung einer Festung** 3 sieht man Ramses mit gespanntem Bogen mit vier Armen und zwei Paar Bogen gleichzeitig – ein Hinweis auf Korrekturen am Bild. In der tiefsten Provinz arbeiteten sicher nicht die besten Künstler, ihre Fehler blieben unter Stuck und Farbe vor den kritischen Blicken der Zeitgenossen verborgen.

Fassade des großen Tempels

Nubien

Die Kadesch-Schlacht

Die wohl dramatischste Schlacht, die Ramses in seiner 67jährigen Regierungszeit zu schlagen hatte, liefert das Thema für die **Wandbilder an der nördlichen Längswand** 4. Kadesch am Fluß Orontes im Gebiet des heutigen Syrien wurde im Jahr 4 des großen Pharao beinahe zum Debakel. Hethitische Truppen hatten das ägyptische Heer in einen Hinterhalt gelockt, und Ramses lief mit einer kleinen Eliteeinheit blindlings in die Falle. Zwei angebliche Spione des Feindes waren von ägyptischen Spähern aufgegriffen und ins Lager gebracht worden, wo man ihnen mit Stockschlägen zusetzte, den Aufenthaltsort des feindlichen Heeres zu verraten. Natürlich gaben sie falsche Auskunft: »Sie sind dort, wo der elende Fürst von Chatti ist im Land von Aleppo. Er fürchtet sich zu sehr vor Pharao, um nach Süden zu kommen.« Dabei standen die Hethiter mit ihren Verbündeten gleich um die Ecke, bei Kadesch! Als Ramses dies erfuhr, war es zu spät: »Als Seine Majestät noch beim Kriegsrat mit den Kommandanten saß, kam der elende Feind von Chatti und überfiel die Division Seiner Majestät, die ahnungslos war. Da flohen die Truppen und Wagen Seiner Majestät vor ihnen.«
Ramses blieb allein zurück, »kein Offizier war bei mir, kein Wagenlenker, kein Soldat meines Heeres, kein Schildträger. Ich weiß, Amun hilft mir mehr als eine Million Truppen, mehr als hunderttausend Wagenlenker, mehr als zehntausend Brüder und Söhne.« Und tatsächlich, nach einem verzweifelten Appell an den großen Gott Ägyptens, erschien Amun: »Er rief von hinten, als ob er neben mir stünde: Vorwärts, ich bin mit dir, ich behalte die Oberhand über hunderttausend Männer, ich bin der Herr des Sieges und der Tapferkeit!« Kein Zweifel: Ramses schlug mit göttlicher Unterstützung ganz allein die überlegene Übermacht des Feindes in die Flucht. So jedenfalls überliefert es die ägyptische Geschichtsschreibung. Unseligerweise entdeckten Archäologen Jahrtausende später eine Version der Hethiter, die Zweifel aufkommen ließ an dieser Darstellung. Doch auch hier wird bestätigt, daß die Hethiter trotz ihrer trickreichen Strategie nicht als die strahlenden Sieger davonzogen. Letztendlich wurden Friedensverhandlungen aufgenommen, um einen verlustreichen Stellungskrieg zu verhindern. Laut ägyptischer Fassung klang die Bitte um Frieden aus dem Mund des Gegners herzerweichend: »Deine Kraft ist groß, deine Stärke schwer auf dem Land von Chatti. Ist es gut, daß du deine Diener niederschlägst ohne Gnade? Sei nicht hart in deinem Handeln, siegreicher König! Friede ist besser als Kampf. Gib uns Atem!«

Ramses, der vollkommene Gott

Nach diesem Erfolg ist es kein Wunder, daß Ramses sich voller Selbstbewußtsein als Gleicher zwischen die Götter drängte: An den Schmalwänden links und rechts vom **Durchgang zum zweiten Saal** läßt sich klar erkennen, wie die Künstler das Bildprogramm änderten, um Ramses nicht nur als opfernden Pharao, sondern auch als Gottheit zwischen **Ra-Harachte und Sachmet** 5 beziehungsweise **Amun und Mut** 6 zu zeigen. Noch kühner ist die Bildänderung im nächsten Raum ausgefallen: An der südlichen Eingangswand mußte **Mut**, die Göttergattin des Amun, aufstehen,

Nubien

Ramses mit Familie

Ra-Harachte

um Ramses Platz zu machen 7! Aufgrund der Umarbeitung sind an dieser Stelle vier Paar Götterbeine zu erkennen statt der zu erwartenden drei. An den Längswänden gesellt sich die große königliche Gemahlin Nefertari zu Ramses, beide grüßen die von Priestern getragenen Barken der Gottheiten.

Nur ein kleiner Quersaal liegt noch vor dem tief in den Felsen geschlagenen **Allerheiligsten** 8. Dort sitzen nebeneinander die vier mächtigsten Götter Ägyptens: Ra-Harachte, Ramses II., Amun-Ra und Ptah (von rechts nach links).

Beim Verlassen des Tempels lohnt sich ein Besuch der **Magazinräume** 9, die vom großen Pfeilersaal abzweigen. In schier endloser Wiederholung tritt Ramses vor die Gottheiten des Landes, um ihnen unterschiedliche Opfergaben zu überreichen. Die Reliefs sind deutlich flüchtiger ausgeführt als in den Haupträumen. Im **großen Saal** fällt eine scheinbar nachträglich eingebaute Wand zwischen zwei Pfeilern auf; sie trägt eine lange **Inschrift** 10, in der Ramses II. die Segnungen auflistet, die er dem Gott Ptah von Memphis hatte zukommen lassen.

Die bekanntere **Hochzeitsstele** 11 zur Erinnerung an die dynastische Eheschließung zwischen Ramses II. und der Tochter des Hethiterkönigs Hattuschili III. ist außerhalb des Tempels an der südlichen Schmalwand der Terrasse vor den Kolossalstatuen zu finden. An seiner Hörnerkrone zu erkennen ist der hethitische Herrscher, der dem Pharao seine Tochter zuführt. Tatsächlich war Maat-Hor-neferu-Ra, so ihr angenommener ägyptischer Name, wohl nicht von ihrem Vater begleitet worden, der wegen ›Brennen der Füße‹ die beschwerliche Reise nicht antreten konnte. Der Zeitpunkt dieser Eheschließung lag zehn Jahre nach dem Tod Nefertaris, der berühmten Lieblingsfrau des großen Pharao.

Der kleine Tempel

Hathor von Ibschek und Nefertari, der irdischen Erscheinungsform der großen Liebesgöttin, ist der zweite Tempel von Abu Simbel geweiht. Aus den Nischen der Fassade treten beiderseits des Tores je zweimal Ramses und einmal Nefertari hervor. Die Königin trägt die gleiche Krone wie die großen Muttergottheiten Isis und Hathor: Zwischen steil aufragenden Kuhhörnern sitzt die Sonnenscheibe, bekrönt von zwei hohen Straußenfedern. Die Vorsprünge zwischen den Nischen tragen eine Widmungsinschrift, in der Ramses festhalten ließ, daß er diesen Tempel in Nubien erbaute für ›Nefertari, um derentwillen die Sonne

▲ Karte S. 126

Abu Simbel, der kleine Tempel

Legende

1 Nischen mit Statuen von Ramses II. und Nefertari
2 Halle mit Hathorpfeilern
3 Opfersaal
4 Allerheiligstes
5 Nebenkammern
6 Betonkuppel

scheint‹. Ob die geliebte Königin die Einweihung der Heiligtümer selbst erlebte, ist unsicher: Ihre Tochter Merit-Amun scheint sie bei den Feierlichkeiten vertreten zu haben, und auf späteren Denkmälern erscheint Nefertari nicht mehr.

Im Inneren tauchen an den beiden Eingangswänden wieder Szenen des **Erschlagens der Feinde** auf, wobei diesmal Nefertari ihren kämpferischen Gemahl begleitet.

An den **Längswänden** treten abwechselnd Ramses und Nefertari vor verschiedene Gottheiten. In der vorderen Hälfte der linken Wand empfängt die göttliche Hausherrin Hathor den Pharao, im anschließenden Bild setzen ihm Horus und Seth als die Vertreter der beiden Landeshälften die Krone auf. Blumen und ein Rasselinstrument überreicht Nefertari der Anuket, einer nubischen Göttin mit weit ausschwingender Federkrone.

Die **Nordwand** des Saals zeigt Götter der nördlichen Landeshälfte, allen voran Ptah mit einer enganliegenden Kappe in einem Schrein und die Liebesgöttin Hathor mit ihrem Gemahl, dem falkenköpfigen Horus. An den schmalen Wänden des **Durchgangs** ist es nur die Königin, die vor Mut (rechts) und Hathor tritt. Sie ist es auch, die im angrenzenden **Querraum** auf der rückwärtigen Seite der linken Wand gekrönt wird. Hathor und Isis höchstpersönlich setzen Nefertari die Insignie der Herrschaft aufs Haupt – eine Szene, die sonst ausschließlich dem Pharao vorbehalten ist.

Im kleinen **Allerheiligsten** des Tempels ist die Phantasie des Betrachters gefordert, zu stark sind die Hochreliefs schon verwittert. Aus einer Nische an der Rückwand trat einst die rein kuhgestaltige Erscheinungsform der Hathor hervor. In ihrem Schutz, vor den Beinen der Kuh und unter ihrem Kopf, war das Bildnis Ramses' II. angebracht. Als Kind der Göttin selbst gottgleich, empfing er so die Huldigungen der Priester.

Abu Simbel

Vorwahl: 097.

Abu Simbel ist per **Schiff** über den Nassersee, per **Flug** von Kairo, Luxor und Assuan oder über die **Wüstenstraße** von Assuan aus zu erreichen. Flüge verkehren während der Hochsaison mehrfach täglich, ein- bis zweimal pro Tag kommen Besucher mit begleitetem Konvoi zu den Tempelanlagen.

Nur eine Handvoll Schiffe sind zur Zeit auf dem Nubischen Meer unterwegs, auch die Auswahl der Hotels ist eher begrenzt, da die meisten Gäste schon nach wenigen Stunden den kleinen Ort wieder verlassen.

MS Eugenie und **MS Kasr Ibrim**, buchbar über **Belle Epoque Travel Bureau Kairo**, 17, Tunis street, Tel. 02/25 16 96-56, Fax -46, www.eugenie.com.eg, www.kasribrim.com.eg; sehr teuer. ›MS Eugenie‹ und ›MS Kasr Ibrim‹ sind elegante, der Nostalgie verpflichtete Schiffe, deren im ägyptisierenden Art-Deko-Stil gehaltene Ausstattung das Auge erfreut.

MS Nubian Sea, www.highdamcruise.com; mittel bis teuer (saisonal). Überzeugt durch ihre ausgesprochen freundliche Atmosphäre und gutes Essen, nur Pauschalarrangements.

Hotel Seti Abu Simbel, Tel. 34 00-720, Fax -829, www.setifirst.com; mittel. Das Hotel liegt erhöht über den Ufern des Nassersees. Die weitläufige Bungalow-Anlage mit Pool und netter Terrasse ist freundlich und ruhig – ideal für erholungsbedürftige Urlauber.

Nefertari Hotel, Tel. 340 05-08, Fax -10, www.nefertarihotelabusimbel.net; mittel. Einfacheres 3-Sterne-Hotel, dem ein bißchen Pflege seiner Außenanlagen rund um den Pool gut täte. Dafür kann der kurze Weg bis zu den Tempeln leicht zu Fuß bewältigt werden.

Eskaleh Ecolodge, bitte rechtzeitig reservieren bei Fekry Kachif, Tel. 340-12 88, mobil 012/36 805 21, da nur fünf Zimmer zur Verfügung stehen; preiswert bis mittel. In der sehr sympathischen Ecolodge kann man nubisch wohnen. Vom Haus bis zur Zimmereinrichtung und dem leckeren Essen ist die Ecolodge für all diejenigen zu empfehlen, die nicht auf internationale Standards, sondern eher auf authentisches Erleben aus sind.

Da der Ort Abu Simbel kaum von Touristen besucht wird, gibt es hier

▶ Karte S. 131

Die Fassade des kleinen Tempels

nur ein paar einfache **Cafés** und einen **kleinen Markt**, wo im Gegensatz zu den Buden bei den Tempelanlagen eine recht entspannte Stimmung herrscht.

Allabendlich nach Sonnenuntergang wird die Fassade des großen Tempels zur Projektionsfläche einer etwa halbstündigen **Ton- und Lichtshow**. Da galoppieren die feindlichen Heere von Ägyptern und Hethitern aufeinander zu, Ramses erbaut Heiligtümer und widmet seiner geliebten Gattin einen Tempel.

Kurzweilig und interessant werden per Kopfhörer Informationen in mehreren Sprachen gegeben. Der Preis für die Veranstaltung liegt bei etwa zehn Euro pro Person.

Je nach Nachfrage finden mehrere Shows pro Tag statt.

Qasr Ibrim

Stolz erhob sich die **Festung von Qasr Ibrim** hoch über dem östlichen Nilufer – bevor der Bau des Hochdamms den Fluß aufstaute. Heute ist von der über mehr als 3000 Jahre alten Siedlung nur noch ein kleines Inselchen erhalten, das mühsam den Kopf über den Seespiegel reckt. Für die Passagiere an Bord der Kreuzfahrtschiffe ist nur ein Blick über die Reling auf das Ruinengelände möglich, wo britische Archäologen noch nach neuen Funden suchen.

Primis, wie die Stadt in römischen Quellen genannt wurde, war möglicherweise bereits im Mittleren Reich zwischen 1900 und 1800 in eine Kette von Festungsbauten eingebunden, die Ägyptens Vorherrschaft in Nubien garantieren sollten. Um 1540 vor Christus ließ Pharao Amenophis I. hier bauen, eine Stele aus seiner Zeit fand sich in einer der Krypten unter der großen Kathedrale. Im Verlauf der folgenden Jahrhunderte wurden Heiligtümer und Befestigungsanlagen ausgebaut, genaue Datierungen sind jedoch schwierig.

Glücksfall und Sorgenkind zugleich ist für die Archäologen der **Tempel aus der Zeit des Taharqa**. Die aus luftgetrockneten Lehmziegeln erbauten Mauern sind mit Stuck überzogen und buntbemalt, doch rund 2700 Jahre nach ihrer Erbauung drohen sie ein Raub der Fluten zu werden. Denn über 30 Jahre nach Fertigstellung des Damms steigt der See noch immer.

Die Feste Qasr Ibrim wurde in der frühen Römerzeit zum Zankapfel: Augustus und eine Königin aus Meroë ließen hier ihre Truppen um die Festlegung der Grenze zwischen ihren Reichen kämpfen. Letztlich behielten die Meroiten die Stadt, und in den folgenden Jahrhunderten entwickelten sich Handwerk, Handel und Landwirtschaft. Neue Tempel lockten mit einer Art antikem ›Wellness‹-Kult Besucher an – kurz, die Stadt blühte auf. Das größte Gebäude, das aus dieser Zeit freigelegt wurde, war nach Ausweis hunderter Amphoren und Trinkbecher eine **Weinstube**.

Zahlreiche Texte in nubischer, koptischer, griechischer und meroitischer Sprache haben sich erhalten, unter ihnen die Ernennungsurkunde des nubischen Bischofs Timotheos aus dem Jahr 1372. Nach heftigem Widerstand hatten sich die Nubier ab dem 6./7. Jahrhundert schließlich doch dem Christentum zugewandt, und prompt war Primis zum Bischofssitz aufgestiegen! Als Pilger- und Verwaltungszentrum im christlichen Nubien konnte sich Qasr Ibrim bis ins 15. Jahrhundert gegen die islamische Dominanz des Nordens halten. Doch mit der Einverleibung ins Osmanische Reich kam die Wende: 1528 eroberten bosnische Söldner die Stadt, die Marienkathedrale wurde zur Moschee. Ein letztes Mal machte Ibrim Schlagzeilen, als sich 1811 mamlukische Fürsten auf der Flucht vor Mohammed Ali hier verschanzten.

Die Ruinen von Qasr Ibrim

▲ Karte S. 124

Neu-Amada

So erreichten wir erst spät nach Mittag den Tempel von Hamada, der von geringem Umfang, aber größter Schönheit aller Details und aus der besten Zeit der Pharaonen ist. Schade, daß der Sand der Wüste ihn so tief verschüttet hat, daß man bequem vom Boden auf sein Dach steigen kann …

Hermann Fürst Pückler-Muskau, 1844

Am linken Ufer eines Nilbogens, den auch der See noch nachvollzieht, liegt der **Tempel von Amada**. Unscheinbar steht er da, nur wenige Kilometer von seinem alten Platz entfernt. Um die Malereien im Inneren nicht zu beschädigen, ließen die Retter sich etwas Besonderes einfallen. Der hintere Teil des Heiligtums wurde knapp oberhalb des Bodens abgesägt und im Stück angehoben. Auf Schienen gesetzt, erreichten Amun-Ra und Kollegen trockene Gefilde.

Die antike Baugeschichte erstreckt sich über 120 Jahre: Thutmosis III. begann um 1500 vor Christus den hinteren Teil des Heiligtums, sein Sohn Amenophis II. vollendete die Arbeit und fügte einen großen Hof plus Lehmziegelpylon an. Thutmosis IV. ließ den Hof zu einem Pfeilersaal umbauen. Nur 80 Jahre später geschah Undenkbares: Echnatons Bilderstürmer zerstörten die Reliefs des Amun, überall wurde der Name dieses ihm verhaßten Gottes ausgehackt. Erst um 1290 vor Christus wurde die alte Ordnung wiederhergestellt, als Sethos I. wiederum seine Steinmetze in die hintersten Winkel schickte, um Amun in Schrift und Bild auferstehen zu lassen. Danach herrschte Ruhe, bis die Christen kamen und die alten Götter vertrieben, um hier eine Kirche einzurichten.

Die in ihrer Farbigkeit teils noch sehr gut erhaltenen **altägyptischen Bilder** zeigen

Der Tempel von Amada

die jeweiligen Herrscher vor Gottheiten Nubiens: Thutmosis III. (rechts) und Amenophis II. (links) treten gleich am Eingang vor den falkenköpfigen Sonnengott Ra-Harachte. Im Durchgang zum Pfeilersaal findet sich links knapp über dem Boden eine **historische Inschrift**: Hatten es doch die Nubier mit Unterstützung durch libysche Stämme gewagt, sich gegen Ägypten zu erheben! Pharao Merenptahs Generäle bereiteten dem Aufstand bald ein jähes Ende. Ein zweiter historischer Bericht findet sich im **Allerheiligsten**. Amenophis II. hatte wie viele seiner Vorgänger Ärger mit aufmüpfigen syrischen Stadtfürsten. Eine Strafexpedition endete grausig: Sieben der ›asiatischen‹ Fürsten wurden gefangengenommen und mit nach Ägypten geschleppt. Vor den Toren der Hauptstadt Theben ließ Amenophis sechs von ihnen hängen – der siebte wurde nach Napata in Obernubien gebracht und als Machtdemonstration und Abschreckungsmaßnahme dort gehängt. Ob die Götter daraufhin einen Schluck Wein brauchten? Im Bild direkt über der Inschrift jedenfalls versorgt der Pharao Amun und Ra mit dem Rebensaft.

Ed-Derr

Wir blieben die Nacht in Doerr, einem sehr ansehnlichen, reinlichen, mit schönen Fluren und einem weithin gedehnten Palmenwalde umgebnen Orte, der ehemaligen Hauptstadt des Landes. Was mich aber am meisten überraschte, waren zwei ungeheure Sykomorbäume, die größten, welche ich bisher gesehen …

Hermann Fürst Pückler-Muskau, 1844

Teils freistehender Tempel, teils Felsheiligtum, ist das von Ramses II. in Auftrag gegebene Bauwerk aus ed-Derr. Heute ist die Umgebung eher karg, Palmen oder gar uralte Sykomoren sind nicht zu entdecken. Doch das Abbild eines heiligen Baumes, seit Urzeiten von den Göttern als ›königliches Archiv‹ verwendet, lockt ins Innere.

Ramses II. und Ra-Harachte in ed-Derr

Das thebanische Westgebirge erscheint im Grab des Pennut

Hinten links an der Längswand der **Pfeilerhalle** schreiben Ptah, Sachmet und der ibisköpfige Thot den Namen Ramses' des Großen auf die Blätter des Isched-Baums. Weiter vorne an der Wand reiht sich der Pharao in die Reihe der Priester, die mit der Götterbarke auf den Schultern zur Prozession schreiten. Neben einer ähnlichen Szene an der gegenüberliegenden Wand überreichen Amun, Mut und Thot dem König Symbole der ewigwährenden Herrschaft.

Die Bilder in den folgenden **Kapellen** sind stark beschädigt, sie zeigen Ramses im Opfer und bei kultischen Handlungen vor einer Vielzahl von Gottheiten. Im **Mittelsanktuar** erinnern die an der Rückwand aus dem Fels gehauenen Sitzfiguren von Ra-Harachte, Ramses II., Amun und Ptah an das Allerheiligste des Großen Tempels von Abu Simbel.

Im stark zerstörten ersten **Säulensaal** sind die Darstellungen der nubischen Feldzüge von Ramses nur noch fragmentarisch erhalten.

Beim Besuch des Tempels von ed-Derr gehört eine Taschenlampe ins Handgepäck, die in den Fels geschlagenen Räume sind schlecht beleuchtet.

▶ Karte S. 124

Das Grab des Pennut

Pennut war unter der Regierung von Ramses VI. (1141–1133) Aufseher über die Steinbrucharbeiten, Verwalter von Wawat (einem Teil Nubiens) und Diener des Horus von Miam (Aniba). Für ägyptische Verhältnisse erscheint es höchst ungewöhnlich, daß ein Ägypter sich außerhalb seiner Heimat bestatten ließ. Daher wird vermutet, daß Pennut möglicherweise ein im Dienste Pharaos stehender Nubier gewesen war. Auch seine Verwandten, die wie er hohe Posten in der Verwaltung innehatten, waren in der damaligen Provinzhauptstadt Aniba beigesetzt worden. Die Darstellungen im Grab und der gut ägyptische Name Pennut scheinen die Theorie allerdings nicht zu bestätigen.

Das kleine Felsgrab bestand aus einem oberirdischen **Kultraum** und dem von dort in die Tiefe getriebenen **Grabschacht**. Lediglich der oberirdische Teil wurde im Rahmen der Umsetzung nach Neu-Amada gebracht. Die **Reliefs** an den Wänden sind nur noch in der oberen Hälfte erhalten. Sie zeigen auf der linken Rückwand eine Szene, wie sie für Theben-West typisch war: Pennut erscheint mit seiner Gemahlin Tacha vor dem Westgebirge, aus dem die Göttin Hathor in Gestalt einer Kuh hervortritt. Ein kleines von einer steilen Pyramide bekröntes Gebäude steht für Pennuts ›Haus für die Ewigkeit‹ – es entspricht den thebanischen Grabbauten. Eine nilpferdgestaltige Gottheit symbolisiert die Hoffnung auf Wiedergeburt und neues Leben im Jenseits. In der Nische an der Rückwand des Raums sind drei unfertig gebliebene Statuen zu erkennen, von denen die mittlere mit Kuhkopf Hathor sein dürfte. Die anschließende rechte Wandhälfte zeigt Pennut mit seiner Frau und sechs Söhnen vor Osiris, die folgenden Szenen sind zerstört. An der rechten Schmalwand nur noch fragmentarisch erhalten ist eine Darstellung, die einen der Höhepunkte aus der Karriere des Pennut wiedergibt. Diener kleiden ihren Herrn festlich ein, der zwei Silbervasen als Auszeichnung vom Pharao erhält, weil er für Ramses VI. eine Statue in den Tempel des Horus von Aniba gestiftet hatte.

Neu-Sebua

Einst führte eine Allee auf ihn zu, gesäumt von Sphingen und stehenden Kolossalfiguren, die nun zerstört und begraben sind. Die inneren Säle und das Allerheiligste – alle aus dem Fels geschlagen – sind voller Sand und unpassierbar.

Amelia Edwards, 1877

Der Tempel von Wadi es-Sebua hat eindeutig profitiert von seinem Umzug. Die Sandmassen, unter denen er fast vollständig begraben war, wurden weggeräumt und das bereits recht baufällige Heiligtum am neuen Standort wieder solide Stein für Stein aufgebaut. Das ›Gotteshaus von Ramses, geliebt von

Wadi es-Sebua mit Sphinxallee

Amun im Bezirk des Amun‹ lautet der offizielle Name des von Ramses II. gestifteten Baus. Sein arabischer Name ›Wadi es-Sebua‹, Tal der Löwen, bezieht sich auf die löwengestaltigen **Sphingen**, die den Aufweg flankieren. Zwischen ihnen sind noch die Überreste von Mauern zu erkennen, die den Prozessionsweg gliederten und einzelne Höfe abschlossen. Von den Seitenwänden ist nur die rekonstruierte Andeutung der Fundamente zu sehen.

Im **zweiten Hof** fällt eine Veränderung an den Sphingen auf: Sie tragen statt des üblichen Königskopfes Falkenköpfe und sind damit Erscheinungsformen des in Nubien hochverehrten Horus. In satten Gelb-, Orange-, und Rottönen leuchtet der Sandstein der Treppe, die zur Terrasse vor dem Pylon mit den unverzichtbaren Bildern des Pharaos beim Erschlagen der Feinde hinaufführt. Vor dem linken Torturm hält eine einzelne **Statue des Ramses** noch die Stellung – ihr Gegenstück liegt, in mehrere Teile zerbrochen, ein gutes Stück nordöstlich im Sand.

Auch in Wadi es-Sebua sind es hauptsächlich Amun und Ra-Harachte, denen die kultische Fürsorge des Pharao gilt,

Sphinxallee vor Wadi es-Sebua

der wie schon in Abu Simbel in der Doppelrolle von Pharao und Gott erscheint. Die **Osirisfiguren** an den Pfeilern im anschließenden Hof wirken wie vieles im Tempel von Wadi es-Sebua plump. Dieser Eindruck wird durch die starke Verwitterung des Sandsteins noch verstärkt. Auf beiden Längswänden begleitet ein Teil der enormen Nachkommenschaft des großen Pharao den Vater beim Gottesdienst, links sind es 25 Prinzen und 9 Prinzessinnen, rechts 28 Prinzen und 7 Prinzessinnen. Weitere 38 Töchter sind auf den Rückseiten des Pylonturms zu entdecken. Daß Ramses seine Kinder immer wieder mit einbezog ins Bildprogramm, spricht für seine Fürsorge: Alles, was im Bild festgehalten wird, findet nach altägyptischer Überzeugung auf ewig auch so statt. Und wenn sich seine Söhne und Töchter im Tempel der Gunst der Götter erfreuen, so wird es ihnen an nichts mangeln.

Der folgende **Pfeilersaal** und die **Kapellen** dahinter waren ursprünglich in den gewachsenen Felsen gehauen. Als dieser Teil in eine Kirche umgewandelt wurde, entfernten christliche Steinmetze die den Mittelpfeilern vorgeblendeten Statuen. Stuckmalereien mit christlichen Motiven überzogen die Wände, um die mittlerweile wieder freiliegenden Bilder des Pharao vor heidnischen Göttern zu verbergen. Am besten erhalten sind die Szenen im angrenzenden **Querraum**. Gleich an der Eingangswand links überrascht ein ungewohntes Bild der Hathor als Frau mit Kuhkopf und Krone. Noch erstaunlicher allerdings ist die Szene, die sich ganz hinten im **Allerheiligsten** bietet: Da reicht doch tatsächlich Ramses II. dem heiligen Petrus einen Strauß Blumen!

Tip: Auch im Tempel von Wadi es-Sebua ist eine Taschenlampe hilfreich.

Ed-Dakke

Vor langer langer Zeit geschah es, daß der Sonnengott Ra und seine Tochter Tefnut, die auch sein rechtes Auge – das Sonnenauge – war, in Streit gerieten. Voller Zorn verwandelte sich die Sonnige in eine wütende Löwin und verschwand in die Wüsten des Südens, um dort ihren Ärger auszutoben. Dem göttlichen Vater fehlte sein Auge, und er schickte Boten aus, um die abtrünnige Tochter heimzuholen. Die Wahl fiel auf Schu, den Bruder der Tefnut, sowie den weisen und zauberkundigen Thot. So zogen die beiden durch Nubien, um den Aufenthaltsort der noch immer grollenden Göttin aufzuspüren. Vorsichtshalber

▲ Karte S. 124

verwandelten sie sich in harmlos aussehende ägyptische Kaufleute, um nicht gleich von Tefnut erkannt zu werden. Man traf sich ganz zufällig in einer Weinstube, und die leutseligen Händler luden die Göttin auf ein paar Becher des guten Tropfens ein. Dabei erzählten sie ihr Geschichten aus der Heimat, sangen Lieder und tanzten vor ihr. Thot ging sogar so weit, sich in einen Affen zu verwandeln, um die Göttin zu amüsieren und ihr Heimweh zu wecken. Wein und Gesang besänftigten das Gemüt der Löwin, und tatsächlich machte sie sich am nächsten Tag auf, um mit den beiden Kaufleuten nach Ägypten zurückzukehren.

Dieser Mythos, der auf märchenhafte Weise das Phänomen des Hin- und Herwanderns der Sonne zwischen den beiden Wendekreisen umschreibt, ist eng mit dem Tempel von ed-Dakke verbunden. Thot von Pnubs (von der Sykomore) wird hier als Hauptgott verehrt, mit ihm erscheinen Tefnut und Arensnuphis, die nubische Form des Schu.

Thot-Tempel

Der heute auf einer Anhöhe 40 Kilometer südlich seines alten Aufstellungsortes wiedererrichtete Tempel wurde vom meroitischen König Arkamani um 270 vor Christus begonnen. Nach der Eroberung Nubiens durch die Ptolemäer führte Ptolemaios IV. ab 220 die Arbeiten weiter, und noch in der Römerzeit wurden Ergänzungen vorgenommen. Der von den Römern errichtete **Pylon** steht heute wie unverbunden vor dem eigentlichen Heiligtum, da die Seitenwände des Hofs verschwunden sind. Unvollendet geblieben, fehlen die sonst üblichen großformatigen Bilder am Tor, lediglich im Durchgang sind Thot, Tefnut und Hathor zu erkennen. Interessant ist der Text in meroitischer Schrift, die bis heute noch nicht komplett entschlüsselt werden konnte.

Die Reliefs auf den **Säulenschranken** des ptolemäischen Pronaos zeigen Ptolemaios VII. und seine Gemahlin Kleopatra III. beim Opfer vor verschiedenen Gottheiten, im Inneren nimmt an der linken Rückwand der römische Kaiser Augustus die Rolle des Priesters ein. Anschließend treten Ptolemaios III. und IV. mit ihren jeweiligen Gattinnen auf – die verwirrende Abfolge der Herrscher zeigt, daß die Dekoration im Tempel nicht ganz systematisch angebracht wurde.

Arkamani, den Begründer des Tempels, zeigen die Reliefs des kleinen, fast quadratischen **Saals**, von dem links ein schmaler Raum abzweigt. In ihm finden sich die schönsten Bilder: Ganz hinten an der Schmalwand erscheint Tefnut als Löwin, vor ihr der in einen Affen verwandelte Thot. An der rechten Längswand davor überreicht ein römischer König Hathor und Horus das Udjat-Auge, eines der mächtigsten Amulette. Darunter erhalten Thot und Tefnut Ge-

Der Thot-Tempel von ed-Dakke

fäße voller Wein. An der gegenüberliegenden Wand empfangen Osiris und Isis aus der Hand Pharaos neue Gewänder, während vor Tefnut und Arensnuphis Weihrauch verbrannt wird.
Im letzten Raum des Tempels, dem römischen **Allerheiligsten**, steht ein aus Rosengranit gehauener **Schrein**, in dem die Götterstatue aufbewahrt wurde. Unter einer mächtigen Sykomore, die vom Nilgott mit Wasser übergossen wird, hockt Thot als Pavian an der rechten Einganswand des Raums.

Bauwerk von el-Muharraqa

Das kleine, unterhalb des Thot-Tempels wiedererrichtete Bauwerk von el-Muharraqa, das eher einer Kapelle als einem richtigen Tempel gleicht, stand in römischer Zeit direkt an der Grenze zwischen dem Imperium Romanum und dem Reich von Meroë. Ungewöhnlich ist die Gliederung des Gebäudes, dessen Innenhof eine durch Säulenschranken abgetrennte Seitenkammer aufweist und damit von der in ägyptischen Tempeln so beliebten Achsensymmetrie abweicht.
Ebenfalls einzigartig ist die **Wendeltreppe**, die in der Nordostecke aufs Dach führt. Das Fehlen von Reliefs zeigt an, daß die Bauarbeiten nicht fertiggestellt wurden. Daher muß unklar bleiben, welche Gottheit hier verehrt wurde, der Reichsgott Serapis oder Osiris, der Herrscher des Jenseits. Als Christen das Gebäude in eine Kirche umwandelten, änderten sie den Zugang und setzten den ursprünglich an der Ostseite liegenden Eingang zu, um dort die Apsis zu erbauen.

Neu-Kalabscha

Kalabscha, das antike Talmis, lag 50 Kilometer südlich des heutigen Tempelstandorts, bevor es von deutschen Ingenieuren und Archäologen oberhalb des Hochdamms von Assuan neu errichtet wurde. Dabei kamen Blöcke eines ptolemäischen Tempels zum Vorschein, die Ägypten zum Dank für die deutsche Mitarbeit bei der Rettung der nubischen Denkmäler dem Ägyptischen Museum in Berlin stiftete. Herr des Tempels ist Mandulis, eine späte und nur in Nubien faßbare Erscheinungsform des Horus.
Das dringende Bedürfnis von Kaiser Augustus, im Grenzgebiet zu den überaus selbstbewußten Meroiten Präsenz zu zeigen, hatte Kalabscha diesen Neubau eingebracht. Der Tempel lag direkt am Nil, von dem aus ein Aufweg zu einer Kaianlage und weiter über eine Treppe hinauf zur Terrasse vor dem Pylon führte. Die Grundstruktur eines solchen Tempeltors läßt sich wegen der fehlenden Reliefs hier besonders klar erkennen. Zwei mächtige, leicht geböschte **Tortürme** erheben sich links und rechts eines von einer Hohlkehle überkrönten Durchgangs. Die geflügelte Sonnenscheibe erscheint als Schutzemblem über dem Tor. Auch die Türme selbst wurden von einer Hohlkehle abgeschlossen. Vertiefungen in den Außenmauern der Pylone dienten zur Verankerung hölzerner Fahnenmasten, die das weithin sichtbare Symbol für ein Gotteshaus waren.
Im trapezförmigen offenen **Hof** hinter dem großen Pylon flankieren Säulen mit Pflanzenkapitellen die Seiten und bilden so gedeckte **Arkaden**. Türen in den Pylonen deuten an, daß die Mauern nicht

▶ Karte S. 124

Legende

1 Reinigungsszene
2 Inschrift des Silko
3 Mandulis als Falke
4 Pharao vor Mandulis

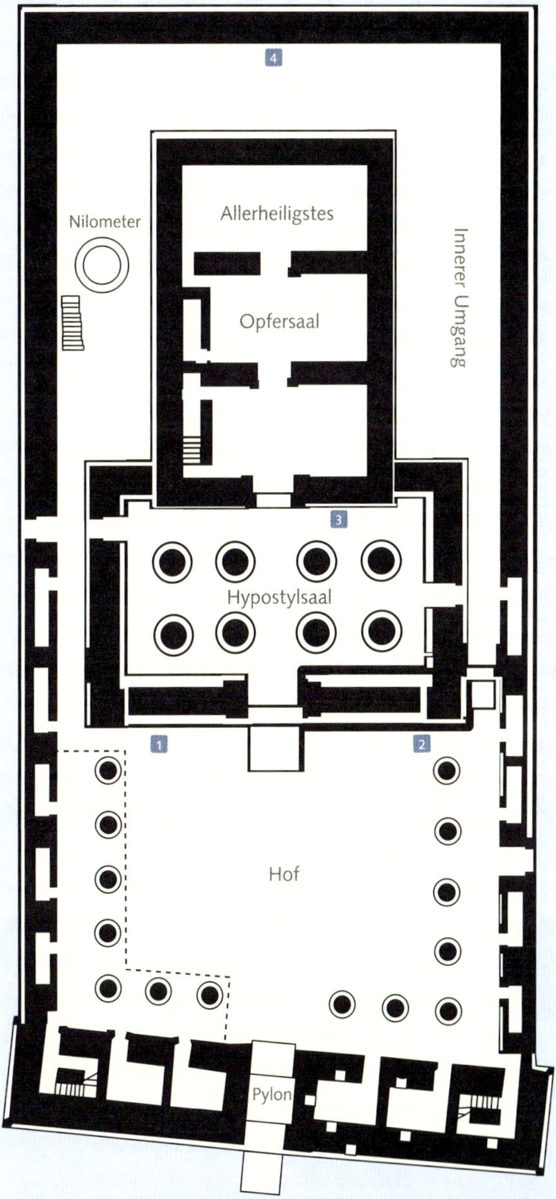

Der Tempel von Kalabscha

massiv gebaut sind, sondern sich im Inneren Treppen und Kultkammern befinden.

An den Wänden sind keine Reliefs ausgeführt worden, nur zwei **Säulenschranken** am Übergang zur Säulenhalle sind mit Szenen im üblichen Stil versehen: Pharao wird von den göttlichen Reinigungspriestern Horus und Thot mit Wasser übergossen 1. Rechts vom Durchgang sind Inschriften und Bilder aus späteren Zeiten scheinbar wahllos über die Wände verteilt: Zunächst eine griechische Inschrift des römischen Provinzverwalters Aurelius Besarion aus dem Jahr 248 nach Christus, in welcher er die Schweinehirten der Umgebung nachdrücklich auffordert, ihre Tiere doch bitte dem Tempel fernzuhalten. Eine ins 4. Jahrhundert datierende meroitische Inschrift auf der mittleren Säule belegt, daß die Römer das Gebiet nicht unangefochten beherrschten. Frühere Forscher freuten sich besonders über die **Inschrift** ganz rechts 2, ist sie doch in außerordentlich holprigem Griechisch verfaßt: »Ich, Silko, mächtiger König der Nubier und aller Äthiopier, ich kam zweimal bis nach Talmis und Taphis. Ich kämpfte gegen die Blemyer, und Gott gewährte mir Sieg. Ich schloß Frieden mit ihnen, und sie schworen mir bei ihren Götzen. Dann kehrte ich zurück in meine Gebiete des Oberen Landes. Denn ich bin ein König. Nicht nur folge ich keinen anderen Königen, sondern ich schreite ihnen voraus. Denen, welche mit mir Händel suchen, gewähre ich keinen Frieden in ihren Häusern bis sie um Gnade bitten. Denn ich bin ein Löwe in der Ebene und ein Steinbock in den Bergen.« So verkündete es der stolze Herrscher der christianisierten Nubier im 5. oder 6. Jahrhundert. Die Ritzung eines in römischer Rüstung auf seinem Pferd sitzenden Kriegers unterstreicht die Worte. Mit einer langen Lanze durchbohrt er den am Boden liegenden Feind, und über dem Reiter schwebt ein Engel mit dem Siegeskranz herbei. Dieses Bild steht ganz in der Tradition christlicher Heiliger wie dem Drachentöter Georg, andererseits entspricht seine Aussage aber auch altägyptischen Tempelbildern.

Eine schönes Detail im folgenden kleinen **Säulensaal** zeigt den göttlichen Hausherrn **Mandulis in Falkengestalt** mit Menschenkopf 3: Rechts vom Durchgang zum nächsten Raum hockt er vor einem Papyrusdickicht. Ein Bild des Pharao Amenophis II. aus der frühen 18. Dynastie verblüfft inmitten der Reihen ptolemäischer Herrscher an der Wand links. Offenbar hielt man hier die Erinnerung an einen älteren Bauherrn

Der Tempel von Kalabscha

Karte S. 141

Pharao mit Königskrone

fest. In den drei aufeinanderfolgenden **Querräumen** ist eine Fortsetzung des unendlichen Gebens und Nehmens zwischen Mensch und Gott in vielen Einzelbildern zu sehen.

Beim Umgang um den hinteren Teil des Tempels verdient ein Relief besondere Beachtung. In der Mittelachse der **äußeren Mauer** stehen sich Pharao (rechts) und Gott (links) gegenüber 4: Einmalig ist die Darstellung der Königskrone in Frontalansicht.

Beit el-Wali

Ramses II., der unermüdlichste Bauherr Nubiens, wartet wie schon in der Antike nur wenige Meter weiter westlich auf Besucher. Nichts Neues bei diesem Auftraggeber ist die Kombination von freistehendem und in den Felsen getriebenem Tempel. Und auch nicht mehr ganz überraschend ist die Tatsache, daß Ramses sowohl als regierender Pharao wie auch als Gott auftritt.

In dem langgestreckten Korridor, der auf die kleine **Halle** mit dem **Allerheiligsten** zuführt, beherrschen Kampfszenen die Wände. Linker Hand wird in ausführlichen Details ein Kriegszug nach Nubien geschildert. Ramses stürmt, begleitet von zwei Söhnen, im Streitwagen gegen die Feinde und erhält nach selbstverständlich siegreicher Schlacht von den Einheimischen kostbare Tribute: In langer Prozession werden Rinder, Antilopen, Meerkatzen, ein Löwe, ein Panther und sogar eine Giraffe herbeigeführt. Ebenholz, Straußeneier und -federn, Gold und Felle liegen bereit. Als edelstes Geschenk wird dem König auf einem Prunktablett eine Miniaturversion Nubiens dargebracht: Kleine Palmen wachsen aus der Tafel, über deren Ränder Leopardenfelle und Goldringe herabhängen. Huldvoll nimmt der unter seinem Baldachin thronende Ramses die Gaben an.

Nicht viel besser ergeht es den Feinden des Nordens an der gegenüberliegenden Wandseite: Syrer und Libyer werden von ägyptischen Kämpfern vernichtend geschlagen. Eindrucksvolle Körperbeherrschung zeigt Ramses bei der Verfolgung fliehender Feinde. Halb aus dem Streitwagen lehnend und nur durch die um seine Taille gewickelten Zügel gehalten, greift er mit der Linken ein paar der Nordländer und schwingt mit der Rechten drohend sein Schwert. Auch hier endet die Aufregung beim ruhig thronenden Pharao, der ganz entspannt die Vorführung der Gefangenen beobachtet.

Im **Inneren des Tempels** gibt es noch einmal Gelegenheit, sämtliche der für Nubien wichtigen Gottheiten in Farbe Revue passieren zu lassen: An der rechten Schmalwand tritt Ramses mit Anuket vor den widderköpfigen Chnum und

Felsritzung in Neu-Kalabscha

seine Begleiterin Satet. In der Nische an der Rückwand hockt er selbst als Gott zwischen Anuket und Chnum, während er links anschließend wieder als Mensch zum Mundschenk für Amun-Ra wird. Links vom Durchgang zum Allerheiligsten erhält derselbe Gott aus den Händen des Pharao die kleine Figur der Göttin Maat, aber schon in der Nische nebenan sitzt Ramses wieder gottgleich zwischen Isis und Horus. Die Schmalwand links trägt die Bilder von Hathor, dem weihrauchspendenden Ramses und Isis mit Horus. Im kleinen **Sanktuar** sind es vor allem die beiden Szenen an den schmalen Eingangsseiten, die Beachtung verdienen. Isis (Ost) beziehungsweise Anuket (West) geben dem Pharao die Brust.

Prähistorische Felsritzungen

Zurück vom Ramses-Tempel Richtung Nassersee führt der Weg an der Südseite des Kalabscha-Tempels vorbei, wo eine Reihe von Felsblöcken mit prähistorischen Felsritzungen aufgestellt wurden. Die Tier- und Jagddarstellungen belegen, daß die Tierwelt Nubiens vor 4000 vor Christus deutlich vielfältiger war und verraten damit auch, daß die karge Landschaft damals grüner gewesen sein muß als heute. Nicht nur Rinder, sondern auch Antilopen, Giraffen und Elefanten fanden ausreichend Nahrung. Zwei dieser mächtigen Dickhäuter sind auf den hier ausgestellten Steinen zu erkennen. Ob es sich bei dem ungefähr in der Mitte stehenden Block um die Erstabbildung eines der Wissenschaft (noch) unbekannten ›Tüpfel-Elefanten‹ handelt?

▲ Karte S. 124

Tempel von Gerf Hussein

In einer leichten Senke hinter den Felsblöcken stehen die erst 2002 aufgestellten Reste des Tempels von Gerf Hussein, auch er ein Bauwerk Ramses' II. Massig und schwer wirken die den heute freistehenden Pfeilern vorgeblendeten Statuen.

Kiosk von Kertassi

Zierlich dagegen ist der kleine Kiosk von Kertassi aus der Ptolemäerzeit. Hathor als Herrin der Steinbrüche und Schutzgöttin der Expeditionsmannschaften wurde in dem Steinbruch rund 30 Kilometer weiter im Süden verehrt. Ihr kuhohriges Frauengesicht schaut milde lächelnd von den Kapitellen.

Umsetzung der Tempel

Doch Ramses vermochte kein Auge zu schließen. Geräusche aus dem Norden drangen an sein Ohr und weckten ihn aus der langen Meditation über den Ruhm der Vergangenheit. ... »Hörst du?« sagte er leise zur Gemahlin. Nefertari war ebenso wach und beunruhigt wie er. ... »Seltsam«, sagte Ramses, den Nil betrachtend, »noch nie schien mir der Strom so weit unten und unser Tempel so weit oben!«... Nefertari lachte: »Willst du damit sagen, der Tempel sei auf den Berg hinaufgeflogen, wie ein Vogel?« »Der Tempel steht nicht mehr an seinem Platz«, beharrte Ramses, »aber ich weiß nicht, wie es geschah.«

Tawfik el-Hakim, Die Sprache der Steine, 1980

Nachdem die Entscheidung gefallen war, mit einem großen Damm den Nil südlich von Assuan aufzustauen, stellte sich unter anderem die Frage, was mit den zahlreichen Denkmälern längs des Flusses geschehen sollte. Sie würden von den Fluten des Nassersees vollkommen überschwemmt und damit für immer verloren sein. Eine Umsetzung zumindest der wichtigsten Tempel war geplant, doch wer konnte das bezahlen? Ägypten und der Sudan hatten nicht die nötigen Ressourcen, um dieses gewaltige Projekt alleine in Angriff zu nehmen. So wandten sich denn die Regierungen beider Staaten 1959 an die UNESCO, die am 8. März 1960 die Weltgemeinschaft um Hilfe bei der Erforschung und Rettung der nubischen Denkmäler aufrief:

»Die Arbeiten am großen Staudamm von Assuan haben begonnen. Noch vor Ablauf von fünf Jahren wird sich das mittlere Niltal in einen riesigen See verwandelt haben. Wunderbare Bauwerke, die zu den großartigsten der Welt gehören, drohen unter den Wassermassen für immer zu verschwinden... Die Wahl zu treffen zwischen dem Erbe aus der Vergangenheit und dem gegenwärtigen Wohlergehen eines Volkes ist nicht einfach... Diese Denkmäler gehören nicht nur den Ländern, die sie ererbt haben.

Der Nassersee aus der Luft

Die ganze Welt hat ein Recht auf ihre Erhaltung. Sie sind ein Teil des allgemeinen Erbes wie die Überlieferungen des Sokrates, die Fresken von Ajanta, die Mauern von Uxmal oder die Symphonien von Beethoven. Schätze von universeller Bedeutung haben ein Recht auf universellen Schutz. Diese Denkmäler können nur gerettet werden, wenn Regierungen, Institutionen, öffentliche und private Stiftungen sowie Menschen guten Willens zusammenarbeiten.« Vittorino Veronese hielt diese Rede als Generaldirektor der UNESCO – und erhielt ein überwältigendes Echo. Über 20 Staaten beteiligten sich innerhalb der folgenden zehn Jahre an den Arbeiten zur Erforschung Nubiens, und mindestens ebenso viele internationale Firmen engagierten sich mit ihrem Wissen und ihren Ingenieuren bei den Umsetzungsarbeiten.

Archäologen und Ingenieure kümmerten sich um die Denkmäler, Anthropologen um die menschlichen Überreste der einstigen Bewohner Nubiens, Ethnologen, Linguisten und Soziologen um die lebende Bevölkerung. Ein riesiges Gebiet wurde in Teamarbeit von einer Gemeinschaft von Wissenschaftlern erforscht. Allein schon diese Zusammenarbeit war einmalig und brachte viele neue Erkenntnisse. Dennoch war die Zeit knapp bemessen, bereits 1962 begannen die Fluten unaufhaltsam die ersten Dörfer und antiken Stätten zu überschwemmen. Im Rennen gegen die Zeit mußten neue Techniken entwickelt werden, um beispielsweise die empfindlichen Fresken der nubischen Kirchen zu bergen oder bröseligen Sandstein zu festigen. Zwar wurden fast alle der 14 vom Mittleren bis Neuen Reich erbauten mächtigen Festungsanlagen von Semna beim zweiten Katarakt bis Elephantine am ersten Katarakt überflutet, doch konnten immerhin über zwanzig Tempel, Kapellen und Gräber vor den Fluten des Nassersees gerettet werden. Darüberhinaus wurden zahlreiche Einzelfunde geborgen. Von Felsritzungen über Grabbeigaben bis zu Schriftfunden und Gebrauchsgegenständen spiegeln sie die lange und wechselhafte Geschichte der Region.

Allein die Umsetzung des Isis-Tempels von Philae verschlang die Summe von 30 Millionen US-Dollar, die zu einer Hälfte von Ägypten aufgebracht wurde und sich zur anderen Hälfte aus internationalen Beiträgen finanzierte.

»Die internationale Kampagne zur Rettung der Denkmäler Nubiens war von Anfang bis Ende durch einen großzügigen Geist der Zusammenarbeit gekennzeichnet. Sie wird sich unter die riesigen Anstrengungen unseres Jahrhunderts einreihen, um gemeinsam unsere Vergangenheit zu bewältigen und um brüderlich unsere Zukunft vorzubereiten!« Amadou-Mahtar M'Bow, 1980 Generaldirektor der UNESCO, zog diese Bilanz nach 20 Jahren. Ägypten und der Sudan zeigten ihre Dankbarkeit, indem sie einige der geretteten Bauten als Geschenke ins Ausland gaben: Beispielsweise erhielten Berlin, Madrid und New York auf diese Weise monumentale Tore oder sogar komplette Tempel. Sie sollen als Botschafter dieser gemeinsamen Anstrengung und des einenden Weltkulturerbes dienen.

Mit der Eröffnung des Nubischen Museums von Assuan im Jahr 1997 würdigte Ägypten die Geschichte und Menschen dieses versunkenen Landes. Archäologen aus aller Welt arbeiten weiter an der Erkundung Nubiens: Längst haben sich ihre Forschungen über das Gebiet zwischen erstem und zweiten Katarakt ausgedehnt.

Assuan

Assuan ist schön. Vielleicht nicht unbedingt in städtebaulicher Hinsicht, aber die Lage an den rötlich schimmernden Granitfelsen des ersten Katarakts und dem gelbem Wüstensand des Westufers - dazwischen der Nil und die von Palmen, Schilf und blühenden Sträuchern bewachsenen Inseln voller Vögel - verleiht der Stadt einen ganz eigenen Reiz. Hier kann man sich wohlfühlen, bei einer Segelpartie entspannen und abends über den mehrere Kilometer langen Basar bummeln. Selbst wenn es heiß ist, läßt sich die trockene Hitze doch gut ertragen.

Die Geschichte der Stadt begann auf der großen **Nilinsel Elephantine** im Zentrum. Auf ihrer Nordspitze ragt heute der Turm eines Hotels auf - ein Symbol architektonischer Instinktlosigkeit, aber die 2004 wiedereröffneten Bar bietet einen der schönsten Plätze, um den Sonnenuntergang zu genießen. Die Südspitze der Insel birgt die archäologischen Überreste des alten Ortes **Abu**, der fast drei Jahrtausende als Grenzort und Hauptstadt der südlichsten Provinz Ägyptens von Bedeutung war. Zwischen Hotel und Grabungsplatz liegt eine kleine **nubische Siedlung**, die nach beiden

Blick auf Assuan

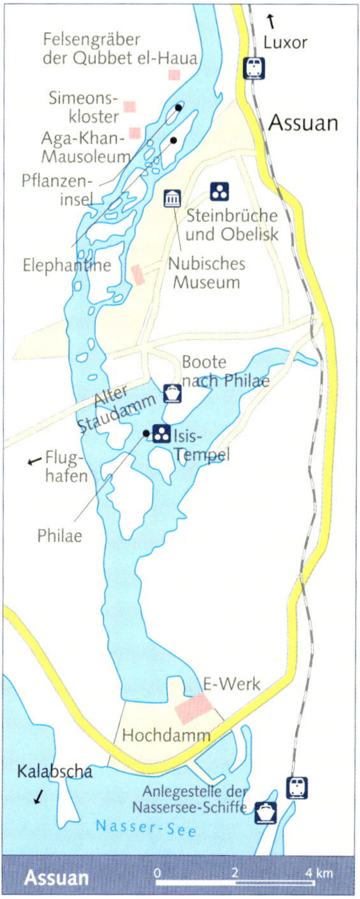

Seiten hin von einer Mauer begrenzt wird. Parallel zu Elephantine, etwas weiter westlich im Fluß, liegt die kleinere **Pflanzeninsel**, benannt nach dem Botanischen Garten, den der britische Hochkommissar Kitchener hier hatte anlegen lassen.

Das **Westufer** gehört bereits der Wüste: An den steilen Hängen nördlich der Inseln haben die alten Fürsten von Elephantine ihre Gräber anlegen lassen. Ihrem Beispiel folgte weiter im Süden

Aga Khan III., dessen **Mausoleum** eines der Wahrzeichen der Stadt ist.

Auf dem **Ostufer** erstreckt sich Assuan über etwa zehn Kilometer zwischen dem alten Damm im Süden und der nördlichen Bebauungsgrenze. Südlich des alten, 1902 erbauten Damms erhebt sich auf einer Insel der umgesetzte **Tempel der Göttin Isis**. Weitere knapp zehn Kilometer weiter flußaufwärts liegt der mächtige **Hochdamm von Assuan**. Hier, außerhalb des eigentlichen Stadtgebiets, befindet sich auch die ›Africa University‹, die – wie ihr Name schon andeutet – nicht nur ägyptischen Studenten offensteht.

Zurück im Stadtzentrum lockt die Niluferstraße, die **Corniche**, vor allem in ihrem südlichen Teil gegenüber der Insel Elephantine zum abendlichen Flanieren. Auch die Assuaner zieht es hierher, vor allem im Ramadan ist fast die ganze Bevölkerung noch bis tief in die Nacht hinein auf den Beinen. Pferdekutschen stehen an strategisch günstigen Punkten, um Touristen vor den längs des Ufers ankernden Schiffen zu einer Spazierfahrt zu animieren, der Ruf ›Kalesch!‹ übertönt selbst die vorbeiknatternden Mopeds.

In den letzten zwanzig Jahren ist das moderne Assuan enorm gewachsen. Provinzverwaltung, chemische Industrie, Universität und Hotelfachschule, mehrere Krankenhäuser, das Kraftwerk am Hochdamm und natürlich der Tourismus bieten attraktive Arbeitsplätze. Nicht nur auf dem Ostufer, wo der größte Teil der Bewohner lebt, sind ganze Viertel neu aus dem Boden gestampft worden, sondern auch auf dem Westufer, wo sich die leuchtend blaugestrichenen Gebäude des ›nubischen Dorfs‹ mittlerweile zu einem regelrechten Häusermeer ausgeweitet haben. Um beide Stadtteile miteinander zu verbinden, wurde vor wenigen Jahren eine Brücke gebaut. Diesmal haben die Städteplaner aufgepaßt: Um das charakteristische Bild der Stadt nicht zu zerstören, wurde die Brükke weit im Norden über den Fluß gespannt.

▲ Karte S. 147

Der Hochdamm

Mit viel Enthusiasmus war 1952 die neue Regierung der Freien Offiziere angetreten. Große Pläne hatte man für die Modernisierung Ägyptens, das endlich eigene Industrie bekommen und dessen landwirtschaftliche Produktion gesteigert werden sollte. In der damaligen technikbegeisterten Zeit wurden auf der ganzen Welt Großprojekte in Angriff genommen. Auch Ägypten sah im Bau eines großen Staudammes den idealen Weg zur Verwirklichung einer Reihe von Zielen. Die alljährliche Nilflut, die das ganze Land von Ende Juli bis Ende Oktober unter Wasser setzte, sollte in einem riesigen Stausee aufgefangen werden. Die mitunter beträchtlichen jährlichen Schwankungen der Wasserfluten, die immer wieder zu extremen Hochwassern oder Dürrekatastrophen

Der Hochdamm von Assuan mit Lotosblütendenkmal

geführt hatten, könnten so ausgeglichen werden. Zusätzlich ließe sich mehr Land während des ganzen Jahres bebauen. Man erhoffte sich enorme Ertragssteigerungen, um die ständig anwachsende Bevölkerung besser ernähren und Überschuß produzieren zu können. Der Gewinn käme dem Aufbau von Industrien zugute. Ein Kraftwerk am Damm sollte Elektrizität erzeugen, die ganz Oberägypten versorgen würde.

Doch bis es so weit kam, waren einige Hürden zu überwinden. Ägyptens Finanzen ließen den Bau eines solchen Großprojekts nicht zu, man brauchte ausländische Investoren. Daher wandte sich die Regierung zunächst an mehrere westliche Staaten, darunter die USA und Deutschland. Deutsche Ingenieure entwickelten den Bauplan, die USA, Großbritannien und die Weltbank sicherten zu, die Kosten vorzuschießen. Über Verhandlungen zu Waffenkäufen kam es jedoch zum Bruch zwischen Ägypten und den USA, die daraufhin die Zusammenarbeit aufkündigten. Auch die Verstaatlichung des Suezkanals brachte Ägypten nicht den gewünschten Erfolg. Die große Hoffnung auf Ägyptens Entwicklung schien in unerreichbare Ferne gerückt zu sein. Als 1958 die Sowjetunion anbot, die Finanzierung des Damms zu übernehmen, willigte Nasser ein. 1960 begannen die Bauarbeiten, die gleichzeitig die große internationale Nubienkampagne auslösten. Elf Jahre später war das Projekt fertig und Ägyptens Blockfreiheit dem ›Arabischen Sozialismus‹ gewichen. Folgende Zahlen verdeutlichen das Ausmaß des Baus: Der Damm hat eine Länge von 3,6 Kilometern, davon allerdings nur 520 Meter im Flußbett, seine Höhe beträgt 111 Meter, die Breite an der Sohle 980 Meter und an der Krone 40 Meter.

In der Zwischenzeit war Gamal Abd el-Nasser verstorben, sein Nachfolger Anwar el-Sadat leitete gemeinsam mit dem sowjetischen Staatschef Podgorny im Januar 1971 die Eröffnungsfeierlichkeiten. Das Denkmal in Gestalt einer stilisierten Lotosblüte, das am Ostende des Damms aufragt, erinnert an die Zusammenarbeit beider Nationen.

Tatsächlich haben sich viele der Hoffnungen erfüllt, die mit dem Bau des Damms verbunden waren. Aufgrund der Leistung von zehn Milliarden Kilowatt im Jahr ist kaum ein Haushalt zwischen Assuan und Kairo heute mehr ohne Strom für Fernseher und Kühlschrank. Die Gemüseernte konnte auf drei bis vier Ernten pro Jahr gesteigert werden, neue Anbauflächen profitieren vom rund ums Jahr zur Verfügung stehenden Wasser. Als nach mehreren Jahren ausbleibenden Monsunregens in Äthiopien schwere Hungerkatastrophen die Folge waren, reichte der im 5000 Quadratkilometer großen Nassersee aufgestaute Wasservorrat, um Ägypten zu versorgen.

Doch traten auch einige der von Kritikern des Damms prophezeiten negativen Folgen auf: Ohne die jährliche Überschwemmung kam kein frischer Nilschlamm mehr auf die Felder – teurer Kunstdünger wurde in den ersten Jahren nicht immer fachgerecht verwendet, Anbauflächen gingen dadurch verloren. Die Versalzung des Bodens, der nicht mehr ausreichend drainiert wurde, führte ebenfalls zu Verlusten. Erst in den letzten Jahren beginnt sich eine weitere Spätfolge in ihrer ganzen Problematik zu zeigen: Alte Schlammablagerungen an der Nordküste des Deltas werden zunehmend vom Mittelmeer abgespült – da kein Nachschub aus dem Süden mehr kommt, schrumpft das Land.

Inwieweit sich durch den Bau des riesigen Wasserspeichers (der Nassersee faßt 164 Milliarden Kubikmeter) mitten in der Wüste Klimaveränderungen ergeben haben oder noch ergeben werden, ist nach wie vor heftig umstritten. Trotz der Masse von zehn Milliarden Kubikmeter Wasser, die pro Jahr verdunsten, liegt das durchschnittliche Niederschlagsmittel in Assuan nach wie vor bei null Tagen im Jahr.

Isis-Tempel von Philae

Der Pylon wurde erbaut für die Sonnengöttin, die Herrin, die lebensspendende Isis, Königin der reinen Insel, Herrscherin von Philae und Abaton. Aus leuchtendem Sandstein wurde er erbaut, seine Höhe ist wunderbar, seine Breite staunenswert.

Inschrift im Tempel der Isis am Übergang zum ersten Hof

Von der Anlegestelle an einer Bucht südöstlich des alten Damms gelangt man per Motorboot zur Insel, auf der das Heiligtum der Isis wiedererrichtet wurde. Bereits zu Beginn des 20. Jahrhunderts hatte die Göttin für mehrere Monate im Jahr nicht nur nasse Füße bekommen, durch die aufgestauten Nilfluten war der Tempel neun Monate im Jahr fast bis zum Dach überschwemmt worden. Die bunte Bemalung, die damals an vielen Stellen noch erhalten war, wurde dabei abgewaschen. Dicke Lehmschichten verkrusteten den Boden

Der Isis-Tempel

und die unteren Bereiche der Wände. Schuld an dieser Situation war unter anderem Winston Churchill, der die Zurückhaltung der ersten Dammbau-Ingenieure kritisierte, die den Nil nur so weit aufstauen wollten, daß der Tempel nicht versank: »Dieses Opfer von 1500 Millionen Kubikfuß Wasser an Hathor von den weisen Männern des Westens ist das grausamste, hinterhältigste und sinnloseste, das je auf dem Altar einer falschen Religion gemacht wurde. Der Staat kämpft, und die Menschen verhungern, damit Professoren jauchzen und Touristen Plätze finden, um ihre Namen einzukratzen.« Also wurde der Damm stufenweise erhöht. Wirklich bedrohlich wurde die Situation mit dem Beginn der Bauarbeiten am Hochdamm. Zwar lag die Insel flußabwärts von der neuen Sperre, doch der Wasserpegel zwischen beiden Dämmen stieg weiter

Legende

1. Schrein Nektanebos' I.
2. Unfertige Säulen
3. Bild Ptolemaios' XII., Erschlagen der Feinde
4. Gedenktext von Napoleons Truppen
5. Schenkungsurkunde
6. christlicher Altar
7. Allerheiligstes
8. Hadrianstor

▶ Karte S. 147

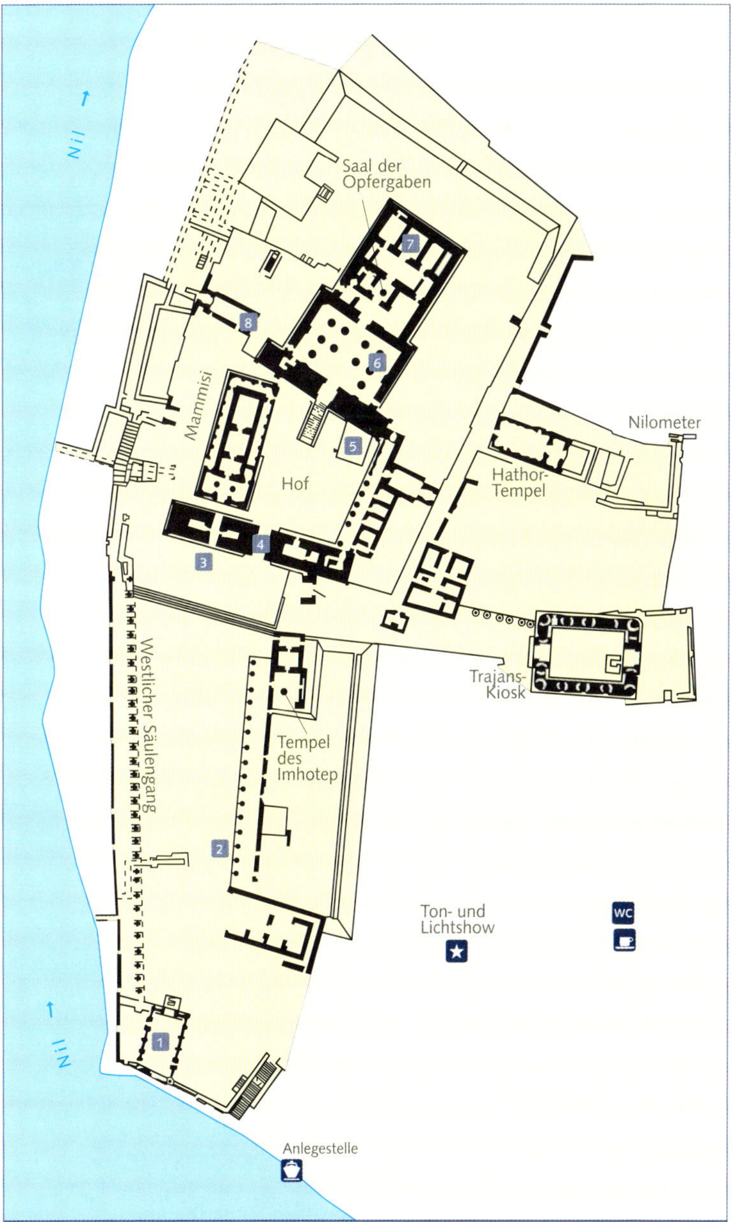

Der Isis-Tempel von Philae

an, denn auch der alte Damm blieb nach wie vor in Betrieb. Aber erst nach der Fertigstellung und nachdem der Tempel dauerhaft unter Wasser war, machte sich ein italienisches Team 1972 an die Umsetzung. Dazu mußte die höhergelegene Nachbarinsel Agilkia landschaftlich dem Vorbild von Philae angepaßt werden. In der Zwischenzeit wurde um die versunkenen Bauwerke eine doppelte Stahlwand gezogen, der Bereich im Inneren leergepumpt und trockengelegt. Nach der vorsichtigen Reinigung des sehr weichen Sandsteins begann der Transport der 40 000 Blöcke. Insgesamt 27 000 Tonnen Gestein wurden innerhalb von 30 Monaten versetzt. Der Wiederaufbau dauerte noch bis zum August 1979.

■ Der Schrein des Nektanebos I.

Der Kult der Isis, die hier mit ihrem Sohn Horus und ihrem Gemahl Osiris gemeinsam verehrt wurde, hatte ab der Ptolemäerzeit eine Verbreitung im gesamten Mittelmeerraum erlebt. Noch bis ins 4. Jahrhundert nach Christus zählte sie zu den populärsten Gottheiten. Die ältesten Teile ihres Tempels stammen aus der Zeit der 26. und 30. Dynastie. Allerdings wurden die unter Psammetich II. und Amasis errichteten Bauwerke von den ptolemäischen und römischen Baumeistern als Füllmaterial für ihren größeren Tempel benutzt.

Nahe dem Landesteg am Südende der Insel erhebt sich der kleine, von Nektanebos I. (378–360) gestiftete **Schrein** 1, der an diesen Standort verschoben worden war, um dem Neubau der römischen Säulenhalle Platz zu machen. Seine charakteristischen Kapitelle zeigen die Göttin Hathor mit Kuhohren. Von hier bietet sich ein guter Blick über den von Arkaden gesäumten Vorplatz zum ersten Pylon. Im Boden ist nach etwa 20 Metern ein angedeuteter Graben zu sehen – der Hinweis darauf, daß an dieser Stelle einst ein Treppenabgang zum Nilometer führte. Hinter dem östlichen Säulengang war eine Reihe von Kapellen geplant, die allerdings nicht fertig wurden, wie auch die **Säulen** am Südende dieser Reihe 2. Sie lassen daher die einzelnen Schritte beim Bau erkennen: Nur grob zubehauen, wurden die Säulentrommeln aufeinandergesetzt, bevor Bildhauer die Details der Ausarbeitung direkt an Ort und Stelle anbrachten.

In der Verbindung von Säulengang und Pylon läßt sich ein leichter Achsknick beobachten, der der natürlichen Uferlinie der Insel geschuldet ist. Altägyptische Tempel ›wuchsen‹ in der Regel von hinten nach vorne: Das Sanktuar als wichtigstes Element wurde zuerst gebaut, und ihm wurden dann Säle, Hallen oder Höfe vorgelagert. Nach einer Bauzeit von gut 500 Jahren erstreckte sich das Heiligtum der Isis über eine Länge von rund 200 Metern.

■ Die Pylontürme

Ptolemaios XII., der Bruder der großen Kleopatra, erscheint in der unteren Hälfte der 18 Meter hohen Pylontürme in der typisch energischen Haltung des **Erschlagens der Feinde** 3 vor der Hausherrin Isis. Am linken Turm ist die Bildfolge durch ein Tor unterbrochen, das als Nebenzugang in den ersten Hof führt. Das obere Drittel der wuchtigen Fassade zeigt links den Pharao beim Opfer vor Osiris und Isis beziehungsweise Isis und Horus, rechts vor Horus und Nephthys beziehungsweise Isis und Harpokrates. Die **Torbauten** vor dem rechten Pylonturm stammen aus älteren Zeiten, als der Tempel noch nicht so

▸ Karte S. 151

Erster Pylon des Isis-Tempels

weit nach Süden gewachsen war. Beim Vergleich der Reliefs an den beiden Türmen fällt die unsystematisch wirkende Zerstörung der Bilder auf. Die Figuren der Götter am linken Pylonturm wurden mit groben Hackspuren verunstaltet. Die Erklärung liefert das in einen Kreis eingeschlagene Kreuz beiderseits des Mitteltors. In der Regierungszeit von Kaiser Justinian war der Tempel in eine Kirche für den heiligen Stephan verwandelt worden. Offenbar waren die Christen empört von der freizügigen Darstellung der wohlgeformten weiblichen Gottheiten in ihren dünnen Gewändern. Über 1000 Jahre später ritzten französische Soldaten einen **Gedenktext** in die rechte Durchgangswand 4: Im Monat Mesidor im Jahr 7 der Republik waren Napoleons Truppen nach Philae gekommen.

Erster Hof

Im ersten Hof fällt zunächst die Abweichung von der sonst üblichen Symmetrie auf – der trapezförmige Grundriß wird durch die Mauern von erstem und zweitem Pylon betont. Die Westseite wird vollständig von einem kleinen Bauwerk eingenommen: Es ist ein **Mammisi**, das unter Ptolemaios VI. vor dem damaligen Eingang erbaut wurde. Hier wurde die Geburt des göttlichen Kindes – in diesem Fall Horus – gefeiert und dabei die Gleichsetzung des regierenden Herrschers mit diesem Götterkind verkündet: »Der Gott ist geboren, der König von Ober- und Unterägypten, Horus, Sohn der Isis. Durch ihn hat alles begonnen.« Als wohlerzogener Sohn der Göttin fühlte sich der Pharao natürlich verpflichtet, ihr Haus und ihre Diener – die Priesterschaft – angemessen zu versorgen. Am Fuß des rechten Turms des zweiten Pylons wurde auf einem Granitblock eine **Schenkungsurkunde** 5 festgehalten, die weite Ländereien mitsamt ihren Einkünften und Bewohnern der Isis unterstellte.

Im Inneren des Heiligtums

Wie schon vor dem ersten Pylon führt auch hier eine kleine Treppe hinauf zum Durchgang des zweiten Torturms. Der anschließende **Saal** ist in seinem hinteren Teil mit einem Dach versehen, das

Der zweite Pylon

von acht Säulen mit Pflanzenkapitellen getragen wird. Diesen Raum funktionierten Mitte des 6. Jahrhunderts Christen zu einer Kirche um, ein granitener Opfersockel wurde kurzerhand zum **Altar** umgeweiht 6. An der schmalen Ostwand hinter dem Altarblock wurden die alten Reliefs gründlich entfernt und eine Nische für die Aufnahme des Tabernakels in die Wand geschlagen. Für die Anhänger der Isis war damit der Zugang zu den tiefer im Tempelinneren liegenden Räumen um das Allerheiligste versperrt. Früher waren nur die höchsten Priestergrade durch immer kleiner und dunkler werdende Quersäle bis zum Wohnort der Göttin vorgedrungen. Die alten Ägypter glaubten, daß die Götter sich in den Tempeln niederließen und – vorausgesetzt, sie fühlten sich dort wohl – dafür das ganze Land mit ihrem Wohlwollen beglückten. Als Gefäß, in dem sich die göttliche Energie sammeln konnte, diente die jeweilige Götterstatue im Allerheiligsten. Bescheiden in ihren Ausmaßen, war sie jedoch in der Regel aus kostbarem Metall gearbeitet. Einmal jährlich mußte die ansonsten im Dunkel des Sanktuars residierende Figur mit Sonnenenergie neu aufgeladen werden. Dazu zogen die Priester in einer frühmorgendlichen Prozession mit der Statue und weiterem Kultgerät auf das Tempeldach. Die göttliche Energie war allerdings nicht ganz ungefährlich: Daher wurde die machtgefüllte Statue anschließend wieder in das von schützenden Mauern umgebene Innerste des Tempels zurückgebracht. Kein Unbefugter durfte der göttlichen Energiequelle zu nahe kommen – selbst bei großen Prozessionen wurde die Statue unter einem Tuch verhüllt. Pharao als oberster Priester begleitete den Weg der Gottheit; Bilder solcher Prozessionen sind an den Wänden zu erkennen. Kahlgeschorene Priester in ihren bodenlangen Gewändern schultern die Tragestangen, auf denen die kleine Barke mit der Statuette der Gottheit ruht.

Im **Allerheiligsten** 7 selbst, einem etwa zehn Quadratmeter großen Raum, der nur durch ein paar kleine Lichtschächte Tageslicht erhält, steht noch der Granitsockel, auf dem die Götterbarke einst abgestellt werden konnte. An der westlichen Wand, etwa auf Höhe des Sockels, erscheint Pharao opfernd vor dem mumiengestaltigen Osiris, der von seiner Gemahlin Isis mit ihren weitgeöffneten Flügelarmen beschützt wird. In der hinteren östlichen Ecke auf halber Höhe der Wand thront die göttliche Mutter und reicht ihrem kleinen Horussohn die Brust – ein Bild, das die direkte Vorlage für die christlichen Darstellungen der Maria mit dem Jesusknaben bot.

▶ Karte S. 151

Liebe ist stärker als der Tod

Isis, die Mächtige, die Schützerin ihres Bruders, die ihn suchte ohne zu ermüden, die dieses Land durchlief in Trauer und nicht ruhte, bis sie ihn gefunden hatte; die Schatten spendete mit ihren Federn und Lufthauch schuf mit ihren Flügeln.

Aus einem Osirishymnus

Es trug sich aber zu, als die Götter noch auf Erden weilten, daß der Sonnengott Ra alt wurde. So rief er seine Söhne Osiris und Seth zu sich und sprach: »Fürderhin sollt ihr gemeinsam die Regierung Ägyptens übernehmen.« Grundsätzlich ein guter Gedanke, nur hatte Ra die Machtgier seines Sohnes Seth außer acht gelassen. Er hielt nichts von dieser Machtteilung und verlangte die Alleinherrschaft. Zunächst hielt er sich noch an zivilisierte Regeln und rief das Göttergericht zusammen, das seinen Anspruch auf die alleinige Regentschaft bestätigen sollte – schließlich war er der Erstgeborene! Doch die Verhandlungen zogen sich in die Länge, bis Seth schließlich die Geduld verlor und einen hinterhältigen Plan ausheckte: Er lud die Göttergesellschaft inklusive seines Bruders Osiris zu einem großartigen Fest ein, bei dem den zahlreichen Gästen reichlich Wein ausgeschenkt wurde. Schließlich verkündete Seth den Versammelten eine Überraschung: Ein wunderschöner, handgeschnitzter und aufwendig dekorierter Sarg wurde in den Saal getragen: Er sollte der Gottheit gehören, die am besten in das edle

Isis schützt Osiris, Darstellung im Sanktuar des Isis-Tempels

Stück hineinpaßte. Ob sich die dickbäuchige Nilpferdgöttin Thoeris, der zwergwüchsige Bes oder der spitzohrige Anubis zum Probeliegen bereitmachten, ist nicht überliefert. Aber auf alle Fälle ließ sich Osiris dazu bewegen, den Sarg auszuprobieren. Speziell für ihn maßgeschreinert, paßte er natürlich wie angegossen. Diesen Moment nutzte Seth, um den Deckel auf den Sarg zu setzen, zu verschließen und den Sarg mitsamt seinem völlig überraschten und hilflosen Bruder Osiris im Nil zu versenken.

Isis und Nephthys – die Schwestergemahlinnen der beiden Brüder – reagierten schnell, sie folgten dem Sarg und zogen ihn aus dem Wasser. Dank ihrer großen Zauberkräfte gelang es Isis, den ertrunkenen Osiris wiederzubeleben. Doch Seth verfolgte dies nicht tatenlos – in seinem aufwallenden Zorn packte er seinen Bruder und zerriß ihn in 14 Einzelteile, die er wieder in den Fluß warf, wo die Strömung sie ergriff und forttrug. Voller Verzweiflung zogen daraufhin Isis und Nephthys an den Ufern des Nil auf und ab. Ihre Tränen flossen reichlich und ließen den Nil über die Ufer treten – was fortan die mythologische Erklärung für die alljährlich wiederkehrende Überschwemmung lieferte.

Es gelang den beiden Schwestern, dreizehn Teile des zerstückelten Osiris wieder zu finden. Das linke Bein fand sich auf der Philae gegenüberliegenden Insel Bigge, der Kopf tauchte in Abydos auf. Das fehlende Glied – das männlichste Stück Osiris – soll ein Krokodil verschluckt haben. Oder ein Fisch. Die Berichte sind nicht ganz eindeutig. Trotz all ihrer magischen Kenntnisse gelang es Isis diesmal nicht, Osiris ins Leben zurückzuholen. Voller Verzweiflung rief sie die Götter um Hilfe an. Und tatsächlich erbarmte sich einer der Verzweifelten. Anubis, der Schakal, reinigte zunächst die Wasserleichenteile und legte sie in austrocknendes Natronsalz. Das fehlende Stück formte er aus fruchtbarem Nilschlamm. Mit Harz bestrichen, konnten die Einzelteile zusammengesetzt werden. Duftende Salben, Amulette, Zaubersprüche und lange Leinenbinden waren die weiteren Zutaten – Anubis schuf so die erste Mumie. Und wirklich – die Auferstehung gelang. Auch das Ersatzteil erfüllte seine Aufgaben vortrefflich. Denn als die in ein Falkenweibchen verwandelte Isis sich überglücklich auf dem Schoß ihres wiederbelebten Gatten niederließ, wurde sie umgehend schwanger.

Osiris aber verzichtete auf sein Erbe und zog sich ins Reich der Schatten zurück. Am Übergang zwischen Diesseits und Jenseits würde er in Zukunft Recht sprechen, und den Bösen und Gewalttätigen den Eintritt ins ewige Leben verweigern.

Isis hatte nun die Sorge um ihr ungeborenes Kind zu tragen. Daß es ein Sohn werden würde, der die legitime Nachfolge seines Vaters antreten und damit in Konkurrenz zu Seth kommen würde, war klar. Also verwandelte sich Isis in eine unscheinbare Bäuerin und zog in die Papyrussümpfe des Deltas. Als alleinerziehender Mutter standen ihr auch nach der Geburt des kleinen Horus noch einige Hürden bevor. Sie mußte den Jungen allein im Nest inmitten des Dickichts zurücklassen, um den Unterhalt für beide zu verdienen – immer in der Angst, wilde Tiere oder gar Seth könnten ihren Sohn entdecken. Einmal fand Isis ihn krank vor, sein Körper war schlaff und sein Herz schwach. Ihre Furcht war groß und ihre Klagen ließen sogar die Sonne stillstehen. Der Weisheitsgott Thot kam vom Himmel herab, um das Kind vom Gift des Skorpionbisses zu heilen. Die Bewohner des Deltas wurden daraufhin zu Beschützern von Mutter und Kind bestellt. So überstanden Isis und Horus alle Gefahren, Horus wuchs heran und der Zeitpunkt der Auseinandersetzung mit seinem Onkel rückte näher. Die dramatischen Berichte dazu finden sich im Tempel von Edfu.

Hadrianstor

Vom zur Kirche umgebauten Säulensaal führt ein Nebenausgang nach Westen auf einen eher unscheinbaren, unter Hadrian errichteten **Torbau** 8 direkt am Ufer der Insel. Durch die Öffnung fällt der Blick auf eine der charakteristischen Inseln des Kataraktgebietes mit ihren übereinandergetürmten Granitblöcken. Dieser Blick war am ursprünglichen Standort von besonderer Bedeutung, denn dort lag die Nachbarinsel Bigge mit einem Heiligtum für Osiris. Der Legende nach war das linke Bein des Gottes hier an Land gespült worden. Darauf spielt auch das kleine Relief im Tor links über einem nach Süden weisenden Fenster an: In ein Rechteck eingefügt sieht man die Sonne zwischen den stilisierten Höhen des Ost- und Westgebirges über dem Niltal. In der Sonnenscheibe ist das Bild des thronenden Osiris eingraviert, vor dem sein kleiner Sohn Horus hockt. Unter diesem Ensemble taucht ein Krokodil aus den Fluten auf, das den mumifizierten Leichnam des Osiris an Land trägt.

Nilgott Hapi

Eine weitere kleine Szene, die Beachtung verdient, ist ganz in der Ecke der gegenüberliegenden Längswand zu sehen: Unter mächtigen Granitbrocken – wie im Original gleich nebenan zu sehen – verbirgt sich in einer von einer Schlange umringelten Höhle der kniende Nilgott Hapi. Aus einem Wassergefäß läßt er den Nil strömen. Für die alten Ägypter lag in dem von zahlreichen Strudeln durchsetzten Kataraktgebiet die mythische Quelle des Stroms.

Beim Umgang um den rückwärtigen Teil des großen Isis-Tempels erkennt man weiter nördlich im Gelände die Überreste eines weiteren **Nilometers** und die Fundamente eines kleinen, dem Harendotes geweihten Tempels. Nur ein Stück der äußeren **Umfassungsmauer** hat sich an der Rückseite des Heiligtums erhalten. Dahinter erheben sich Säulen und Mauerfragmente eines **Augustus-Tempels** und **zweier Kirchen**.

Hathor-Tempel

Auf der Ostseite des Isis-Tempel vervollständigen noch zwei weitere Gebäude die Bebauung der Insel. Der kleine – wegen Restaurierungsarbeiten nicht zugängliche – Hathor-Tempel ist verbunden mit dem Mythos vom Sonnenauge des Ra, das mit Hathor oder Tefnut identifiziert werden konnte. Da die Insel Philae nur wenig nördlich des Wendekreises des Krebses liegt, war hier ein idealer Ort, um die Rückkehr der Sonne nach der Wintersonnwende zu feiern. Lautespielende Meerkatzen und der die Harfe schlagende und tanzende Gott Bes zieren die Wände des Vorhofs und deuten die ausgelassene Stimmung an, die anläßlich der Rückkehr der Göttin geherrscht haben muß. Ein besonders schönes **Relief des Gottes Bes** findet sich in der Nähe der Treppe zum Nilometer dieses kleinen Tempels. Bes ist der Schutzgott der Wöchnerinnen und der Neugeborenen, aber auch ein Hüter in der Nacht – mit seinem fratzenhaften Gesicht und der weit herausgestreckten Zunge verscheucht er zuverlässig alle bösen Dämonen.

Trajans-Kiosk

Unfertig geblieben und dennoch imposant ist der große Kiosk des Trajan. Er diente wohl während der Tempelprozessionen als schattiger Unterstand für Götter und Priester. Im Inneren finden sich lediglich an einer der Säulenschranken die üblichen Szenen des Königs beim Opfer vor den Gottheiten der Insel. Eine großformatige Inschrift rechts daneben zieht die Aufmerksamkeit auf sich: Der berühmte Tierforscher Brehm hatte dem Drang, sich an dieser prominenten Stelle zu verewigen, offenbar nicht widerstehen können.

Lautespielender Affe am Hathor-Tempel

Unter der südlich angrenzenden Gruppe von Palmen, Akazien und Oleanderbüschen, die der Insel eine romantische Note verleihen, finden sich eine Cafeteria und Toiletten. Von hier geht der Blick nach Südosten übers Wasser zu den Überresten der Stahlwände, die den Standort der versunkenen Insel Philae markieren.

Der unvollendete Obelisk

Der rosenfarbene Granit des Kataraktgebiets findet sich nicht nur bei den Inseln im Nil, sondern wie ein breiter Riegel zieht sich das Hartgestein von Ost nach West. Als Baumaterial war es bereits seit dem Alten Reich geschätzt: Türlaibungen, Pyramiden- und Tempelverkleidungen, Statuen und natürlich Obelisken wurden aus Granit gearbeitet. Im **Steinbruch von Assuan** wird noch heute Material abgebaut – Bürgersteige, Hausfassaden, ja sogar Bordsteinkanten werden hier produziert. Lediglich ein kleiner Teil des Geländes steht unter Schutz.

Östlich des Nubischen Museums und des alten Friedhofs aus der Fatimidenzeit mit seinen charakteristischen Kuppelgräbern fasziniert vor allem der berühmte unvollendete Obelisk. Noch fest mit dem Muttergestein verbunden, liegt der Koloß von 1168 Tonnen Gewicht leicht geneigt im Gelände. Auf einer quadratischen Basisfläche mit einer Seitenlänge von nur 4,2 Metern hätte er 42 Meter hoch in den Himmel geragt. Wenn er denn fertig geworden wäre.

▲ Karte S. 151

Der Trajans-Kiosk

Dieses Riesenprojekt scheiterte jedoch, weil sich im Stein Risse zeigten - ein Makel, der bei einem so prestigeträchtigen Objekt nicht akzeptabel war. Nicht auszudenken, was passiert wäre, wenn der Obelisk bei der Aufstellung zerbrochen wäre! Bearbeitungsspuren an der Oberfläche zeigen, daß man wohl versuchte, den Riesenblock zu verkleinern. Doch auch diese Versuche wurden aufgegeben.

Ägyptologen gehen davon aus, daß der Auftrag für diesen Obelisken von Thutmosis III. gegeben wurde, der damit den Tempel des Amun in Karnak schmücken wollte. Damit wäre das Projekt ins 15. Jahrhundert vor Christus zu datieren - eine Zeit, in der Eisenwerkzeuge in Ägypten noch sehr rar waren. Hier im Steinbruch wurde mit Steinhämmern aus Dolerit gearbeitet. Das basaltische Gestein ist noch härter als Granit - zwei dieser schweren Blöcke liegen zur Anschauung im Gelände.

Von der **Plattform** direkt oberhalb des Obelisken bietet sich ein guter Blick in den nur sehr schmalen Graben, in dem sich die Arbeiter mit ihren wuchtigen Werkzeugen Zentimeter für Zentimeter in die Tiefe gruben. Eine oft zitierte Theorie, nach der die altägyptischen Steinmetze Holzkeile in den Stein trieben, sie befeuchteten und die aufquellenden Hölzer dann den Stein absprengten, gilt mittlerweile als überholt. Zwar finden sich im Gelände um den Steinbruch überall Spuren an den Abbaukanten, die an riesige Reißverschlüsse erinnern, doch stammen sie erst aus ptolemäisch-römischer Zeit. Die Gesteinsstruktur des Granits ist für den Kenner durchaus hilfreich beim Fertigen von Blöcken. Schlägt man längs der beim Erstarrungsprozeß des Gesteins entstandenen Lagen in regelmäßigen Abständen Metallkeile in den Granit, so setzt sich der Riß im Fels fort und erleichtert die weitere Bearbeitung.

Transport eines Steinriesen

Die Steinblöcke für den Obelisken von Assuan wurden vom Steinbruch mit Booten zu ihren jeweiligen Bestimmungsorten gebracht. Bis heute fragen sich Archäologen und Bautechniker, wie wohl der Transport des Riesenobelisken vonstatten gegangen wäre. Zunächst hätte der Verbindungssteg an der Unterseite abgearbeitet werden müssen - mächtige Holzbalken wären als Stützen untergeschoben worden. Wahrscheinlich wäre der Obelisk dann um die Längsachse zur offenen Seite des Steinbruchs gedreht worden, auf eine abschüssige Rampe aus Palmstämmen und Lehm. Hunderte von Arbeitern waren nötig, um solche gewaltigen Blöcke zu bewegen.

Auch im Verladehafen des Steinbruchs hätte man für den Transport eines so großen Stücks extra Vorkehrungen treffen müssen. Schließlich hebt man über 1000 Tonnen nicht mal so eben ohne Kran in ein leichtes Holzboot. In einem etwa 42 Meter breiten Becken mit einer erhöhten Stufe an jeder Seite wäre der Obelisk abgelegt worden. Mehrere Transportschiffe im tieferen Teil des Beckens würden langsam angehoben, sobald mehr Wasser einströmte, und würden den Obelisk mit anheben. Das riesige Gewicht würde so auf mehrere Träger verteilt.

Soweit die Theorie. Daß ein solches katamaranartiges Gebilde beim Weitertransport überaus sperrig wäre und sicher nicht zu jeder Jahreszeit auf dem Fluß unterwegs sein konnte - der Nil erlaubt mitunter nur knapp einen Meter Tiefgang -, stellt die nächste Herausforderung dar. Altägyptische Reliefs, die den Schiffstransport von Säulen oder Obelisken zum Thema haben, zeigen die Objekte längs in einem Schiff liegend. Wie auch immer der Transport eines so gewaltigen Stücks nun tatsächlich durchgeführt worden wäre, muß bislang offen bleiben. Der Inschrift eines immerhin knapp 30 Meter hohen Obelisken, den Hatschepsut in Karnak hatte errichten lassen, können wir entnehmen, daß vom Beginn der Arbeiten im Steinbruch bis zur Aufstellung und Einweihung nur sieben Monate verstrichen waren.

Der nie errichtete Obelisk

Nubisches Museum

Südlich des Stadtzentrums, wo die Corniche sich vom Nil entfernt, führt eine Stichstraße zwischen einem kleinen Park und der großen koptischen Kathedrale zum Nubischen Museum. Rechter Hand liegt auch das berühmte **Hotel Old Cataract**, das Ende des 19. Jahrhunderts im britischen Kolonialstil errichtet wurde.

Nach etwa 100 Metern ist der Eingang zum 1997 eröffneten Museum erreicht. Im großen **Park**, der das Haus umzieht, sind auch einige Stücke ausgestellt. Vorgeschichtliche Felsritzungen finden sich in einer nachgebauten Grotte. Ein künstlicher Wasserlauf zieht sich durch den Garten, in dem fatimidische Grabkuppeln aufragen und ein Haus in typisch nubischer Lehmziegelbauweise seine schön bemalte Fassade zeigt.

Im Inneren des großzügig geplanten, aber eher zurückhaltend beleuchteten Museums erwartet den Besucher ein **Rundgang durch die Jahrtausende** – von der Vorgeschichte bis in die Neuzeit um 1960, als der Dammbau den Untergang Nubiens brachte. Planen Sie gut zwei Stunden für die Besichtigung von Museum und Garten ein.

Nubisches Hausmodell

Haus mit Bemalung im Nubischen Museum

Vom Foyer zweigt rechts ein **Nebensaal** 1 ab, in dem Statuen aus dem Heiligtum des Heqa-ib aufgestellt sind. Dieser vergöttlichte Fürst von Elephantine prägte Ende des Alten Reichs das Idealbild eines weisen Herrschers. Selbst Könige huldigten ihm, und seine Nachfolger im Amt des Provinzgouverneurs ließen ihre Statuen in seiner Kapelle aufstellen. Eine breite Treppe führt vom Eingangsbereich zum Haupttrakt des Museums hinunter, wo ein Modell des Niltals die wichtigsten Denkmäler Nubiens im Überblick zeigt. Im Uhrzeigersinn führt der Weg durch die Ausstellung. Ein vergleichender Überblick über die Entwicklung Ägyptens und Nubiens mit ihren Kulturepochen bildet den Auftakt.

Nubien zwischen Unabhängigkeit und ägyptischer Dominanz

Faustkeile, Messer- und Pfeilspitzen vertreten zusammen mit **Felsritzungen** 2 die bis um 60 000 vor Christus zurückreichende mittlere nubische Steinzeit. Aus den Gräbern der sogenannten nubischen A-Gruppe (3500–2900) stam-

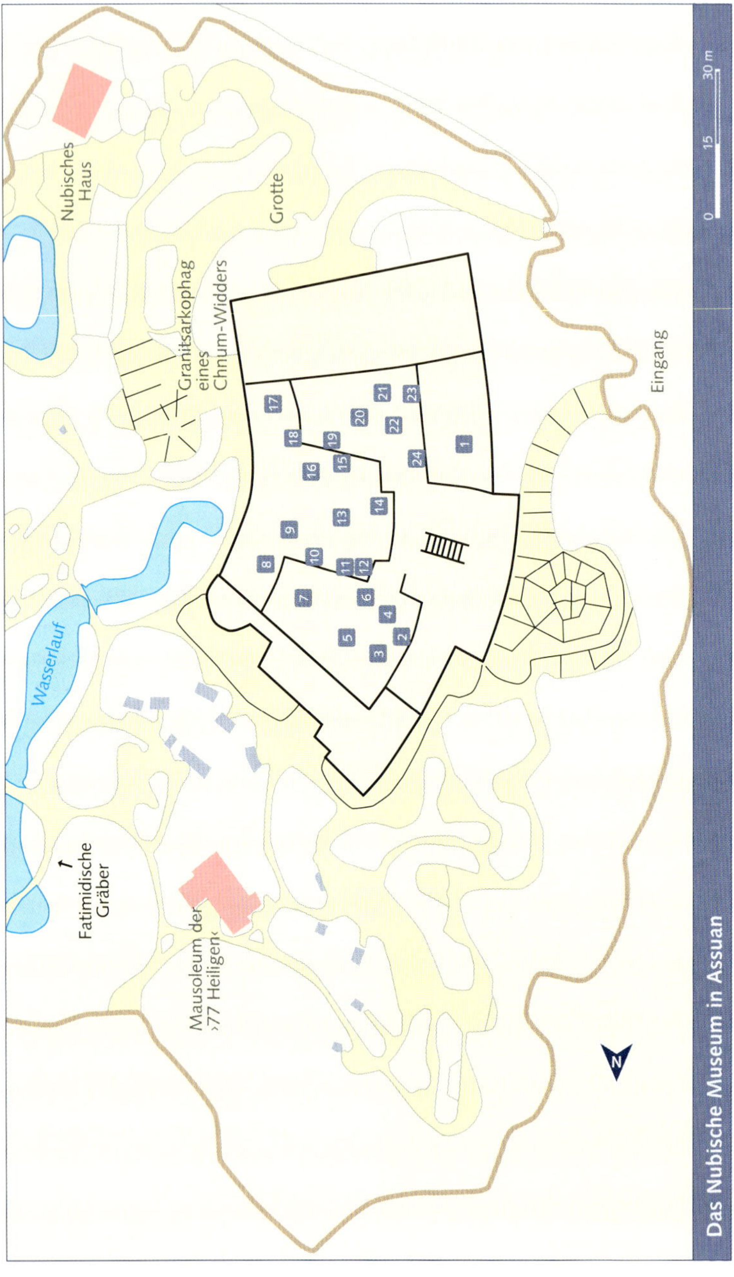

Das Nubische Museum in Assuan

men Elfenbeinarmreifen, geschnitzte Kämme, Ketten aus Steinperlen, Muscheln und Karneol, Paletten zum Zerreiben von Farbe für Augenschminke sowie verschiedene Keramikgefäße. Auch erste **Kupferwerkzeuge** 3 tauchen auf und belegen zum einen den technischen Fortschritt wie auch den Reichtum dieser Kultur.

Als Rinderzüchter und Getreidebauern waren die Menschen damals seßhaft geworden. Eines ihrer charakteristischen **Gräber** 4 ist im Museum nachgebaut: Der Verstorbene wurden in hockender Haltung auf der Seite liegend mit seinen Grabbeigaben in einer runden Grube bestattet. Ein Kreis aus schweren Flußkieseln schützte die Bestattung. Die Beigaben belegen, daß ein reger Handelsaustausch zwischen Nubien und Ägypten bestand. Unternubien wurde in Folge der ägyptischen Reichseinigung unterworfen.

Der Diorit für die kopflose **Statue des Chephren** 5 stammt aus dem Steinbruch von Toschka in Unternubien. Zwischen 2900 und 2600 klafft eine Lücke in der Besiedlung Nubiens. In das ›leere‹ Gebiet drängten dann die Träger der C-Gruppen-Kultur, die wohl von Kerma südlich des dritten Katarakts stammten. Ihre Häuptlingstümer wurden in ägyptischen Inschriften der 6. Dynastie als Irtjet, Satju und Wawat erwähnt. Aus-

Grab der A-Gruppe

Nubien

Legende

1 Nebensaal mit Wechselausstellungen
2 Ausstellung nubische Steinzeit
3 Kupferwerkzeuge
4 A-Gruppen-Grab
5 Statue des Chephren
6 Modell der Bogenschützentruppe
7 Modell der Festung von Buhen
8 Statuette des Horemachet
9 Figur der Amenirdis I.
10 Bildnis des Iriketekana
11 Portrait des Taharqa
12 Portrait des Schebitqo
13 Figur Ramses' II.
14 Mischwesen aus Mensch und Vogel
15 Wandvitrinen mit meroitischen Objekten
16 Statuengruppe Königin Shanakdachete
17 Vitrine Pferde
18 Luxusgegenstände aus den Königsgräbern von Ballana
19 Malereien aus der Kirche von Abdallah Nirqi
20 Moscheenlampe
21 Dokumente zur Umsetzung der Tempel von Abu Simbel
22 Schaubild Korbflechterinnen
23 Schaubild Unterricht
24 Schaubild Hochzeit

grabungen belegen, daß es vermehrt zur Ansiedlung von Nubiern auch in Ägypten kam. Sie dienten als Spezialeinheiten in der ägyptischen Armee des Mittleren Reiches. Das Modell der **Bogenschützentruppe** 6 (Original im Museum in Kairo) zeigt sie in ihrer typischen Tracht. Die starke ägyptische Dominanz in Nubien mußte militärisch gesichert werden – ein Beispiel zeigt das Modell der in den Fluten des Nassersees versunkenen **Festung von Buhen** 7.

Die Reiche von Kusch und Meroë

Mit der 25. Dynastie (740–656) kam die große Epoche der Nubier. Die Statuette des kuschitischen Prinzen und **Amunpriesters Horemachet** 8 ist ein besonders gutes Beispiel für das Kunstschaffen dieser Zeit. In bester altägyptischer Tradition – die Kuschiten setzten sich intensiv mit den altehrwürdigen Denkmälern ihrer Vorgänger auseinander – erscheint der Königssohn mit kahlgeschorenem Schädel. Die hohe Qualität der Arbeit zeigt sich gerade im Gesicht, das mit den breiten Nasenflügeln und den vollen Lippen deutlich nubische Züge trägt.

Am Beginn des folgenden Gangs steht die Figur der **Königstochter Amenirdis I.** 9. Sie hält in ihrer rechten Hand das altägyptische Lebenszeichen ›anch‹ und in der linken das Emblem ihrer Priesterinnenwürde. Als Gottesgemahlin des Amun diente sie unter drei verschiedenen Königen. Ihre Statue diente übrigens als Vorbild für die Prinzessin Amneris in Verdis Oper ›Aida‹.

Üppig gerundete Körperformen zeigt das Altersbildnis des hohen **Beamten Iriketekana** 10. Schon am Namen als Nicht-Ägypter zu erkennen, kennzeichnen ihn auch seine Gesichtszüge als Ausländer.

▲ Karte S. 162

Am Ende des Podests sind Portraits zweier kuschitischer Herrscher zu finden: Der dunkle Kopf aus Diorit zeigt **Taharqa** 11, der Ägypten und Kusch in der Blütezeit der vereinigten Reiche regierte. Deutlich sind die nubischen Gesichtszüge zu erkennen. Das krause Haar des Königs wurde vom Künstler als enganliegende Kappe gearbeitet, darüber der Ansatz einer Krone.

Im Gegensatz dazu trägt das aus Rosengranit gearbeitete **Portrait des Schebitqo** 12 eine Kappe mit breitem Stirnband und Schläfenlappen: die sogenannte ›Kuschitenkappe‹. Stark betonte Nasolabialfalten umrahmen den Mund und lassen die Wangen plastischer hervortreten.

Statue des Horemachet

Die Mitte des großen Saales beherrscht die **Kolossalfigur Ramses' II.** 13 aus seinem Tempel von Gerf Hussein. Auffallend anders wirken die beiden **Mischwesen aus Mensch und Vogel** 14: Abstrakte, fast modern wirkende Körperformen, die sich nicht an die natürlichen Proportionen halten, spiegeln afrikanische Kunstvorstellungen. Doch ist der Hintergrund der Figuren gut altägyptisch: Als Ba-Vögel sind die beiden Statuten Abbilder der Seele eines Menschen. Mit Flügeln versehen kann sie sich vom Leichnam lösen und frei herumschweben, doch muß sie immer wieder zum Körper und zum Grab zurückkehren. Meroitische Herrscher haben diese Skulpturen vor oder auf ihren Gräbern aufstellen lassen.

In den **Wandvitrinen** 15 findet sich eine Kollektion unterschiedlicher Gegenstände, die aus den meroitischen Fundplätzen Unternubiens stammen. Dazu gehören römische Glasgefäße, ein großer Lederschild mit Lanzen, dünnwandige, bemalte Keramikbecher und ein mit Elfenbein und Silber verziertes hölzernes Spielbrett.

In die erste Hälfte des 2. Jahrhunderts vor Christus datiert eine **Statuengruppe** aus nur grob geglättetem Basalt 16. Sie zeigt die meroitische Königin Shanakdachete mit einem Prinzen, der seinen rechten Arm zu ihrer Krone emporstreckt. Die Augen beider Figuren waren ursprünglich aus anderem Material eingesetzt worden.

Funde aus Ballana

Ballana ist der Hauptort einer Kultur mit dem wenig poetischen Namen X-Gruppe. Sie existierte für etwa 100 Jahre vom Ende des 4. bis zum Anfang des 6. Jahrhunderts in der Region um Abu Simbel. Kennzeichnend ist die Verbindung meroitischer Elemente mit altägyptischen, hellenistischen und byzantinischen Strömungen. In großen Grabhügeln, die an die Tradition von Kerma anknüpfen, ließen sich die Herrscher auf Betten bestatten. Schockierend wirkt auf uns die Tatsache, daß offensichtlich Bedienstete der verstorbenen Klein könige getötet und mitbestattet wurden. Daneben wurden wichtige Nutztiere vom Hund bis zum Kamel im Friedhof begraben. Pferde als Statussymbole wurden mitsamt ihrem reichen Zaumzeug bestattet, die **große Vitrine** 17 zeigt ein solches Beispiel.

Beachtung verdienen die **Luxusgegenstände**, die in den Königsgräbern entdeckt wurden 18: Römische Öllampen in Gestalt eines Männerkopfes oder einer Taube und die Stehlampe in Form eines nackten Jünglings, der auf Stäben zwei Delphinlampen balanciert, zeigen hellenistischen Einfluß. Die Kunstfertigkeit einheimischer Handwerker belegt ein Weihbrauchbrenner in Form eines feinziselierten Pinienzapfens, der auf einem filigran durchbrochenen Untersatz ruht. Sensationell war der Fund einiger Kronen, die deutlich altägyptisch geprägt sind. Die Kronen von Ballana bestehen aus einem hohen, mit großen Edelsteinen besetzten Silberreif, auf dessen Rand Elemente aufgesteckt sind, die den Darstellungen altägyptischer Kronen entsprechen.

Nubiens jüngere Geschichte

Mitte des 6. Jahrhunderts gab es in Nubien drei christliche Königreiche, an vielen Orten entstanden Klöster und Kirchen. Ab dem 8. Jahrhundert wurden sie mit großformatigen Fresken ausgeschmückt. Aus dem 10. Jahrhundert stammen die **Malereien aus der Kirche von Abdallah Nirqi** 19, wenige Kilome-

Modell einer Dorfschule im Nubischen Museum

ter nördlich von Abu Simbel. Umgeben von den Symbolen der vier Evangelisten erscheint das große Bild Jesu in einem Medaillon. Links daneben haben die Künstler ihren nubischen Bischof abgebildet.

Im anschließenden Raum ist die islamische Epoche vertreten: Feine Textilien aus dem 14. Jahrhundert zeigen minutiös eingewebte Inschriften. Das zentrale Stück ist eine elegante **Moscheenlampe** 20, die einst die Sultan-Hassan-Moschee in Kairo schmückte. Feine mit Kalligraphie verzierte Keramik und ein paar islamische Grabsteine runden die Darstellung dieser Zeit ab.

Im folgenden Gang finden sich Dokumente zur **Umsetzung der Tempel von Abu Simbel** 21.

Den Abschluß des Rundgangs bilden **Szenen aus dem Leben der Nubier** kurz vor dem Untergang ihrer Heimat. In lebensgroßen Schaubildern 22 23 24 werden die Dörfer am Nil lebendig. Frauen sitzen in ihrer typischen Tracht bei Korbflechtarbeiten vor der buntgeschmückten Haustür, Kinder werden im Freien vom Dorflehrer unterrichtet, die Vorbereitungen für eine Hochzeit sind zu sehen: Tänzerinnen und Musikanten stimmen sich ein, während im Haus die Braut mit Henna bemalt wird. Dieser Teil des Museums fasziniert die Schulklassen, die regelmäßig zu Besuch hierherkommen, am meisten.

Nach so viel geballter Geschichte haben Sie vielleicht Lust, von der Terrasse des benachbarten **Old-Cataract-Hotels** bei einem kleinen Imbiß oder einem Drink den herrlichen Blick auf das Kataraktgebiet zu genießen. Allerdings kann es während der Hochsaison vorkommen, daß der Zugang zur Terrasse für Hausgäste reserviert ist.

Auf dem Basar von Assuan

Parallel zur Corniche verläuft etwas weiter östlich die Marktstraße, wo mehr und mehr Händler in den letzten Jahren ihr Warenangebot auf die fremden Gäste abgestimmt haben. Skarabäen aller Größen und Farben, Statuetten unterschiedlicher Qualität, T-Shirts mit Hieroglyphen oder Tischdecken mit altägyptischen Aufdrucken locken zum Kauf. Berühmt ist der Basar von Assuan jedoch für seine **Kräuter und Gewürze**: Frische oder getrocknete Minze duftet

Im Basar von Assuan

▲ Karte S. 162

um die Wette mit den verschiedensten Räucherwerken; Nelken, Kardamom, Anis, schwarzer Pfeffer, Kreuzkümmel und Zimt verwirren den Geruchssinn. Karkadé, der dunkelrote Malventee, ist hier besonders gut und günstig. Die Verführung ist groß, zumal die Händler mit großem Geschick selbst kaufunwillige Spaziergänger zu locken verstehen. Doch ist der Basar keineswegs eine rein touristische Angelegenheit. Zwischen all den bunten Ständen mit ihren geschäftstüchtigen Besitzern findet sich immer wieder eine Bäckerei, ein Metzger, ein Friseur - hier läßt Mann sich noch rasieren! -, ein Schuhladen und Stände mit Gemüse, Geflügel und Obst. Je weiter man nach Norden Richtung Bahnhof wandert, umso ›einheimischer‹ wird das Angebot. In der Verbindungsstraße zwischen Bahnhof und Corniche gibt es dann auch eine Reihe von **Cafés**, wo man bei Kaffee, Tee oder einer Wasserpfeife den müden Füßen eine Pause gönnen kann.

Insel Elephantine

Bei einer Segelpartie zwischen den Inseln des Kataraktgebiets gelangt man auch zur Südspitze der Insel Elephantine. Ein Besuch der Ausgrabung führt zurück zu den Anfängen der antiken Siedlung. Seit 1969 arbeiten deutsche und Schweizer Ägyptologen und Bauforscher hier. Der älteste Teil im Osten der Insel entstand um den Kultplatz der Göttin Satet.

Der Tempel der Satet

Bis ins 4. Jahrtausend läßt sich der mehrfach vergrößerte und umgebaute Tempel zurückverfolgen: Damals wurde der Herrin des frischen Wassers in einer einfachen Nische zwischen zwei Granitblöcken geopfert. Noch Ende des Alten

Sargwannen vor dem Satet-Tempel

Reichs war ihr Heiligtum nur ein kleines Gebäude aus Lehmziegelmauern. Nach über 1000 Jahren Kultbetrieb wurde der Göttin von Sesostris I. erstmals ein Haus aus Stein errichtet. Ringsum war die Siedlung längst auf ihrem eigenen Schutt immer mehr in die Höhe gewachsen, so daß der heilige Bezirk sozusagen im Keller der Ortschaft lag. Das änderte sich in der Regierungszeit von Hatschepsut, die einen neuen und deutlich größeren Tempel über dem alten Gebäude aufsetzen ließ, wobei das alte Sanktuar zwischen den Granitblöcken im ›Untergeschoß‹ noch zugänglich blieb.
Eine ähnlich dramatische Erweiterung des Tempels gab es 1200 Jahre später unter Ptolemaios II., als zum letzten Mal ein Neubau in Auftrag gegeben wurde. Innerhalb von rund 3000 Jahren war aus einer kleinen unscheinbaren Nische ein Tempel von über 30 Metern Länge geworden. Dreißig unterschiedliche Phasen dieses Bauwerks sind in akribischer Puzzlearbeit von den Archäologen rekonstruiert worden.

Die Siedlung Abu

Der Name der antiken Siedlung lautete Abu oder Jabu, was soviel heißt wie Elefant, aber auch Elfenbein. Denn in geschichtlicher Zeit gab es hier sicher keine wilden Elefanten mehr, die als Namenspatron fungiert hätten. Doch der Hafen der Stadt war ein wichtiger Umschlagplatz für alle möglichen Waren, die aus dem Süden nach Ägypten kamen. Dazu gehörten auch Stoßzähne von Elefanten, die sicher als besonders eindrucksvolle Ware Aufmerksamkeit erregten.

Als Garnisonsstadt kam Abu die Aufgabe zu, die Südgrenze des Landes gegen Nubien zu verteidigen. Seine Gouverneure waren maßgeblich an den vielen militärischen Vorstößen beteiligt, um die begehrten Rohstoffe Nubiens und die Handelswege in den Süden zu sichern. Bereits im Alten Reich ließen sie einen Schiffskanal durch das Kataraktgebiet graben, um die Passage durch die unberechenbaren Stromschnellen zu erleichtern.

Der Siedlungshügel von Elephantine

▲ Karte S. 147

Die Stadt Abu war von einer mächtigen **Stadtmauer** umgeben, deren Überreste von der Aussichtsplattform im Südwesten des Geländes zu sehen sind. Auf dem Weg dorthin passiert man einige der wiedererrichteten Bauphasen des **Satet-Tempels** und das nördlich des Siedlungshügels liegende **Heiligtum für den vergöttlichten Stadtfürsten Heqa-ib**.

Elephantine ist ein seltener Glücksfall für Archäologen in Ägypten: Nur selten haben sich die zu Tempeln oder Friedhöfen gehörenden Siedlungen erhalten. Da sie aus ungebrannten Lehmziegeln errichtet wurden, zerfielen sie im Lauf der Jahrhunderte und wurden entweder zu Akkerland oder als neues Baumaterial wiederverwendet. Hier in Abu hat sich die **Siedlung** im Lauf von 3000 Jahren zu einem mehrere Meter hohen Hügel entwickelt, aus dem die Archäologen Stück für Stück einzelne Teile herauspräparieren. So gelingt der Blick in unterschiedliche Epochen – Priesterhäuser der Spätzeit, Wohnbereiche des Alten Reichs – eine Panoramakarte an der Aussichtsplattform erleichtert den Überblick.

Der Tempel des Chnum

Inmitten der Lehmziegelarchitektur liegt ein massiver Trümmerhaufen aus riesigen Granit- und Sandsteinblöcken. Ein aus einem Block gehauener Schrein ist auf die Seite gestürzt. Es sind die Überreste des Chnum-Tempels, der ab dem 2. Jahrtausend das prominenteste Gebäude der Stadt wurde. Abu war in dieser Zeit für die wachsende Zahl seiner Bewohner zu klein geworden – man war auf das Ostufer des Nil hinübergezogen, dorthin, wo das heutige Assuan sich ausbreitet. So gab es Platz für das neue Heiligtum, das entsprechend großzügig noch bis in die Römerzeit ausgebaut wurde.

Die Ruinen des Chnum-Tempels und das Old-Cataract-Hotel

Im 6. Jahrhundert wurde sogar für eine fremde Gottheit ein Tempel auf der Insel gebaut: Jüdische Söldner huldigten hier ihrem Gott Jahwe. Als Anfang des 20. Jahrhunderts aramäisch beschriftete Papyri auf Elephantine entdeckt wurden, war dies eine Sensation. Daß die in Ägypten lebenden Juden die persischen Könige so bereitwillig unterstützten, weckte jedoch den Zorn der national gesinnten Ägypter. Mit dem Vorwand, Juden würden beim Pessahfest das heilige Tier des Gottes Chnum schlachten, zerstörten sie um 410 den jüdischen Tempel. Einige Texte schildern dieses Ereignis: »Dein Diener Yedaniah und seine Genossen geben Zeugnis: Im Monat Tammuz, im 14. Jahr des Königs Darius, verschworen sich die Priester des Gottes Chnum, der in der Festung von Yeb ist, mit Vidranga, dem hiesigen Verwalter, um den Tempel des Jahwe in der Festung von Yeb zu zerstören... Als sie mit ihren Waffen bei der Festung von Yeb ankamen, betraten sie den Tempel und brannten ihn bis auf seine Grundmauern nieder. Sie zerschlugen die Steinsäulen, ... sie zerstörten fünf große Tore aus Stein..., und alles, das dort war, wurde verbrannt... Wenn es unserem Herrn gut erscheint, so erinnere dich des Tempels, um ihn wieder zu errichten, denn sie lassen ihn uns nicht wieder aufbauen.« Der Brief datiert drei Jahre nach der Zerstörung des Tempels, ein älterer Brief an Darius hatte wohl keine Folgen gehabt.

Alexander IV., der Sohn des großen Alexander und der persischen Prinzessin Roxane, stiftete das große **Granittor**, dessen Reste den Übergang zwischen dem zertrümmerten **Tempelhaus** und dem großen Vorhof markieren. Der **Vorplatz** war während der jährlichen großen Tempelfeste von zahlreichen Buden gesäumt. Devotionalien aller Art wurden feilgeboten, aber auch für die von weit her angereisten Pilger Bier ausgeschenkt.

Nilometer

Südlich der Tempelterrasse liegt das große Becken eines Nilometers. Gegenwärtig finden hier Grabungen statt, das Gelände ist für Besucher gesperrt. Ein kleinerer Nilstandsmesser am Nordostrand des Antikengeländes gehörte zum Tempel der Satet. Die Markierungen zum Messen der Nilstandshöhe sind noch gut zu erkennen. Bis in die Römerzeit hinein war dieses System zur Vorausberechnung von Arbeitseinsätzen, Ernteschätzungen und Steuern genutzt worden. Auch Franzosen und Briten benutzten es Jahrhunderte später wieder – die Marmormarken wurden im 19. Jahrhundert nach Christus angebracht.

Elephantine-Museum

Zurück durch den kleinen Garten bis zum alten Museumshaus, bietet sich dort noch ein kleiner Abstecher zum neuen **Grabungsmuseum** an. Mit Plänen und einer Auswahl an Fundstücken wird dort ein Überblick über die Entwicklung von Stadt und Tempeln geboten.

Im renovierten alten Grabungshaus werden ab 2009 wieder die Statuen aus dem Heiligtum des Heqa-ib aufgestellt. Dieser vergöttlichte Fürst von Elephantine prägte Ende des Alten Reichs das Idealbild eines weisen Herrschers. Selbst Könige huldigten ihm, und seine Nachfolger im Amt des Provinzgouverneurs ließen ihre Bildnisse in seiner Kapelle aufstellen. Faszinierend sind dabei die vom sonst in der ägyptischen Kunst eher üblichen idealisierenden Typus abweichenden Portraitzüge der Statuen.

Keramik, Statuetten, Stelen, Werkzeuge und Münzen aus den verschiedenen Besiedlungsphasen von Elephantine geben einen Einblick in die Lebensverhältnisse auf Elephantine.

Segelpartie zum Westufer

Umrundet man bei der Weiterfahrt mit dem Boot die Südspitze der Insel Elephantine, sieht man dort eine **kleine Kapelle**. Sie erinnert an die Zeit der Umsetzung der nubischen Tempel, als hier eine Reihe von Blöcken zwischengelagert wurde. Die Blöcke für diese Kapelle waren im Kalabscha-Tempel als Füllmaterial verbaut gewesen.

Richtung Westen liegen einige kleinere Inseln im Flußbett, teils üppig bewachsen und von zahlreichen Vögeln bewohnt. Auffällig sind die weißen Kuhreiher, die ihre Nester gerne in den Ästen der ufernahen Bäume bauen. Am vom Wüstensand beherrschten Westufer erhebt sich auf einer Anhöhe das **Mausoleum des Aga Khan III.** Regelmäßig hatte er Assuan besucht, um sich mit Sandbädern von seinen Rheumaschmerzen zu befreien. Obwohl in Ägypten kaum Anhänger dieser ismailitischen Sekte der Hodjas leben, entschied er sich dazu, hier seinen Ruheplatz für die Ewigkeit zu errichten. Seine Witwe ließ – nachdem der touristische Rummel am Grab überhand genommen hatte – das Gelände für die Öffentlichkeit sperren. Dennoch lohnt es sich, dort am Rand der Wüste anzulegen und vom Segelboot auf Wüstenschiffe umzusteigen. Denn etwas weiter westlich liegen über einem Taleinschnitt die Ruinen des Simeonsklosters.

▶ Karte S. 147

Blick über Elephantine zum Mausoleum des Aga Khan

Das Simeonskloster

»Nun ist das Niedernkieen und Aufstehen eines Kamels ein Vorgang, der dazu geeignet ist, dem Reiter umgehend schwere körperliche Schäden zuzufügen.

Zweimal vor- und zurückgeworfen, in seinen ›Windbeutel‹ gekniffen und am Rückgrat beschädigt, erlebt der unglückliche Neuling gleich vier heftige Schocks, jeder gewaltiger und unerwarteter als der vorhergehende. Denn dieses ›abscheuliche Buckeltier‹ ist schrecklich und erstaunlich gebaut. Es hat irgendwo in seinen Beinen ein zusätzliches Gelenk und benutzt es, um sich an den Menschen zu rächen.« Ganz so schlimm, wie Amelia Edwards es hier beschreibt, ist es nicht – allerdings bringt der erste Ritt auf einem Kamel sicher ein paar aufregende Momente. Um blaue Flecken zu vermeiden, sollte man sich zum einen gut festhalten und zum anderen nie zu zweit auf ein Kamel setzen lassen.

Die Gründung des Klosters reicht ins 7. Jahrhundert zurück, 300 Jahre später entstand ein großer Neubau – Klöster hatten in der damaligen Zeit in ganz Ägypten unglaublichen Zulauf. Doch gestaltete sich das Leben der Mönche im Wüstenkloster schwierig. Da sie über keine Quelle oder einen Brunnen verfügten, mußten die Brüder regelmäßig Wasser vom Nil hierher schleppen. Mit Keramikprodukten, die sie auf dem Markt verkauften, finanzierten sie ihren Lebensunterhalt. Im 13. Jahrhundert häuften sich Überfälle auf die mit Wasser und Nahrungsmitteln schwer beladen heimkehrenden Mönche. Schließlich sah sich die Gemeinschaft gezwungen, das Kloster aufzugeben.

Massive **Wehrmauern** umgeben das zweigeschossige Gebäude. Ebenerdig liegt gleich gegenüber des Eingangs die **Basilika**, die östlich der in den Fels geschlagenen Eremitenzelle des heiligen Simeon erbaut wurde. Heiligenfiguren und geometrische Muster schmücken Wand und Decke der Grotte. Auch in der aus dem 9. Jahrhundert stammenden Kirche haben sich im Bereich der Apsis noch Reste von Bemalung erhalten. Vom großen Hof an der Nordseite der Kirche führt eine Treppe hinauf zu den Wohnbereichen der Mönche. Mit hohen Tonnengewölben überdacht ist der weite und kühle Mittelgang des **Dormitoriums**. Unterschiedlich große Kammern mit aufgemauerten Schlafbänken liegen an seinen beiden Seiten. Vom hinteren Teil führt ein Durchgang in den **Speisesaal**. Kreisrunde Mäuerchen dienten wohl als Sitzbänke, in deren Mitte eine große Schüssel mit Speisen abgestellt werden konnte.

Westlich angrenzend sind **Küchenräume** erhalten. Außerhalb des Hauptgebäudes liegen in Nebentrakten die **Mühle**, ein **Backofen** für Brot und Hostien, eine **Ölpresse**, **Salzkläranlagen** und ganz im Südwesten der Anlage eine **Weinpresse**. Im südöstlichen Bereich erkennt man gut die **Wasserleitungen**, die zu den Badekammern und den Toiletten führten. Von hier bietet sich der Blick in einen offenen Hof im Erdgeschoß: Überreste eines **Brennofens für Keramik** und eine Reihe von **Gästezimmern** an der Ostmauer komplettieren die Ausstattung des Klosters.

Die Felsgräber der Qubbet el-Haua

Wer entgegen der Prognose von Amelia Edwards an seinem Ausflug auf Kamels Rücken Gefallen gefunden hat, der kann den Ritt fortsetzen, um richtiges Wüstengefühl aufkommen zu lassen. Etwa eine halbe Stunde dauert der Ritt zur Qubbet el-Haua, der ›Windkuppel‹, wo die Gräber der Fürsten von Assuan in den Fels geschlagen wurden. Natürlich kann man auch per Felukka dorthin segeln, muß dann allerdings den steilen Anstieg zu den Gräbern auf sich nehmen.

Der Gräberberg von Qubbet el-Haua

Nachdem der Friedhof auf der Insel Elephantine schnell zu klein geworden war, verlegten die Fürsten und mit ihnen auch ihr Gefolge den Bestattungsplatz an einen Ort mit schöner Aussicht: Vom Berghang nordwestlich der Stadt bietet sich ein herrlicher Blick über die Inseln im Fluß und die Siedlung auf dem Ostufer. Über steile Rampen wurden einst die Särge vom Nilufer hinaufgezogen zu den in den Fels getriebenen Grabanlagen. Die meisten der bisher freigelegten Gräber stammen aus dem Ende des Alten und dem Mittleren Reich, sind also von etwa 2400 bis 1800 vor Christus entstanden.

Sarenput I.

Nördlich der großen Rampe, die als Aufweg vom Tickethäuschen genutzt wird, liegt das **Grab Nr. 36** von Sarenput I. Er war unter Pharao Amenemhet II. Fürst von Elephantine. Sein Grab spiegelt seine hohe Stellung und den Wohlstand der Zeit wieder. An der Rückwand des Vorhofs findet sich die bekannteste Szene dieses Grabes: Sarenput wird in den beiden Szenen links und rechts vom Eingang des Grabes von seinen Hunden begleitet. Links ist ein Stierkampf abgebildet, darunter die guterhaltene Szene des Fischfangs, die Sarenput mit erhobenem Speer in seinem Nachen zeigen. Rechts von der Tür scheint der Grabherr begleitet von seinen drei Söhnen und einem Bogenträger zur Jagd aufzubrechen. Im Bildfeld darüber erscheint er mit seiner Mutter Sat-ten, seiner Frau und zwei Töchtern in einer Laube. Die Bilder von Sport, Handwerk und Alltag, die an den Wänden der beiden Felskammern angebracht waren, sind leider stark zerstört.

▲ Karte S. 147

Heqa-ib, der Vergöttlichte

Etwas weiter südlich liegt das eher bescheidene **Grab 35d** des vergöttlichten Heqa-ib aus der 6. Dynastie, dessen Kultkapelle sich auf der Insel Elephantine befindet. Sein Name, der übersetzt ›der sein Herz meistert‹ bedeutet, war wohl ein Spitzname, der die große Beherrschtheit und Ausgeglichenheit des Mannes beschrieb. In den Wänden um den Eingang zum Grab finden sich zahlreiche Vertiefungen, in denen Votivste-

Speisetischszene im Grab des Sarenput

len späterer Verehrer angebracht waren. Teils wurden die Inschriften auch direkt in den Fels der Grabwand hineingeschnitten.
Zum gleichen Komplex gehört auch das Nachbargrab seines Sohnes Sabni II. sowie das kleine **Grab 35**, wo der Geburtsname des Heqa-ib, Pepi-nacht, erwähnt wird. Die biographische Inschrift an der Fassade berichtet von Kriegszügen, die er nach Nubien unternommen hat – eine der wichtigen Aufgaben der Provinzfürsten von Elephantine. Ihm wird die Befriedung Nubiens zugeschrieben, was möglicherweise auch der Grund für seine spätere Vergöttlichung war. Darüber hinaus hatte er den traurigen Auftrag zu erfüllen, eine Expeditionstruppe, die Schiffe für eine Puntreise bauen sollten, nach ihrer Ermordung durch ›Asiaten‹ für eine anständige Bestattung nach Hause zu holen.

Koptische Malereien mit eckigen Heiligenscheinen

Horchuef

Das südlich angrenzende **Grab Nr. 34** gehört einem Kollegen des großen Gouverneurs, der noch in den frühen Jugendjahren von Pepi II. amtierte: Horchuef war ebenfalls mehrfach nach Nubien gezogen, um dort wertvolle Güter für den Königshof zu besorgen. Die Inschrift an der Fassade berichtet von einer dieser Expeditionen und einem ganz besonderen Wunsch, den der kindliche König Pepi hegte:
»Ich kam mit 300 Eseln beladen mit Weihrauch, Ebenholz, hekenu-Öl, Pantherfellen, Elefantenstoßzähnen, Wurfhölzern und jeder Art von guten Dingen ... Jahr 2, dritter Monat der ersten Jahreszeit, Tag 15. Königlicher Erlaß an den Einzigen Freund, Vorlesepriester, Führer der Kundschafter, Horchuef. Du hast in diesem deinen Brief gesagt, daß du einen Zwerg der Gottestänze aus dem Land der Horizontbewohner mitgebracht hast, wie den Zwerg, den der Gottessiegler Bawerdjed aus Punt mitgebracht hat zur Zeit des Königs Isesi. Wahrlich, ich weiß, daß du tust, was dein Herr liebt und lobt! Komme sofort stromab zur Residenz! Eile dich und bringe diesen Zwerg mit Dir! Wenn er mit dir in dieses Schiff steigt, stelle zuverlässige Leute bereit, die an Deck um ihn sind und aufpassen, daß er nicht ins Wasser fällt. Wenn er sich nachts schlafen legt, sollen sich zuverlässige Leute um ihn herum legen. Schaue zehnmal nach in der Nacht! Meine Majestät wünscht diesen Zwerg zu sehen, mehr als alle Erzeugnisse des Minenlandes (Sinai) und von Punt. Wenn du in der Residenz anlangst, und dieser Zwerg befindet sich bei dir – lebend, heil und gesund – so wird Meine Majestät großartige Dinge für dich tun!«

Trotz des vielen Lobs scheint Horchuef nicht größenwahnsinnig geworden zu sein: Sein Grab ist außerordentlich klein, und im Inneren findet sich kaum Dekoration.

Bevor man zur Rampe zurückkommt, lohnt sich ein Blick zu den **koptischen Malereien** an der Wand. Interessant sind dabei vor allem die Personen mit eckigen Heiligenscheinen – was darauf hinweist, daß die so geehrten Personen wohl noch nicht verstorben waren.

Doppelgrab von Vater und Sohn

Jenseits der Rampe führt der Weg nach Süden, wo ganz am Ende des Weges über der zweiten großen Rampe das Doppelgrab von **Mehu** und **Sabni I. (25 und 26)** liegt. In der Terrasse vor ihren beiden Gräbern sind eine Reihe von senkrechten Grabschächten zu sehen. Untergebene der Fürsten suchten auch nach dem Tod die Nähe zu ihrem Dienstherren, der im Jenseits weiter für sie sorgen sollte. Mehu war von Pepi II. – der König hatte in seiner 90jährigen Regierungszeit mehrere Provinzfürsten erlebt – wie später sein Sohn Sabni zu Expeditionen nach Nubien geschickt worden. Stolz verkündet Sabni an der Grabfassade, daß er in Wawat zwei große Schiffe gebaut hatte, um damit Obelisken bis nach Heliopolis zu bringen und daß bei dieser Expedition alle heil und gesund wieder zurückgekehrt waren, ja nicht einmal eine einzige Sandale verlorengegangen war. Da ereilte ihn die Nachricht vom Tod seines Vaters Mehu, und erneut zog er mit einer Karawane von 100 Eseln nach Nubien, um den Leichnam heimzuholen.

▶ Karte S. 147

Im Inneren der Gräber überrascht zunächst die Größe der quergelagerten, ineinander übergehenden Räume. Die mächtigen Säulen, die sich zur Decke hin verjüngen, stehen etwas schief. Auch die vereinzelt an Säulen und Wänden angebrachten Reliefs weisen darauf hin, daß hier Provinzkünstler am Werk waren. In eigenwilliger Haltung stützt sich Mehu im Bild rechts vom Eingang schwer auf seinen Stab, wobei ein Bein seltsam abgewinkelt und verkürzt erscheint. Ob es sich tatsächlich um den Hinweis auf Kinderlähmung handelt oder ob auch hier nur die mangelnde Fertigkeit der Künstler vom Lande zu sehen ist, ist umstritten.

Deutlich besser sind jedenfalls die noch in ihrer Bemalung erhaltenen Bilder über dem Grabschacht des Sabni. Er ist in antithetischer Anordnung einmal bei der Vogeljagd im Papyrusdickicht und einmal beim Fischespeeren in Begleitung seiner ganzen Familie abgebildet. Auf daß der edle Grabherr sich nicht in gebückter – und damit demütiger – Haltung beim Fischfang zeigen lassen mußte, ließen die altägyptischen Künstler die Fische in überaus entgegenkommender Weise in einem sogenannten ›Wasserberg‹ nach oben schwimmen.

Farbenpracht bei Sarenput II.

Auf dem Rückweg zurück Richtung Abstiegsrampe liegt das **Grab 31** von Sarenput II., Enkel Sarenputs I. und Provinzfürst unter Amenemhet II., das in seiner Perfektion und farbigen Ausgestaltung sicher das schönste der Qubbet el-Haua ist. In der nicht fertig gewordenen Sechs-Pfeiler-Halle des Eingangs beeindruckt die natürliche Farbigkeit des Sandsteins, der in feinen Schichten zwischen Gelb-, Rot- und Violettönen wechselt. Ein sehr feingearbeiteter Opferblock mit umlaufender Inschrift zeugt davon, daß im Mittleren Reich durchaus auch die besten Künstler des Landes hierher in den tiefen Süden geschickt wurden.

Die Farben der Bemalung von Gang und Kultkammer wirken wie frisch aufgetragen. Auf hellblauem Untergrund leuchten die in bunten Details aufgetragenen Hieroglyphen. In den Nischen im Gang sind mumiengestaltige Statuen des Verstorbenen angebracht. Das Bild in der rückwärtigen Nische des Kultraums zeigt Sarenput vor einem Opfertisch voller Speisen. Direkt über ihm taucht in der Inschrift das Bild eines Elephanten auf – die Schreibung für den Ortsnamen Elephantine.

Pflanzeninsel

Nach dem Abstieg vom Gräberberg wartet das Segelboot an der Anlegestelle zur Fortsetzung der Inselpartie. Nur ein kurzes Stück nach Süden geht die Fahrt zur Pflanzen- oder Kitchener-Insel. Der Kontrast zum kargen Wüsten- und Bergland auf dem Westufer könnte kaum stärker sein. Horatio Herbert Kitchener, der im Rahmen der Niederschlagung des Mahdi-Aufstands im Sudan 1898 aus Kairo nach Assuan gekommen war, hatte sich später auf der Insel sein Quartier errichtet. In gut britischer Tradition ließ der spätere britische Generalkonsul in Ägypten Pflanzen aus nahezu allen Kolonien des Empire auf die Insel bringen, um seinen privaten botanischen Garten anzulegen.

Auf der Pflanzeninsel

Dattelpalmen, Dumpalmen, Palmyrapalmen, Kokospalmen oder Ölpalmen sind nur eine Auswahl des vielfältigen Palmenbestands der Insel. Von den Westindischen Inseln stammen die Königspalmen (Roystonia regia), deren Stämme wie betoniert wirken. Mittel- oder Südamerika ist das Ursprungsland des Cashewbaums oder -strauchs (Anacardium occidentale). Seine leuchtend orange- oder rotgefärbten verdickten Fruchtstiele erinnern in der Form an Gemüsepaprika. Ganze Hecken von Wandelröschen (Lantana camara), Oleander und Bougainvillea und verschiedene Akazien säumen die Ufer. Ingwerstauden (Zingiber officinale), Okra (Abelmoschus esculentus) oder der zu den Lorbeergewächsen zählende Zimtbaum (Cinnamomum verum) gehören zu den zahlreichen Nutzpflanzen. Leuchtend rot und schwer sind die Blüten des Afrikanischen Tulpenbaums (Spathodaea campanulata). Üppige wachsen die duftenden Blüten des gelben Flamboyant (Peltophorum spec.), während der Wollbaum (Bombax malabricum) mit seinem dornenbesetzten grünen Stamm auffällt. Zahlreiche Pflanzen stammen ursprünglich aus Indien: Zu ihnen gehört der bis zu 25 Meter hohe Jackfruchtbaum (Artocarpus heterophyllus) mit seinen bis zu 50 Kilogramm schweren Früchten. Man erkennt ihn an seinen ovalen, dunkelgrün glänzenden Blättern und der leicht schorfig wirkenden Rinde. Kuhreiher und Wiedehopfe genießen die Vielfalt der Pflanzen, aber auch die Bewohner Assuans kommen gerne hierher, um im Schatten der Bäume zu picknicken.

Assuan

Vorwahl: 097.

Assuan ist per **Flugzeug, Bahn** oder **Straße** zu erreichen. Der Flughafen liegt südlich der Stadt in Nähe des Hochdamms, der Bahnhof am Nordende des Stadtzentrums. Nilschiffe ankern entlang der Corniche, die Liegeplätze sollen demnächst weit nach Norden verlegt werden. Von hier starten dreitägige Kreuzfahrten stromabwärts oder enden viertägige Reisen nilaufwärts nach/von Luxor. Südöstlich des Hochdamms liegen die Nassersee-Kreuzfahrtschiffe.

Für Besichtigungen empfiehlt sich die Kombination von **Taxi** und **Boot** (Motorboot: Philae, Segelboot: Elephantine, Westufer, Inseln), **Pferdekutschen** stehen für Fahrten innerhalb der Stadt bereit.

Aus der großen Zahl der Nilschiffe, die zwischen Assuan und Luxor verkehren, sei hier nur eine kleine, spezielle Auswahl vorgestellt:

SS Karim, Buchung über Spring Tours Kairo, Tel. 02/27365 9-72, Fax -67, www.springtours.com; teuer. Der einzige Schaufelraddampfer auf dem Nil, der einst als Feriendomizil der königlichen Familie diente. Daher sind die Kabinen nicht standardisiert. Da die SS Karim kleiner ist (ca. 30 Passagiere), liegt sie nicht mit den größeren Motorschiffen im ›Päckchen‹. Die Ausstattung des Schiffs bietet für nostalgische Gemüter die richtige Atmosphäre.

Ein Erlebnis besonderer Art verspricht die Nilreise auf einer **Dahabija**, einem ›Goldenen Boot‹, wie die edel ausgestatteten Segelboote am Ende des 19. Jahrhunderts genannt wurden. Seit ein paar Jahren sind wieder einige dieser Boote unterwegs – liebevoll restauriert und in gediegener Abgeschiedenheit von der großen Flotte der Motorschiffe. Zehn bis zwölf Gäste haben Platz, die Kabinen sind klein, Doppelkabinen oft nur mit einem französischen Bett ausgestattet. Es gibt ein Sonnendeck mit Liegestühlen und auf Anfrage ein individuell zu gestaltendes Programm. Die Segelboote brauchen für die Strecke zwischen Luxor und Assuan sieben Tage – bei Flaute wird das Schiff von einem Motorboot geschleppt, der bei einigen Booten eingebaute Motor angeworfen. In der Regel sind sämtliche Landausflüge im Preis eingeschlossen. Buchung über www.dahabiya.com oder www.orientaltours.de; teuer bis sehr teuer.

Für abenteuerlich gelaunte Reisende eignet sich auch die Fahrt auf einer einfachen **Felukka**, wie sie in großer Zahl für die Ausflüge um die Inseln von Assuan starten. Reisende sollten Isomatte, Schlafsack, Mückenschutzmittel (!!), Seife (biologisch abbaubar) und Handtücher mitbringen. Suchen Sie sich mindestens 24 Stunden vor der geplanten Abreise einen Kapitän, da er die Anmeldung bei der Sicherheitspolizei (Paßkopie!) erledigen und Verpflegung einkaufen muß (vegetarisch, tierische Kost nur auf Anfrage und gegen Aufzahlung, keine Alkoholika – wenn gewünscht, selbst besorgen). An der Corniche sind die Felukkakapitäne leicht zu finden, fragen Sie zum Beispiel nach Gamal Abbas – er hat seit Jahren Erfahrung in diesem Geschäft. Geschlafen wird an Bord, auf kleinen, ruhigen Nilinseln oder in geschützten Buchten. In der Regel werden von Assuan aus Fahrten bis Kom Ombo oder Edfu (2–4 Tage) angebo-

▶ Karte S. 147

ten. Von dort geht es per Taxi (Konvoi-Anschluß beachten!) oder Bahn weiter nach Luxor. Die Preise liegen bei 10–15 Euro/Person und Nacht. Die Bootskapitäne aus Assuan fahren nur ungern weiter nach Norden als bis Edfu - ihrer Meinung nach läßt dann die Wasserqualität des Nil zu sehr nach.

Memnon Hotel, an der Corniche (Zugang zum Hotel von der Rückseite), Tel./Fax 2300483, www.memnonhotel-aswan.com. Für den kleinen Geldbeutel geeignet. Die einfach ausgestatteten Zimmer haben Klimaanlage und eigenes Bad, es gibt einen Frühstücksraum. Zimmer mit Nilblick kosten etwas mehr. Sauber, freundlich, kleiner Pool auf der Dachterrasse, schöner Blick.

Basma Hotel, Sharia el-Fanadik, Tel. 231090-1, Fax -7, www.basmahotel.com; mittel. Das familienfreundliche Hotel liegt auf einem Hügel südlich des Nubischen Museums. Vom Garten mit schöner Terrasse bietet sich ein phantastischer Blick über das Kataraktgebiet. Gute Küche, freundlicher Service.

Mövenpick Resort Aswan, Elephantine, Tel. 23034-55, Fax -85, www.moevenpick.com, resort.aswan@moevenpick.com; teuer. Das Hotel auf der Nordspitze der Insel bietet große Zimmer mit Blick auf die Stadt Assuan oder das Westufer. Der Rundum-Blick von der Panorama-Bar im Turm ist vor allem zum Sonnenuntergang einfach herrlich!

Das berühmte **Old-Cataract-Hotel**, dessen idyllisch liegende Terrasse schon Agatha Christie zum Sundowner lockte, ist voraussichtlich bis 2010 wegen Renovierung geschlossen.

Assuan hat keine vielfältige Restaurantszene wie Kairo. Eine Reihe von Restaurants und Cafés liegt in der Südhälfte der Corniche, auch um den Bahnhof herum gibt es einige nette Lokale, in denen man Tee trinken oder Wasserpfeife rauchen und die müden Füße nach dem Basarbummel von sich strecken kann. Einfache ägyptische Küche probieren kann man in folgenden Lokalen:

Aswan Moon, Corniche Südende; sehr preiswert. Einfach im nubischen Stil eingerichtet, mit Nilterrasse. Schmackhafte ägyptisch-nubische Küche, auch vegetarische Gerichte, frische Säfte, große Auswahl an Kräutertees, guter Kaffee. Kein Alkohol. Der Service ist mitunter mäßig. Abends von vielen Nubiern besucht.

El-Masry, Sharia el-Matar/Abdel Magid Abu Zid. Kleines, freundliches Lokal in der Stadtmitte nahe dem Bahnhof. Gute ägyptische Küche zu sehr günstigen Preisen. Kein Alkohol.

Biti Pizza, Midan el-Matar; sehr preiswert. Direkt vor dem Bahnhof liegt dieses schlichte Lokal, wo ›Fatira‹ (eine Art Pizza-Crêpes) frisch zubereitet wird. Wahlweise mit geraspelten Nüssen, Rosinen und Honig oder Käse, Tomaten, Chili oder anderen Zutaten belegt und im großen Ofen knusprig gebacken. Lecker!

Die **Ton- und Licht-Show** am Tempel der Isis von Philae sorgt für Romantik. Anfahrt mit Taxi und Boot und Ticket werden von verschiedensten Anbietern organisiert; ca. 4 Euro.

Deutsche Vorstellung sonntags um 18.30 Uhr (Winter) bzw. 20 Uhr (Sommer).

Die Besatzung besteht aus neun Mann. Als Kajüten dienen uns ein Raum mit zwei kleinen, einander gegenüberliegenden Diwanen, ein weiterer Raum mit zwei Betten sowie an einer Seite einer Art Alkoven für unser Gepäck, an der anderen einer Toilette englischen Typs (...). Der Dragoman schläft an Deck.

Gustave Flaubert über seine Reise auf einem Nilsegler, 1849

Ober- und Mittelägypten

Oberägyptische Tempel

Um die 500 Schiffe unterschiedlichster Größe und Ausstattung fahren im Drei- bis Vier-Tage-Rhythmus zwischen Assuan und Luxor. Auf einer Strecke von nur 240 Kilometern bedeutet das, daß im Schnitt alle 500 Meter ein Schiff auf dem Nil zu sehen ist. Da die schwimmenden Hotels unterwegs nur an fünf Anlegestellen für die Nacht festmachen können, kommt es immer wieder zum Stau am Ufer. Gerade bei den **Liegeplätzen Kom Ombo, Edfu und Esna** wird eng geparkt – bis zu acht Schiffe liegen dort aneinander. Viel Aussicht vom Kajütenfenster ist da nicht mehr geboten, denn aus maximal einem halben Meter Entfernung schaut der Nachbar zurück. Beim Durchqueren solcher Schiffstrauben gewinnt man aber immerhin einen Überblick über die Bandbreite der Ausstattungen: Prunk und Glamour, plüschig-verspielt, verspiegelt und kühl oder in holzgetäfeltem Understatement – es ist für jeden Geschmack

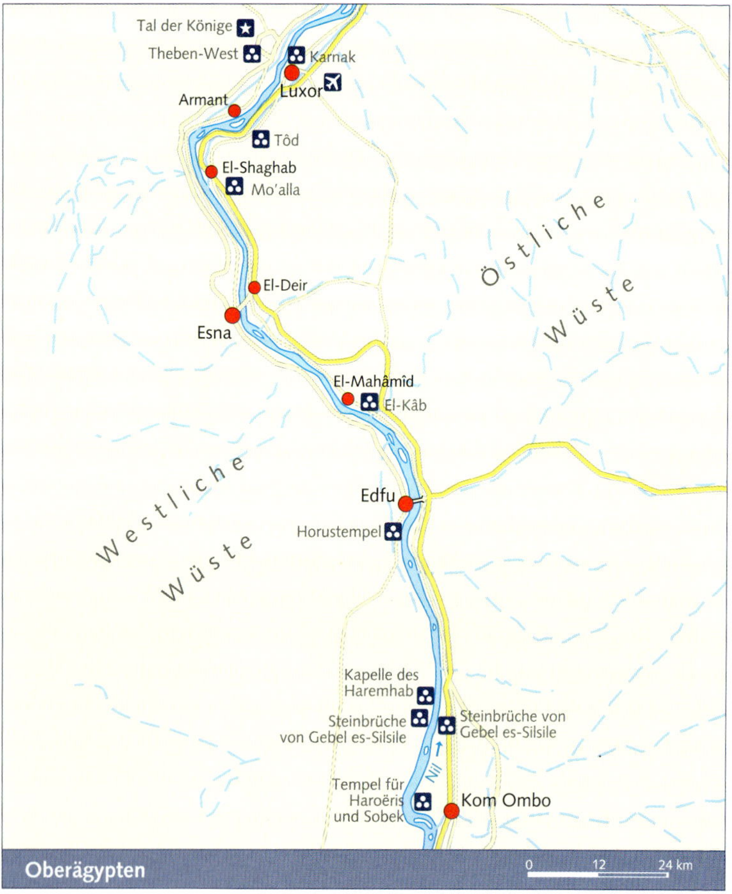

Geparkte Schiffe vor Kom Ombo

etwas im Angebot. Auch die Größe der Schiffe variiert beträchtlich: Der kleine Schaufelraddampfer beherbergt maximal 30 Gäste, während die großen Schiffe auf bis zu vier oder fünf Stockwerken über 200 Betten bieten. Im Untergeschoß sind die Kajüten der Besatzung – vom Zimmerboy bis zum Kellner, vom Koch bis zum Kofferträger, dazu Kapitän, Maschinist, Wäscher und Arzt: Gut 30 bis 100 Leute kommen da zusammen. Daß hier nur Männer arbeiten, liegt an der Enge der Kabinen: Die Mannschaften sind in Viererkabinen mit Stockbetten untergebracht. Auf so engem Raum ist nach ägyptischem Schicklichkeitsempfinden kein Platz für Menschen beiderlei Geschlechts.

Da die Anlegestellen keine festen Stromanschlüsse für die Schiffe bieten, brummen nachts die Generatoren – empfindliche Gemüter sollten Ohrstöpsel oder andere einem ruhigen Schlaf zuträgliche Hilfsmittel mitnehmen. Wer auf der Nilkreuzfahrt Ruhe vor dem dauernden Motorengebrumm sucht, dem bietet sich seit kurzem die Gelegenheit, in Nostalgie zu schwelgen. Ein paar der alten Segelboote, die Ende des 19. und zu Beginn des 20. Jahrhunderts die üblichen Transportmittel der gutbetuchten Reisenden waren, sind nach grundlegender Renovierung wieder in Betrieb genommen worden. Allerdings gibt es auf diesen **Dahabija** genannten Seglern deutlich weniger Platz. Und bei Flaute ist man doch auf einen Motorschlepper angewiesen.

Kom Ombo

Nur 45 Kilometer nördlich von Assuan liegt der erste Besichtigungspunkt auf der Fahrt nach Norden. Kom Ombo bedeutet Goldhügel und deutet damit schon an, daß es sich um einen reichen Kult- und Siedlungsplatz gehandelt haben muß. Bis heute ist der breite Fruchtlandstreifen, in dem ein Großteil der umgesiedelten Nubier eine neue Heimat fand, ein wichtiger Wirtschaftsfaktor.

Rund 160 Jahre bauten die Ptolemäer am Tempel von Kom Ombo, römische Kaiser vervollständigten in den folgenden etwa 100 Jahren das Bildprogramm. Die bislang letzten Bauarbeiten wurden allerdings erst im Jahr 2005 nach Christus abgeschlossen. Der Standort am Ufer des weiten Schwemmlandbeckens um Kom Ombo ist zwar ausgesprochen malerisch, aber nicht ohne Gefahr – das mächtige Tempelgebäude ruht nicht auf stabilem Fels. Ein Teil des Vorhofes, fast das gesamte Mammisi und der erste Pylon waren bereits verlorengegangen, als Archäologen ab 1893 den von Sandverwehungen und Lehmziegelhäuschen

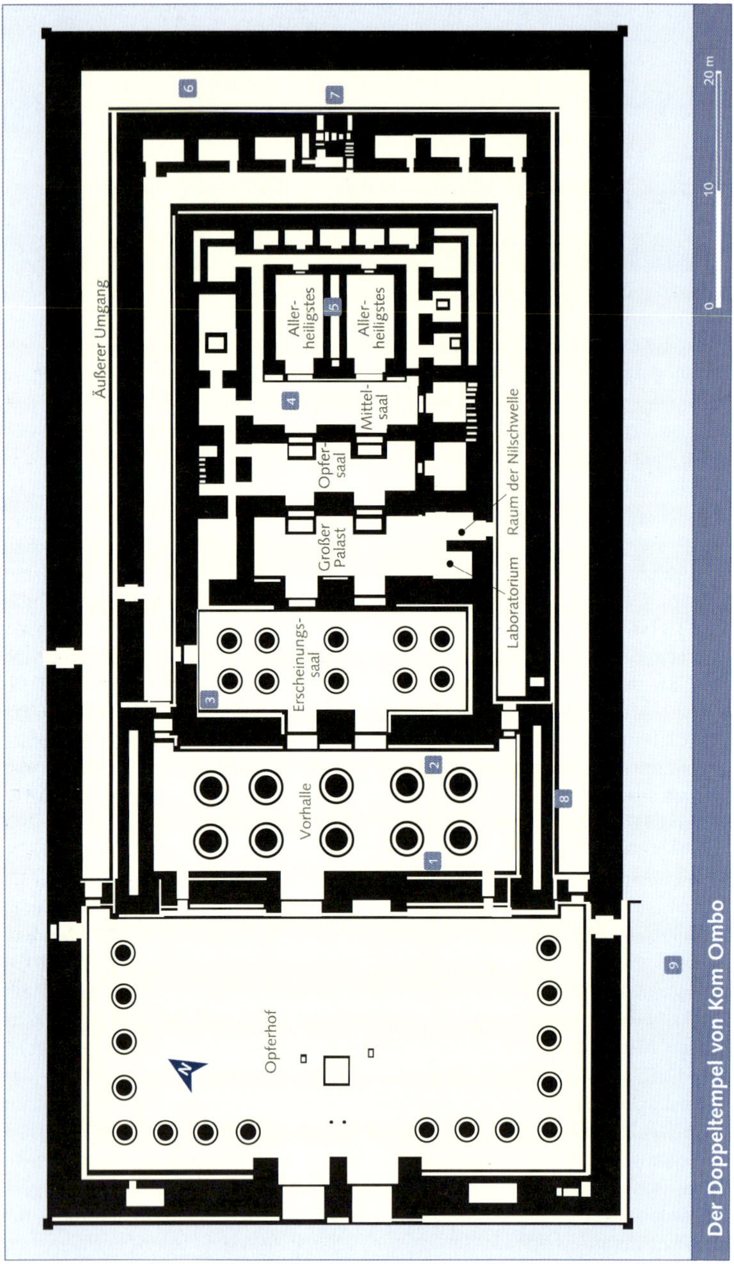

Der Doppeltempel von Kom Ombo

weitgehend überbauten Tempel freilegten. Um weitere Verluste zu verhindern, waren Stabilisierungsmaßnahmen dringend nötig geworden – nun ist der Tempel für eine Weile wieder gesichert.
Das Heiligtum von Kom Ombo weist eine architektonische Besonderheit auf, denn statt der üblichen Mittelachse finden sich hier zwei. Zweimal schützt die geflügelte Sonnenscheibe in der Hohlkehle den Eingang zum Säulensaal, zwei Prozessionswege führen bis zu den beiden Allerheiligsten. Zwei Götterfamilien haben sich in Kom Ombo zu einer Wohngemeinschaft zusammengefunden.
Haroëris ist eine der Erscheinungsformen des Falkengottes Horus. Gemeinsam mit seiner Göttergattin Ta-senet-nofret (die schöne Schwester) und dem Kind Pa-neb-Taui (der Herr beider Länder) – bewohnt er eine Hälfte des Tempels. Der krokodilsgestaltige Gott Sobek mit seiner Familie herrscht in der zweiten Hälfte. Lassen Sie sich nicht davon verwirren, daß Sobek mit Hathor als Gemahlin auftritt, die Ihnen von Fachleuten sonst als Frau des Horus vorgestellt wird – im Bedarfsfall scheuten die alten Götter nicht vor einem Partnertausch zurück. Ihr gemeinsamer Sohn ist Chons, ebenfalls besser bekannt als Sohn von Amun und Mut von Karnak. Die altägyptische Mythologie speist sich aus verschiedensten Quellen, die Traditionen aus allen Landesteilen spiegeln. Unserem geradlinigen Denken mögen

Der Doppeltempel von Kom Ombo

sie unlogisch und unbegreiflich scheinen – für die alten Ägypter waren sie jeweils nur ein weiterer Versuch, der Wahrheit näher zu kommen und die Vielfalt des Lebens zu fassen.
So gibt es auch keine strenge Trennung zwischen der Falken- und der Krokodilsseite im Tempel. Die Götter wandern von einer Wand zur anderen und lassen sich von den Herrschern im Rahmen der althergebrachten Kulthandlungen verwöhnen. Schönste ptolemäische Rundbäuche und pralle ›Apfelbusen‹ sind hier zu bewundern. Tryphae – Überfluß – war ein Motto der Herrscher aus Alexandria. Man darf wohl davon ausgehen, daß dieser Überfluß auch auf der Tafel der Könige zu finden war, was zwangsweise zu ein paar Polstern an Hüfte, Bauch und Brust und zu einem freundlichen Doppelkinn führen mußte – was wiederum getreulich als Stil der Zeit von den Künstlern im Relief festgehalten wurde.

Legende

1. Krönung des Herrschers
2. Übergabe des Tempels an die Gottheit
3. Ptolemaios' VIII.
4. Decke über dem westlichen Prozessionsweg
5. Krypta
6. Trajan opfert medizinische Geräte vor Imhotep
7. Gegenheiligtum der Maat
8. Erschlagen der Feinde
9. Kapelle des Domitian

Vom Opferhof zum Allerheiligsten
An den 16 Säulen des offenen Hofs haben sich noch **Reste der ursprünglichen Bemalung** erhalten – ein Hinweis darauf, daß altägyptische Tempel ausgesprochen farbenfroh waren. Tiberius ist es, der hier vor die Götter tritt, während an den Säulenschranken Ptolemaios XII. erscheint. Zwischen den beiden göttlichen Priestern Horus und Thot steht der König, der mit Reinigungswasser übergossen wird, das oft als eine Kette von Lebens- und Machtzeichen gestaltet wurde. Die Beischriften zu solchen Szenen lauten »Der König von Ober- und Unterägypten tritt ein zu euch, ihr großen Götter und Herren der Reinigung. Umgebt seine Majestät mit Wasser, beräuchert seinen Ka mit Weihrauch und reinigt seine Glieder mit Natron!«
Im angrenzenden **Saal** tragen schwere Säulen mit prachtvoll geschnittenen Pflanzenkapitellen die Decke, deren Blöcke die Darstellung der Geiergöttin Nechbet tragen. An den Wänden finden sich Szenen der **Krönung des Herrschers** 1 und der **Übergabe des Tempels an die Gottheit** 2. Im nächsten Säulensaal, dessen Decke deutlich niedriger ist, wird in der linken nordwestlichen Ecke **Ptolemaios VIII.** von zwei Damen namens Kleopatra begleitet 3. Ungewöhnlich sind hier die Trachtdetails, die an die nicht-ägyptische Herkunft der Herrscherfamilie erinnern. Ptolemaios erhält von Haroëris eine lange Palmblattrippe überreicht. Deren Kerben zeigen die endlose Zahl der Regierungsjahre, die dem König verliehen werden. Am oberen Ende der Rippe hängt das Symbol des Regierungsjubiläums, am unteren Ende hockt über dem Ewigkeitsring eine kleine Kaulquappe – das Hieroglyphenzeichen für 100 000. Der ewigen Königswürde Ptolemaios' steht also nichts mehr im Weg. Immerhin hatte er es mit einer knapp 20jährigen Unterbrechung auf insgesamt 37 Regierungsjahre gebracht; für ptolemäische Verhältnis tatsächlich rekordverdächtig.
Drei kleine Quersäle schließen sich an, von denen Nebenräume abgehen und einst Treppen hinauf aufs Dach führten. Im dritten Quersaal lohnt sich der Blick an die Decke über dem **westlichen Prozessionsweg** 4, wo sich die Bemalung noch gut erhalten hat. Erst im Bereich des Allerheiligsten ist die räumliche Trennung der beiden Hälften vollzogen, Haroëris und Sobek erhielten jeweils ihr Separée. In den kleinen Sanktuaren erheben sich zwei aus dunklem Granit gearbeitete Sockel, auf denen die Götterbarken mit der Kultstatue abgestellt wurden. Da es in der Ptolemäerzeit gerade in Oberägypten immer wieder zu Unruhen kam, in deren Verlauf auch die Tempel mit ihren Schätzen gefährdet waren, ließen die Baumeister vorsorglich Geheimkammern für die wertvollen Objekte anlegen. Im Fundament der Zwischenmauer öffnet sich eine solche **Krypta** 5 und auch in einer der winzigen Kapellen im Umgang um die Sanktuare findet sich eine Vertiefung. Über die nur noch in wenigen Steinlagen erhaltene westliche Mauer fällt der Blick auf die Überreste zweier Brunnen, die als Nilometer genutzt wurden. Weiter nördlich im Gelände steht eine kleine Nebenkapelle für den Kult des Sobek.

Darstellung des Haroëris

Tempelübergabe vor Haroëris

Überraschendes im Tempelumgang

Interessant ist ein **Relief im äußeren Umgang** um den Tempel 6. Ein – leider kopfloser – König kniet vor einer thronenden – ebenso kopflosen – Gottheit. Dennoch lassen sich beide identifizieren als der römische Kaiser Trajan und Imhotep, der vergöttlichte Architekt des Djoser. Aufgrund seiner allumfassenden Weisheit waren Imhotep auch heilende Kräfte zugesprochen worden; noch die Griechen setzten ihn mit Asklepios gleich. Bei den Gegenständen, die zwischen König und Gott auf einem großen Opfertablett präsentiert werden, handelt es sich um medizinische Instrumente. Schröpfköpfe, Zangen, Spatel, Pinzetten, Schabelöffel, Messer, Bohrer und eine große Knochensäge gehören dazu, aber auch eine kleine Apothekerwaage, ein Schwamm und ein großes Reinigungsbecken. Eher magisch wirksame Mittel ergänzten die Ausrüstung des Arztes. Zu ihnen gehört das Falkenauge, das als Amulett die Unversehrbarkeit des Körpers schützte.

Ein zweites ungewöhnliches Bild findet sich genau in der Mittelachse des Tempels an der Innenwand des Umgangs 7. In einer nur wenige Zentimeter hohen Nische saß die heute stark zerstörte **Figur der Göttin Maat** wie in einem kleinen Schrein. Zwei große Ohren an den Seiten der Nische und Augen darüber deuten an, daß die Göttin hört und sieht. Nichts entgeht ihr, aus allen Winkeln der Welt dringen die Nachrichten zu ihr. Pilger konnten sicher sein, daß auch ihre Bitten auf offene Ohren stießen. Die vier Himmelsrichtungen sind im Relief symbolhaft vertreten durch die Bilder eines Löwen, eines Stiers, eines Falken und eines vierten Wesens, dessen Kopf nicht mehr zu erkennen ist. Doch auch so wird man an die christlichen Symbole der vier Evangelisten erinnert.

Folgt man dem Umgang nach Südosten, gelangt man an der Außenwand zu den bekannten **Szenen der Feindesabwehr** 8. Begleitet von seinem zähnefletschenden Kampflöwen erscheint Pharao, nur noch bis etwas über Kniehöhe erhalten, beim Erschlagen der Feinde, die zusammengedrängt ängstlich vor dem Herrscher knien.

Direkt südlich des Vorhofs finden sich Zeugnisse aus römischer Zeit: eine Sitzfigur in feinausgearbeitetem Faltengewand inmitten von Sarkophagwannen und eine kleine **Kapelle aus der Zeit des Domitian** 9. In ihr sind einige der in großer Zahl gefundenen Krokodilsmumien ausgestellt. Zu dem Tempel des Sobek hatte offenbar eine Art ›heilige Krokodilsfarm‹ gehört. Nach ihrem Tod wurden die ›Inkarnationsexemplare‹ der Gottheit aufwendig mumifiziert.

▶ Karte S. 182

Altägyptische Medizin

»Wenn nun irgendein Arzt, irgendein Sachmet-Priester, irgendein Zauberer seine Finger auf den Kopf, auf den Hinterkopf, auf die Hände, auf die Stelle des Herzens, auf die beiden Arme und die beiden Beine legt, so wird er das Herz fühlen, denn es sind Gefäße in jedem Körperglied, und es (das Herz) ›spricht‹ vorn in den Gefäßen aller Körperglieder.«

Der Papyrus Ebers und der Chirurgische Papyrus Edwin Smith sind die beiden wichtigsten medizinische Texte, die sich aus dem alten Ägypten erhalten haben. Beide Papyri stammen aus dem Neuen Reich zwischen dem 17. und 15. Jahrhundert, gehen aber wohl auf viel ältere Sammlungen zurück. Im Papyrus Ebers sind Krankheiten aller Art beschrieben mit den jeweiligen Behandlungsmethoden, während der zweite Text sich auf die Versorgung von Wunden bezieht. Ärzte waren immer auch Priester, die Verbindung von medizinischen mit magischen Praktiken war im Sinne einer ›ganzheitlichen Behandlung‹ völlig selbstverständlich. Die Ausbildung der ›sunu‹ genannten Mediziner erfolgte im Lebenshaus, einer Art ›Tempeluniversität‹. Altägyptischen Ärzten gelangen erstaunliche Behandlungen – beispielsweise waren die Augenärzte berühmt dafür, den Star stechen zu können. Viele Kenntnisse gewann man beim Mumifizieren, denn das Aufschneiden des Körpers ermöglichte im Wortsinn tiefe Einblicke in den menschlichen Organismus.

Faszinierend sind die Beispiele für die Anfertigung von Prothesen: So wurden neue Zehen aus Holz gebastelt und sogar Ersatzzähne eingepflanzt. Auch wenn es damals keinen Zucker und damit noch kein Karies gab, waren Zähne ein echtes Problem: Zwar gab es eine Art Mundpflegekaugummi, doch führten im Brot verbackene Granitkrümel – Rückstände vom Getreidemahlen – zum fast völligen Abrieb des Zahnschmelzes. Gräßliches Zahnweh muß die Folge gewesen sein.

Opferung medizinischer Geräte vor Imhotep

Pharaos Chirurgen beherrschten die Kunst der Schädeltrepanationen und wagten sich sogar an Operationen am Gehirn. Ihre Patienten überlebten, das Zusammenwachsen der Knochenteile belegt es.

Magen-Darm-Krankheiten waren besonders häufig – bis heute ein Phänomen am Nil. »Wenn du einen Mann untersuchst, der am Magen leidet, jedes Körperglied ist schwer wie bei Müdigkeit, legst du die Hand auf seinen Magen. Wenn sein Magen trommelartig ist, er unter deinen Fingern geht und kommt, sagst du: Das ist die Trägheit der Nahrung, die ihn nicht essen läßt. Bereite ihm ein Abführmittel. Wenn dann seine Körperseite warm und sein Bauch kalt ist, sagst du: Die Trägheit ist abgegangen. Du läßt ihn sich bewahren vor jeglichem gebratenen Fleisch.«

Gebel es-Silsile

Nur 20 Kilometer nördlich von Kom Ombo passieren die Schiffe die Sandsteinbrüche von Gebel es-Silsile. Der altägyptische Name von Gebel es-Silsile lautete Cheni - der Ruderort. Von hier stammte das Baumaterial für den Tempel von Kom Ombo. Die Nutzung der Brüche reicht jedoch mindestens bis in die Zeit des Neuen Reichs zurück. Aus dieser Epoche stammen die dicht am Westufer aus dem Felsen gehauenen **Kapellen**. Mehrere tausend Arbeiter waren in den Hochphasen der altägyptischen Bauindustrie hier beschäftigt, Amenophis III. und selbstverständlich Ramses II. zählten zu den größten Auftraggebern. Auch Amenophis IV., der spätere Echnaton, ließ vom Ostufer Material für einen Obelisken holen. In diesem Teil des Steinbruchs brach man noch Anfang des 20. Jahrhunderts das Baumaterial für die Nilsperre von Esna. Inmitten der modernen Brüche liegen **Rohlinge antiker Sphinxfiguren** und ein paar **Gedenkstelen** aus der Zeit von Sethos I. und Apries. Auf der Westseite des Nil wurde der Stein großteils im Tagebau abgebaut. Zahlreiche Nischen, Kapellen und Gedenkstelen künden von regen Aktivitäten.

Gebel es-Silsile

▲ Karte S. 180

Im Steinbruch von Gebel es-Silsile

Da nur kleine Schiffe hier anlegen können, werden die Steinbrüche und Kapellen nur selten besucht. Doch bietet sich auch vom Schiff ein guter Blick über die Reihe der Denkmäler.

Direkt über der Anlegestelle im Norden des Geländes liegt die große **Kapelle des Haremhab**. Vier Pfeiler flankieren den Eingang zum breiten Querraum, an dessen Rückwand eine Nische in den Felsen eingetieft wurde. Neben dem lokalen Hauptgott Sobek wurden weitere sechs Gottheiten hier verehrt. Die Reliefs und Malereien sind nicht mehr in bestem Erhaltungszustand, zentrales Thema der Rückwand ist ein Nubienfeldzug des Pharao, an der südlichen Schmalwand wird Haremhab von einer Göttin gesäugt.

Auf dem Weg nach Süden passiert man einige **Felsstelen** aus der 20. und 22. Dynastie, die in großformatigen Bildern die jeweiligen Herrscher vor Amun, Mut und Chons sowie Sobek zeigen. Kleine Nischen wurden von Expeditionsleitern zur Erinnerung an ihre Taten und zum Dank an die Götter angebracht - die meist aus dem Militär stammenden Führer solcher Unternehmungen vermerkten genauestens, wenn sie ihre ganze Mannschaft ohne Verluste wieder nach

Hause brachten. Besonders interessant ist die **Deckenverzierung der sechsten Nische**. In der Zeit von Hatschepsut und Thutmosis III. ließ sie der Expeditionsleiter Ahmose anbringen – das Spiralmuster an der Decke spiegelt kretischen Einfluß.

Vorbei an weiteren Nischen aus der frühen 18. Dynastie, entfernt sich der Weg etwas vom Ufer, wo teils stark verwitterte Denkmäler zu sehen sind. In einer Art offenem Hof lassen sich an den senkrechten Wänden sehr gut Bearbeitungsspuren erkennen. Die relativ langen und geraden Schlagspuren stammen aus der Zeit der Ptolemäer, als man über harte Eisenwerkzeuge verfügte. Eine schmale, steile Steintreppe führt weiter nach Süden – vorbei an einer pilzförmigen, auch vom Nil zu sehenden Felsformation. Hier liegen zwei große **Kapellen aus der Regierungszeit von Ramses II.** und seinem Sohn Merenptah. An der von Papyrusbündelsäulen gesäumten Fassade ist ein Hymnus an Hapi, den Nilgott, aufgeschrieben worden.

Der Horus-Tempel von Edfu

Habt Ehrfurcht vor Horus Behedeti, dem großen Gott und Herrn des Himmels, dem Buntgefiederten, der aus dem Horizont kommt.

Inschrift am Tor in der Lehmziegelmauer um den heiligen Bezirk

Am 23. August des Jahres 237 vor Christus begannen die Bauarbeiten am Tempel des Horus von Edfu. Auftraggeber des gewaltigen Neubaus war Ptolemaios III., eine Inschrift an der Umfassungsmauer berichtet davon: »Dieser schöne Tag im 10. Regierungsjahr, Tag 7 des Monats Epiphi zur Zeit der Majestät des Sohnes des Ra Ptolemaios III. Euergetes war der Tag des Senut-Festes, als man die Ausmaße auf dem Boden festlegte, anläßlich des Strickespannens bei der Gründung des ›Großen Sitzes des Ra Harachte‹, der Gründung des ›Thronsitzes des Schützers seines Vaters‹«.

Die Texte des Edfu-Tempels sind mittlerweile weitgehend übersetzt und erlauben einen einmaligen Blick auf Baugeschichte, alltägliche Rituale, große Feste und den mythologischen Hintergrund des Heiligtums. Mitte des 19. Jahrhunderts begannen französische Forscher dieses Riesenprojekt, allein 40 Jahre verschlang die genaue Abschrift der auf einer Fläche von rund 7000 Quadratmetern angebrachten Texte. Ab 1986 wurde die Übersetzung dann von der Deutschen Forschungsgesellschaft und

Der Hausherr in Edfu

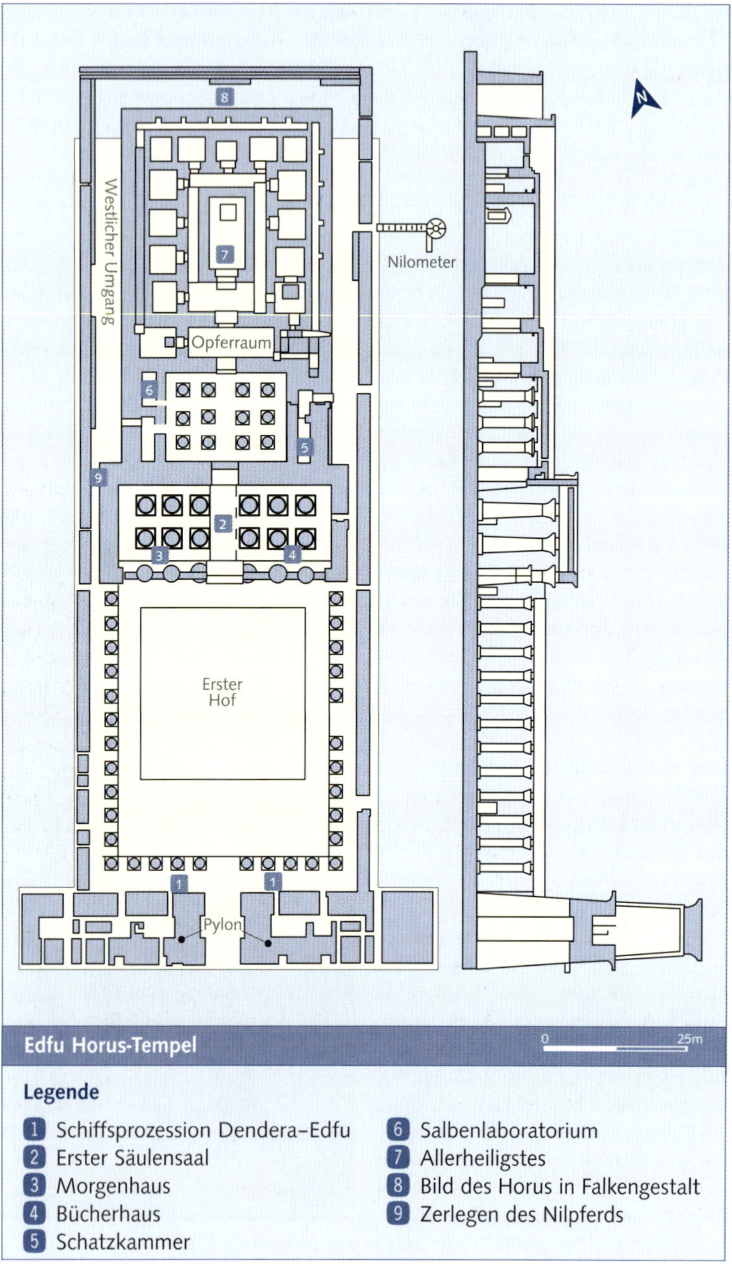

Edfu Horus-Tempel

Legende

1 Schiffsprozession Dendera–Edfu
2 Erster Säulensaal
3 Morgenhaus
4 Bücherhaus
5 Schatzkammer
6 Salbenlaboratorium
7 Allerheiligstes
8 Bild des Horus in Falkengestalt
9 Zerlegen des Nilpferds

Pylon des Horus-Tempels

dem Ägyptologen Dieter Kurth von der Universität Hamburg in Angriff genommen.

Die Geschichte Edfus reicht zurück bis ins Alte Reich, als der Ort ein bedeutendes Verwaltungszentrum war. Möglicherweise wurde damals schon der erste Tempel für den Falkengott erbaut, auch wenn die ältesten bislang bekannten Bauteile erst aus dem Neuen Reich stammen. Mit dem Neubau der Ptolemäerzeit änderte sich Grundlegendes: Die Größe des geplanten Heiligtums und der zur Verfügung stehende freie Platz innerhalb der Siedlung stimmten nicht überein – mit einer 90-Grad-Drehung um die Mittelachse konnten die Architekten jedoch Abhilfe schaffen. Deshalb steht der Tempel eigentlich falsch, da seine Achse nicht auf den Nil ausgerichtet, sondern in Nord-Süd-Richtung angelegt wurde. 137 Meter lang und beim Pylon gut 76 Meter breit, erhebt er sich auf einer Grundfläche von fast 10 500 Quadratmetern. Die gesamte Bauzeit bis zur Fertigstellung der letzten Reliefs betrug 180 Jahre, mit teils langen Pausen. Die Bauinschrift vermerkt, daß nach der Vollendung des ersten (hinteren) Tempelteils unter Ptolemaios IV. Unruhen in Oberägypten ausbrachen und erst unter Ptolemaios V. die Arbeiten wieder aufgenommen werden konnten. Ptolemaios XII. durfte für sich den Ruhm beanspruchen, die Vollendung des Bauwerks ermöglicht zu haben. Doch schon unter seinem Vorgänger Ptolemaios VIII. war der große Pylon fertiggestellt und mit goldbeschlagenen Türflügeln versehen worden – Anlaß genug zu einem großen Einweihungsfest. »Ein großes Fest der Trunkenheit fand statt, dessengleichen es noch nicht gegeben hatte seit der Gründung der Erde bis zu diesem Tage: Brot und Bier waren zahlreich in unbegrenzter Menge, Stiere und Geflügel ohne Zahl, mit fetten Gänsen als Brandopfer, mit Myrrhe, Weihrauch und Salböl auf der Holzkohlenglut, so daß der Himmel über Edfu nicht mehr zu sehen war. Die Einwohner von Dendera gesellten sich zu denen von Edfu, Frauen und Männer buntgemischt, trunken vom Wein, gesalbt mit Öl und mit Blumenkränzen um den Hals. Horus Behedeti zeigte sich in seiner Prozessionsbarke wie seine Sonnenscheibe, die im Ostgebirge aufleuchtet.«

Der große Hof

Anlässe für Feierlichkeiten gab es genug in Edfu. Einer der Hauptgründe ist an der Rückseite des Pylons im ersten Hof festgehalten. Die **Schiffsprozession** in den unteren Bildregistern 1 gehört zum Besuch der Hathor von Dendera bei ihrem göttlichen Gemahl Horus in Edfu. Eine sehr modern anmutende Ehe führten die beiden Gottheiten, die aus Berufsgründen getrennte Wohnsitze hatten. Zweimal pro Jahr besuchten sie sich für eine jeweils 14tägige Zeit des Feierns. Gemeinsame Ausflüge zu Kultplätzen und Friedhöfen der Umgebung gehörten zum Programm, aber auch die Auffrischung ihrer Kräfte und die – offenbar privatissime vollzogene, da in den Texten nicht beschriebene – Zeugung des Götterkindes.

In dem großen, von Säulen umstandenen Hof wurden während der Götterfeste viele kleine Altäre aufgestellt, auf denen Brandopfer aufgeschichtet wurden. Dabei landeten sicher nicht die allerbesten Stücke von Gans, Stier oder Wild im Feuer – schließlich wollten die Priester am Ende des Festes die leckeren Teile doch lieber untereinander verteilen. Das war durchaus ihr gutes Recht, bestand die Bezahlung der Priester doch in Naturalien, sie nährten sich sozusagen von den ›Krumen, die von der Götter Tische fielen‹. Kritisch, mit gerunzelten Brauen und leicht gerümpftem Schnabel, scheint der granitene Horusfalke an der Rückseite des Hofs das Geschehen zu betrachten. Eindeutig lassen es die heute in sein Heiligtum strömenden Besucher an Ehrerbietung mangeln – nicht einmal das grundlegende Reinheitsgebot, alles Körperhaar zu entfernen, beachten sie! In früheren Zeiten hatte das Volk jedenfalls keinen Zugang zum Heiligtum gehabt. Nur geweihte Priester vollzogen die täglichen Kulthandlungen.

Grundsteinlegung im Säulensaal

Im ersten **Säulensaal** 2 finden sich an den Halbschranken, die den Raum zum Hof abgrenzen, zwei kleine Nischen. Die westliche Kammer trägt die Bezeichnung **Morgenhaus** 3. Der Hohepriester des Horus vollzog hier vor Dienstantritt am Morgen seine Reinigung. Nach Ausweis der Texte standen in der Kammer Waschkrüge aus Edelmetall, Räucherwerkzeug, Natron und Augenschminke. Auch die Opferspeisen sind genannt – zum Frühstück gab es eine Auswahl von Obst, Milch, Zwiebeln, Brot, Bier und Wein.

Im ersten Hof des Horus-Tempels

▲ Karte S. 190

Die zweite kleine Kammer auf der Ostseite war das **Bücherhaus** 4, in dem Papyri aufbewahrt wurden. Hier fanden sich Anweisungen zu Ritualen, Festverzeichnisse, astronomische Texte, Rezepte für Duftsalben, Anleitungen zur Dekoration der Tempelwände. Die in Kästen aufbewahrten Papyrusrollen trugen Titel wie ›Niederwerfen des Seth‹, ›Behüten der Prozessionsbarke in der großen Flußbarke‹, ›Löwen jagen‹, ›Die Menschen einschüchtern‹ oder ›Alle Geheimnisse der Salbenwerkstatt‹. Sowohl an den Seiten- und Rückwänden dieses wie auch des folgenden Saals finden sich Szenen zur Tempelgründung. Ptolemaios VIII. (vorderer Saal) beziehungsweise Ptolemaios VI. (hinterer Saal) vollführen den zeremoniellen Schlag mit der großen Hacke, um die Bauarbeiten zu eröffnen. Seschat, die Schutzgöttin der Baumeister, treibt mit dem König die Pflöcke in den Boden, um die der Meßstrick gespannt wird. Der Bauplatz wird anschließend mit Natron gereinigt, auf einem Tablett werden dem Gott die Steine für sein Haus präsentiert. Schließlich wird das fertige Heiligtum, symbolisiert durch einen Torbau, mit Weihrauch rituell gereinigt und seinem göttlichen Besitzer überreicht. Die Abfolge der Bilder springt zwischen den Wänden hin und her und bindet so bewußt den ganzen Raum mit ein. Von dem kleineren Saal zweigen Nebenräume ab, die als **Schatzkammer** 5 und **Salbenlaboratorium** 6 dienten.

Im Zentrum des Geschehens

Zwei schmale Quersäle bilden den Übergang zum **Allerheiligsten** 7 mit dem aus einem Block geschnittenen Granitschrein zur Aufbewahrung des Kultbilds. Direkt davor hat man die moderne **Rekonstruktion einer Götterbarke** aufgestellt – sie hilft bei dem Versuch, sich die Bilder an den Wänden plastisch vorzustellen. Hierher ins Allerheiligste zog sich nach Sonnenuntergang der am Himmel leuchtende Falke, Horus Behedeti, zurück. Morgens mußten deshalb die Türen seines Allerheiligsten rechtzeitig geöffnet werden, damit die Gottheit strahlend am Osthorizont erscheinen konnte. Die Strahlen der Morgensonne erneuerten gleichzeitig die Energie des im Tempel aufbewahrten Kultbilds. Deshalb mußte ein ägyptischer Tempel immer nach Osten ausgerichtet sein. Inschriften beschwören hier in Edfu die magische Drehung des Bauwerks: Damit die Morgensonne ins Allerheiligste scheinen konnte, mußte der Süden zum Osten verwandelt werden. An den schmalen Eingangswänden des Sanktuars befindet sich der Text des Morgenlieds: »Erwache friedlich. Erwache, Horus Behedeti, mit Leben! Die Götter sind früh auf am Morgen, um deinen Ba, die Sonne, zu verehren, den prächtigen geflügelten Skarabäus, der am Himmel aufleuchtet; denn du bist es ja, der mit der Schöpfung beginnt am Morgenhimmel und das Land mit Goldstaub erfüllt, der auflebt im Ostgebirge, der hinabsinkt ins Westgebirge und in Edfu schläft, Tag für Tag.« Im Allerheiligsten schildern die Bilder den Ablauf des Morgenrituals, das in etwa dem Lever autoritärer Herrscher wie Ludwig XIV. entsprach. Der Gott wurde durch sanftes Klopfen an der Tür geweckt, vom König begrüßt und gepriesen, gereinigt, gesalbt, beweihräuchert, neu eingekleidet und geschmückt.

Um das Allerheiligste herum zieht sich ein Kranz von **13 Kapellen**, in denen weitere Gottheiten verehrt wurden. Das ganze Land erscheint an den Außenwänden des Sanktuars in einem Defilee der

Provinzgottheiten, die Horus ihre jeweiligen Gaben darbringen. Die zwei Kapellen in der Nordwestecke sind Osiris, dem Vater des Horus, gewidmet.

Auf in den Kampf!

Nach der vollständigen Umrundung des Sanktuars geht man zurück bis in den **kleinen Säulensaal**, wo neben der Schatzkammer eine Tür in den **äußeren Tempelumgang** führt. Sie diente als eine Art Lieferanteneingang, durch den die Speisen für Horus ins Innere gebracht wurden: »Diese schöne Türe des Großen Sitzes dient dazu, den Speisealtar des Herrn der Götter reichlich zu versorgen mit allen guten Dingen.« An der Außenwand des Umgangs führen Stufen unter der großen Umfassungsmauer hindurch zu einem Nilometer.

Hoch oben an den Innenwänden ragen massige Wasserspeier in Gestalt von Löwen aus der Wand. An der Nordwand der Umfassungsmauer findet sich eine **Darstellung des Horus in Falkengestalt** 8, der in einem Schrein auf einem reichdekorierten Sockel hockt. Es ist das Bild eines lebenden Falken, der als Verkörperung des Gottes im Tempel regelrecht inthronisiert wurde. Der Vogel wurde von der Statue des Gottes in einer Art Orakel bestimmt: Eine Auswahl von Falken wurden vorgeführt, die Gottheit traf ihre Wahl und das lebende Abbild des Gottes wurde in einer feierlichen Prozession in den Falkentempel getragen. Abschließend vermerkt der begleitende Text nüchtern: »Ein Fest feiern und nochmals feiern, in festlicher Stimmung sein seitens der Männer und Frauen bis zum Ende der sieben Tage des Festes.«

Im **westlichen Umgang** erwartet den Besucher der dramatische Höhepunkt des Tempelgeschehens. Es ist der ewige Kampf zwischen Gut und Böse, der in Bild und Text festgehalten wurde. Horus tritt im Auftrag der Götter an, den gewalttätigen Seth zu unterwerfen und zu vernichten. Die Geschichte von Osiris und Seth ist hier in einen größeren Zusammenhang eingebunden: Im Jahr 363 der Regentschaft des Sonnengottes Ra war eine Rebellion der Sonnenfeinde ausgebrochen. Besonders hartnäckig erschienen die Rebellen im Süden – in der Region, in der die Sonne während der Wintermonate weilte und an Kraft verlor, also ernsthaft bedroht war. Horus verfolgt die Aufständischen und rettete Ra das Leben. Der gealterte Ra wurde mit Osiris gleichgesetzt, dem Vater des Horus. Daß die Revolution gerade im Jahr 363 ausbrach, war kein Zufall; damit wurde auf den Geburtstag des Seth am 363sten Tag des Jahres angespielt. Er führte die Feinde des Ra an, die in Edfu als Nilpferde und Kroko-

Relief im äußeren Umgang

▲ Karte S. 190

dile gezeigt werden. Seth und seine Anhänger immer wieder aufs Neue zu vernichten und damit den Fortbestand der Welt zu sichern, war die vornehmste Aufgabe des Horus und seines irdischen Stellvertreters, des regierenden Königs. »Jetzt aber gingen die Feinde ins Wasser und verwandelten sich in Krokodile und Nilpferde, während Ra in seiner Barke war und über das Wasser dahinzog. Herbei kamen nun die Krokodile und Nilpferde, und sie öffneten ihre Mäuler drohend gegenüber der Barke des Ra-Harachte. Herbei kam Horus Behedeti, indem seine Gefolgsleute hinter ihm waren als Harpunierer. Sie schlugen die Krokodile und Nilpferde.« Die nach Norden und Süden fliehenden Feinde wurden von Horus verfolgt, und »er richtete ein großes Gemetzel unter ihnen an. Er zerschnitt sie mit seinem Messer, er gab ihre Innereien seinen Gefolgsleuten.« Immer wieder erschien Seth in neuer Gestalt, vom Mittelmeer bis nach Nubien wurden er und seine Anhänger gejagt. Thot und Isis begleiteten und unterstützten den Falkengott in seinem Kampf. Isis, die Gottesmutter, stieß einen Schrei aus und sagte zu der Waise ohne Vater (Horus), die dabei war, mit Seth zu kämpfen: »Festige dein Herz, Horus, mein Sohn, denn du hast ihn gepackt, jenen Feind deines Vaters! Pakke zu, Horus! Packe zu!« Schließlich war das Nilpferd vom Po bis zur Schnauze zehnmal durchbohrt und gefesselt worden. Im Triumphzug kehrte Horus zurück an Land, wo ihn Sängerinnen bejubelten. Auf dem Rücken des Nilpferds stehend erscheint er als der Sieger über das Böse. Ganz am Ende der Wand beim schmalen Durchgang zum Hof findet Seth seine Strafe: Der treffliche Schlächter der Majestät des Ra zerlegt das Nilpferd mit einem großen, scharfen Messer 9. Ausführlich ist aufgelistet, wohin Kopf, Hinterteil, Zunge, Leber, Grillklein oder Schulterstücke des Rebellen als Opfergaben gebracht werden sollten. Für den modernen Betrachter der Bilder stellt sich die bange Frage, ob man tatsächlich alljährlich in einem grausamen Ritual diese Anweisungen befolgte und ein Nilpferd schlachtete. Die Antwort findet sich im gleichen Text: »Herbeibringen des Nilpferds aus Kuchenteig vor den, der den Arm erhebt. Zerlegen durch den Schlächter.« Wer noch mehr originale Tempeltexte aus Edfu lesen möchte, der findet im Buch von Dieter Kurth, ›Treffpunkt der Götter‹, ein faszinierendes Tor in eine andere Welt.

Esna

Die Vorhalle war 1842 unter Mohammed Ali ausgegraben worden; nicht zur antiquarischen Freude, sondern um ein sicheres, unterirdisches Lagerhaus für Schießpulver zu beherbergen. Bis dahin war der Innenraum bis wenige Fuß unterhalb der Säulenkapitelle zugeschüttet gewesen und als Baumwoll-Lager genutzt worden.

Amelia Edwards, 1877

Am Westufer des Nil liegt die kleine, aber lebendige Stadt Esna. Ende des 19. Jahrhunderts durch Baumwoll- und Zuckerrohranbau zu Reichtum gekommen, finden sich in der Altstadt noch ein paar der alten, schön verzierten **Kaufmannshäuser**. Heute ist der Tourismus wichtiger Einkommensfaktor für die Stadt. Das liegt nicht nur an der kleinen Säulenhalle eines römerzeitlichen Tempels, sondern auch an der Schleuse, die im Schiffsverkehr wie ein Nadelöhr wirkt und viele der schwimmenden Hotels zum Übernachten

Fliegende Händler bei Esna

zwingt. Da man nie so genau weiß, wann das Schiff die Schleuse passieren wird – je nach Stau kann das durchaus mal weit nach Mitternacht oder in den noch dunklen Morgenstunden sein – legen nur wenige Boote fest an. Welch ein Jammer für die Händler im Basar! Schade auch für die erlebnishungrigen Gäste an Bord, denen kein Landausflug möglich ist. Doch die Händler vor Ort und auch die Schiffsbesatzungen haben eine für alle Seiten vergnügliche Lösung ersonnen: Auf den meisten Schiffen findet in Esna abends eine ›pharaonische Nacht‹, ›Galabija-Party‹ oder ›laila arabija‹ statt. Nicht nur einheimische Lekkereien auf dem Buffet sorgen für Lokalkolorit, sondern vom Kellner bis zum Bootsmanager erscheint die ganze Crew in Tracht. Auch die Gäste sind aufgefordert, sich nach Lust und Laune ägyptisierend zu kleiden. Und sage niemand, er hätte keine Gelegenheit gehabt, ein Königskopftuch, goldene Sandalen oder glitzernde Tücher zu erwerben. Schon beim Einparken der Schiffe vor der Schleuse schwärmt eine Armada kleiner Ruderboote aus. Buntbestickte Kleider, Tücher und sonstige Zutaten fliegen in Plastiktüten verpackt über die Reling, wo die Besucher aus aller Herren Länder das Spektakel auf dem Wasser beobachten – und dem mit Witz und viel Körpereinsatz dargebotenen Kleiderangebot nur schwer wiederstehen können. Am Abend schreiten dann Herr und Frau Pharao in langwallenden Gewändern zu Tisch, verführt die neu eingekleidete Bauchtänzerin mit glitzernden Pailletten oder verhüllt sich ein Gast geheimnisvoll mit dem soeben erstandenen Schal.

Spätestens wenn Zimmerboy oder Rezeptionist nach gekonnter Tanzeinlage die Gäste zur Polonaise durchs Schiff auffordern, fühlt man sich in der ›Bar zum Krokodil‹ wie im schönsten Karnevalsgewühl.

Vielleicht erscheinen Ihnen nach ausgelassener Feier im Traum die einstigen Lokalgötter von Esna, der grünhäutige Widdergott Chnum samt löwenköpfiger Gemahlin Menhit und deren fischgestaltige Kollegin Neith nebst krokodiligem Göttergatten.

Zu Besuch bei Chnum & Co.

Als Schöpfergottheiten wurden sowohl Chnum wie auch Neith die Schaffung der Menschheit zugeschrieben. Ihnen war der einst sicher eindrucksvolle Tempel von Esna geweiht, von dem heute am Ende der gedeckten Basargasse, gut zehn Meter unter dem modernen Straßenniveau, nur noch eine **Säulenhalle** zu sehen ist. Der größte Teil des ptolemäisch-römischen Tempels liegt begra-

▲ Karte S. 180

ben unter den Häusern der modernen Stadt. Er wurde zwischen 180 vor Christus und 250 nach Christus an der Stelle eines älteren Heiligtums aus der 18. und 26. Dynastie errichtet. Die 37 Meter breite Fassade der 15 Meter hohen und 16,5 Meter tiefen Halle wird durch sechs Säulen gegliedert. Die Reliefs auf den Schranken zeigen links Claudius (41–54) und rechts Nero (54–68). Inschriften auf den Säulenschäften handeln von der Gründung des Tempels und beinhalten Hymnen an den großen Gott Chnum: »Oh Chnum, Sonne und Mond, Lebensatem, Schöpfer der Pflanzen, ..., diese Pflanzensäulen sind ein Garten aus Papyrus, in dem du lustwandeln kannst zu deiner Zufriedenheit.« Die Naturnähe des steinernen Gartens wurde nicht nur durch die Vielfalt der Blüten betont – zusätzlich setzten die Bildhauer kleine Frösche, Heuschrecken und Käfer auf die Kapitelle.

An der rechten Eingangswand im Inneren erkennt man Hadrian, der von falken- und krokodilköpfigen Sänftenträgern ins Heiligtum gebracht wird. Die anschließende Schmalwand zeigt die in Tempeln selten abgebildete **Szene des Vogelfangs**: Der göttliche Hausherr Chnum, Kaiser Commodus und der Gott Horus zurren gemeinsam ein gutgefülltes Netz zu. Die gefangenen Vögel symbolisieren die Feinde der Götter und Ägyptens, die auf diese Art unschädlich gemacht werden. An der rechten Ecke der Rückwand erscheint der tanzende Kaiser Trajan vor den Göttinnen Menhit und Nebet-Uu.

Ein Bild des widderköfigen Chnum in der Sonnenscheibe prangt über der geflügelten Sonnenscheibe oberhalb des westlichen Tors. Links davon ist die älteste Inschrift im Inneren des Saals zu sehen: Sie stammt aus der Zeit von Ptolemaios VI. (180–145), dem Gründer des Tempel-Neubaus. Links im Anschluß daran folgt eine Inschrift des Decius (249–251) – es ist der letzte Text, der je in Hieroglyphen an einer Tempelwand angebracht wurde. Auf der Außenseite der Westwand sind Spuren der heute nicht

Der Chnum-Tempel in Esna

mehr erhaltenen oder unter der modernen Überbauung verborgenen Tempelteile zu erkennen. Eine Umfassungsmauer, die an den Außenseiten der Halle ansetzte, umzog wie in Edfu oder Dendera den hinteren Teil des Gotteshauses mit kleinem Säulensaal, Opferräumen und dem Allerheiligsten. An den schmalen Außenwänden treten im Süden Domitian und im Norden Trajan ganz in die Gefolgschaft der alten Pharaonen: Mit weit ausholender Geste schwingen sie ihre Waffen über den am Boden kauernden Feinden und wehren damit alles Übel vom Land und seinen Bewohnern ab.

Oberägypten

Die Tempel von Kom Ombo, Edfu und Esna werden im Rahmen von Nilkreuzfahrten besucht. Nur kleinere Schiffe oder Segelboote können auch bei den Steinbrüchen von Gebel el-Silsila anlegen. Auf dem Landweg werden im begleiteten Konvoi in der Regel nur Kom Ombo und Edfu besichtigt.

Die Schiffe und der **Landkonvoi** folgen einem festen Zeitplan. Schleusendurchfahrt oder Wechsel der Begleitmannschaft sind für die Organisatoren wichtige Eckdaten. Danach richtet sich die Verweildauer in den Tempeln. Meist sind nur ein bis zwei Stunden – je nach Lage und Größe des Heiligtums – vom Aussteigen bis zur Rückkehr aufs Schiff oder in den Bus eingeplant. Je nach Saison trifft sich dann viel Volk im Tempel, ehrfürchtige Stille wird man kaum erleben.

In **Edfu** werden die Besucher vom Schiff per Kutschen bis zum Heiligtum gebracht (Fahrt ca. 10 Minuten), in **Esna** führt ein kurzer Fußweg durch den Basar, und in **Kom Ombo** liegen die Schiffe direkt zu Füßen des Doppeltempels.

Wenn Ihr Schiff über Nacht in Edfu oder Esna festmacht, trauen Sie sich ruhig zu einem abendlichen Spaziergang von Bord. Es ist kein so touristischer Rummel zu erwarten wie in Assuan oder Luxor, doch ein paar kleine Cafés laden zum Verweilen ein.

Im schön angelegten Garten vor der Tempelanlage von Kom Ombo findet sich eine **Cafeteria**, ebenso im Vorfeld vor dem Tempel von Edfu (nach den Ticketschaltern und der Taschenkontrolle). Die Zeit reicht meist höchstens für Getränke, daher ist die Speisekarte eher klein.

Auf dem Landweg hält der Konvoi zwischen Edfu und Luxor bei einer **Cafeteria**, auch hier ist der Aufenthalt knapp bemessen. Außer Getränken gibt es Süßigkeiten und Chips. Die Preise bewegen sich im mittleren Bereich.

Im Umfeld der Tempel lenken eifrige Händler vom Besuch bei den Göttern ab. Sie stehen unter argem Zeitdruck: Bleiben ihnen doch nur Sekunden, um die Aufmerksamkeit der vorbeiströmenden Gäste zu erhaschen, bevor der nächste Händler seine Chance wittert oder der Reiseleiter die potentiellen Käufer ablenkt. Vor allem der **Fußweg vom Schiff zum Tempel** von Esna bietet reichlich Gelegenheit, sich für Galabija-Party oder Karneval einzukleiden. Aber auch T-Shirts, leichte Baumwollkleider und bequeme Schlabberhosen oder Tischdecken sind im Angebot. Hier dürfen Sie gnadenlos handeln, die Händler nennen meist exorbitante Erstpreise!

▸ Karte S. 180

Luxor

Vor Luxor und Karnak muß der stolzeste Geist sich beugen. Man glaubt Werke von Halbgöttern zu erblicken, denn die jetzigen Menschen sind ihrer nicht mehr fähig.

Hermann Fürst von Pückler-Muskau, 1844

Lange bevor am Roten Meer das Geschäft mit dem Badetourismus boomte, hatte Luxor Erfahrungen mit dem Massentourismus gemacht. Spätestens seit der Entdeckung des **Tutanchamun-Grabes** im Jahr 1922 war die Stadt weltweit in aller Munde. 1979 schließlich wurde Luxor mit seinen Monumenten in die UNESCO-Liste des Weltkulturerbes aufgenommen.

Mit dem Aufkommen günstiger Pauschalreisen konnten sich immer mehr Menschen eine Reise an den Nil leisten – und ihr wichtigstes Ziel nach den Pyramiden lag hier in Oberägypten. Am Ostufer wurden neben dem altehrwürdigen **Hotel Winter Palace**, das so illustre Gäste wie König Faruq, Lord Carnarvon, Howard Carter und Agatha Christie beherbergte hatte, ein Hotel neben dem anderen errichtet. Arbeitsplätze entstanden: Vom Kellner und Zimmermädchen bis zum Fremdenführer und Taxifahrer wurden alle Hände gebraucht. Noch vor 50 Jahren war Luxor eine beschauliche Kleinstadt, mittlerweile zählt die Stadt etwa eine Viertelmillion Einwohner, Tendenz steigend. Anfang des 21. Jahrhunderts wurde der Sonderstatus der Stadt gewürdigt, indem sie aus der Provinz Qena herausgelöst und als eigenständige Verwaltungseinheit etabliert wurde. Zu speziell sind die Bedürfnisse dieser ›Weltstadt der Antike‹, in der alljährlich die Zahl der ausländischen Gäste die der Einwohner um ein Vielfaches übertrifft.

Die Abhängigkeit vom Tourismus hat ihre Schattenseiten, nicht nur in Jahren, in denen nach Unruhen in Ägypten oder in der Nahost-Region die Besucher ausblieben und tausende von Menschen ihre Arbeit verloren haben. Für die sehr konservative Bevölkerung ist das Freizeitverhalten der Fremden problematisch. Die oft sehr knappe Bekleidung der Urlauber wirkt ebenso anstößig wie zur Schau gestellte Zärtlichkeiten. In einem Land, in dem schon das Händchenhalten von Mann und Frau als Zeichen einer intimen Beziehung gedeutet wird, führt das zwangsläufig zu Irritationen und weckt mitunter falsche Erwartungen.

Wirtschaftliche Unsicherheit steckt hinter dem Verhalten vieler Händler, die im Vorfeld der Antiken nachdrücklich ihre Waren feilbieten. Die Angst vor einem neuen Ausbleiben der Gäste sitzt ihnen im Nacken – seit 1990 hat Ägypten viermal einen fast vollständigen Rück-

Felukkakapitän in Luxor

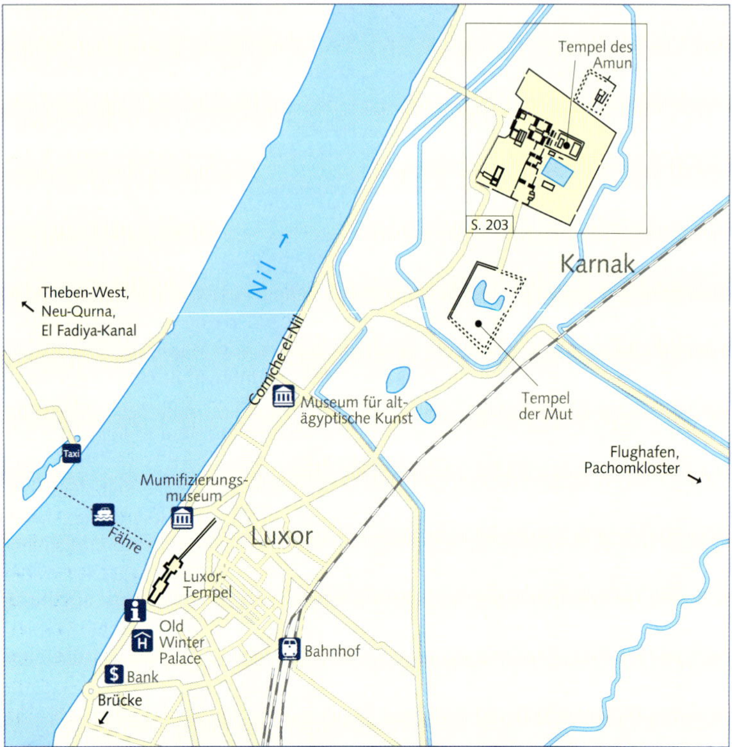

Luxor und Karnak

gang der Besucherzahlen erleben müssen, im schlimmsten Fall hatte diese Phase fast zwei Jahre angehalten. Kaum ein im Tourismus Beschäftigter hat Rücklagen, die eine so lange Durststrecke überbrücken können, zumal auch viele Hotels und ein Großteil der rund 500 Hotelschiffe in solchen Zeiten ihre Mitarbeiter in unbezahlten Urlaub entlassen.

Luxor-Stadt

Trotz der Schwierigkeiten in den letzten Jahren hat Luxor im Rahmen eines umfassenden Stadtplanungsprogramms viel Geld in seine Verschönerung investiert: Um den Gästen schon die Ankunft zu verschönen, wurde der **Flughafen** vergrößert und modernisiert. In der Stadt selbst erhielten die **Uferpromenade** und Teile des **Touristenbasars** ein neues Gesicht. Die Zuwege zu den beiden großen Tempeln auf der Ostseite der Stadt wurden neu gestaltet und das **Luxor-Museum** erhielt eine großzügige Erweiterung. Rund zehn Kilometer südlich der Stadt spannt sich eine Brükke über den Nil, die für eine deutliche Entspannung des Bootsverkehrs auf dem Nil sorgte. Strenge Bauvorschriften für das Antikengelände auf der Westseite sollen den Bau großer Hotelanlagen dort verhindern, so daß sich die touristische Aktivität am Abend weiterhin am Ostufer konzentriert. Aber nicht nur die zahlenden Gäste werden in der Planung berücksichtigt. Für den erwarteten Bevölkerungszuwachs – innerhalb der nächsten zwei Jahrzehnte könnten es nach Hochrechnungen bis zu einer Million Einwohner werden – sollen in den Wüstengebieten jenseits des Fruchtlands und weitab vom Nil zwei neue Stadtviertel entstehen. Parallel dazu ist eine Umsiedlung der Bewohner von Theben-West vorgesehen, die bislang noch zu einem großen Teil direkt über antiken Stätten wohnen.

Bei einem Bummel im Zentrum der Stadt entdeckt man neben den Minaretten der Moscheen auch eine Reihe von Kirchtürmen: Ein großer Teil der Luxorianer sind Christen, überwiegend Kopten, aber auch katholische und protestantische Gemeinden sind zu finden. In der näheren Umgebung liegen einige Klöster, in denen Nonnen und Mönche die uralte koptische Tradition lebendig halten. Das etwas abseits zwischen der Stadt und dem Flughafen liegende

Läden vor dem Amun-Tempel von Karnak

Mönchskloster des heiligen Pachom hat in den letzten Jahren neue Unterkünfte für seine Novizen gebaut – in vielen Klöstern Ägyptens ist ein größerer Zulauf zu beobachten. Wer Zeit und Interesse hat, kann mit einer der zahlreichen Kaleschen oder per Taxi einen Ausflug dorthin unternehmen. Für den Rückweg bietet sich ein Umweg durchs Fruchtland an, bei dem man die ländlich-bäuerliche Seite Luxors sieht – ein starker Kontrast zu dem von Souvenirläden, Internetcafés, Restaurants, Banken und Hotels geprägten Teil der Stadt am Nil, wo sich die touristischen Einrichtungen finden.

Östlich des Luxor-Tempels beginnt der **Basar** von Luxor; hier gibt es Mitbringsel aller Art: Dazu gehören bedruckte T-Shirts, Papyri mit mehr oder weniger inspirierten Kopien altägyptischer Malereien, Skarabäen jeder Größenordnung, ebenso zierliche Parfumflakons, farbenfrohe Baumwollrucksäcke und Taschen sowie die in den zahlreichen Gold- und Silbergeschäften angefertigten Anhänger in Form von Kartuschen, in die man nach Lust und Laune in Hieroglyphen den eigenen Namen oder den des Lieblingspharaos einschreiben lassen kann.

Ein ehrgeiziger Plan der Altertümerverwaltung sieht für die nächsten Jahre große Veränderungen im Stadtbild von Luxor vor: Entlang der – noch – weitgehend unter der modernen Stadt verborgenen Sphinxallee zwischen Luxor-Tempel und Karnak-Tempel soll weiträumig gegraben werden. Deswegen wird vermutlich zwischen Nil und Basar das eine oder andere altvertraute Gebäude oder auch erst kürzlich Gebautes verschwinden. Man darf gespannt sein, was an Überraschungen auf die Luxorianer und ihre Gäste zukommt.

Der Amun-Tempel von Karnak

Ist Reisen – Suchen? Nun, dies war ein Ziel. Der Wächter an dem Eingang gab uns erst des Maßes Schreck. Wie stand er niedrig neben dem unaufhörlichen Sich-überheben des Tors. Und jetzt – für unser ganzes Leben, die Säule -: jene! War es nicht genug?

Rainer Maria Rilke, In Karnak war's, 1911

Über einen Viertelquadratkilometer nimmt der gewaltige Tempel des Gottes Amun-Ra von Karnak im Norden Luxors ein, ohne die Nebenkomplexe seiner göttlichen Gemahlin Mut im Süden und der beiden Kollegen Month und Maat im Norden. Gut 2000 Jahre waren im Haus des Amun Säulensäle, offene Höfe, Pylontürme, Obelisken und Stationskapellen errichtet und mit feinsten Reliefs verziert worden. Von seiner Gründung als bescheidenes Gotteshaus in der 11. Dynastie über den Aufstieg zum bedeutendsten Reichsheiligtum Ägyptens in der Zeit des Neuen Reichs bis in die Zeit der Ptolemäer ließ es sich kein Herrscher nehmen, für den großen Gott von Karnak zu bauen. Außer einem: Echnaton verweigerte dem Amun die Gefolgschaft, ließ seine Reliefs aushacken und setzte ihm einen Aton-Tempel vor die Nase. Doch dieser Frevel ist längst getilgt – Blöcke des Aton-Tempels wurden schon von Tutanchamuns Architekten als Füllmaterial für Bauten zu Ehren des Amun genutzt.

Nach über 2000 Jahren emsiger Betriebsamkeit versank der Tempel schließlich in der Vergessenheit. Bewohner der umliegenden Dörfer zogen ein, nutzten die mächtigen Mauern wie eine Festung. Erdbeben brachten Säulen und Mauern ins Wanken, und während der Überschwemmungsmonate angespülter Nilschlamm verkrustete Boden und Wände. Erst im Gefolge der napoleonischen Expedition entdeckte die Welt das Erbe der Pharaonen aufs Neue. Seit 1894 wird wieder eifrig gearbeitet im Haus des Amun: Ägyptologen haben den größten Teil des Areals freigelegt, nun sind sie mit dem Wiederaufbau der Tore beschäftigt, festigen unterspülte Fundamente und setzen im ›Open-Air-Museum‹ alte Tempelwände neu zusammen.

Legende

1 Plattform
2 Erster Pylon
3 Baugerüst
4 Stationsheiligtum Sethos' II.
5 Nebentempel Ramses' III.
6 Prozessionskapelle Trajans
7 Zweiter Pylon
8 Statue Pinodjems I.
9 Großer Säulensaal
10 Außenwand, Darstellung der Kriegszüge Sethos' I.
11 Zedernfällen
12 Dritter Pylon
13 Obelisk Thutmosis' I.
14 Obelisk der Hatschepsut
15 Sechster Pylon
16 Barkensanktuar
17 Hof
18 Ach-Menu
19 Botanischer Garten
20 Tor des Beki
21 Cafeteria
22 Skarabäus
23 Bruchstück zweiter Obelisk der Hatschepsut
24 Relief Scheschonk I.
25 Friedensvertrag von Ramses II. mit den Hethitern
26 Kleiner Ptah-Tempel

▸ Karte S. 203

Erster und zweiter Pylon

Schon beim Busparkplatz vor Karnak sollten Sie Ihre Phantasie zuhilfe nehmen, um das Bild des Tempels ›echter‹ zu gestalten: Einst führte ein Kanal vom Nil bis zu einer kleinen **Plattform** 1, an der die Schiffe im Schatten des großen Tors anlegten. Heute tun dort statt der Priester Sicherheitsbeamte ihren Dienst – vor dem Besuch bei Amun steht die Taschenkontrolle.

Den Prozessionsweg zum Eingang flankieren liegende Widder, die heiligen Tiere des Amun, zwischen denen einst wie heute blühende Sträucher und Palmen gepflanzt waren. Die überlebensgroßen Figuren wirken zierlich vor dem gewaltigen Torbau: Der **erste Pylon** 2 ist 113 Meter breit, 43,5 Meter hoch und am Fuß 15 Meter dick. Er fügt sich in die aus Lehmziegeln erbaute Umfassungsmauer ein, die das gesamte heilige

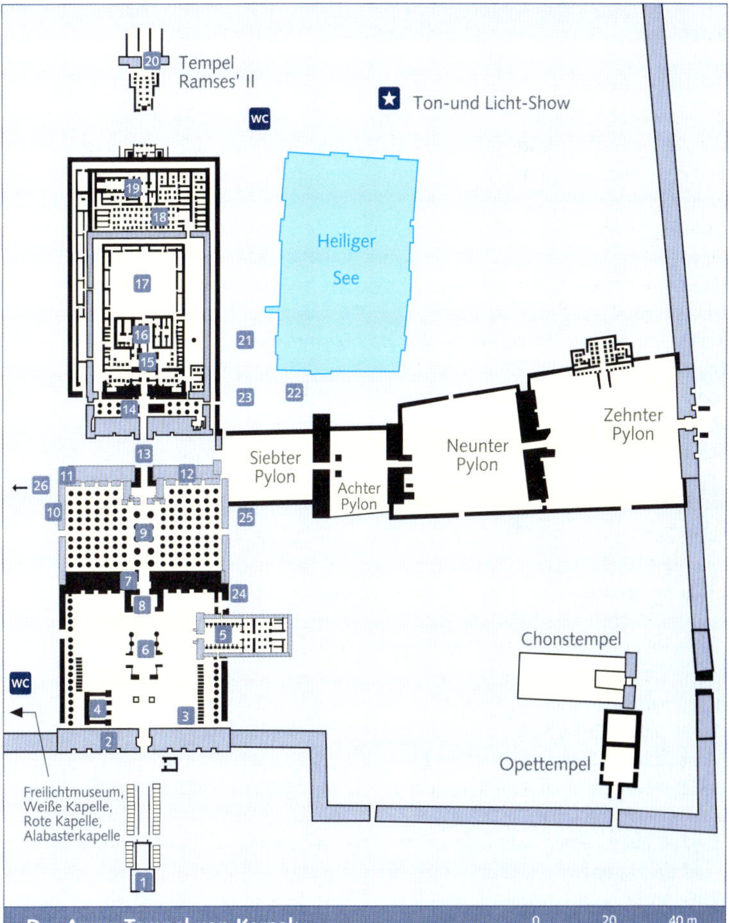

Der Amun-Tempel von Karnak

Der erste Pylon

Areal umzieht. Bereits im 10. Jahrhundert vor Christus hatte man mit dem Bau des Tors begonnen, aber offenbar waren seiner Fertigstellung und Reliefierung andere Projekte vorgezogen worden.

Im Inneren des ersten Hofs sind an der Rückwand des Pylons die Reste eines alten **Lehmziegel-Baugerüsts** 3 zu finden – seltsam, daß diese Dauerbaustelle die Priester und den Gott nicht störte.

Schon beim Rundblick über den ersten Hof fällt auf, daß hier Bauten aus unterschiedlichen Epochen versammelt sind. Ganz zur Seite gerückt sind die Widdersphingen, die einst den Prozessionsweg bis zum zweiten Pylon gesäumt hatten. Ramses II. hatte sie in Auftrag gegeben, den Umbauaktionen seiner Nachfolger lagen sie jedoch im Wege – es blieb ihnen nur noch eine Randexistenz. An der Rückseite des nördlichen Pylonturms lehnt sich ein **Stationsheiligtum** 4 aus der Zeit Sethos' II. an, schräg gegenüber an der Südostecke des Hofs öffnet sich der Zugang zu einem von Ramses III. in Auftrag gegebenen **Nebentempel** 5, der ursprünglich vor dem Eingang des großen Heiligtums gelegen hatte.

In der Mitte des Hofs erhebt sich eindrucksvoll jene 21 Meter hohe Säule, die Rilke in seinem Gedicht bewunderte. Taharqa, einer der kuschitischen Könige, hatte hier eine stattliche **Prozessionskapelle** 6 errichten lassen. Auch wenn der **zweite Pylon** 7 nicht mehr sehr ehrfurchtgebietend erscheint, gönnen Sie ihm einen genaueren Blick. Dreieckige Öffnungen im Mauerwerk zeigen, daß die Archäologen hier einen Schatz besonderer Art fanden: Der Pylon entstand in der Regierungszeit Tutanchamuns, der Blöcke aus dem Aton-Tempel als Füllmaterial für die Mauer verwenden ließ. So versteckt, haben die bemalten Reliefs die Jahrhunderte überstanden und erlauben uns einen Blick in die Zeit des Ketzerkönigs Echnaton. Teile der rekonstruierten Wand sind im Luxor-Museum zu sehen.

Pinodjem I. (1070–1032) ging mit dem Erbe des großen Ramses dann doch etwas respektvoller um: Die damals schon rund 200 Jahre alte **Statue** 8 vor dem Tor des zweiten Pylons fand offenbar sein Gefallen, und der ehemalige Hohepriester des Amun ließ sie nach der Selbsternennung zum König mit seiner Namensinschrift ›aktualisieren‹.

▲ Karte S. 203

Der große Säulensaal

Nicht nur eine Säule, sondern gleich 134 sorgen für den überwältigenden Eindruck, den der große **Säulensaal** 9 hervorruft. Vermutlich gehen seine Anfänge auf Amenophis III. zurück, der zumindest den Grundstein für die ersten Säulen der 24 Meter hohen Mittelkolonnade legte. Unterbrochen durch die Amarna-Zeit, wurden die Arbeiten unter Tutanchamun wieder aufgenommen. Aber erst unter Sethos I., in dessen Auftrag der 5400 Quadratmeter große Saal zum Papyruswald umgestaltet wurde, und Ramses II. konnte das Werk fertiggestellt werden. Im Mittelgang haben die weit emporragenden Papyruspflanzen bereits ihre Dolden geöffnet, weit schwingen hier die Kapitelle aus, während im dunkleren Dämmerlicht der Seitenschiffe die 13 Meter hohen Säulen noch Knospenkapitelle tragen. Den Übergang zwischen Seiten- und Mittelschiff bilden Fenstergitter, die Streifen von Licht auf die Reliefs an den Wänden und Säulenschäften fallen lassen. Nehmen Sie sich Zeit, um in einer ruhigen Ecke diesen Säulenwald auf sich wirken zu lassen. Papyrus ist eng mit dem Wasser verbunden, aus dem nach Meinung altägyptischer Theologen das Leben entstand. Das frische Grün der Pflanze symbolisierte die sich immer wieder erneuernde Lebenskraft – die hier, in Stein verewigt, sowohl den Göttern wie auch den Menschen zugute kommen sollte.

Im großen Säulensaal

Reliefs an den Außenwänden

Bevor Sie weiter entlang der Mittelachse des Tempels gehen, lohnt ein kleiner Abstecher nach Norden. Durch das Seitentor des Säulensaals gelangen Sie zur **Außenwand des Tempels** 10 mit interessanten historischen Darstellungen, die besonders gut im frühen Morgenlicht zu erkennen sind. Mehrfach führten Kriegszüge Sethos I. nach Syrien und Palästina, wo einige Stadtstaaten nachdrücklich an Ägyptens Überlegenheit erinnert werden sollten. Ganz am Ostende der Wand sieht man Stadtfestungen, auf deren Türmen sich bärtige Asiaten verschanzt haben. Vom ägyptischen Heer verfolgt, suchen feindliche Soldaten ihr Heil in der Flucht oder verstecken sich hinter Bäumen. Doch ist der Sieg des Pharao längst gesichert. Stolz führen Sethos' Soldaten die Gefangen Richtung Heimat, wo sie von jubelnden Ägyptern erwartet werden. Zwischen beiden Gruppen zieht sich ein von Wehrtürmen flankierter Wasserlauf voller Krokodile. Es ist die einzige bildliche Darstellung des Grenzkanals, der zur Verteidigung Ägyptens wohl schon Jahrhunderte frü-

Darstellung der Fürsten Libanons beim Zedernfällen

her angelegt worden war. Sinuhe, der um 1950 vor Christus lebte, erwähnt in seiner berühmten Lebensgeschichte die ›Fürstenmauer, die gemacht wurde, um die Asiaten abzuwehren und die Sandläufer (Beduinen) zu zermalmen.‹

Gleich um die Ecke findet sich an der Südseite ein weiteres **Relief** mit historischem Hintergrund 11 Die Fürsten des Libanon werden vom siegreichen Sethos genötigt, ihre mächtigen Zedern zu fällen. Sie wurden gebraucht, um die ägyptische Flotte mit Holz für neue Schiffe zu versorgen und um Fahnenmasten für die Tempeltore herzustellen.

Die zweite Tempelachse

Der **dritte Pylon** 12 aus der Zeit von Amenophis III. ist nur noch wenige Meter hoch erhalten, doch läßt sich das Bild der großen Prozessionsbarke noch klar erkennen. In dem schmalen Bereich zwischen drittem und viertem Pylon ragt einer von ursprünglich zwei **Obelisken** 13 19,5 Meter hoch in den Himmel. Er trägt den Namen von Thutmosis I., einem der ersten Herrscher der 18. Dynastie. Anfang des 15. Jahrhunderts vor Christus lag hier das Eingangstor zum Tempel. Zwei weitere Obelisken waren von Thutmosis III. vor dem älteren Paar aufgestellt, allerdings von Amenophis III. beim Bau des neuen Pylons entfernt worden.

Richtung Süden öffnet sich zwischen den beiden Pylonen der Blick auf die zweite Tempelachse mit vier großen Toren und den dazwischenliegenden Höfen.

Jenseits des **vierten Pylons** nach Osten wird es eng und unübersichtlich: Zwischen Thutmosis I. und Thutmosis IV. ist hier in einem Zeitraum von rund einhundert Jahren immer wieder umgebaut worden. Eindrucksvoll bezeugt dies der zwischen den Trümmern der beiden Tortürme 29,5 Meter aufragende **Obelisk** 14 der Pharaonin Hatschepsut. Ihr Nachfolger Thutmosis III. hatte ihn und sein Pendant bis zum Dach des Säulensaals, in dem sie errichtet worden waren, ummauern lassen. So blieb ihm der Anblick der von dieser Thronräuberin gestifteten Denkmäler erspart. Im Gegensatz zum großen Säulensaal wirkt der heute stark zerstörte Raum bescheiden und seltsam mißproportioniert – nur zwei Säulenreihen hatten zwischen den einst mächtigen Pylonen Platz gefunden.

▲ Karte S. 203

Weiter Richtung Osten folgt ebenfalls nach nur ein paar Metern das letzte der Tore vor dem Allerheiligsten. Rechts und links dieses **sechsten Pylons** 15 hat Thutmosis III. in langen Listen die Namen der von ihm unterworfenen Fremdvölker aufzeichnen lassen.

In seiner ursprünglichen Gestaltung geht der nun anschließende Bereich auf Hatschepsut und Thutmosis III. zurück. Um die zentrale Kapelle für die Prozessionsbarke waren Opfersäle, Vorratskammern und Nebenkapellen errichtet worden. Zwei von Tutanchamun gestiftete Granitpfeiler mit den Wappenpflanzen Ober- und Unterägyptens stehen vor dem fast tausend Jahre jüngeren **Barkensanktuar** 16. Philippos Arrhidaios, der geistig zurückgebliebene Halbbruder von Alexander dem Großen, hatte es in Auftrag gegeben. An der südlichen Außenwand des Sanktuars lassen sich vor allem in der oberen Wandhälfte noch gut die bemalten Reliefs erkennen, die den makedonischen Pharao beim Opfer vor Amun zeigen.

Östlich des Barkenschreins öffnet sich ein großer offener **Hof** 17, dessen äußere Mauern in die Anfänge der 18. Dynastie unter Amenophis I. zurückreichen. Vom eigentlichen Allerheiligsten, in dem das Kultbild des Gottes aufgestellt wurde, ist nichts mehr erhalten. Der im Hof liegende Sockel aus gemasertem Kalzit ist der einzige Überrest aus dem Mittleren Reich. Die Rillen, die an seiner Oberseite zu erkennen sind, dienten zur Verankerung eines Holzschreins. Im Gegensatz zu der Weite und Offenheit des heutigen Hofs muß man sich das Allerheiligste umgeben von einer Reihe von Kapellen und Opferräumen, weitestgehend abgeschirmt von Licht und alltäglichem Tempelbetrieb vorstellen. Ruhe und Dunkelheit umgaben den Gott.

Blick vom großen Säulensaal auf den Obelisken Thutmosis I.

Obelisken für Amun-Ra

»Ich sah die Aufstellung von zwei großen Obelisken, ... wozu man ein erhabenes Schiff gebaut hatte, 120 Ellen lang und 40 Ellen weit, um diese Obelisken zu transportieren. Sie kamen heil und vollständig an und erreichten Karnak«, berichtete stolz Ineni, der Baumeister Thutmosis' I. Für Amun waren in Karnak im Neuen Reich mindestens 15 Obelisken aufgestellt worden. Nur zwei sind heute noch an ihrem ursprünglichen Platz - zu begehrt waren diese Souvenirs seit der Zeit der römischen Eroberung. Die größte Steinnadel - einst an der Ostseite des Tempels unter Thutmosis III. errichtet - steht heute auf dem Lateransplatz in Rom.

Obelisken haben einen engen Bezug zum Sonnenkult und zur Schaffung der Welt: Sie sind Symbole des Urhügels, der zu Beginn der Schöpfung aus dem Urozean auftauchte. Vielleicht kann man sich Obelisken wie eine Art Blitzableiter vorstellen, die an ihrer mit Elektron verkleideten Spitze Sonnenlicht einfangen und es auf die Erde weiterleiten. Es ehrte Pharao und Gott gleichermaßen, wenn solche Sinnbilder der Verbindung zwischen göttlichem und irdischem Raum errichtet wurden.

Auf dem Sockel des Hatschepsut-Obelisken findet sich folgender Text: »Ich saß im Palast und erinnerte mich an den, der mich erschaffen hatte; mein Herz befahl mir, zwei Obelisken aus Elektron für ihn zu errichten, auf daß ihre Pyramidion-Spitzen den Himmel berührten in der Mitte der herrlichen Säulenhalle und zwischen den großen Pylonen von Thutmosis I. ... Sie sind beide aus einem Block dauerhaften Granits ohne Riß oder Fehler. ... Niemand soll sagen, daß ich mich groß tue mit meinen Worten, vielmehr sage man ›Es entspricht ihr wirklich, ihr, die ihrem Vater treu ist.‹«

Der Obelisk Thutmosis I.

Das Ach-Menu Thutmosis' III.

Anläßlich seines Regierungsjubiläums ließ Thutmosis III. an der Ostseite des Amun-Tempels ein großes **Festzelt** 18 aufstellen – allerdings kein normales Zelt, sondern eines, das dem soeben in seiner Göttlichkeit bestätigten Pharao würdig war: Das ›Zelt‹ wurde aus Stein gebaut und ›Ach-Menu‹ – mit herrlichen Denkmälern – genannt. Spätestens in der Zeit Thutmosis' I. wurde der Amun-Tempel zum Ort der Königskrönung, und so war es nur folgerichtig, daß auch das Regierungsjubiläum hier gefeiert wurde.

Vorbei am ältesten Teil des Amun-Tempels betrat man die **Festhalle** von ihrer Südwestecke. Der Mittelgang des langgestreckten Saals wird von charakteristischen ›Holzstangen‹ flankiert, die das Dach tragen. An den Wänden erscheint Thutmosis III. beim rituellen Lauf mit zwei Vasen, in denen er bei Assuan geschöpftes Nilwasser bis ins Delta bringt. In christlicher Zeit wurde das Bildprogramm des Saals verändert: Mit großen Augen schauen im Mittelteil des Saals die von Glorioten bekrönten Heiligen von den Säulenschäften.

Ein Tor in der Mitte der Ostwand führt zu einem Nebentrakt des Ach-Menu. Durch drei schmale Räume und über eine kleine Treppe gelangt man in einen Raum mit vier eleganten **Papyrusbündelsäulen** 19. Feingearbeitete Reliefs zeigen hier eine Vielfalt von Tieren und Pflanzen, die mit Wurzeln, Stiel, Blüte und Früchten wie Darstellungen aus einer wissenschaftlichen Abhandlung erscheinen. Exotische und einheimische Natur sind hier im sogenannten ›Botanischen Garten‹ von Karnak vertreten, denn alles Lebendige hat in dem kleinen Sonnenheiligtum seinen Platz. Thutmosis wurde bei seinen Kriegszügen offenbar auch von Botanikern begleitet, denn laut Beischrift handelt es sich zum Teil um ›alle Arten fremder Pflanzen und schöner Blumen, die Seine Majestät gebracht hat, als er sich nach Retschenu begab, um die nördlichen Fremdländer zu unterwerfen.‹

Eine massive Steinmauer schließt das Festheiligtum mit dem eigentlichen Amun-Tempel zusammen. Eine moderne Holzrampe führt über die Mauer Richtung Osten. Hier liegen die Reste eines ›Gegenheiligtums‹ – so benannt, weil es in Gegenrichtung zum großen Tempel nach Osten ausgerichtet ist auf ein Tor in der äußeren Umfassungsmauer des heiligen Bezirks. Zum **Tor des Beki** 20 – benannt nach dem Architekten Bekenchons – kamen in der Zeit Ramses' III. die einfachen Gläubigen, um den diensthabenden Priestern ihre Wünsche und Bitten an die Gottheit zu übermitteln. Hier stand einst auch der 36 Meter hohe Obelisk Thutmosis' III., der heute in Rom zu sehen ist.

Beim Heiligen See

Zu jedem altägyptischen Tempel gehört ein Heiliger See. Schließlich mußten sowohl Priester wie auch Kultgerät und Statuen rein sein. Auch war Wasser ein wichtiges Element beim Opfer, ganz abgesehen davon, daß ohne Wasser die Schöpfung nicht möglich gewesen wäre. Heilige Seen wurden in der Regel rechteckig angelegt – die Welt in geordnete Bahnen zu bringen war eines der vordringlichsten Ziele aller kultischen Handlungen.

In Karnak bot der Heilige See darüber hinaus einer der Erscheinungsformen des Amun angenehmen Aufenthalt: Neben dem Widder galt die Gans als heiliges Tier des Gottes; angemessen großzügige Stallungen fanden sich direkt am

Blick auf den Heiligen See und den Amuntempel

Südufer des Sees, eine gedeckte Rutschbahn führte bequem zur Wasseroberfläche. Selbstverständlich endeten die hier gehaltenen Tiere nicht als Opferbraten auf den Altären des Amun.

Nach Süden und Osten schlossen sich Wirtschaftsräume, Magazine und Priesterunterkünfte an, teils überbaut von der modernen Tribüne, die für die allabendliche Ton- und-Licht-Show errichtet wurde.

Bevor Sie die Westseite des Heiligen Sees erreichen, tut vielleicht eine Pause in der kleinen **Cafeteria** 21 gut. Stärken Sie sich mit Cola oder Mokka für den Besuch bei Chons, Ptah und im Open-Air Museum! Ganz Unermüdliche können hier auch Karten kaufen und die versprochene Post erledigen.

Danach geht es nur ein kurzes Stück nach Westen, wo – meist von einer Traube Menschen umlagert und mehrmals rituell umrundet – auf einem mächtigen Sockel die Figur eines riesigen **Skarabäus** 22 zu bewundern ist. Das aus Rosengranit gearbeitete Monument zeigt die morgendliche Erscheinungsform des Sonnengottes Ra und stammt ursprünglich aus dem Totentempel Amenophis' III. in Theben-West. Die rituelle Umrundung geht auf den Volksglauben zurück, wonach der große Käfer Frauen Kindersegen verspricht.

Ebenfalls im Gelände östlich der Nord-Süd-Achse des Tempels liegt ein Bruchstück des **zweiten Obelisken** 23 der Hatschepsut. Vermutlich bei einem Erdbeben gestürzt, erlaubt er so einen Blick auf seine Spitze. Bei genauer Betrachtung erkennt man an den Reliefs Überarbeitungsspuren: Leicht vertieft erscheinen die Bilder des Amun. Echnatons Bilderstürmer waren bis ganz hinauf geklettert, um das Bild des verhaßten Gottes zu entfernen – spätere Herrscher schickten dann ihre Bildhauer aufs Gerüst, um die Gottheit wiederherzustellen. Auch dem Namen der Hatschepsut wurde übel mitgespielt: In diesem Fall war Thutmosis III. der Auftraggeber für die Tilgung, und niemand fand sich, um den Namen der Herrscherin wiedereinzusetzen.

Südachse

Vier weitere Pylone zählt die Achse, die in Höhe des dritten Pylons abknickt und sich nach Süden wendet. Hatschepsut eröffnete das Bauprogramm in dieser Richtung mit der Anlage des achten Pylons. Ihr Nachfolger Thutmosis III. fügte den siebten Pylon davor ein. Weit nach Süden dehnte Amenophis III. die Bauarbeiten aus, indem er den zehnten Pylon begann, der heute das südliche Außentor von Karnak bildet. Jenseits dieses Tores führt ein von Sphingen gesäumter Prozessionsweg zum **Tempel der Mut**, der löwenköpfigen Gemahlin des Amun. Erst unter Haremhab und Ramses I. wurde die Lücke zwischen

▲ Karte S. 203

achtem und zehntem Pylon geschlossen, es entstanden der neunte Pylon und die Mauern um die beiden großen südlichen Höfe. Die zwei südlichen Turmbauten ragen heute stark zerklüftet in den Himmel. Beim Bau war Bruchmaterial des Aton-Tempels zur Füllung der Mauern benutzt worden; tausende von Blöcken konnten seit 1967 geborgen werden.

Einen anderen Schatz entdeckten die Ausgräber bereits in den Jahren zwischen 1902 und 1907: Im sogenannten Cachette-Hof nördlich des siebten Pylons fanden sie unter dem Fußboden **17 779 Statuen und Statuetten**. Fast 800 waren aus Stein gearbeitet, darunter einige großformatige Bildnisse von Pharaonen und hohen Würdenträgern. Die meisten Figuren waren jedoch kleine Bronzestatuetten, die als Weihegaben in den Tempel gestiftet worden waren. Wahrscheinlich hatten die Priester zu dieser Maßnahme Zuflucht gesucht, weil der Tempel sonst schlicht überbelegt gewesen wäre. Vor lauter Statuen und Statuetten, die ja alle auch kultisch versorgt werden wollten, wäre vielleicht gar der Opferkult für Amun ins Stocken geraten! So jedenfalls gab es Platz für neue Stiftungen.

Der ausgehöhlte neunte Pylon

An der Nordwestecke des Hofs öffnet sich ein schmaler Zugang zum **großen Säulensaal**, an dessen südwestlicher Außenwand ein **Relief** 24 biblische Geschichte illustriert: Scheschonk I., der um 925 vor Christus Jerusalem eroberte und den Jahwe-Tempel zerstörte, erhält von Amun ein Schwert überreicht. Das Bild des Pharao fehlt heute jedoch – späte Rache Jahwes?

An der Außenwand des Cachette-Hofs interessiert eine **Abschrift des Friedensvertrags zwischen Ramses II. und dem Hethiterreich** 25 – sie wird illustriert von Szenen der Schlacht von Kadesch.

Amun und Mut sind ohne Götterkind nicht komplett. Der **Tempel des jugendlichen Mondgottes Chons** findet sich in der Südwestecke des heiligen Areals. Es ist als **Mammisi** im rechten Winkel zum Haupthaus des Amun erbaut, als Bauherren treten Ramses III., IV. und XI. auf sowie der vom Hohepriester des Amun zum Herrscher von Theben aufgestiegene Herihor. Unter den Kuschiten und Ptolemäern hielt man es offenbar für wünschenswert, dem Götterkind eine Amme zur Seite zu stellen: Die **Kapelle der nilpferdgestaltigen Opet** wurde angebaut. Ptolemaios VIII. ließ vor dem Chons-Tempel ein weiteres großes Tor in der Umfassungsmauer anlegen, von wo aus eine Prozessionsallee, die sich mit einem vom zehnten Pylon kommenden Weg vereinigte, bis zum drei Kilometer entfernten Luxor-Tempel führte.

Abstecher zu Ptah

Altägyptische Götter waren gute Gastgeber. Jedenfalls finden sich bei allen größeren Heiligtümern immer auch zahlreiche Kapellen für andere Gottheiten des Landes. Hier in Karnak gibt es für ausgewählte Kollegen sogar eigene Tempelchen. Besondere Beachtung erhielt Ptah, der in Memphis selbst ein Heiligtum besaß, das dem des Amun in Karnak ebenbürtig gewesen sein dürfte. Da seine Heimatstadt Memphis im Norden des Landes lag, errichtete man seine **Kultstätte** 26 direkt an der nördlichen Umfassungsmauer. Durch das Nordtor des großen Säulensaals erreicht man den Pfad dorthin.

Drei im Vergleich zum Amun-Tempel winzige Pylone markieren den Weg zum Tempelinneren. Sie entstanden in der Ptolemäerzeit, als der von Thutmosis III. gegründete und von Schabaka renovierte Bau deutlich vergrößert wurde. Im Hof vor den drei Sanktuaren für die heilige Götterfamilie zeigen feine, teilweise noch bemalte Reliefs die bekannten Opferszenen. Bitten Sie die Wächter, die moderne Tür zu schließen, nachdem Sie das Allerheiligste betreten haben. Denn dann umfängt Sie wie einst den Hohepriester des Gottes Dunkelheit – nur erhellt durch das Licht, das durch eine kleine Öffnung in der original erhaltenen Decke einfällt. Besonders wirkungsvoll ist das Erlebnis in der rechten Seitenkapelle, wo eine Statue der löwenköpfigen Sachmet, der Gemahlin des Ptah, aufgestellt wurde.

Freilichtmuseum

Nördlich des ersten Hofs liegt die ›Puzzlestation‹ der Archäologen. Im Freilichtmuseum – ein Extraticket muß dort im Gelände erstanden werden – werden neuentdeckte Stücke gelagert, studiert und – im besten Falle – zu einem größeren Ganzen zusammengefügt. Es war in der Antike durchaus üblich, daß Teile des Tempels bei Umbauten abgerissen, versetzt oder als Füllmaterial für Neubauten verwendet wurden. Nicht nur

Die Rote Kapelle der Hatschepsut

beim Aton-Tempel ging man scheinbar respektlos mit den Bauten der Vorgänger um. Zahlreiche Reliefblöcke, Säulenfragmente oder Statuenteile wurden als Fundamentblöcke wiederverwendet. Manchmal gelingen Glücksfunde – wenn beispielsweise Blöcke einer ganzen Wand an einem Fundort auftauchen. Allein im Mauerwerk des dritten Pylons haben sich die Überreste von zwei exquisiten Kapellen aus der Frühzeit des Amun-Heiligtums gefunden:

Die **Weiße Kapelle** von Sesostris I. war als Jubiläumskapelle anläßlich des Heb-

Musikantinnen und Akrobatinnen in der Roten Kapelle

▶ Karte S. 203

Sed des Königs errichtet worden. Sie stammt aus der Zeit, in der Amun zum Reichsgott des ganzen Landes erhoben wurde. Überaus feingeschnittene Reliefs sprechen von der Blüte der Kunst um 1900 vor Christus.

Die schön gemaserte **Kalzitkapelle** Amenophis' I. diente als Aufbewahrungsort der Götterbarke, ihr Platz war einst direkt vor dem Allerheiligsten gewesen.

Das Prachtstück der Ausstellung ist jedoch die erst vor wenigen Jahren wiedererrichtete **Rote Kapelle** der Hatschepsut. Sie ist in jeder Hinsicht ungewöhnlich - rötlicher Quarzit diente als Baumaterial, abgesetzt mit Streifen grauen Granits. Die Eleganz dieses Gebäudes wird unterstrichen von der Feinheit der Reliefs, die offenbar nicht vor Ort, sondern in Werkstätten angefertigt worden waren. Die Kapelle, die erst im Jahr 17 der Pharaonin in Auftrag gegeben wurde, war möglicherweise nie an ihrem geplanten Bestimmungsort aufgebaut worden.

Amun-Tempel

Öffnungszeiten: im Sommer tägl. 6–18 Uhr, im Winter 6–17 Uhr.

Sound&Light-Show: Allabendlich nach Sonnenuntergang mehrere Veranstaltungen in wechselnden Sprachen. Beginn im Winter: 18.30, 19.45, 21 Uhr, im Sommer 20, 21.15, 22.30 Uhr. Deutsche Vorführung: Mi, So (jeweils die 1. Show). Die Besucher gehen dabei durch den ersten Hof, den großen Säulensaal und am heiligen See vorbei zur Tribüne. Die gezielte Beleuchtung einzelner Bauphasen macht die Entstehung dieses riesigen Heiligtums sichtbar - der Text der deutschen Show ist schon etwas älter und wirkt daher leicht betulich.

Museum für altägyptische Kunst

An der Corniche el-Nil etwa auf halber Strecke zwischen dem ›Mercure‹-Hotel und Karnak liegt das große Museum von Luxor. Erst im Jahr 2004 wurde ein neuer Flügel eröffnet, in dem die Glanzzeit Ägyptens während des Neuen Reichs mit ausgewählten Stücken vorgestellt wird. Überhaupt ist es ein Anliegen dieses Museums, den Besuchern mit besonders qualitätvollen Stücken die Kunst der Pharaonenzeit nahezubringen. Das beginnt schon in der Eingangshalle, wo eine elegante **Statue des Gottes Amun** aus der direkten Nach-Amarna-Zeit zu bewundern ist. Deutlich ist der Unterschied zu der nur wenige Jahre älteren Kunst unter Amenophis III. zu erkennen. Der Kopf einer Kolossalfigur aus seiner Zeit lädt zum Vergleich ein - achten Sie dabei besonders auf Mund- und Augengestaltung. Das Idealbild eines schönen, huldvoll lächelnden und den Spuren der Zeit nicht unterworfenen Herrschers wurde hier geschaffen.

Mit derart geschärftem Blick gehen Sie die wenigen Stufen hoch zu dem **Bildnis von Sesostris III.**, das noch einmal gut 500 Jahre älter ist: Um 1860 vor Christus schufen die Künstler aus Rosengranit dieses eindrucksvolle Porträt eines alt gewordenen Mannes mit scharf geschnittener Nase, schweren Lidern und Tränensäcken, tiefen Falten um den Mund und an der Nasenwurzel - und dennoch ist der Ausdruck des mächtigen Pharao überaus energisch und selbstbewußt. Nur wenige Meter weiter finden sich der überlebensgroße Kopf einer **Statue der Hatschepsut** und die aus Grauwacke gearbeitete, makellose Figur ihres Neffen Thutmosis III. Deutlich tritt die Ähnlichkeit zutage – die von breiten Schminkstrichen umrahmten Augen, der lächelnde Mund und die gekrümmte Nase sind ganz charakteristische Merkmale dieser Familie. Ungewöhnlich ist die Statuengruppe in der Mitte des Saals: Sie zeigt die überlebensgroße **Sitzfigur des krokodilköpfigen Sobek**, flankiert von einer kleinen Standfigur des Königs. Laut Inschrift auf dem Rückenpfeiler soll es sich um Ramses II. handeln – aber Ihnen ist sicher schon aufgefallen, daß Sie diese Gesichtszüge gerade bei Amenophis III. gesehen haben. Ramses hatte die Gruppe aus gemasertem Alabaster einfach usurpiert.

Amenophis III. in zeitloser Schönheit

Karte S. 200

Großmacht Ägypten im Neuen Reich

Eine kurze Treppe am Ende des Saals führt in den neuen Teil des Museums. **Thutmosis III.** erwartet Sie – der große Kriegsheld sitzt majestätisch auf seinem Thron. Eine Karte gegenüber an der Wand zeigt die Gebiete, die Ägypten ab der Zeit um 1500 eroberte und damit zur Weltmacht aufstieg. Neue Kampftechniken hatten wesentlich zur Erweiterung des Reiches beigetragen. Ein **Streitwagen** aus dem Grabschatz des Tutanchamun zeigt die Ausstattung der Elitetruppe des ägyptischen Militärs. Amenophis II. war ein starker Kämpfer, glaubt man dem Relief, das ihn beim Bogenschießen zeigt: Seine Pfeile durchdringen eine massive Kupferplatte wie Butter – und auch der Torso des muskelbepackten Königs gleich neben dem Relief läßt die Körperkraft dieses Herrschers erahnen. Überraschend klein und feingliedrig wirken dagegen die Gestalten der beiden Herrscher, zu deren Ehren dieser Teil des Museums konzipiert wurde. Die **Mumien von Ahmose und Ramses I.** sind in abgedunkelten Räumen in der Mitte des großen Saals zu sehen. Ahmose war einer der Herrscher, denen es am Ende der 17. Dynastie gelang, die Hyksos aus dem Lande zu treiben und damit die Grundlage für den Aufstieg zu neuer Größe zu legen. Sowohl seine Mumie wie auch die von Ramses, dem Stammvater der 19. Dynastie, waren nicht immer mit dem nötigen Respekt behandelt worden. Bereits um 1100 vor Christus kam es zu schweren Plünderungen der Königsgräber – einige der Pharaonen mußten schließlich gut 100 Jahre später umgebettet werden. Diese Notbestattungen entdeckten Grabräuber der Neuzeit. Um 1870 wurde die Mumie von Ramses I. inkognito nach

Statue der Göttin Junit

Kanada verkauft – erst über 100 Jahre später gelang die (sehr wahrscheinliche) Wiederidentifizierung. Ramses gelangte 1999 schließlich in den Besitz eines Museums in den USA, dessen Leitung die Rückführung des königlichen Leichnams beschloß.

Die Objekte der oberen Galerie dieses Saals stammen zu einem Großteil aus den Tempelanlagen von Karnak – so die löwenköpfigen Statuen der Mut-Sachmet – oder aus den Gräbern von Theben-West. Interessant sind die verschiedenen **Gerätschaften der altägyptischen Schreiber**: Paletten, ›Notizzettel‹ in Gestalt von Kalksteinscherben, Farbpigmente und Meßwerkzeuge sind zu betrachten.

Das große ›Atontempel-Puzzle‹

Von besonderem Interesse sind im alten Teil des Museums noch die Funde aus der Zeit des Echnaton. Mehrere Fragmente seiner eigenwilligen Statuen zeigen die hageren und extrem in die Länge gezogenen Gesichtszüge sowie die schmalbrüstige, aber breithüftige Figur dieses exzentrischen Herrschers. Hier finden sich auch zwei Rekonstruktionen von Wänden des Aton-Tempels. Die in Karnak wiederverwendeten Blöcke konnten zu einem Teil wieder zusammengesetzt werden. Echnaton erscheint unter den Strahlen seines Gottes Aton im heute verschwundenen Gotteshaus. Erstmals erlauben diese Bilder auch einen Blick in die alltäglichen Arbeiten der Priester und Diener des Tempels: Da wird der Boden gefegt und mit Wasser besprengt, Brote werden gebacken, Fleischstücke zum Trocknen aufgehängt – und nach getaner Arbeit darf gegessen werden.

Die Statuen der Luxor-Cachette

Verlassen Sie das Museum auf keinen Fall, ohne einen Abstecher in die unterirdische Galerie gemacht zu haben! 1989 entdeckte man bei Renovierungsarbeiten im großen Hof des Luxor-Tempels ein **Statuenversteck** – eine Sensation, die nur noch von der Schönheit der gefundenen Stücke übertroffen wurde. Den Auftakt macht links die Gruppe des vor dem Gott Atum knienden Pharao Haremhab, es folgen zwei Statuen des thronenden Amun, der dem König die Krone aufsetzt. Schwer zu entscheiden ist, welche der zwei thronenden Göttinnen vollkommener wirkt: Iunit oder Hathor? Beide zeigen sie die typischen Kennzeichen der Kunst aus der Zeit Amenophis' III., der selbst mit einer 2,5 Meter hohen Statue aus rotem Quarzit vertreten ist. Die Statue ist das Abbild einer auf einem Transportschlitten stehenden Statue des Königs – bislang ist keine Parallele zu diesem Statuentyp bekannt.

Das Museum für altägyptische Kunst ist im Sommer von 9 bis 13 und von 17 bis 22 Uhr geöffnet, im Winter von 9 bis 12 und von 16 bis 21 Uhr.

Amun-Tempel von Luxor

Eine drei Kilometer lange, von Sphingen, Büschen und Palmen gesäumte Allee verband seit der Zeit Ramses' II. die beiden Tempel des Amun miteinander. Ein Teil dieser alten Prachtstraße ist vor dem Pylon des kleinen Tempels noch zu sehen, während der Rest unter der modernen Überbauung verborgen liegt. Es muß ein eindrucksvolles Bild gewesen sein, wenn anläßlich der großen Prozession zum Opet-Fest der gesamte Hofstaat in edelsten Gewändern den Weg des Gottes Amun von Karnak zu seinem ›südlichen Harem‹ begleitete. In Leopardenfelle gehüllte Priester schritten dem Götterbild voran, das in einer von weißgewandeten Trägern geschulterten Barke stand. Sie stimmten Hymnen zu Ehren des Amun an und verbrannten Weihrauch. Überall funkelten juwelenbesetzte Schmuckstücke, selbst das Zaumzeug der Pferde war frisch poliert worden. Das Volk, das mit gewissem Abstand den Umzug bestaunte, jubelte vor Begeisterung – selten genug kam es der Gottheit und den ganz Großen des Landes so nah. Bratenduft zog über die Stadt; zahllose Rinder, Gänse und andere Opfertiere waren für die Festgesellschaft geschlachtet worden. Nachdem die Götter gesättigt waren, wurden das Fleisch und alle anderen Speisen verteilt. Mit etwas Glück gab es sogar einen Schluck Wein oder einen Krug Bier dazu. Viele Gäste aus dem ganzen Land, aber auch ausländische Gesandte wohnten dem Spektakel bei, das sicher einen der Höhepunkte des Jahres darstellte. Solche Bilder kann man sich inmitten der Sphingen, die abends bei stimmungsvoller Beleuchtung besonders gut zur Wirkung kommen, gut vorstellen. Daß sie keine haltlosen Phantastereien sind, werden die Reliefs im Tempel bestätigen.

Detail aus dem Relief: Geschmücktes Rind

Der Amuntempel von Luxor

▲ Karte S. 217

Pylon

Doch zunächst verdient der **Pylon** **1** Aufmerksamkeit: Unter Ramses II. errichtet, trägt er statt der üblichen großformatigen Szenen des Erschlagens der Feinde eine detaillierte Schilderung der Kadesch-Schlacht. Auf dem rechten Torturm ist der Pharao bei der Besprechung mit seinen Militärs zu sehen, während er links aktiv das Kampfgeschehen leitet. Sein Widersacher, der ›elende Fürst

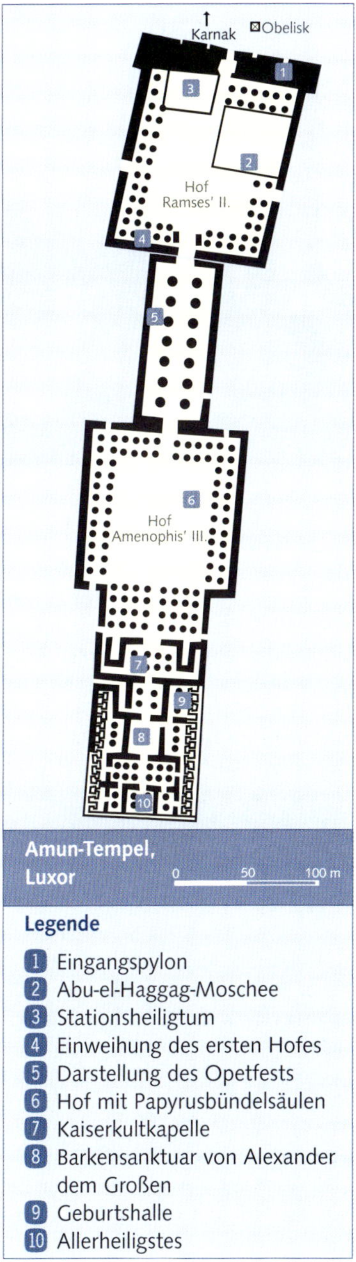

Amun-Tempel, Luxor

0 50 100 m

Legende

1 Eingangspylon
2 Abu-el-Haggag-Moschee
3 Stationsheiligtum
4 Einweihung des ersten Hofes
5 Darstellung des Opetfests
6 Hof mit Papyrusbündelsäulen
7 Kaiserkultkapelle
8 Barkensanktuar von Alexander dem Großen
9 Geburtshalle
10 Allerheiligstes

von Chatti‹ ist am äußersten Rand zu erkennen. Wie alle anderen Asiaten sucht er sein Heil in der Flucht. Vor dem Pylon steht noch einer der beiden Obelisken, sein Gegenstück gab Mohammed Ali als Geschenk nach Frankreich – er schmückt heute die Place de la Concorde in Paris. Zwei kolossale Sitzfiguren Ramses' II. flankieren den Eingang, ihnen standen einst je zwei kleinere Standfiguren zu Seite.

Hof

Durch das Tor betritt man einen großen Hof, an dessen Nordostseite sich über einer mehrere Meter hohen Schicht älterer Bauten eine **Moschee** 2 erhebt. In ihr ist der hochverehrte Lokalheilige Abu el-Haggag bestattet, weshalb der Freilegung des Tempels an dieser Stelle Grenzen gesetzt sind. Aus der Zeit der Hatschepsut stammt das zierliche **Stationsheiligtum** 3 in der Nordwestecke. Viel größer und wuchtiger sind die Säulen aus der Zeit Ramses', die den Hof auf drei Seiten umziehen. Zwischen ihnen sind Statuen des Herrschers aufgestellt, von denen einige ursprünglich für Amenophis III. gearbeitet waren.
Interessant ist ein **Relief** 4 an der Südwestseite des Hofes: Es zeigt die Feier anläßlich der Einweihung des ersten Hofs. Eine lange Reihe von Prinzen schreitet auf den ersten Pylon zu, der in seiner ganzen Pracht mit vier Fahnenmasten, zwei Obelisken und insgesamt sechs Statuen des Pharao geschmückt war.

Säulenhof Amenophis III.

Noch einmal thront Ramses paarweise am Durchgang zur Kolonnade. Die erst unter Ramses angelegte Verbindungsstraße nach Karnak hatte den Knick in der Achse bewirkt – deutlich erkennt

Am Säulenhof Amenophis' III.

man die andere Ausrichtung der unter Amenophis III. erbauten Säulenreihen. Gehen Sie ein wenig zur Seite – an der westlichen Wand dieses langen Saals finden sich die im Auftrag von Tutanchamun angebrachten **Reliefs** 5, die in bewegten Bildern den Prozessionszug zwischen Karnak und Luxor schildern. Details wie die vor Ehrfurcht zu Boden gesunkenen Soldaten, die Musikanten und Tänzerinnen sowie die in den Nebenräumen des Tempels eifrig noch Opfergefäße füllenden Diener vermitteln die Stimmung bei diesem aufregenden Ereignis.

Großzügig erscheint der weite, von majestätischen, aber dennoch elegant wirkenden Papyrusbündelsäulen umstandene **Hof** 6, der zu Festtagen voller Altäre stand, auf denen Schalen voller Obst, Weinkrüge und schön gebundene Blumensträuße aufgestellt wurden. In der Nordwestecke des Hofes befindet sich die Stelle, an der man bei Renovierungsarbeiten 1989 unter dem Bodenbelag das Statuenversteck fand.

▲ Karte S. 217

Die Geburt des Amenophis

Nach Süden hin schließt sich an den Hof ein deutlich kleinerer Raum 7 an, der während der Römerzeit in eine **Kaiserkultkapelle** umgestaltet wurde. Reste der bemalten Stuckierung sind noch über den Reliefs von Amenophis III. zu erkennen. Ein modern in die Rückwand der römischen Kapelle gebrochener Durchgang führt in einen **Viersäulensaal**, dessen Wände den Pharao bei verschiedenen kultischen Handlungen vor Amun und seiner Götterfamilie zeigen.

Für den nächsten Raum stiftete kein Geringerer als Alexander der Große ein neues **Barkensanktuar** 8. Gut 1000 Jahre liegen zwischen den Reliefs an den Außenseiten dieses Sanktuars und den gegenüberliegenden Wandbildern des Neuen Reichs.

Eine Tür in der Nordostecke des Raums führt in einen **Nebenraum** 9, der die Bedeutung des ganzen Tempels im Zusammenhang mit dem großen Heiligtum des Amun in Karnak beleuchtet.

Opfernder Amenophis III.

Eine regelrechte Bildergeschichte läßt sich von der Westwand lesen: Ganz rechts unten erscheint Amun-Ra, der seine Absicht kundtut, einen neuen Pharao zu zeugen – schließlich galt der altägyptische Herrscher als Sohn Gottes. Die Wahl der Mutter des zukünftigen Königs fällt auf Mutemwija, die Gattin des amtierenden Pharao, die vom ibisköpfigen Gott Thot zu einem Treffen mit Amun geführt wird. Auf einem Zeremonialbett erscheinen der Gott und die Auserwählte in inniger Zweisamkeit: Die Beine der beiden überkreuzen sich und Amun streckt das Lebenszeichen ›anch‹ zum Schoß der Mutemwija. Im folgenden Bild erhält der widderköpfige Schöpfergott Chnum den Auftrag, das Kind und seinen Ka zu schaffen. Im darüberliegenden Register setzt sich die Erzählung – diesmal von links nach rechts – fort. Thot, der Götterbote, verkündet Mutemwija, daß sie den Sohn Gottes und neuen Herrscher der Welt gebären wird. Neun Monate später führen zwei Geburtshelferinnen die hochschwangere Mutter in den Kreißsaal. Hier klafft in der Wand eine großes Loch, so daß der Blick in die Babystube zum von göttlichen Ammen versorgten Neugeborenen fehlt. Ganz rechts schließt das Geschehen dann mit der Übergabe des Kindes an seinen göttlichen Vater Amun, der es anerkennt und aller Welt verkündet: »Er soll die segensreiche Herrschaft ausüben in diesem ganzen Land ... er soll die beiden Länder regieren wie Ra ewiglich.«

Diese Geburtslegende, ganz klar eine Vorläuferin der Weihnachtsgeschichte, weist den Luxor-Tempel als Geburtshaus aus. Das wird bestätigt durch die Ausrichtung des Heiligtums, das im rechten Winkel zu dem von Karnak steht.

Der Luxor-Tempel ist im Sommer täglich von 6 bis 22 Uhr geöffnet, im Winter von 6 bis 21 Uhr.

Mumifizierungsmuseum

Schon Herodot (6. Jahrhundert vor Christus) faszinierten offenbar die Techniken der Einbalsamierer, über die er in seinem Werk ausführlich berichtet: »Dann macht man mit einem scharfen aithiopischen Stein einen Schnitt in die Weiche und nimmt die ganzen Eingeweide heraus... Nun legen sie die Leiche ganz in Natron, siebzig Tage lang.« Filme wie ›Die Mumie‹ zeigen, daß das Interesse an diesem Thema nicht nachgelassen hat. Mit wehenden Leinenbinden geistern da die Untoten über die Leinwand und verfolgen frevelhafte Menschen mit ihrem Fluch. Jenseits von Hollywood und sonstigen Märchen- oder Gruselgeschichten bietet das kleine Mumifizierungsmuseum im Unterbau der Corniche nördlich des Luxor-Tempels Aufklärung. Eine kurze Einführung mit Kopien der wenigen altägyptischen Abbildungen zu diesem Thema und Auszügen aus den

Totenbüchern bildet den Auftakt der Ausstellung. Die sehr gut erhaltene Mumie des Hohenpriesters Maserharti aus der 21. Dynastie zeigt, wie gut die Mumifizierer ihrer Handwerk beherrschten. Kein ausgewickelter Leichnam ist hier zu bestaunen, sondern das Endprodukt der sorgfältigen Verhüllung. Wie man die Verstorbenen für die Ewigkeit präparierte, wird an Tiermumien - Fisch, Krokodil, Rind und Katze sind gleichermaßen vertreten - und mithilfe von Werkzeugen und verschiedenen Substanzen erläutert. Pinzetten, Haken, Messer, Löffel und Meißel dienten als Hilfsmittel, um in den Körper einzudringen und auch das Gehirn zu entfernen - schließlich sollte die Verwesung mit allen Mitteln gestoppt werden. Neben dem Natron, das der Leiche das Wasser entzog, wurden Gummi arabicum, Harz, Weihrauch, Salböle und diverse Duftstoffe verwendet. Sägespäne und alte Lappen dienten als Stopfmaterial, um die ursprüngliche Körperform annähernd wiederherzustellen. In einzelnen Fällen wurden über 350 Meter Leinen zur Wickelung der Mumie verwendet. Dabei konnten die Balsamierer kleinere - oder auch größere - Pannen elegant verdecken: Archäologen entdeckten Mumien, in deren Wickelung neben den schutzbringenden Amuletten auch tote Mäuse oder Käfer steckten. Krasser noch sind die Fälle, wo den Verstorbenen die Beine und Arme falsch wieder angesetzt worden waren. Gut, daß die Sitte des Mumien-Auswickelns erst im 19. Jahrhundert nach Christus zum gesellschaftlichen Event avancierte ...
Das Mumifizierungsmuseum ist im Sommer täglich von 9 bis 13 Uhr und von 17 bis 22 Uhr geöffnet, im Winter von 9 bis 13 und von 16 bis 21 Uhr.

i Luxor

Vorwahl: 095.
Flughafen, Bahnhof, Straßen und der Nil verbinden Luxor mit allen Regionen Ägyptens. Mehrmals täglich werden **Kairo** und **Assuan,** in der Hauptsaison auch **Hurghada** bzw. **Sharm el-Sheikh** angeflogen.
Täglich starten auch die Konvois nach **Assuan** (Start am Morgen mit Besichtigungen von Edfu und Kom Ombo, nachmittags nur Transfer nach Assuan) oder ans **Rote Meer** (Safaga/Hurghada) bzw. zu den nördlich gelegenen Tempeln von Hathor und Osiris nach **Dendera** und **Abydos**.
Innerhalb der Stadt liegen der Luxor-Tempel, das Mumifizierungsmuseum, der Basar und das Luxor-Museum in Fußwegentfernungen.
Zum großen **Amun-Tempel in Karnak** gelangt man per Taxi oder Kalesche. Achten Sie bei der Auswahl einer Kutsche bitte auf den Zustand des Pferdes - nicht alle Tiere werden gut gehalten.
Zum **Westufer** setzt auf Höhe des Luxor-Tempels eine Fähre über, einige Kilometer südlich der Stadt verbindet eine Brücke die beiden Ufer.
Sowohl auf der Ost- wie auch auf der Westseite kann man **Fahrräder mieten** (an der Hotelrezeption oder an der westlichen Anlegestelle der Fähre), allerdings ist das Fahren mangels eigener Fahrradwege nicht immer vergnüglich - Bus- und Taxifahrer nehmen herzlich wenig Rücksicht auf Radfahrer.

Weit ziehen sich die Liegeplätze der schwimmenden Hotels nach Norden und Süden. Generell läßt sich sagen, je weiter außerhalb der Stadt das

▶ Karte S. 200

Schiff liegt, umso ruhiger wird die Nacht. Dafür ist der Weg in die Stadt weiter, was die örtlichen Taxi- und Kaleschenfahrer freut. Anlegeplätze für die meisten Dahabijas liegen am Westufer des Nil.

Neben den Schiffen ägyptischer Reiseveranstalter haben auch einige internationale Hotelketten ihre eigenen schwimmenden Herbergen: So sind z.B. ›Sheraton‹, ›Mövenpick‹ oder ›Oberoi‹ auf dem Nil vertreten.

Die **MS Triton** und **MS Salacia** zählen zu den exquisitesten Schiffen auf dem Nil: Für nur 42 bzw. 61 Gäste stehen ausschließlich Suiten zur Verfügung, die, wie auch die großzügigen Aufenthaltsräume, geschmackvoll eingerichtet sind. Wellness-Bereiche mit Sauna, Jacuzzi und Dampfbad bieten neben dem Pool auf dem Sonnendeck Entspannung. In Luxor liegen die beiden Schiffe nördlich des Stadtzentrums etwa auf Höhe des ›Officers' Club‹ auf dem Weg nach Kanrnak, in Assuan ankern sie bislang am Südende der Corniche. Zu buchen sind beide Schiffe über: **Trans Egypt Travel**, Sharia Qasr el-Nil 37, Kairo (Zentrum), Tel. 02/2392-4613, Fax 23932118, www.transegypt.com; teuer bis sehr teuer, saisonal. Entsprechend dem gehobenen Standard der Schiffe bewegen sich auch die Preise im gehobenen Segment, selbstverständlich inklusive Vollpension.

Weitere Infos siehe Assuan, S. 176.

Auch in Luxor kann man mit dem **Segelboot** auf dem Nil fahren, bei Fahrten nilabwärts sind deutlich weniger der großen Nilschiffe unterwegs. Die Felukkakapitäne sind im Stadtzentrum an der Corniche, aber durchaus auch in der Nähe der Liegeplätze der Hotelschiffe zu finden.

4- bis 5-Sterne-Kategorie:

Jolie Ville Luxor Island Resort, Luxor, 4 km südlich außerhalb der Stadt auf einer eigenen kleinen Insel, Tel. 227-4855, Fax 2274936, info@lux-maritim-jolieville.com; mittel bis teuer (saisonal). Buchung in Deutschland über ›Maritim Hotel‹-Reisedienst: 06151/9057-90, Fax -80, www.maritim.de. Über 300 Zimmer, überwiegend im Bungalowstil, verteilen sich in der großzügigen Gartenanlage. Bus- und Boot-Shuttle bringen Gäste kostenlos ins Stadtzentrum. Ein großer Pool, extra Kinderpool, Tennisplätze und weitere Sportmöglichkeiten bieten ideale Ergänzung zum reichhaltigen Kulturangebot von Luxor. Ideal für Familien, aber auch für Gäste, die einen Mix aus Kultur, Sport und Erholung suchen.

Old Winter Palace, Corniche el-Nil (südlich Luxor-Tempel), Tel. 2380422, Fax 2371192, www.sofitel.com; teuer bis sehr teuer (saisonal). Ursprünglich als Palast für die königliche Familie erbaut, beherbergte das Traditionshaus schon die Ausgräber des Tutanchamun-Grabes Howard Carter und Lord Carnarvon. Ein parkartiger Garten gewährt mitten in Luxor einen Ort der Stille. Zimmer zur Straße bieten zwar einen wunderschönen Blick über den Nil bis nach Theben-West, sind allerdings nicht ganz ruhig.

Steigenberger Nile Palace Hotel, Sharia Khaled Ibn el-Walid, Tel. 2366999, Fax 2365666, www.steigenberger.de/luxor; mittel bis sehr teuer, je nach Zimmerkategorie und Saison. Kostenfreie Buchung aus Deutschland, Österreich und der Schweiz: 00800/78468357. Etwas südlich des Zentrums, mit einem Garten zum Nil liegt das elegante Haus, das vom Standardzimmer (mind. 31 m²) bis zur Präsidentensuite (98 m², große Terrasse) keine Wünsche offen läßt.

2- bis 3-Sterne-Kategorie:

Domina Emilio Hotel, Sharia Youssef Hassan, Tel. 237 35 70, Fax 237 00 00; preiswert. Das saubere 3-Sterne-Hotel wurde 2008 renoviert, seine zentrale Lage (Geräuschpegel) macht es beliebt bei einem eher jungen Publikum. Dachterrasse mit Pool und tollem Blick über Luxor und den Nil.

Nefertiti Hotel, Sharia el-Sahabi, Tel./Fax 237 23 86, www.nefertitihotel.com; preiswert. Das ›Nefertiti‹ gilt als eines der besten Budget-Hotels in Luxor: Saubere Zimmer, zentrale Lage, freundlicher Service, opulentes Frühstück bis 12 Uhr. Dazu trägt auch das zur Familie gehörende Reisebüro bei, das Touren in die nähere und weitere Umgebung anbietet.

Unklassifiziert:

Mara House, Sharia Salah ed-Din el-Ayyubi (Abzweig Sharia el-Salachana, östlich des Bahnhofs), Tel. mobil 010/546 24 80, www.egyptwithmara.com; preiswert. Nicht ganz einfach zu finden – daher kostenloser Abholservice vom Bahnhof oder Flughafen –, doch sehr zu empfehlen: Das stilvoll orientalisch eingerichtete Haus mit 9 Appartements ist eine willkommene Neuheit in der Hotellandschaft von Luxor. Die irische Managerin lebt seit 2003 überwiegend in Luxor. Ihre Ortskenntnis und Kontakte stellt sie gerne zur Verfügung (Taxi, Guides, Ausflüge, Shoppingtips). Seit 2008 verfügt das Haus über ein eigenes Restaurant, ›Salaheddin‹, das original ägyptische Küche aus frischen Produkten der Umgebung serviert. Für Aufenthalte während der Hochsaison rechtzeitig reservieren!

▲ Karte S. 200

La Joia Restaurant, Sharia Youssef Hassan (in der ›Lotus-Mall‹), Tel. 236-17 18; preiswert. Allein das Ambiente in der Shopping-Mall vermittelt einen Eindruck, daß Ägypten nicht nur aus Antiken und Souvenirshops besteht. Im Erdgeschoß wartet z.B. ein Friseur auf Kundschaft, in der oberen Etage wird man im ›Joia‹ mit leckerem Essen verwöhnt. Die Liebe der Besitzer zu Italien merkt man der Speisekarte an, aber eigentlich ist die ägyptische Küche das Highlight: Unbedingt probieren sollte man die Vorspeisen – am besten die komplette Auswahl. Und dann für ein Hauptgericht wiederkommen. Neben Bier und Wein gibt es eine große Auswahl frischer Fruchtsäfte.

Jamboree, Sharia el-Montazah 29, Tel. 235 58 27; preiswert. Direkt mit Blick auf die Grabungen an der Sphinxallee liegt (noch) das mehrstöckige Lokal im Herzen von Luxor. Es lohnt sich, öfter hierher zu kommen. Die Speisekarte ist reichlich – ägyptisch und international – das Ambiente ausgesprochen angenehm, und das Essen schmeckt. Abends lockt die Dachterrasse! Da die Altertümerverwaltung ehrgeizige Pläne bei der Freilegung der Sphinxallee zwischen den beiden Amuntempeln verfolgt, werden einige Häuser entlang der Strecke demnächst wohl abgerissen. Möglicherweise wird das ›Jamboree‹ daher bald seinen Standort wechseln müssen.

Dawar el-Omda, Temple St. 10 (Sharia el-Ma'abad), südlich des Luxor-Tempels, Tel. 237 33 21; mittel. Im ländlich-ägyptischen Stil eingerichtet, bietet dieses Open-air-Restaurant gutverträgliche ägyptische Küche in gepflegter Atmosphäre. Donnerstagabend werden die kulinarischen Genüsse ergänzt durch eine sehenswerte Show.

The Lantern, Sharia Television (hinter dem Hotel St. Joseph); preiswert bis mittel. Zur Abwechslung gibt's hier neben den sehr guten ägyptischen Gerichten auch britische Küche (Pies, Steaks, Ente in Apfelsauce) - und entsprechend auch englischsprachiges Publikum. Kein Wunder, die Chefin kommt von den Inseln.

Der **Basar** von Luxor ist nahezu allgegenwärtig - es gibt Geschäfte im Unterbau der Corniche, längs der Straße nördlich und südlich des Luxor-Tempels, in den Passagen, die die Corniche mit den Parallelstraßen verbinden und östlich des Luxor-Tempels, wo sich in der ursprünglichen **Basargasse** (Sharia es-Suq) neben Souvenirs aller Art auch noch Gemüse- und Obststände, Bäcker und Schuhgeschäfte finden. Die großen **Papyrus- und Goldläden** reihen sich südlich des Zentrums in der Sharia Khaled Ibn el-Walid. Wo auch immer Sie einkaufen gehen - zahlen Sie nicht den ersten Preis. Der Massentourismus hat hier seine Schattenseiten, also feilschen Sie!

In einigen wenigen Geschäften gibt es Festpreise bzw. Erstpreise, die nicht jenseits aller Realität liegen:

Aisha, Sh. Youssef Hassan; Sa–Do 10.30–14.30, 18.30–22.30 Uhr. Schöne Stoffe, Keramik, Glaswaren, Ohrringe, liebevoll ausgewählter Nippes - genau die richtige Adresse, um in Ruhe (!) noch ein paar Mitbringsel auszuwählen.

CottoNile, Corniche el-Nil, neben dem ›Officers' Club‹ Richtung Karnak; tgl. 10–13, 15–22 Uhr. Nicht billig, aber ausgezeichnet in der Qualität sind hier T-Shirts, Sweatshirts und Hosen aus echt ägyptischer Baumwolle. Hier können Sie auch altägyptische Motive zum Aufdrucken auswählen.

Art Gallery, Sharia Khaled Ibn el-Walid (neben dem ›Steigenberger Nile Palace Hotel‹), Aquarelle und andere Malereien ägyptischer Künstler, hochwertige Keramik und anderes Kunsthandwerk. Keine Billigware.

Sudanies, Corniche el-Nil (südliche Winter-Palace-Arkaden). Goldläden gibt es wie Sand am Meer, schließlich müssen die Besucher mit Kartuschen und Skarabäen versorgt werden. Hier gibt es dazu eine große Auswahl an verschiedensten (Halb-)Edelsteinen, keinen lästigen Kaufzwang - und immer gerne aktuelle Infos zu den Ausgrabungen in und rund um Luxor. Denn der Besitzer Roshdy (fragen Sie nach ihm persönlich!) ist studierter Ägyptologe.

Winter Akhmim Gallery, Corniche el-Nil (südliche Winter-Palace-Arkaden, direkt unter der großen Hoteltreppe). Akhmim ist in Mittelägypten schon seit der Antike berühmt für seine Stoffe - zu Recht. Die Schals, Tücher, Decken, Kissenhüllen und viele andere textile Kostbarkeiten haben ihren Preis, sind aber auch von erlesener Qualität.

Aboudy Bookshop, Corniche el-Nil, Shopping Mall zwischen Luxor-Tempel und New Winter Palace Hotel. Wer Bücher liebt und Ägypten, muß einfach zum Stöbern hier vorbeischauen.

Luxor soll schöner werden, so wollen es die Stadtplaner. Wieviele Geschäfte, Restaurants oder kleine Hotels dafür geopfert werden, darüber wird wild spekuliert. Angeblich soll auch die Shopping Mall neben dem ›Winter Palace‹-Hotel verschwinden.

Theben-West

An dieser Stelle möchte ich den Leser gleich darauf aufmerksam machen, daß man sich von der Ausdehnung der Denkmälerstätten in Theben nur ganz unvollkommene Vorstellungen macht, und seien sie auch von den gelehrtesten Reisenden sorgfältigst beschrieben. Es scheint mir unmöglich, sich diese Szenerie vorzustellen, ohne sie gesehen zu haben... Ich hatte den Eindruck, als beträten wir eine Stadt von Riesen ...

Giovanni B. Belzoni, 1816

Nach einer Fahrt durch von Bewässerungskanälen durchzogenes Ackerland, auf dem neben Zuckerrohr vor allem Gemüse und Futterklee angebaut werden, erreicht man westlich des Dorfs **Neu-Qurna** die gerölligen Abhänge am Übergang zum thebanischen Gebirge. Zwischen den Bergen und dem Fruchtland wuchs spätestens seit dem Mittleren Reich einer der größten Friedhöfe des Landes. Die Grabplätze oben am Berg waren besonders begehrt, demzufolge liegen die meisten Gräber ab der späten 18. Dynastie näher am Fuß der Bergkette. Je nach sozialer Stellung der Bestatteten waren es üppig dekorierte Anlagen mit Säulensaal und geräumigem Vorhof oder einfache schlichte Schächte ohne Bildprogramm. Da bislang fast nur Gräber der Oberschicht auf das Interesse der Archäologen getroffen sind, betritt ein Projekt des Deutschen Archäologischen Instituts Neuland. Nordöstlich des Hatschepsut-Tempels soll bei Dra Abu el-Naga eine große Flächengrabung Auskunft geben, wie die einfachen Leute bestattet wurden. Bislang sind in Theben-West rund 1000 Gräber bekannt, nach Schätzungen der Ausgräber von Dra Abu el-Naga müßte die Zahl der Bestattungen um ein Vielfaches steigen, wenn die anonymen Familiengräber mitgezählt würden.

›Häuser für Millionen von Jahren‹ – die Totentempel der Pharaonen – säumten den Rand des Fruchtlands; der ›Platz der Wahrheit‹ – das Tal der Könige – dagegen lag verborgen im zerklüfteten Kalksteingebirge westlich davon. Über ein Gebiet von gut zehn Kilometern Länge erstreckt sich dieser ausgedehnte Friedhof. Seine Blütezeit lag im Neuen Reich zwischen 1500 und 1100 vor Christus, als gegenüber auf dem Westufer die Hauptstadt sowie mit dem Amun-Tempel das geistliche Zentrum des Landes lagen. Im Westen, wo die Sonne untergeht, betrat man das Reich des Osiris. Es verhieß ewiges Leben für all die, die sich an die Gebote der Götter gehalten und ein Leben gemäß der Maat geführt hatten. Ein Leben, daß dem im Diesseits in vielen Punkten glich. Betrachtet man die Malereien in den Gräbern hoher Würdenträger, so zeugen sie von der Hoffnung, die erreichte Stellung auch im Jenseits beizubehalten. Dabei war das Grab selbst ebenso ein Spiegel des

Landschaft in Theben-West

▶ Karte S. 225

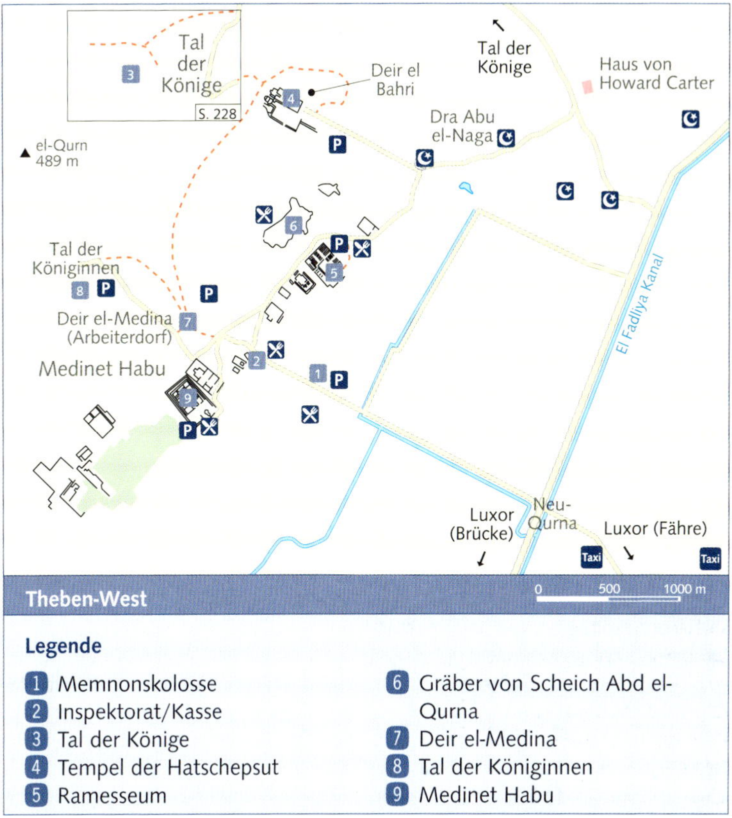

Theben-West

Legende

1. Memnonskolosse
2. Inspektorat/Kasse
3. Tal der Könige
4. Tempel der Hatschepsut
5. Ramesseum
6. Gräber von Scheich Abd el-Qurna
7. Deir el-Medina
8. Tal der Königinnen
9. Medinet Habu

sozialen Stands wie die Reliefs und Malereien an der Wand.

Das Friedhofsgebiet war mit Balsamierungshaus, Kapellen und Gräbern aber nicht nur ein Ort für die Toten – die Verwaltung und Versorgung der Anlagen, die Organisation der Arbeiten und die Unterkünfte der Arbeiter wuchsen sich zu einer regelrechten Stadt aus. Schon bald gab es einen eigenen Bürgermeister, der für den reibungslosen Ablauf aller Angelegenheiten zuständig war. Es mußten Blumen für die Opferaltäre in den königlichen Totentempeln geliefert werden, ebenso durfte der Weihrauch in den Magazinen nicht ausgehen, Leinen für die Priester mußte beschafft, Salböl, Brot und Bier für die Arbeiter bereitgestellt werden. Streitigkeiten zwischen Priestern und Beamten, Steinmetzen und Malern, Wasserträgern und Schlachtern waren an der Tagesordnung. Auch die Polizei und die militärische Wachtruppe konnten die Ordnung nicht immer aufrechterhalten. Obwohl weite Teile des Gebiets ›Sperrzone‹ für die einfachen Leute vom Ostufer waren. Schließlich arbeiteten hier Geheimnisträger, die alles über die königlichen Bestattungen wußten.

Auch in Theben-West drohen in den nächsten zehn Jahren tiefgreifende Veränderungen: Inwieweit die einfachen Häuser am Abhang des thebanischen Gebirges der Abrißbirne der Antikenverwaltung zum Opfer fallen, werden die nächsten Jahre zeigen. Nur Häuser, die nachgewiesenermaßen schon seit 100 Jahren oder länger auf dem Gelände des pharaonischen Friedhofs stehen, dürfen bleiben. Zum Schutz der von einfach versickerndem Abwasser – die Häuser sind an keine Kanalisation angeschlossen – und Raubgrabungen bedrohten Antiken soll das ganze Gebiet zwischen Zufahrtstraße zum Tal der Könige und Medinet Habu langfristig in ein riesiges Open-Air-Museum verwandelt werden. Für die Händler, Restaurantbesitzer und Handwerker sind diese Aussichten nicht verlockend, selbst wenn ihnen die Regierung Ersatz für ihre zerstörten Häuser bietet, mit Anschluß an Strom- und Wasserleitungen.

Memnonskolosse

Unvermittelt ragen zwei kolossale Sitzfiguren aus dem Fruchtland auf: Die Memnonskolosse **1**, die einst vor dem Pylon des riesigen Totentempels von Amenophis III. standen. Ursprünglich aus einem einzigen Block roten Quarzits gearbeitet, wirken die knapp 18 Meter hohen Figuren aufgrund von Rissen im Gestein und antiken Reparaturmaßnahmen seltsam grob. Doch bezaubert die in der ptolemäischen Zeit aufgekommene Legende um den nördlichen der beiden Kolosse: Sprachprobleme waren schuld, daß die ersten griechischen Besucher den Namen des Amenophis nicht richtig verstanden und zum ihnen vertrauteren Memnon umformten. Er war der Sohn der Eos, der rosenfingrigen Göttin der Morgenröte, der im Kampf

▶ Karte S. 225

Die Memnonskolosse

um Troja gefallen war. Als nun die bei einem Erdbeben stark beschädigte Statue begann, des Morgens zu ›singen‹, fiel den Griechen die Erklärung nicht schwer: Memnon brachte seiner Mutter, die ihn mit ihren Tränen aus Tau benetzte, ein Ständchen dar. Nur prosaische Gemüter wollen da noch darauf bestehen, daß es nur der Wind war, der, vom Sonnenlicht erwärmt, durch die Ritzen der Statue pfiff. Nachdem um 200 nach Christus der römische Kaiser Septimius Severus die Renovierung der Statue angeordnet hatte, verschlug es dem wundersamen Koloß die Sprache.

Seit einigen Jahren sind deutsche Archäologen hier auf Spurensuche im scheinbar völlig abgeräumten Gelände – und haben tatsächlich Erstaunliches zutage gefördert: Zwei weitere Monumentalstatuen des Pharao lagen im Schwemmland verborgen, Bildnisse des Gottes Amun und eines Nilpferds sowie Überreste der Pylonfundamente und des Hofpflasters konnten bislang freigelegt werden. Dazu kamen in den letzten Jahren Fragmente von insgesamt 84 Statuen der löwenköpfigen Göttin Sachmet, zwei Sphingen und zahlreiche Stelenfragmente. Einige dieser Bildnisse sollen ab 2009 wieder aufgestellt werden und so die Monumentalität der Tempelanlage besser veranschaulichen.

Tal der Könige

Ein spitzer Berg erhebt sich plötzlich höher als alle übrigen, ihn stützende, wallartige Felsengewände treten in langen, senkrecht abstürzenden Mauern daraus hervor, und unter ihnen werden hie und da einige schmale, zum Teil halb verschüttete Eingangspforten, wie zu Felsenkellern hinabführend, sichtbar.

Hermann Fürst von Pückler-Muskau, 1844

Im Norden des großen Friedhofsgebiets von Theben-West windet sich eine Straße nach Westen in das Gebirge. Vom Busparkplatz geht es weiter per ›taftaf‹, von Traktoren gezogenen Wagen, die Besucher noch ein Stück näher zum Tal der Könige 3 bringen. Viel hat sich hier geändert, seit die Antikenverwaltung zum Schutz der Gräber strengere Regeln eingeführt hat. Um Wasserschäden zu verhindern, wurde die Cafeteria aus dem Tal verbannt und selbst die Zahl der Toiletten, die in einer Art Bauwagen untergebracht sind, ist auf ein absolutes Minimum reduziert. Der Kalkstein in diesem Seitental des Westgebirges saugt Feuchtigkeit auf wie ein Schwamm und leitet sie weiter in die Schächte der Gräber, wo sie den Malereien und Reliefs schweren Schaden zufügt. Auch die Feuchtigkeit, die Abertausende von schwitzenden und redenden Menschen in die Stätten der Ewigkeit hineintragen, beschleunigt den Verfall – überall sind die dunklen Punkte des Schimmels zu erkennen, der an den Wänden wuchert. Wenigstens den Reiseleitern hat die Antikenverwaltung den Mund verboten: Erklärungen im Inneren der Gräber sind nicht gestattet – was als positiven Nebeneffekt den Geräuschpegel deutlich reduzierte.

Um den Grabanlagen wenigstens ein Mindestmaß an Erholung zukommen zu lassen, werden immer nur wenige der insgesamt 62 Gräber im Turnus für die Öffentlichkeit zugänglich gemacht. Die Gräber sind in der Reihenfolge ihrer Entdeckung nummeriert: KV 1, am Eingang zum Tal rechts gelegen, stammt von Ramses VII., während KV 62 das berühmte, erst 1922 entdeckte Grab des Tutanchamun ist. Die Buchstaben KV vor der Zahl bedeuten Kings' Valley

Das Tal der Könige

– Königstal. Mit wenigen Ausnahmen wurden hier im Tal nur Pharaonen bestattet, einige kleine, undekorierte Gräber waren in der 18. Dynastie als hohe Auszeichnung für enge Vertraute des Herrschers oder besonders geliebte Familienmitglieder, sogar für Lieblingstiere angelegt worden. So sind die Schwiegereltern von Amenophis III. im Tal beigesetzt worden und hat Ramses II. für seine früh verstorbenen Söhne das gewaltige Grab KV 5 anlegen lassen.

■ Von der Pyramide zum Felsengrab

Obwohl die Herrscher des Neuen Reichs, die hier ab etwa 1480 vor Christus ihre ewigen Ruhestätten anlegen ließen, sich eine völlig neue Architektur fürs Jenseits erdacht hatten, wollten sie wohl doch nicht gänzlich auf die altehrwürdige Form der Pyramide verzichten. Eine für alle – so könnte man es formulieren, wenn man sich die Bergspitze ›el-Qurn‹ anschaut, die über dem südwestlichen Seitental aufragt.

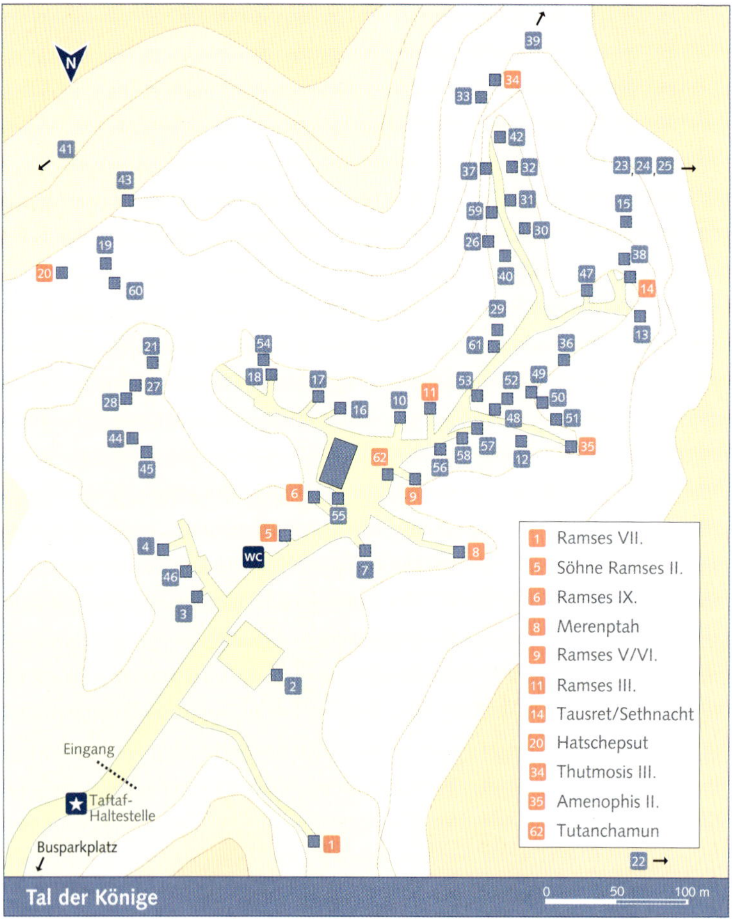

Der Berg el-Qurn

Unter diesem charakteristisch geformten Berg liegen einige der ältesten Gräber der Nekropole. Steil sind sie in den Fels eingetieft, über lange Treppen führt der Weg hinunter in die Grabkammer. Zu den frühen Anlagen zählen die Gräber der Hatschepsut (KV 20, nicht zugänglich), von Thutmosis III. (KV 34) und Amenophis II. (KV 35). Charakteristisch ist die abknickende Achse dieser Gräber und die Tatsache, daß außer der Sargkammer nur einige wenige Stellen dekoriert wurden. Skizzenhaft, wie riesige an der Wand augebreitete Papyri, wirken die Bilder hier im Gegensatz zu den großformatigen und farbenfrohen Ausmalungen der späteren Gräber aus der 19. und 20. Dynastie. Im Gegensatz zu den lebensnahen Szenen in den Beamten- und Priestergräbern dominieren hier Darstellungen theologischen Inhalts.

Reise durch die Unterwelt

Jahrhundertelang hatten die Theologen am Nil sich Gedanken gemacht über das Leben nach dem Tod und ihre geheimen Erkenntnisse zusammengefaßt und bebildert. Es entstanden das ›Buch von dem, was in der Unterwelt ist‹ – Amduat – und das ›Pfortenbuch‹, die jeweils die Unterwelt in zwölf Bereiche gliedern und die nächtliche Fahrt der Sonne schildern. Auf einem mehrfach abknickenden Weg gleitet die Barke des Sonnengottes, der des nachts mit Widderkopf erscheint, immer tiefer hinab in die Unterwelt. Zahlreiche Schlangen mit Flügeln, Beinen oder Menschenköpfen bewachen seinen Weg. Einer der gefährlichsten Momente wird allnächtlich in der siebten Stunde um Mitternacht erreicht: Eine riesige Schlange mit Namen Apophis ist das Sinnbild der zerstörerischen und lebensfeindlichen Mächte. Sie lauert in den Tiefen des Jenseits, um die Weiterfahrt der Sonne und damit den neuen Tag und das Leben zu verhindern. Jede Nacht aufs Neue müssen die Götter all ihre Zaubermacht einsetzen, um Apophis in Bann zu schlagen. Isis und Seth sind es, die mit ihrer Magie und Kraft das Ende der Welt verhindern – die Reise des nächtlichen Ra kann weitergehen. Diese Szenen finden sich in nahezu allen Gräbern von Thutmosis III. (KV 34) über Merenptah (KV 8) und Ramses III. (KV 11) bis zu Ramses IX. (KV 6).

Im ›Höhlenbuch‹ und dem ›Buch von der Erde‹ sind die Bestrafung der Götterfeinde und die Wiederbelebung des Osiris zentrale Themen. Nur die seligen Verklärten, die ›gerechtfertigt an Stimme‹ sind, erfahren jede Nacht aufs Neue wie Osiris die Wiederbelebung. Der Gedanke an Gericht ist in vielen Szenen der Unterweltsbücher präsent, grausame Strafen warten auf all diejenigen, die Gottes Gebote verletzen. Beim Gedanken ans Jenseits dürften die Ägypter wohl durchaus auch Angst empfunden haben. Eindringlich klingen die Worte des Verstorbenen in der ›Halle der vollständigen Wahrheit‹ aus dem Totenbuch: »Ich habe kein Unrecht gegen

Unterweltsbücher auf Papyrus

Menschen begangen, und ich habe keine Tiere mißhandelt. Ich habe nichts Krummes an Stelle von Recht getan ... So rettet mich doch, schützt mich doch, macht keine Anzeige gegen mich beim Größten Gott. Ich bin einer mit reinem Mund und reinen Händen, den alle willkommen heißen, die ihn sehen.«

Der Lauf der Sonne und die Wiedergeburt des Osiris

Vom Ende der 18. Dynastie an wurde der Gedanke der Sonnenfahrt immer mehr auch in die Architektur des Grabes eingearbeitet, der Weg ins Jenseits wurde flacher und geradlinig. Theoretisch zumindest sollte die Sonne bis in die Grabkammer eindringen können, um den dort liegenden Leichnam zu neuem Leben zu erwecken.

Ein besonders prächtiges Bild faßt in den Gräbern von Tausret/Sethnacht (KV 14) und Ramses VI. (KV 9) dieses Thema zusammen: Gerahmt von blau-schwarzen Dreiecken, die die Dunkelheit und das Gewässer der Unterwelt symbolisieren, erscheint die Morgensonne als neugeborenes Kind am Osthorizont. Als Käfer setzt sie ihren Weg über den Tageshimmel fort, um im Westen wieder einzutauchen ins Jenseits, wo sie die Gestalt eines widderköpfigen Vogels annimmt. Diesem an einer der Schmalwände der Sargkammer angebrachten Bild gegenüber findet sich die Szenen von der Auferweckung des Osiris: Im zentralen Bild wird seine Mumie vom Licht der Sonne mit neuer Lebensenergie erfüllt: »Das Licht tritt ein in seinen Leichnam, als Ausspruch, der aus der Sonnenscheibe hervorging.« Sternenbekrönte Göttinnen sind Hüterinnen der Zeit, die sie in immer neuen Stunden verteilen.

Das ›Buch vom Tag‹ und das ›Buch von der Nacht‹ wurden ab der 19. Dynastie gerne an der Decke der Sargkammer angebracht, es findet sich in einer farblich noch wunderbar erhaltenen Fassung zum Beispiel im kleinen Grab von Ramses IX.: Eine langgestreckte Gestalt der Himmelsgöttin Nut beugt sich U-förmig über den Himmel. Am Abend verschluckt sie die Sonnenscheibe, die im Lauf der Nacht als rote Scheibe durch ihren Körper wandert, um am nächsten Morgen aus ihrem Schoß neu geboren zu werden. Im Gefolge der Sonne durchlaufen auch die Sterne diesen Kreislauf der Wiedergeburt, so heißt es in den ägyptischen Unterweltsbüchern: »Eintreten in den Mund, herauskommen aus der Scheide. Aufleuchten in der Türöffnung des Horizonts zur Stunde ›Die die Vollkommenheit Ras erscheinen läßt‹, um den Lebensunterhalt der Menschen zu schaffen, des Viehs und allen Gewürms, das er geschaffen hat.«

▲ Karte S. 228

Wichtige Königsgräber

Die Reihenfolge der unten aufgeführten Gräber folgt ihrer Anordnung im Tal entsprechend dem heutigen Zugang. KV 8 liegt dem Eingang am nächsten, während KV 34 ganz am Ende des westlichen Seitentals zu finden ist.

Merenptah

Das weite und flach in den Felsen getriebene Grab vom Ende der 19. Dynastie zählte bereits seit der Antike zu den Besucherattraktionen, was die griechischen und lateinischen Graffiti im Eingangsbereich deutlich belegen **(KV 8)**. Im Eingangskorridor erscheint die Sonnenlitanei, in der sich der verstorbene Pharao mit den 75 Erscheinungsformen des Ra gleichsetzt. Ungewöhnlich ist der seinem Vater Ramses II. geweihte Nebenraum seitlich des ersten Pfeilersaals. Die Mumie des Pharao war von vier Särgen geschützt, drei Außensärgen aus rotem Granit und einem inneren aus weißem Kalkstein. Einer der Sargdeckel wurde in eine Nebenkammer des Grabes geräumt, der kleinste der Granitsärge war in der 21. Dynastie für die Bestattung des Psusennis nach Tanis verschleppt worden. Die Seitenwände der Grabkammer zeigen das Schlußbild des Höhlenbuchs und die Wiederbelebung des Osiris aus dem Buch der Erde.

Ramses IX.

Ebenfalls seit der Antike bekannt, ist dieses Grab vom Ende der 20. Dynastie das letzte, das im Tal angelegt wurde **(KV 6)**. Es ist relativ klein, aber in seinen Details und Farben sehr gut erhalten. Gleich rechts nach dem Eingang erscheint Ramses IX. in Anbetung vor einer mumienförmigen Gestalt des nächtlichen Sonnengottes mit vier Widderköpfen. Es folgen Szenen der Sonnenlitanei, aus dem Höhlenbuch und dem Amduat. Die astronomischen Darstellungen an der Decke des Korridors leuchten in intensivem Goldgelb auf dunkelblauem Grund. Im rückwärtigen Teil sind die Arbeiten vermutlich aus Zeitnot flüchtiger ausgearbeitet, besonders deutlich zeigt sich das auch in der kleinen Sargkammer, deren nur grob geglättete Decke vom Bild der Himmelsgöttin Nut eingenommen wird.

Tutanchamun

Im November 1922 entdeckte Howard Carter nach langen Jahren der Suche endlich das Grab des jung verstorbenen Königs aus der direkten Nach-Amarna-Zeit **(KV 62)**. Obwohl es im Tal das kleinste Grab für einen Pharao ist, hat es wegen der darin gefundenen Schätze für weltweites Aufsehen gesorgt. Zwar waren Grabräuber schon in altägyptischer Zeit hier eingedrungen, aber offenbar waren sie in ihrer frevlerischen Tätigkeit gestört worden. Das Grab wurde wieder versiegelt und während der Arbeiten am benachbarten Grab von Ramses V./VI. (KV 9) schließlich derartig vom Bauschutt verdeckt, daß es völlig in Vergessenheit geriet. Tutanchamun, dessen Mumie erst Anfang 2005 erneuten medizinischen Untersuchungen unterzogen wurde, die einen gewaltsamen Tod ausschlossen, hatte in den wenigen Jahren seit Regierungsantritt noch kein repräsentatives Grab für sich anlegen lassen und mußte daher mit einer Notunterkunft für die Ewigkeit Vorlieb nehmen. Nur die Wände der Sargkammer wurden mit Malereien geschmückt: Großformatige Bilder zeigen an der Rückwand rechts die Szene der rituellen Mundöffnung an der Mumie, links den jugendlichen Pharao in Umarmung mit dem Gott Osiris.

Ramses V./VI.

Die Tatsache, daß dieses Grab von Vater und Sohn für eine gemeinsame Bestattung genutzt wurde, macht es allein schon zu einem der interessantesten **(KV 9)**. Darüber hinaus zählt es mit seiner noch wunderbar erhaltenen, leuchtend farbigen Dekoration zu den schönsten und auch zu den größten Anlagen im Tal. Über 110 Meter in den Fels eingetieft, fällt der Weg sanft ab bis zu Sargkammer, nur unterbrochen im Pfeilersaal, von dem aus eine Rampe ein kurzes Stück in die Tiefe führt. Die ersten drei Abschnitte des Korridors schmücken Szenen aus dem Höhlenbuch (rechts) und dem Pfortenbuch (links), darunter das Bild der Gerichtshalle des Osiris: Als Schwein ist der ›üble Widersacher‹ – Seth oder Apophis können hier gemeint sein – gezeigt, der in eine Barke gesetzt und in Schimpf und Schande vertrieben wird. Gruselig sind die zahlreichen Formen der Bestrafung – geköpfte, an Pfähle gefesselte, von feuerspeienden Schlangen verbrannte oder auf dem Kopf stehende Feinde zeigen deutlich, daß kein Bösewicht seiner Strafe entgeht.

An der Decke des Korridors sind ausführliche Darstellungen von Sternbildern. Im Pfeilersaal finden sich an der Rückwand zwei Bilder des thronenden Osiris in einem Schrein. In der großen Sargkammer faszinieren die herrlich erhaltenen Deckenmalereien mit den vollständigen Darstellungen der Bücher vom Tag und von der Nacht.

Ramses III.

▸ Karte S. 228

Das ›Harfnergrab‹ erhielt seinen Beinamen aufgrund einer ungewöhnlichen Darstellung eines Musikers in der letzten der vier kleinen Nischen auf der linken Seite am Ende des Eingangskorridors **(KV 11)**. ›Das Gefilde der Seligen‹ – die altägyptische Vorstellung vom Paradies – ist in der dritten Kammer auf der rechten Seite zu sehen. Ein Knick in der Achse wurde nötig, da man sonst ins benachbarte Grab eingebrochen wäre. Dieser Planungsfehler ging auf Baumeister im Dienst von Ramses' Vater Sethnacht zurück, in dessen Namen das Grab einst begonnen worden war. Im folgenden Gang schmücken Ausschnitte aus dem Amduat die Wände, das Pfortenbuch diente als Vorlage für die Ausgestaltung des Pfeilersaals. Bevor man der Treppe nach unten folgt, lohnt sich ein Abstecher in den linken Teil des Saals: Ägypter, Nubier, Libyer und Asiaten sind hier in ihrer jeweiligen Tracht gezeigt und vertreten die vier Menschenrassen. Die Mundöffnung an der Mumie folgt im tieferen Teil des Korridors, der nach zwei Vorräumen zur großen, aber durch Wassereinbrüche stark zerstörten Sargkammer führt.

Tausret/Sethnacht

Die Thronstreitigkeiten am Ende der 19. Dynastie spiegeln sich in diesem Grab, das Tausret noch als Königin begonnen hatte **(KV 14)**. Nach ihrem Aufstieg zum Pharao wurde die Anlage in größerem Maßstab weitergebaut, aber schließlich von ihrem siegreichen Widersacher Sethnacht usurpiert. Sein Bild wurde über das der Königin gesetzt – notfalls wurde Tausret einfach unter einer Stuckschicht versteckt. Bilder aus dem Totenbuch dienten bis zur ersten Halle als Vorlage der Wanddekoration. Dort sind Darstellungen der Horussöhne sowie von Isis, Nephthys und Osiris zu sehen. Nach der Treppe öffnet sich links eine Kammer, an deren Rückwand Anubis an der auf einer Bahre liegenden Mumie letzte Hand anlegt.

Der Pfeilersaal, der noch als Sargkammer der Regentin gestaltet wurde, ist eines der schönsten Beispiele seiner Art im gesamten Tal: Die Schlußbilder vom Höhlenbuch und vom Buch der Erde leuchten von den beiden Seitenwänden, deren Sockelzonen mit Bildern von Grabbeigaben geschmückt sind. Der hintere Teil des Grabes bietet im größeren Maßstab eine Wiederholung der ersten Hälfte, mit Szenen aus dem Amduat an den Wänden des Korridors. Die zweite Sargkammer, die Sethnacht für sich umgestalten ließ, wurde jedoch nie fertig.

Thutmosis III.

Zunächst gilt es eine steile Metalltreppe zu ersteigen, bevor man den Zugang zu einem der ältesten Gräber erreicht **(KV 34)**. Genauso tief geht es im Inneren des Berges auch wieder hinunter bis zur Sargkammer. Keinerlei Dekoration ziert die Wände der Korridore, erst im Pfeilersaal sind Texte wie lange Listen in einfachen Hieroglyphen an der Wand zu sehen: 741 Götter aus der Unterwelt werden hier aufgeführt – jeder mit einem eigenen Weihrauchtöpfchen und einem Stern versorgt.

Im rechten Winkel setzt sich der Abstieg in die ovale Sargkammer fort. Auch hier gibt es keine farbenprächtigen Malereien, sondern die streng wirkenden Abschriften eines Papyrus mit skizzenartigen Zeichnungen. Das komplette Amduat ist hier zu sehen, gleich rechts nach dem Eingang die Stunde der größten Gefahr – doch Apophis ist schon von Messern durchbohrt und gefesselt. An der anschließenden Seitenwand fällt die Höhle des Sokar auf, in ihrer ovalen Form den ›gekrümmten Raum‹ der Unterwelt wiedergebend. Reste des finsteren und höllisch lauten Chaos der Zeit vor der Schöpfung sind hier verschlossen: »Ein Geräusch wird aus diesem Oval gehört ... wie die Donnerstimme des Himmels bei einem Unwetter.« In nächster Nähe zum rötlichen Quarzitsarg ist das Bild der letzten Stunde vor Sonnenaufgang gemalt: Die Barke des Ra wird vom Schwanz zum Maul durch den Leib der Zeitschlange gezogen, vom Tod zur Geburt. Als Sonnenkäfer wartet er am Horizont darauf, von den Armen des Luftgottes Schu in den Tageshimmel gehoben zu werden.

Terrassentempel der Hatschepsut

Willkommen, willkommen, süße Tochter, die in meinem Herzen ist, König von Ober- und Unterägypten Maat-Ka-Ra, die schöne Denkmäler errichtet ... Du bist der König, der die Beiden Länder gepackt hat, Chenmet-Amun Hatschepsut, groß an Opfergaben, rein an Nahrungsopfern. Du befriedigst mein Herz jedes Mal.

Lob des Amun für Hatschepsut

Am Fuß eines Steilabbruchs des Westgebirges liegt im Talkessel von Deir el-Bahri der dreistöckige Terrassentempel der Hatschepsut 4. Genauso ungewöhnlich wie die Tatsache, daß eine Frau sich zum Pharao erhob, ist die Architektur ihres Totentempels. Ihr engster Vertrauter Senenmut gilt als sein genialer Architekt. Auf unauffällige Weise besonders gelungen ist dabei die Verbindung zum Grab der Herrscherin im Tal der Könige: Die Sargkammer war so weit in den Felsen eingetieft worden, daß sie fast unter dem ebenfalls in den Fels geschlagenen Allerheiligsten des Totentempels zu liegen kam.

Auch die direkte Nachbarschaft zu dem südlichen Totentempel des Mentuho-

Terrassentempel der Hatschepsut

tep II. war von Bedeutung, galt dieser doch als einer der bedeutendsten Herrscher der Vorzeit, dessen Vorbild Hatschepsut nacheiferte. Ein dritter Totentempel, der über den beiden Anlagen in die Felswand geschlagen worden war, ist heute kaum mehr zu erkennen. Thutmosis III. hatte wohl seine Tante übertrumpfen wollen und dabei unterschätzt, wie bröckelig der Berg an dieser Stelle war. Alle drei Anlagen waren Anfang des 19. Jahrhunderts fast vollständig vom Schutt begraben – die Wiedererrichtung des Terrassentempels ist der unermüdlichen Geduld polnischer Ägyptologen zu verdanken.

Der Tempel diente nicht nur als Ort der kultischen Versorgung für die verstorbene Hatschepsut, sondern war gleichzeitig ein Heiligtum für Hathor, die in Theben als Herrin des Westens verehrt wurde. Auch bestand eine Beziehung zum direkt gegenüber auf dem Ostufer liegenden Tempel des Amun von Karnak, der beim ›schönen Fest im Wüstental‹ zu Besuch hierher kam. Längs der Prozessionstraße entstanden noch in der Spätzeit eindrucksvolle Grabanlagen, deren Lehmziegelpylone im Vorfeld des Hatschepsut-Tempels aufragen.

Auf einen weiten, ursprünglich mit Bäumen bepflanzten Vorhof folgen drei von breiten **Pfeilerhallen** gebildete Stufen, die sich an den Fels zu schmiegen scheinen. Über eine breite Rampe in der Mittelachse gelangt man zur jeweils nächsten Etage. Stark verwittert sind die Reliefs an der Rückwand der linken unteren Terrasse, doch kann man die Boote, in denen die Obelisken für den Amun-Tempel transportiert wurden, noch erkennen. Es war eine der Großtaten der Herrscherin, die sich bemühte, als Frau auf dem Pharaonenthron anerkannt zu werden. Die Bilder ihres Totentempels sollten auf Ewigkeit belegen, daß sie als rechtmäßige Herrscherin alle Pflichten eines Pharao erfüllt, wenn nicht sogar übererfüllt hatte.

Die Geburtshalle

Jeglicher Zweifel an ihrer legitimen Amtsübernahme mußte verschwinden angesichts der Darstellungen an der

▶ Karte S. 225

Wand der **rechten Pfeilerhalle der zweiten Terrasse**: Die Geburtslegende belegt eindeutig, daß Amun selbst Hatschepsut zeugte mit der Absicht, sie zum Pharao über ganz Ägypten zu erheben. Die einst buntgefaßten Reliefs sind heute nur noch schwer zu erkennen, doch sind sowohl die Verkündigungsszene – Thot steht mit ausgestrecktem Arm vor Hatschepsuts Mutter Ahmose – und die schwangere Königsmutter noch gut erhalten. Um die Erinnerung an die Frau auf dem Thron zu tilgen, wurden unter Thutmosis III. viele der Bilder beschädigt, und unter Echnaton kam es zu einer zweiten Welle von Zerstörungen. Davon weitgehend verschont geblieben ist die nördlich anschließende **Kapelle des Anubis**. Vor dem thronenden schakalsköpfigen Gott der Einbalsamierung ist ein gewaltiger Opfertisch aufgebaut. Die original erhaltenen Farben vermitteln einen Eindruck von der Buntheit altägyptischer Tempelanlagen.

■ Expedition ins Weihrauchland Punt

Auch die **Südhälfte der Mittelterrasse** bietet interessante Darstellungen: Unter Hatschepsut war eine große Expedition in das sagenhafte Weihrauchland Punt ausgeschickt worden. Kein Kult war möglich ohne große Mengen dieses Harzes. Der Weg war weit, die Reise schwierig und vor allem kostspielig, und so ist es kein Wunder, daß Frau Pharao stolz auf den Erfolg dieser Unternehmung war. An der linken Schmalwand des Pfeilersaals erscheinen die Bewohner von Punt und ihre Heimat: Bienenkorbartige Hütten auf Stelzen stehen unter Palmen, in deren Schatten fette Rinder weiden. Im Wasser darunter schwimmen Meeresschildkröten, Mantas und eine Reihe von Fischen, die Hinweise zur Lokalisierung des Weih-

Statuenkopf der Hatschepsut

rauchlands geben. Am Südende des Roten Meers oder in den Küstengewässern am Horn von Afrika sind solche Fische zu Hause; dort wächst auch wirklich der Weihrauchbaum, und auch Myrrhe gab es hier neben Gold, Ebenholz, Elfenbein und anderen Exotika zu holen. Berühmt ist die Darstellung der Fürstin von Punt, deren durch eine Krankheit deformierte Gestalt ebenso genau wiedergegeben wurde wie die Fische im Wasser. Die ägyptische Delegation verlud die Kostbarkeiten von Punt auf ihre Schiffe – darunter Bäume im Pflanztrog: »31 Bäume grüner Myrrhe waren als Wunder von Punt mitgebracht worden für die Majestät dieses Gottes. Niemals hat man etwas Gleiches gesehen, seit dem Beginn der Zeit.« Offenbar versuchte man, mit eigenen Plantagen unabhängig von den teuren Duftimporten zu werden. Etwa in der Mitte der Rückwand werden die mitgebrachten Waren im Hof des Amun-Tempels ausgebreitet, Männer mit Scheffeln sind dabei, einen riesigen Berg Myrrhe zu messen.

Die Hathorkapelle

Nach Süden schließt wiederum eine Nebenkapelle an, diesmal der Hathor geweiht, deren kuhoriges Gesicht die Kapitelle ziert. Die Reliefs an den Seiten des kleinen Säulensaals zeigen die Göttin in reiner Tiergestalt, wie sie aus ihrem Schrein hervortritt. Unter ihrem Euter kniet der König und trinkt von der Milch der göttlichen Amme. So kann man sich das rundplastische Kultbild vorstellen, das im Allerheiligsten dieser Kapelle gestanden hatte. Ein ganz ähnliches Bildnis aus dem zerfallenen Totentempel Thutmosis' III. ist im Museum in Kairo zu sehen. Farbig noch gut erhalten sind die **Reliefs an der Nordwand des zweiten Saals**, wo die Ankunft einer feierlichen Prozession zu Ehren der Hathor gezeigt ist. Soldaten mit Schilden, Kampfäxten und Zweigen in der Hand begleiten im Laufschritt den Weg der Göttin.

Kultstelle für Gott und Pharao

Den 26 Pfeilern der **dritten Terrasse** waren Statuen der Königin vorgeblendet, die sie in der für Totentempel typischen mumienförmigen Gestalt des Osiris zeigten. Nur wenige der Statuen konnten vollständig wiederzusammengesetzt werden, doch erkennt man bei diesen die typischen Gesichtszüge der Hatschepsut. Wie auch in den Bildern der mittleren Terrasse tritt in den Reliefs neben der Königin oft Thutmosis III. im vollen Königsornat auf – ein Hinweis, der an einer völligen Entmachtung des jungen Thronfolgers Zweifel aufkommen läßt.

In Fortsetzung des Rampenwegs betritt man einen ummauerten Hof, der zur in den Felsen getriebenen Kapelle führt, die dem göttlichen Vater der Hatschepsut, Amun, geweiht war.

Die Seitenhöfe der Südseite waren dem Kult der Königin und ihres Vaters Thutmosis I. gewidmet, im Norden liegen ein **Sonnenhof** und eine **zweite Amun-Kapelle**. Daß der Kult noch lange nach dem Tod der verfemten Pharaonin aufrechterhalten wurde, belegen die aus der Ptolemäerzeit stammenden Einbauten direkt vor dem Zugang zum zentralen Amun-Sanktuar.

Ramesseum

Etwa auf halber Strecke zwischen dem Tempel der Hatschepsut und den Memnonskolossen liegt östlich der modernen Straße das, was vom riesigen Totentempel für Ramses II. übriggeblieben ist. Einst erstreckte sich sein ›Haus von Millionen Jahren‹ auf einer Fläche von 15 000 Quadratmetern; heute ist das Ramesseum 5 eine der malerischsten Ruinen Altägyptens. Der Eingangspylon ist so stark unterspült worden, daß er einzustürzen droht. Deshalb betritt man das Gelände heute von der Nordseite her und gelangt so direkt in den **zweiten Hof** hinter dem ebenfalls recht baufälligen und nur noch in Fragmenten aufragenden **zweiten Pylon**. Dessen noch erhaltene Reliefblöcke haben einmal mehr die Kadesch-Schlacht aus dem Jahr 4 des Ramses' zum Thema. Dem Totentempel des großen Pharao war bereits in der Antike ein Großteil seiner Substanz abhanden gekommen – Ramses III., der in Zeiten wirtschaftlicher Engpässe das Land regierte, deswegen aber bei seinen Bauprojekten nicht von falscher Bescheidenheit geplagt wurde,

▶ Karte S. 225

Der Kopf Ramses II. im Ramesseum

Das Ramesseum

bediente sich für den Bau seines eigenen Totentempels in Medinet Habu am Kultbau seines hochverehrten Namensvetters. Eine riesige **Sitzfigur von Ramses II.**, die vor dem zweiten Pylon aufgestellt war, ist wohl bei einem Erdbeben gestürzt und zerbrochen. Aus einem Block Granit gearbeitet, war sie ursprünglich gut 20 Meter hoch gewesen. An der Südseite des Hofs stehen noch vier der **Osiris-Pfeilerfiguren** des Herrschers aufrecht, allerdings kopflos. Ihnen zu Füßen liegt das Haupt einer weiteren Granitstatue des Ramses, der trotz des desolaten Zustands seines Tempels huldvoll lächelt. Giovanni Battista Belzoni, eine der schillerndsten Gestalten der frühen Ägyptologie, ließ das Oberteil ihres Gegenstücks Anfang des 19. Jahrhunderts für das British Museum nach London verfrachten. Er hatte dabei mit einigen Schwierigkeiten zu kämpfen: »Um Platz für den Transportweg zu bahnen, mußten wir die Sockel zweier Säulen zerschmettern .... Der Kopf des jungen Memnon (Ramses II.) konnte verladen werden. Man mag mir die Feststellung erlauben, daß es kein einfaches Unterfangen war, einen Granitblock derartigen Ausmaßes (2,67 Meter hoch) und Gewichts an Deck eines Schiffs zu befördern ... Zudem mußten wir ohne die geringsten mechanischen Hilfen auskommen; wir hatten noch nicht einmal einen Flaschenzug zur Verfügung. Und die Wasseroberfläche lag etwa achtzehn Fuß unterhalb der Uferböschung.«

Ungerührt vom Schwund des Tempels thront Amun, der Herr der Götter, an der Rückwand des Hofs. Dort setzt er dem vor ihm knienden Ramses die Krone aufs Haupt.

Auf den Hof folgt ein **Säulensaal**, dessen Decke mit Resten der Bemalung noch erhalten ist. Im folgenden **zweiten Säulensaal** ist besonders das Bild an der rechten Rückwand interessant: Ramses erscheint vor dem heiligen Isched-Baum von Heliopolis, auf dessen Blätter Thot, Seschat und der thronende Atum seinen Namen schreiben.

Die hinteren Räume des Tempels sind vollständig verschwunden – lediglich am Nordrand des Bezirks sind Lehmziegelmauern mit tonnengewölbten Dächern zu sehen. Es sind Magazinbauten aus der Zeit des 13. Jahrhunderts vor Chri-

▶ Karte S. 225

stus, die zur Aufbewahrung von Opfergaben und Kultgeräten gedient hatten. Im Gelände des Totentempels war ab der 20. Dynastie auch die Verwaltung des gesamten Friedhofsgebiets untergebracht gewesen. Vielleicht war so auch eine Sammlung von Papyri hierher gelangt, mit medizinischen, literarischen und religiösen Texten.

Die Gräber von Scheich Abd el-Qurna

Durch öde Schluchten gelangt man zu den Gräbern der Königinnen und andrer Vornehmen, welche eine Menge Gegenstände aus dem gewöhnlichen Leben darstellen, als: Tänze, Konzerte, Jagden der mannigfaltigsten Tiere, Besuche fremder Fürsten, Mahlzeiten, alle Arten von Handwerken, Wasserfahrten, Fischereien und dergleichen mehr.

Hermann Fürst von Pückler-Muskau, 1844

Direkt gegenüber vom Ramesseum liegt am Fuß des Berges eines der Dörfer von Theben-West. Sein Name Scheich Abd el-Qurna bezeichnet auch eine Gruppe

Dorf und Gräberberg von Scheich Abd el-Qurna

von Privatgräbern 6 aus der Zeit der 18. Dynastie. Vom Parkplatz führt der Weg nach links ein gutes Stück den Berg hinauf zu zwei der bekanntesten Gräber vom Beginn dieser Epoche. Die Bezeichnung TT steht für ›Theban Tombs‹, Thebanische Gräber.

Rechmire

Rechmire war unter Thutmosis III. zum Bürgermeister von Theben und Wesir von Oberägypten aufgestiegen, und er hielt dieses Amt auch noch unter dessen Nachfolger Amenophis II. Damit war er nach dem Pharao der mächtigste Mann im Land. Ihm oblagen die täglichen politischen Aufgaben, er war oberster Richter und Verwalter. Entsprechend groß und eindrucksvoll ist sein Grab **(TT 100)** gestaltet – doch um gar nicht erst Mißgunst aufkommen zu lassen, weist eine Inschrift im Eingangsbereich auf die Problematik des hohen Amtes hin: »Richte dein Augenmerk auf die Amtshalle des Wesirs. Überwache alles, was in ihr vorgeht: Bedenke, sie ist die Stütze des ganzen Landes. Bedenke, Wesir zu sein, bedenke, das ist nicht süß, bedenke, das ist bitter wie Galle. ... Sieh du zu, daß alles nach dem Recht vor sich geht, daß jedem Mann zu seinem Recht verholfen wird .... Sieh den, den du kennst, an wie den, der dir unbekannt ist, den, der dir nahesteht, wie den, der dir fern ist.«
Eine seiner angenehmeren Pflichten war sicher die Begrüßung ausländischer Gesandtschaften, die mit exotischen Mitbringseln in die Hauptstadt am Nil kamen. In der schmalen **Querhalle** sind an der linken Rückwand gleich mehrere solcher Ereignisse festgehalten: Syrer in Stufengewändern bringen Kupferbarren, Pferd und Wagen sowie prachtvolle Metall- und Keramikgefäße. Als Prachtstücke für den königlichen Zoo haben

sie sogar einen Elefanten und einen Bären dabei. Die Nubier liefern Straußeneier und Straußenfedern sowie mächtige Rinder. Auch sie führen in Ägypten unbekannte Tiere mit: Leoparden, Paviane und eine Giraffe, an deren Hals eine Meerkatze emporklettert. Männer in mykenischer Tracht liefern Silber und Lapislazuli, über ihnen erscheint die Gesandtschaft aus Punt: Weihrauch- oder Myrrhebäume werden herbeigeschleppt, ebenso Elfenbein, Leopardenfelle, Gold und Ebenholz.

In der rechten Hälfte des Saals inspiziert Rechmire die königlichen Werkstätten, in denen Sphingen und Königsstatuen bearbeitet werden, aber auch Prunkgefäße und Möbel. Auch die Bilder des Ackerbaus spiegeln einen Teil der Aufgaben des Wesirs, schließlich war er dafür verantwortlich, daß die Scheunen gut gefüllt waren. Und wenn die Ernte gut war, konnten seine Finanzbeamten ordentlich Steuern eintreiben.

Schon die Architektur der schmalen **Längshalle** ist ungewöhnlich: Nach Westen in den Berg hinein steigt die Decke des Raums schräg an, so daß die Scheintür weit über dem Boden des Raums zu schweben scheint. An der rechten Längsseite ist eine große Festgesellschaft abgebildet, die Damen und Herren sind getrennt in verschiedenen Bildreihen wiedergegeben. Berühmt ist die Szene, in der eine junge Dienerin den auf einer Matte hockenden Damen aufwartet und dabei dem Betrachter den Rücken zuwendet. Die Gäste und die ihnen gegenüber sitzende Familie des Rechmire werden von Musikanten mit Harfen, Lauten und Tamburinen unterhalten. Hinter Rechmire und seiner Gemahlin Merit findet sich eine der seltenen Gartendarstellungen. Von Palmen, Sykomoren und Blumen umrahmt liegt im Zentrum ein großer Teich, wo in einem Boot die Statue des Verstorbenen aufgestellt ist. Die Szene leitet über zu weiteren Bildern der Trauerriten wie der Mundöffnungszeremonie und Reinigungs- und Opferriten. Auch der rückwärtige Teil der gegenüberliegenden Wand ist den Bestattungsfeierlichkeiten gewidmet: Das Ehepaar sitzt vor einem Speisetisch und wird von drei Söhnen versorgt. Davor finden sich Bilder der Abydos-Fahrt, die eine ›virtuelle Bestattung‹ am Hauptkultort des Osiris andeutet, sowie des Bestattungszugs in Theben-West, wo Hathor, Anubis und Osiris den Verstorbenen empfangen. Besonders interessant sind die Bilder der ersten Hälfte der südlichen Wand: Sie geben Einblick in die unterschiedlichsten Werkstätten, in denen Kolossalstatuen und Sphingen aus Granit poliert, Lehmziegel für den Bau einer Mauer produziert, Gold gewogen, Perlen zu breiten Schmuckkragen aufgefädelt werden; Leder wird für Sandalen geschmeidig gemacht, aus Holz entstehen Schreine und Königsstatuen. Dabei sind alle Dinge, an denen die Arbeiter so fleißig zu werkeln scheinen, längst fertig – Unfertiges hatte keinen Platz im Jenseits.

Sennefer

Sennefer war ein Zeitgenosse des Rechmire, dessen Grab noch ein Stück weiter bergan liegt. Im Gegensatz zu den meisten anderen Anlagen ist es hier die **Sargkammer**, die mit ihrer vollständig erhaltenen Malerei in die Tiefe lockt **(TT 96)**. Sennefer war unter Amenophis II.

Ober- und Mittelägypten

Nubier bringen eine Giraffe, Bild im Grab des Rechmire

Bild im Grab des Sennefer

Bürgermeister von Theben-West, und offenbar ein strenger Verwalter. In einem Brief an einen seiner Untergebenen mahnte er ihn nachrdücklich: »Sieh dich vor, daß ich dich nicht nachlässig finde, sondern vielmehr alles in Ordnung ist. Ich weiß sehr wohl, daß du faul bist und gerne im Liegen ißt!«

Über eine steile Treppe gelangt man in einen kleinen **Vorraum** mit ersten Bildern des Verstorbenen und seiner Frau. Durch eine sehr niedrige Öffnung erreicht man die **Hauptkammer**, in der die ungewöhnliche Deckenbemalung auffällt: Die Baumeister hatten an dieser Stelle des Bergs große Probleme, in den von zahlreichen Feuersteinknollen durchsetzten Fels eine glatte Decke zu schlagen. Sie wurden von genialen Malern gerettet: Weinranken wölben sich über den gesamten Raum und lassen die Dellen in der Decke fast völlig verschwinden. Dabei steht der Weinstock in engem Zusammenhang mit Osiris, dem Herrn der jenseitigen Welt, und symbolisiert die Wiederauferstehung. In der Mitte der rechten Wand ist ein Auszug aus dem Totenbuch angebracht, der Anubis an der Bahre mit der Mumie zeigt. Im Spruch 151 heißt es: »Du (Anubis) stehst vor Sennefer – durch dich sieht er. Du leitest ihn zu den guten Wegen, du schlägst für ihn die Bande des Seth zurück und wirfst für ihn seine Feinde unter seine Füße.« Links anschließend tritt Sennefer gemeinsam mit seiner Gattin Merit vor den in seinem Schrein sitzenden und von Anubis beschützten Osiris. Die Rückwand zeigt in der Mitte das Ehepaar vor einem großen Opfertisch, rechts davon die Abydosfahrt. Ganz links hinten im Eck hat sich Sennefer ein bißchen Angeberei erlaubt: Über den Weinranken sind die Schwingen der Himmelsgöttin zu erkennen – ein Dekorationselement, das eigentlich ausschließlich in einem Königsgrab erlaubt war. Schließlich war Sennefer »der große Freund im Königshaus, der allein bei seinem Herrn eintreten darf, ... der zu jeder Stunde gerufen wird, um die Pläne der Beiden Länder auszuführen.« An den massiven Pfeilern ist immer wieder das Ehepaar gezeigt, wobei die Gattin ihrem sitzenden Mann Schmuckstücke, Stoffe, Duftsalben oder Blumen überreicht.

Nacht

Etwas weiter nach Norden, aber ungefähr auf gleicher Höhe des Hangs liegen die kleinen Gräber zweier Männer aus der Zeit von Thutmosis IV. Wie viele andere Gräber auch, wurde das des Priesters und Astronomen Nacht Ende des 19. Jahrhunderts von Bewohnern des Dorfes Qurna entdeckt **(TT 52)**.

▲ Karte S. 225

Bekannnt wurde die winzige Anlage wegen der Malereien in der **oberirdischen Kammer**. Besonders die Szenen aus der Landwirtschaft an der linken Eingangswand der **Querkammer** ver dienen einen längeren Blick: Auf welligem Untergrund folgt ein halb kahler Bauer dem von zwei Rindern gezogenen Pflug oder schlägt ein Forstangestellter einen Baum - wilder Holzeinschlag war verboten, Ägyptens dünner Waldbestand stand ab der 3. Zwischenzeit sogar unter königlichem Schutz! Säen und Ernten werden ebenfalls gezeigt, in großen Körben werden die geschnittenen Ähren gesammelt und zum Dreschplatz getragen. Das Korn wird vor den Augen des in einem Schrein sitzenden Grabherrn gemessen. Eine Scheintür aus Rosengranit hätte Nacht wohl gern gehabt, aber dazu reichte sein Einfluß nicht - dafür malte ihm der Künstler an der linken Schmalseite eine in rosa Farbe.

Die linke Hälfte der Rückwand zeigt die Festgesellschaft, die Nacht im Jenseits um sich versammelt haben wollte. Bekannt sind die kleinen Szenen des blinden Harfners und der drei Musikantinnen. Typisch für diese Zeit sind ihre lieblichen Gesichtszüge mit Stupsnase und riesengroßen, mandelförmigen Augen.

Rechts vom Durchgang zum nicht fertiggestellten **Längsraum** schildern Bilder die Fahrt des Grabherrn durch das Papyrusdickicht. Begleitet von seiner Familie erscheint Nacht gleich doppelt beim Vogelfang und Fischespeeren. Im linken Boot schwingt der kleine nackte Sohn ganz stolz schon wie der Papa ein Wurfholz in der Hand, während die stehende junge Dame hinter Nacht ganz vorsichtig ein kleines Vogelküken hält. Zwischen den Booten flattern Vögel und Schmetterlinge über dem Papyrusdickicht und steigen in einer mächtigen Wasserbeule zwei Fische empor. Sie sind so entgegenkommend, auf daß sich der Grabherr im rechten Boot nicht unangemessen niederbeugen muß, um seine nicht vorhandene Lanze - an einigen Stellen im Grab sind die Künstler mit ihrer Arbeit nicht fertiggeworden - durch die Beute zu stoßen. Die Weinlese und das Austreten der Trauben sowie das Rupfen von mit einem Schlagnetz gefangenem Geflügel, das anschließend zum Trocknen aufgehängt wurde, runden das Bildprogramm dieser Wand ab.

■ Menena

Ähnlich dicht und bezaubernd sind die Malereien im Grab des Feldvermessers Menena **(TT 69)**. Noch ausführlicher werden die Arbeiten auf dem Feld gezeigt - vom Pflügen und Säen bis zur Ernte. Ein Mädchen zieht einer Freundin einen Dorn aus der Fußsohle - zwei andere streiten und ziehen sich kräftig an den Haaren. Unter genauer Aufsicht der Schreiber, die jedes einzelne Korn verzeichnen, wird das gedroschene Getreide gemessen, und Schreiber begleiten auch den Feldervermesser, der mit einem Strick die Ackergrenzen festlegt.

Ernteszene im Grab des Menena

Ein alter Mann, der sich auf einen kleinen Jungen stützt, begleitet die Beamten – als Ältester des Dorfes gibt er dem hohen Herrn Bericht. Jedes Jahr mußten nach der Überschwemmung die Äcker neu vermessen werden, denn Streitigkeiten um Landbesitz waren schon in der Antike bekannt. »Verrücke nicht den Markstein auf den Grenzen der Felder und verschiebe nicht die Meßschnur von ihrer Stelle« mahnte die Lehre des Amenemope aus der Zeit um 1100 vor Christus den Leser.

Menena – dessen Gesicht überall im Grab ausgehackt wurde – tritt an der linken Schmalwand mit seiner Frau Henuttaui vor Osiris. Die Festgesellschaft ist neben einer großen Opferszene an der rechten Rückwand des **Querraums** versammelt.

An den Wänden des **Längsraums**, der auf eine Nische mit den Figuren von Menena und seiner Frau zuführt, sind rechts die Bilder der Abydosfahrt und Szenen aus dem Bestattungsritual zu sehen. Auch an der gegenüberliegenden Wand finden sich Darstellungen des Begräbniszugs. Die hintere Hälfte der rechten Wand zeigt die Bootsfahrten im Papyrusdickicht, die durch sehr detaillierte Abbildungen von Fischen und Vögeln lebendig wirken. Suchen Sie die Katze und das Ichneumon, die an den Papyrusstengeln emporklettern, um die Vogelnester auszurauben!

Ramose

▶ Karte S. 225

Im Gegensatz zu den farbenfrohen Bildern der bisher beschriebenen ›Häuser für die Ewigkeit‹ besticht das Grab des Ramose durch die Eleganz seiner Reliefs **(TT 55)**. Unter Amenophis III. entstanden, als die besten Plätze oben am Hang schon vergeben waren, erhielt der Wesir dennoch eine repräsentative Anlage. Es ist eines der größten Privatgräber, das von den besten Künstlern ihrer Zeit gestaltet wurde.

Eine breite Treppe führt hinunter zum **Hof**, an dessen Rückseite noch zwei Säulenbasen zu sehen sind, die einst das Dach einer kleinen schattenspendenden Arkade trugen. Massive Papyrusbündelsäulen trugen ursprünglich auch das Dach im Inneren, ihre modernen Rekonstruktionen wirken im Vergleich zu Bauten der Zeit Amenophis' III. zu plump. Die Dekoration im Grab des Ramose wurde nicht fertiggestellt, vermutlich aufgrund der Wirren der beginnenden Kulturrevolution des Echnaton.

An den beiden **Eingangswänden** arbeiteten die Künstler noch ganz im Stil von Amenophis III.: Vollkommen schöne Gesichter mit ebenmäßigen Zügen, sanft geschwungenen, kleinen Nasen, scharf umrandeten, vollen Lippen und schrägen, mandelförmigen Augen sind in nur wenige Millimeter starkem Relief angedeutet. Gerade aufgrund der fehlenden Bemalung tritt die meisterliche Bearbeitung des Steins hier in den Vordergrund. Finger und Zehen haben makellos gepflegte Nägel, die dünnen Leinengewänder zeigen der Mode entsprechende Fransenkanten oder Plissee. Langes gekrepptes Haar wird von Blütendiademen gehalten, schwere Löckchenperücken schmücken auch die Häupter der versammelten männlichen Gäste. Es ist eine illustre Gesellschaft, die da mit dem Wesir von Oberägypten die Ewigkeit als Fest gestaltet. An der südlichen Wandseite erscheint neben Ramoses Amtskollegen aus Memphis der engste Vertraute des Pharao: Amenophis Sa Hapu, der als alter Mann noch in diese höchste Position aufgestiegen war, ist der einzige Gast, dem keine ebenbürtige Tischdame zur Seite sitzt. Möglicherweise war der damals etwa 80jährige längst verwitwet und daher ohne Gattin erschienen. Würdevoll thront Ramose in seinem bauschigen Wesirsschurz ihm gegenüber.

An der Südwand geht es weniger froh zu: Der **Trauerzug** anläßlich der Bestattung Ramoses ist hier gezeigt – in Malerei ausgeführt statt in Relief. Trauernde Männer schreiten in gefaßter Haltung hinter den Gabenträgern und den Schlitten mit dem Sarg und den Eingeweidegefäßen einher. Ihrer ruhigen Trauer steht die Auflösung der weinenden Klagefrauen gegenüber, die mit Tränen in den Augen die Arme über den Kopf werfen.

Kurz nachdem sich an der Südwand eine Rampe hinunter zur unfertig gebliebenen Sargkammer öffnet, erreicht oben der Trauerzug das Westgebirge und den Grabeingang: Hier wird nocheinmal letzte Hand an die Mumie gelegt, aufrecht steht sie da, damit der Priester die Mundöffnungszeremonie vollzieht. An der Rückseite sind die Bilder wieder in Relieftechnik gearbeitet – ein Hinweis darauf, daß man diesen Teil des Grabes vor den Seitenwänden bearbeitet hatte.

Links vom Durchgang zu einem nur begonnenen Längsraum erscheint der Pharao als Gast im Grab. Eine seltene Auszeichnung, die auf die Bedeutung Ramoses verweist. Der Pharao sitzt unter einem Baldachin, vor ihm erscheint sein treuer Wesir. Er hebt die Hände, als wolle er ein Tablett tragen. Doch hält er nur ein unbearbeitetes Stück Wand. Das Bild wurde zwar nicht fertig, läßt sich aber sicher rekonstruieren: Ramose war vom Pharao Amenophis höchstpersönlich ausgezeichnet worden mit der offiziellen Verleihung einer schweren Kette aus Goldringen, dem ›Ehrengold‹.

Einen ganz ähnlichen Hintergrund dürfte das Bild rechts des Durchgangs haben. Allerdings hat sich der Stil der Darstellung auf den wenigen Metern dramatisch gewandelt. Echnaton ist es, der mit seinen seltsamen Körperformen am ›Erscheinungsfenster‹ des Palastes lehnt, übergossen von den Strahlen seines Gottes Aton. Lediglich im Umriß angedeutet sind die versammelten Höflinge inklusive der Vertreter Nubiens, Libyens und Vorderasiens, die ganz am rechten Bildrand ehrfürchtig die Arme erheben. Ob Ramose das Wesirsamt tatsächlich noch unter Echnaton ausübte oder wie fast alle anderen hohen Beamten und Priester aus der Zeit Amenophis' III. von dessen Sohn entmachtet wurde, bleibt ungewiß. Auch ob er mit Echnaton nach Amarna in die neue Hauptstadt ging und dort ein neues Grab begann – dieses hier wurde offenbar nie benutzt –, ist fraglich. Wieso dann an der Südseite der Trauerzug aufgemalt wurde, auch das ist eine Frage, die offen bleiben muß.

Deir el-Medina

Steinmetze, Schreiner, Maler und Stuckateure lebten seit der Zeit Thutmosis' I. in einem ummauerten Dorf mit Reihenhäuschen in einem abgeschiedenen Seitental des Westgebirges 7. In seiner Blütezeit umfaßte Pa-demi, ›das Dorf‹, 70 Häuser auf einer Fläche von etwa 4500 Quadratmetern. Außerhalb des Dorfes im Norden lag der kleine Tempelbezirk, in dem Laienpriester aus der Arbeiterschaft Dienst taten. Ihr prestigeträchtiger Arbeitsplatz lag im geheimnisumwitterten Tal der Könige, der Weg dorthin führte über den Berg. Gut eine Stunde waren die Arbeiter vor und nach einem harten Arbeitstag unterwegs; während der acht Arbeitstage bezogen

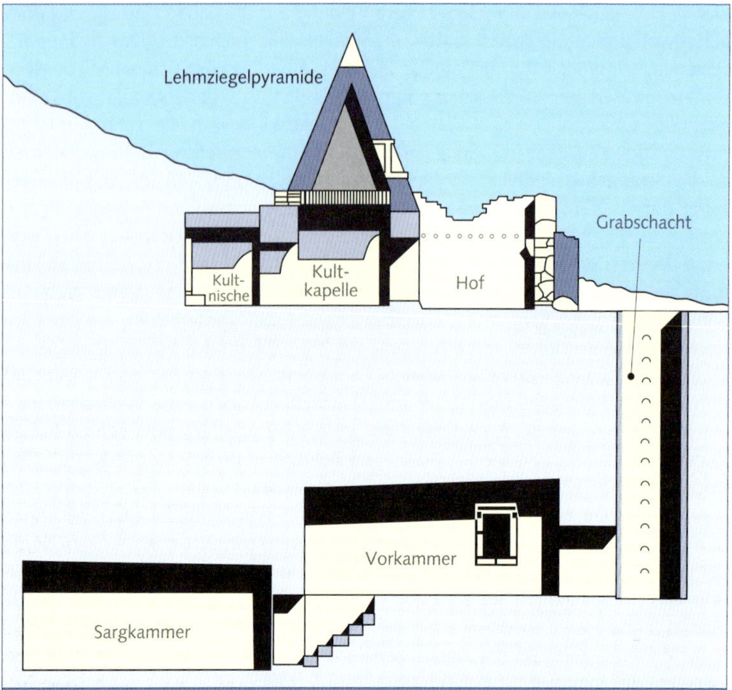

Querschnitt durch ein typisches Grab von Deir el-Medina

sie schlichte Hütten am Rand des Tals und kehrten nur zu den zwei arbeitsfreien Tagen nach Hause zurück. Eine Möglichkeit, sich vor der harten Arbeit zu drücken, bestand darin, für Hathor und Meretseger, die schlangenköpfige Hüterin des Berges, Tempeldienst zu schieben. Wer sich krankmeldete, konnte in schweren Fällen auch gleich noch das Pflegepersonal mit vom Dienst abmelden. Die Listen der Aufseher belegen auch, daß Arbeiter regelmäßig für andere Projekte vom Bauplatz am Königsgrab abgezogen wurden: Wesir und Bürgermeister sowie die Hohenpriester wollten schließlich auch schöne Gräber haben. Obwohl es am Ausgang vom Königstal strenge Kontrollen gab, gelang es den

Blick auf die Arbeitersiedlung von Deir el-Medina

Arbeitern immer wieder, genau rationierte Materialien und Werkzeuge zu entwenden. In direkter Nachbarschaft zu ihrem Dörflein bauten sie an ihren eigenen Häusern für die Ewigkeit. Schreiner fertigten Särge und Grabmobiliar im Austausch gegen das Aushauen des Grabschachts und die Bemalung – die besten Künstler des Landes arbeiteten hier für sich selbst und ihre Familien.

Sennedjem

In der Regierungszeit Ramses' II. lebte und arbeitete Sennedjem im Dorf. Mit seiner Frau Iineferti, den Kindern und Enkeln bewohnten sie das Haus direkt an der Südwestecke von Pademi. Auch im Jenseits blieb die Familie zusammen – mindestens drei Generationen fanden im Grab des Sennedjem ihre letzte Ruhestätte **(TT 1)**. Es war ein Glücksfall für die französischen Archäologen, als das Grab 1886 noch ungestört entdeckt wurde. Der Oberbau umfaßt an der Rückseite eines Hofes drei kleine Pyramiden für Sennedjem, seinen Vater und seinen Sohn Chonsu. Vom Hof aus führen Schächte zu den Sargkammern hinunter. Ein erster etwa elf Quadratmeter großer Raum wurde nur grob aus dem Fels gehauen, von ihm aus führen Stufen in den angrenzende, von einem Tonnengewölbe überspannten **Hauptraum**. Nur 2,5 Meter breit und 3,5 Meter lang, ist er über und über mit Malereien bedeckt. Direkt gegenüber vom Eingang fällt das große Bild des Osiris auf, der unter einem von schönen Pflanzensäulen getragenen Baldachin steht. Rechts von dem Tisch mit den üppigen Opfergaben für Osiris kniet Sennedjem, auf dessen Perücke ein zuckerhutförmiger Salbkegel sitzt. In der anschließenden Szene hält Anubis selbst den Grabherrn bei der Hand und führt ihn vor den großen

Vor dem Westgebirge sitzt Osiris auf seinem Thron

Richter Osiris. Der Text über den Köpfen der beiden richtet sich an Sennedjem: »Es empfangen dich die Götter der Dat (Unterwelt), gegeben wird dir dein Platz im Totenreich, du bist gereinigt mit Weihrauch, du bist zusammengefügt, vereinigt sind deine Glieder.«
An der Schmalwand rechts findet sich die wohl bekannteste Szene, das ›Gefilde der Seligen‹ – die altägyptische Vorstellung vom Paradies. Im von Kanälen durchzogenen Fruchtland gedeihen Blumen und Sträucher, tragen Palmen schwer an ihren Früchten und wachsen Flachs und Getreide übermannshoch. In festlichen Gewändern erscheinen Sennedjem und Iineferti – beim Flachsraufen, Pflügen und Ernten. Ägypter betrachteten das Jenseits mitunter recht realistisch: Wer gut versorgt sein will, muß selbst auch mit anpacken. Zu den Aufgaben der verklärten Seligen gehört auch der Gottesdienst, das Ehepaar kniet vor Ra-Harachte, Osiris, Ptah und zwei weiteren Gottheiten. Im Giebelfeld darüber erscheint der falkenköpfige Son-

nengott in einer Barke, zwei mächtige Paviane hocken vor Bug und Heck und heben in Anbetung ihre Pfoten. Die untere Hälfte der Südwand wird beherrscht von Bildern der zum Fest versammelten Familie. Rechts vom Eingang erscheint der mit einem Leopardenfell bekleidete zweitälteste Sohn Bunachtef als Priester vor seinen Eltern. Unter dem Stuhl der Iineferti stehen die kleinen Figuren zwei weiterer Kinder, möglicherweise Enkel und Enkelin. Im Bildregister darüber ist ein Ausschnitt aus der Totenklage angebracht: In einer Kapelle aufgebahrt liegt der mumifizierte Leichnam, an dessen Kopf- und Fußende Nephthys und Isis als Falken stehen. An der Decke finden sich Szenen, die Senendjem in Anbetung vor verschiedenen Gottheiten zeigen. Besonders schön ist die zur Nordwand gehörende Seite der Decke mit dem Bild Sennedjems, der die Tore zu den Horizonten öffnet, um so freien Zugang nach Westen und Osten zu erhalten. Das folgende Bild zeigt einen Reiher, der als Tier des Sonnengottes gilt, sowie Ra-Harachte-Atum und die Große Götterneunheit. ›Lobpreis an alle Götter des Himmels‹ geben Sennedjem und Iineferti im folgenden Bild, und das Schlußbild zeigt sie kniend vor der Baumgöttin. Das Mischwesen zwischen Feigenbaum und Frau symbolisiert die ewige Versorgung im Jenseits.

Iniherchau

Unter der Herrschaft von Ramses III. und Ramses IV. entstand das benachbarte Grab des Vorarbeiters Iniherchau **(TT 359)**. Vom Aufbau her entspricht es der rund 100 Jahre älteren Nachbaranlage. Zwar wurde der Oberbau mit der kleinen Pyramide nicht so schön rekonstruiert wie bei Sennedjem, dafür ist aber im **Vorraum vor der Sargkammer**

▲ Karte S. 225

Das Gefilde der Seligen

noch eine sehr interessante Deckenbemalung erhalten. Sie zeigt auf dunkelblauem Untergrund in ein Spiralmuster eingesetzte Rinderköpfe.
Ein paar Stufen führen zur **Grabkammer**, deren Malereien auf leuchtend gelbem Untergrund aufgetragen wurden – die Sonne war auf diese Weise in die Tiefe gebracht worden. Besonders reizvoll sind die Szenen an der linken Längswand, die Iniherchau mit Familie zeigen. Vor einem Brettspiel sitzt er gemeinsam mit seiner Frau Wab, drei kleine nackte Kinder mit witzigen Zopffrisuren spielen neben ihnen.
Die gegenüberliegende Seite widmet sich stärker religiösen Themen: Der große Sonnenkater zerschneidet die schreckliche Apophis-Schlange, die sich unter dem heiligen Baum von Heliopolis windet, während direkt nebenan Wab und Iniherchau der Musik eines blinden Harfners lauschen: »Feiere einen schönen Tag, Osiris, Werkmeister am Platz

der Wahrheit Inherchau, ohne daß dein Herz müde wird. Feiere einen sehr, sehr schönen Tag! Gib Balsam und Wohlgeruch an deine Nase, Kränze von Lotus an deinen Hals, während die Frau, die in deinem Herzen ist, bei dir sitzt. ... Gib deinem Herzen alle Tage Trunkenheit, bis jener Tag kommt, an dem man landen muß.«

An der gegenüberliegenden Wand kniet Iniherchau betend vor zwei schakalsgestaltigen Gottheiten. Darunter schreiten die trauernden Söhne und eine Frau hinter dem Priester, der ein Gerät zur Mundöffnung in der Rechten hält, auf den sitzenden Grabherrn zu.

Das Tal der Königinnen

Wie gewaltig ist diese Person für die Torwächter des Horizontes! Öffnet dem Osiris, bereitet ihm den Weg, daß er an euch vorbeiziehe.

Beginn des Spruchs 144 des Totenbuchs, um einzutreten in der Unterwelt

Vom Dorf der Arbeiter war es nur ein kurzer Weg ins benachbarte Tal der Königinnen 8, das seit der 19. Dynastie zum bevorzugten Ruheplatz für Familienangehörige des Königshauses wurde. Bislang sind 98 Gräber bekannt, die allerdings keineswegs alle so prächtig und groß waren wie das berühmte Grab der Lieblingsfrau von Ramses II., Nefertari. Ihre Anlage, die mit großem Aufwand Ende des 20. Jahrhunderts restauriert wurde, ist auf nicht absehbare Zeit aus konservatorischen Gründen geschlossen. Doch dafür entschädigen zwei Prinzengräber aus der Zeit Ramses' III. – denn auch hier sind die Malereien noch in leuchtender Farbigkeit erhalten. Die Abkürzung QV steht für Queens' Valley.

Amun-her-chepeschef

Das Grab des Prinzen Amun-her-chepeschef liegt am Ende des modernen Wegs in das Tal **(QV 55)**. Die großformatigen Bilder zeigen Papa Ramses, der seinem Sohn voranschreitet und ihn bei den Göttern einführt. Mit unglaublicher Liebe zum Detail sind die prachtvollen Gewänder in den Stuck geschnitten: Mehrfach winden sich die bestickten Gürtel und Schärpen um den Leib der Personen. Stickereien, welche die Stoffe verzierten, sind in kräftigen Farben gemalt. Der wohl noch jung verstorbene Sohn erscheint deutlich kleiner und mit der charakteristischen ›Jugendlocke‹, bei der nur ein breiter Zopf seitlich am ansonsten kahlgeschorenen Schädel herabhängt.

Vom **Eingangsraum** aus führt ein Korridor ins Innere – hier durchschreiten Vater und Sohn die von messerbewehrten Dämonen bewachten Pforten der Unterwelt. Aus Granit gearbeitet wurde der anthropoide Sarg, der in der völlig undekorierten kleinen **Sargkammer** steht. Vermutlich war Amun-her-chepeschef unerwartet früh verstorben und die Arbeiten am Grab mußten schnell zuende gebracht werden. Allerdings handelt es sich bei dem kleine Fötus, der in einem Glaskasten in der Ecke des Grabes ausgestellt ist, nicht um den Grabherrn, denn Amun-her-chepeschef hatte bereits den Titel eines Truppenkommandaten inne und galt als der designierte Thronfolger.

Chaemwaset

Fast noch schöner ist das Grab seines Bruders Chaemwaset, der als Priester eine ganz andere Karriere angestrebt hatte **(QV 44)**. Auch er wird von Ramses III. begleitet und durch die jeweiligen Tore geführt. Schauerlich wirken die

Ramses III. im Grab des Chaemwaset

Dämonen mit Katzen-, Esels- oder Rinderköpfen. Schrecklich sind auch die Namen der Tore und ihrer Wächter: ›Mit heißen Flammen, die nicht löscht, was sie verbrennt, mit wirksamer Glut, geschwind im Töten ohne zu fragen, an der niemand vorbeizugehen wünscht, aus Furcht vor ihrer Pein‹ – so lautet der Name der achten Pforte, ›Herrin der Wut, die blutig bestraft‹ heißt Tor Nummer 14. Doch Ramses III. und Chaemwaset fordern unbeirrt immer wieder: »Gib mir den Weg frei, denn ich kenne dich, ich kenne deinen Namen und kenne das, was in deinem Inneren ist.« Am Ende des Grabes, in der Kultkammer, erwartet der thronende Osiris den Verstorbenen.

Medinet Habu

Ramses III. wählte den Platz für sein ›Haus für Millionen von Jahren‹ 9 mit Bedacht: In Djeme lag einer der bedeutendsten Kultplätze der Region. Hatschepsut und Thutmosis III. hatten deswegen bereits ein Heiligtum hier errichtet, mit spezieller Betonung des Amun-Kultes. Doch Amun war nur einer der hier verehrten acht Urgötter. Als vier männlich-weibliche Paare bestanden sie seit undenkbarer Zeit und verkörperten die Finsternis, den Urozean, die Ewigkeit und den Wind. Amun und Amaunet regten sich in der Tiefe und Dunkelheit des ewigen Urgewässers und brachten damit als erste die Schöpfung in Gang. Die Weiterentwicklung des Mythos betont die Rolle des Amun, der als der sich selbst und die anderen Götter Erschaffende galt und in Gestalt einer riesigen Schlange erschien. Wie die Häutung der Schlange steht die Selbstzeugung und Verjüngung des Amun für den ewigen Kreislauf des Lebens. Alle zehn Tage kam Amun vom Ostufer herüber, um das Heiligtum von Djeme zu besuchen. Bis in die Römerzeit wurde an diesem ältesten Heiligtum von Medinet Habu weitergebaut – der von einer hohen Mauer umzogene **römische Hof** bildet einen deutlichen Vorsprung an der Nordostecke des gesamten Areals. Die Schiffe, die für die wöchentlichen Prozessionen als Transportmittel genutzt wurden, konnten über einen Kanal direkt bis vor das Heiligtum fahren, wo heute noch **Reste des Hafenbeckens** zu erkennen sind. Es war eine goldene Zeit gewesen, als die acht Urgötter Ägypten beherrschten: »In ihrer Zeit kam die göttliche Wahrheit (Maat) zur Erde her-

Das Hohe Tor von Medinet Habu

▲ Karte S. 225

Löwenjagd und Feindabwehr

ab und vereinigte sich mit den Göttern. Überreich war die Versorgung in den Bäuchen der Menschen, und es gab keine Schlechtigkeit im ganzen Land. Kein Krokodil packte zu, und Schlangen bissen nicht in dieser Zeit der Urgötter.« Möglicherweise erhoffte Ramses III. eine Wiederkehr dieser Zustände, als er seinen Totentempel in direkter Nachbarschaft dieses hochheiligen Kultortes anlegte. Wohlstand und Gerechtigkeit waren zu seiner Zeit nur Idealvorstellungen, von denen sich die Wirklichkeit weit entfernt hatte. Es kam sogar zu regelrechten Arbeitsniederlegungen im Tal der Könige, weil die Männer von Pademi sich weigerten, mit knurrendem Magen zu arbeiten.

Durch das Hohe Tor

Wenn Ramses III., dessen Residenz ja im Nordosten des Landes in der Deltastadt Pi-Ramesse lag, zu Besuch nach Luxor kam, machte er sicher auch hier seine Aufwartung. Vielleicht ließ er sich sogar für ein paar Tage hier in Djeme nieder. In dem hohen zweistöckigen **Torbau** am Eingang zeigt ihn ein Relief in durchaus privater Umgebung: Links vom Fenster in der westlichen Wand sitzt der Pharao und krault einer vor ihm stehenden jungen Dame liebevoll das Kinn. Man mag sich kaum vorstellen, daß möglicherweise hier die Haremsrevolte gegen den Pharao stattfand, in deren Folge Ramses III. tatsächlich starb.

Nach dem Durchschreiten dieses festungsartigen **Eingangstors** liegt rechter Hand der kleine **Tempel für die Urgötter**, während links im Hof drei **Kapellen** aus der Zeit der 25. und 26. Dynastie stehen. Es sind die Oberbauten der Grabstätten für die Gottesgemahlinnen des Amun, die in dieser Zeit als Hohepriesterinnen und Stellvertreterinnen des Pharao höchste geistliche und politische Autorität verkörperten.

Der Totentempel Ramses' III.

Das eindrucksvollste Gebäude im Gelände ist der mächtige Totentempel Ramses' III., dessen **erster Pylon** 63 Meter breit und im Süden 22 Meter hoch ist. Großformatige Reliefs zeigen Ramses links vor Amun und rechts vor Ra-Harachte beim Erschlagen der Feinde. Diese martialischen Bilder finden ihre Fortsetzung an den Wänden des **ersten Hofs**: Wildes Kampfgetümmel beherrscht die südliche Eingangswand, während auf der Nordseite Bericht erstattet wird. Ramses empfängt seine

Ramses III. krault eine Prinzessin

siegreichen Generäle, die ihm die Zahl der Gefangenen und der getöteten Feinde verkünden. Damit niemand ägyptischen Heldenmut anzweifeln konnte, wurden Beweise vorgelegt. Den feindlichen Gefallenen war die rechte Hand abgeschnitten worden oder alternativ ein anderes, garantiert männliches Körperglied. Zwei mächtige Haufen türmen sich vor den Soldaten; im oberen sind klar die Hände zu erkennen. Ein ganz ähnliches Bild findet sich an der nördlichen Außenwand des Tempels, wo Kämpfe gegen Libyer und Seevölker abgebildet wurden. Die Beischriften dort nennen allein bei einem Kampf 38 000 Hände und 25 000 Penisse!

Der Totentempel Ramses' III.

Weitere kriegerische Bilder verbergen sich an der **Südwand des ersten Hofs** hinter gewaltigen Papyrussäulen. Beiderseits des Fensters in der Mitte der Wand erscheint Ramses beim Erschlagen der Feinde, darunter üben seine Soldaten den Nahkampf: Ramses' Truppen führen hier ihre Kampftechniken vor, die in einigen Details an moderne Kampfsportarten erinnern. Ganz oben rechts an der Wand zeigt die Elitetruppe der Kavallerie die perfekte Dressur der Pferde. Möglicherweise war der Hof zu Lebzeiten des Pharao als Paradeplatz genutzt worden, wo im Beisein ausländischer Gesandtschaften militärische Stärke demonstriert wurde. Die Tür in der Ostecke der Wand führt hinaus zu einem kleinen **Palast**, in den Ramses sich zurückziehen konnte. Säulensaal, Thronraum und angrenzende Privatgemächer einschließlich einer Toilette – mit Abfluß! – konnten von den Archäologen freigelegt werden.

Ernte und Aussaat oder Tod und Auferstehung

Den **zweiten Hof** des Tempels schmükken überwiegend kultische Szenen – eine Inschrift nennt allein für diesen Tempel 60 religiöse Feiertage. Zwei der Feste sind an den Seitenwänden geschildert: Links ist der Höhepunkt des zehntägigen Sokarfestes gezeigt, das zu Beginn des landwirtschaftlichen Jahres mit der ›Bestattung‹ der Getreidesamen und ihrem Sprießen aus dem Acker die Auferstehung der Verstorbenen symbolisierte. Am sechsten Tag der Feierlichkeiten begrüßt Ramses III. den falkenköpfigen

▲ Karte S. 225

Sokar mit einem schwer beladenen Frühstückstablett im Tempel (ganz rechts an der Wand). Noch steht die Barke mit der Götterstatue auf ihrem Sockel vor dem Allerheiligsten, doch im nächsten Bild wird sie bereits auf den Schultern der Priester aus dem Tempel getragen. Am linken Ende der Wand biegt die Prozession auf die Ostwand um, wo singende und klatschende Priester die Gottheiten bejubeln.

Die **Nordwand** nehmen Szenen des Erntefestes ein, das dem Gott Min geweiht war. Als Fruchtbarkeitsgott zeigt dieser sich entweder in menschlicher Gestalt mit erigiertem Glied oder als mächtiger Stier. Links im oberen Bildstreifen erscheint der Pharao in seiner Sänfte, um zu den Klängen von Trommeln und Trompeten den Palast zu verlassen. Im unteren Bildfeld blicken wir in die Kapelle des Min. Der Gott wird während der Prozession für alle sichtbar auf einem Untersatz getragen. Voran schreitet der König neben einem weißen Stier, dem heiligen Tier des Gottes. In einem der letzten Bilder schneidet Pharao mit einer goldenen Sichel die ersten Ähren – die Ernte kann beginnen.

Zur Schatzkammer

An der **Rückseite des Hofs** sind noch einige Szenen in ihrer ursprünglichen Bemalung erhalten – eine Erinnerung daran, wie bunt einst alle Tempelwände gewesen waren. Links und rechts vom Durchgang ist die Amtseinsetzung des Pharao durch die Götter zu sehen. Thot versichert Ramses: »Ich gewähre dir, daß dein Haus ist wie der Himmel, an dem die Sonne erscheint, und dein Name ewig ist darin.«

Eigentlich würden sich nach Westen die dunkleren Säulensäle anschließen, die zum Allerheiligsten führen. Doch ist der

Kriegsbericht vor Ramses III.

rückwärtige Teil des Tempels nicht einmal mehr bis zur Höhe von zwei Metern erhalten – jahrhundertelang nutzte man ihn als Steinbruch.

In der Südostecke der **ersten Halle** liegt der Zugang zum **Schatzhaus** des Tempels. Vor dem widderköpfigen Amun erscheint Ramses mit einem Tablett voller Gold. An der Waage zwischen beiden mißt Thot genau die Menge ab.

Besonders schön sind die Reliefs im Raum, der links gleich vom Eingang des Schatzhauses abzweigt: Zwischen Amun und Ramses sind die Schätze des Tempels aufgestapelt: Drei Haufen von Türkis, Lapislazuli und Gold liegen über edlen Truhen, sowie Kupfer- und Goldbarren. Die in der Mittelachse des Tempels folgenden, kleinen Säulensäle werden von Kapellen für Ra-Harachte und Osiris flankiert. Links und rechts des Durchgangs zum Allerheiligsten haben sich noch zwei Granitstatuen erhalten: Die südliche zeigt den thronenden Ramses III. neben Maat, der Göttin der Wahrheit; die nördliche neben dem ibisköpfigen Weisheitsgott Thot.

Theben-West

Vorwahl: 095.

Theben am Westufer des Nil erreicht man mit **Taxi** und **Bus** bequem über die Brücke südlich von Luxor. Oder Sie nutzen die **Fähre** gegenüber dem Luxor-Tempel und nehmen am Westufer ein **Taxi**, **Fahrrad** oder einen **Esel** (am besten jeweils schon am Vortag arrangieren, entweder an der Hotelrezeption oder direkt am westlichen Fähranleger).

Für **Radfahrer** empfehlen sich vor allem die Besuche der längs des Fruchtlands gelegenen Antiken, wo sich zwischendurch auch nette Pausen einlegen lassen. Zum Tal der Könige geht es zwar nur leicht, dafür aber beständig bergan – weit und breit ist kein Grün in Sicht, und die Busse brausen in großer Zahl vorbei.

Eselsritte führen abseits der Autostraßen durch Felder und Dörfer und vermitteln daher ein ganz anderes Bild von Theben-West. Auf den kleinen Grautieren ritten schon die Menschen der Antike durchs Gelände.

Wanderer können im Westgebirge auf antiken Pfaden wandeln: Besonders schön ist der Weg zwischen der Handwerkersiedlung Deir el-Medina und dem Terrassentempel der Hatschepsut. In dieser Richtung ist der Aufstieg weniger beschwerlich, und der tolle Blick auf den Totentempel der großen Pharaonin belohnt den Wanderer. Man kann auch weiter gehen bis ins Tal der Könige. Nehmen Sie unbedingt etwas zu trinken mit, starten Sie frühzeitig und organisieren Sie Ihre Abholung, vor allem vom Tal der Könige, der Fußweg zurück ins Fruchtland zieht sich sehr.

▶ Karte S. 225

Öffnungszeiten: Tgl. 6–17 Uhr im Sommer, 7–17 Uhr im Winter; aus konservatorischen Gründen werden vor allem im Tal der Könige immer wieder einige Gräber geschlossen.

Generell ist in den Gräbern **Fotografieren** und **Filmen** nicht erlaubt! Mitunter müssen Kameras am Eingang abgegeben werden.

Eintrittskarten gelten jeweils nur am selben Tag. Für den Tempel der Hatschepsut, das Tal der Könige und das Tal der Königinnen sind sie direkt dort erhältlich. Alle anderen Tickets gibt es beim Inspektorat westlich der Memnonskolosse.

Tal der Könige: Beim Parkplatz hinter dem Besucherinformationszentrum (mit WC und kleiner Cafeteria) Startpunkt der ›taftaf‹-Bahnen zum Gräbertal. Die Eintrittskarten gibt es beim **Besucherzentrum**, pro Ticket können drei Gräber besichtigt werden. Extra-Tickets für Tutanchamun und Ramses VI. direkt am Eingang zum Tal.

Ballonfahren: Seit einigen Jahren ist das frühmorgendliche Bild über dem Westufer von Luxor deutlich bunter geworden: Mitunter bis zu 20 Ballons steigen direkt nach der Dämmerung über dem Antikengelände auf und bieten ihren Passagieren einen unvergleichlichen Blick von oben auf Berge, Wüste und Fruchtland und dazwischen die alten Tempelbauten und moderne Dörfer. Buchen kann man solche Fahrten in allen Hotels oder Reisebüros vor Ort. Oder z.B. bei folgenden Veranstaltern über Internet schon im voraus arrangieren:

Magic Horizon, Tel. 365060, www.magic-horizon.com.

Sindbad Hot Air Balloon, Tel. 227-2960, www.sindbadballoons.com.

Die Kosten liegen pro Person um die 80–150 Euro – Frühstück nach der Landung inklusive.

4-bis 5-Sterne-Kategorie:

Al Moudira, Theben-West, Tel. 012/ 392 88 32, Fax 322 05 28, www.moudira.com; teuer. Südlich des ehemaligen Palasts von Pharao Amenophis III. entstand vor ein paar Jahren ein neuer Palast – diesmal nicht für gekrönte Häupter, sondern für Gäste mit Sinn für's Schöne. Die Chefin des Hauses ist Künstlerin – und ihre Hand ist überall in der liebevoll gestalteten Anlage zu spüren. Um kleine begrünte Patios mit Brunnen gruppieren sich die orientalisch eingerichteten Zimmer. Sitzkissenlandschaften und ein hammamartiges Bad locken zum Entspannen. Zur Anlage gehört ein schöner Garten und ein entsprechender Pool – mit vergoldetem Weinblätterdach überzogen! Auch ein Restaurant und Bars gehören zur Anlage. Wer hier absteigt, sollte sich für seinen Aufenthalt in Luxor ein, zwei Tage mehr gönnen – so eine herrliche Umgebung will schließlich mit Muße genossen sein!

Unklassifiziert:

Unweit der Fähre in dem kleinen Dorf längs der Hauptstraße zu den Antiken gibt es eine Reihe von kleineren Hotels. Sie bieten meist eine Mischung aus lokaler und internationaler Architektur und Ausstattung, gute ägyptische Küche und eine friedliche Atmosphäre.

Hotel Sheharazade, Gezirat el-Bairat, Theben-West, Tel. mobil 010/611-59 39, www.hotelsheherazade.com; preiswert. Im Stil des großen ägyptischen Architekten Hassan Fathy wurde dieses Hotel erbaut – charakteristisch ist die 15 Meter hohe Kuppel über dem Atrium. Alle Zimmer haben Balkone zum ruhigen, begrünten Innenhof.

El-Nakhil, Gezirat el-Bairat, Theben-West, Tel./Fax 231 39 22, www.el-nakhil.com; preiswert. 2005 erbaut, ist das ansprechende, zweistöckige Hotel von schön angelegten Gärten umgeben. Alle Zimmer haben Balkon, die Badezimmer teils rollstuhlgerecht. Zwei Terrassen mit Blick auf Dorf oder Ackerland.

Hotel El Fayrouz, Gezirat el-Bairat, Theben-West, Tel. 231 27 09 (Rezeption), mobil 010/553 13 39, www.el-fayrouz.com; preiswert. Zehn Doppelzimmer, drei Dreibettzimmer und ein Appartement gehören zum Angebot des mittlerweile vierstöckigen Hauses. Alle Zimmer mit Balkon, Ventilator und Badezimmer. Einige Zimmer mit Klimaanlage. Große Dachterrasse, Gartenrestaurant.

Tutankhamun, südlich der Fähranlegestelle auf dem Westufer gelegen; preiswert bis mittel. Im ›Tutankhamun‹ gibt es beste ägyptische Küche! Zwar ist das Essen ganz schlicht, aber sehr ergreifend und bekömmlich. Es fängt schon mit den eingelegten Pickles an, das Hühnchen soll süchtig machen, und die Kartoffel-Gemüse-Variationen begeistern nicht nur Vegetarier. Wer draußen sitzen möchte, sollte abends unbedingt Mückenschutzmittel mitbringen.

Nur el-Qurna, direkt gegenüber dem Inspektorat, Tel. 231 14 30, mobil 010/129 58 12; preiswert. Es ist nur ein einfaches Gartenrestaurant, doch fühlt man sich in der sehr ruhigen Atmosphäre sofort wie im Urlaub. Tatsächlich kann man hier auch einfache und saubere Zimmer mieten. Der Familienbetrieb mit Gans, Huhn, Katze und Hund vermittelt Einblick ins

Leben auf dem Land. Noch ein Wort zum Essen: Absolut köstlich sind die in Teig ausgebackenen Auberginenscheiben oder der frische Limonensaft, mitunter etwas trocken die Ente (auf Vorbestellung).

Cafeteria Sennefer, am Berghang von Scheich Abd el-Qurna, direkt vor dem Grab des Rechmire; preiswert. Man kommt schon ins Schwitzen beim Aufstieg zur Cafeteria, aber es lohnt sich. Natürlich schon wegen der beiden Gräber hier oben (Rechmire und Sennefer), aber auch wegen der Aussicht über das Gelände und der leckeren Speisen sowie der angenehmen Sitzgelegenheiten draußen vor der Tür, innen im Schatten oder oben auf der Terrasse. Wer keinen Hunger hat, kann auch einfach nur einen Mokka oder Tee schlürfen und sich die bunte Mischung von Statuetten, Scherben und Ketten in der Vitrine anschauen.

Cafeteria von Shehat, direkt gegenüber der Tempelanlagen von Medinet Habu; preiswert. Einfache Cafeteria, in der man Schatten (!!), gutes ägyptisches Essen und eine Auswahl an heißen und kalten Getränken findet. Darüberhinaus kann man in Ruhe in der Buch- und Kartenauswahl stöbern oder sich die neueste Kollektion von bunten Baumwollschals ansehen.

Noch gibt es sie in großer Zahl, die mit ihren buntbemalten Fassaden lockenden **Alabasterfabriken**. Vor ihnen hokken einige Handwerker, zeigen Kalkstein- und Alabasterblöcke und führen ›antike‹ Techniken der Steinbearbeitung vor. Im Inneren reihen sich auf den Regalen Vasen, Schalen, Statuetten und Skarabäen aller Art. Maschinell gefertigte Ware erkennt man an der hochpoliert-glänzenden Oberfläche, Handarbeit hingegen weist eine stumpfere Oberfläche auf. Achten Sie darauf, daß keine mit Wachs geflickten Löcher in der Wandung zu entdekken sind. Mit Kerzen bestückt sorgen die Alabasterschalen und -becher für stimmungsvolle Beleuchtung – nicht zu empfehlen sind sie jedoch als Blumenvasen. Viele der handbearbeiteten Stücke sind nicht dauerhaft wasserfest!

Da viele Reisegruppen bei solchen Alabasterfabriken Halt machen, sind die Erstpreise oft zu hoch, also handeln Sie hier mit Nachdruck!

Open-air-Werkstätten von Scheich Abd el-Qurna. Vor den Gräbern von Ramose, Chaemhat und Userhat am Fuß des Berghangs haben mehrere Reliefschneider ihre kleinen Werkstätten. Einige ihrer Arbeiten sind wirklich gute Kopien der antiken Vorlagen! Hier lohnt sich auf jeden Fall ein Halt, nicht nur, um den modernen Künstlern bei der Arbeit zuzusehen, sondern auch, um eventuell ein schönes Mitbringsel zu erstehen.

An gleicher Stelle sind im **Balady Shop** Keramik, Glas und Holzarbeiten von verschiedenen Handwerkerprojekten in Ägypten ausgestellt. Besonders die Arbeiten aus dem Faijum, wo nach den Vorbildern fatimidischer bis mamlukischer Ware getöpfert und bemalt wird, sind sehenswert. Am charakteristischen Hellblau erkennt man die Ware aus Garagos, einem Dorf nördlich von Luxor, wo im Rahmen eines Klosterprojekts verschieden Handwerkszweige betrieben werden. Demnächst will Abd es-Sabour Osman, der Besitzer dieses kleinen Ladens, selbst eine solche Künstlerwerkstatt in Theben-West eröffnen.

▸ Karte S. 225

Mittelägypten

Nördlich von Qena sind Assiut und Minya die beiden wichtigsten Städte der mittelägyptischen Provinzen. Schon lange ist die Textilindustrie um Assiut berühmt – in vielen Werkstätten werden hier charakteristisch gemusterte Stoffe von Hand gewebt. Der Großteil der Bevölkerung arbeitet jedoch in der Landwirtschaft, nur langsam zeichnet sich in den letzten Jahren ein allmählicher Wandel ab. Nicht zuletzt die dramatischen Ereignisse in den Jahren nach 1985, als militante islamistische Gruppierungen in dieser Region starken Zulauf verzeichneten und es zu schweren Ausschreitungen gegen die Staatsgewalt und koptische Gemeinden kam, haben die Regierung aktiv werden lassen. Massive Verhaftungswellen standen auf der einen Seite, aber man erkannte offenbar auch, daß die Vernachlässigung Mittelägyptens stark zur Unzufriedenheit der Menschen beigetragen hatte. Seitdem gibt es verschiedene Projekte, die den

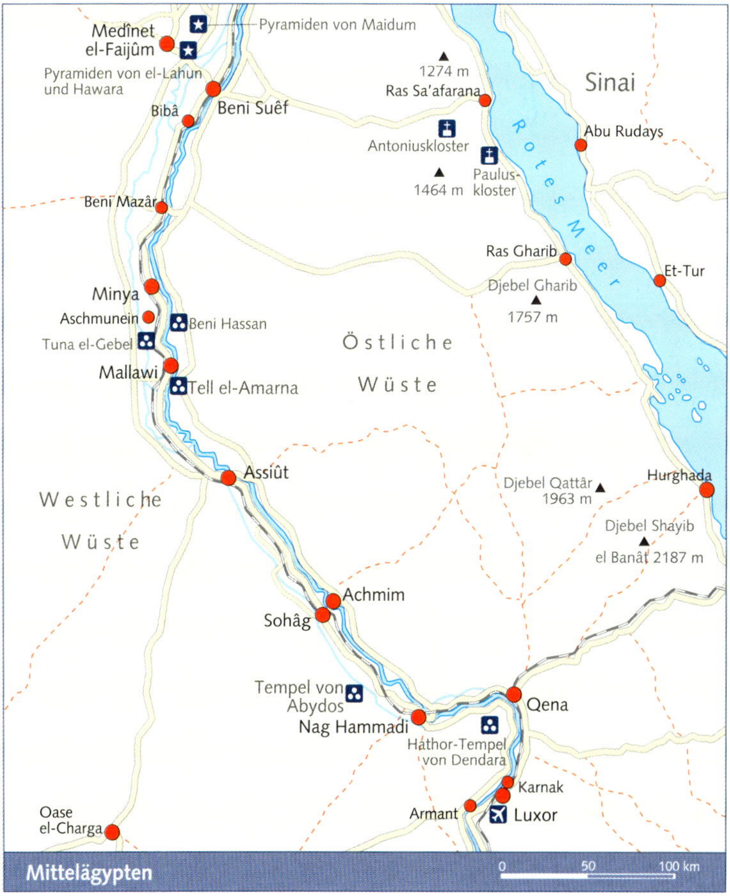

Lebensstandard heben sollen: Die Krankenversorgung wurde verbessert, ebenso die Wasser- und Stromversorgung, es gab mehr Gelder für die Ausbildung – langsam nähert sich die Alphabetisierungsrate dem Durchschnitt der Nation – und es wurde in modernere Landwirtschaft und den Aufbau der Industrie investiert. Dennoch bleibt für viele junge Menschen keine Wahl, sie müssen auf Arbeitssuche oft weit von zu Hause weg, müssen Familie und Freunde verlassen. Nach wie vor haben viele Dörfer keine öffentlichen Telefone, keine asphaltierten Straßen, Eselskarren fungieren als Transportmittel, und das nächste Krankenhaus ist nur schwer zu erreichen. Dabei bringt das Fernsehen in den Kaffeehäusern Bilder aus Kairo, Alexandria oder Europa und den Golfstaaten und weckt Sehnsüchte nach einem anderen Leben. Der Weg in die nächste größere Stadt ist voller Hoffnung, vielleicht gibt es dort Arbeit, eine bessere Schule, ein Krankenhaus – kurz gesagt, eine Zukunft, wenigstens für die Kinder. Die ägyptische Schriftstellerin Salwa Bakr schildert in vielen ihrer Kurzgeschichten das Leben der kleinen Leute: »Es war tausendmal besser, auf dem Straßenpflaster zu schlafen als in der erbärmlichen Lehmhütte, in der sie geboren war und in der sie jahrelang gelebt hatte. Hinzu kam, daß der Unfall ihrer kleinen Tochter ihr den Wert ihres Lebens in der Stadt verdeutlicht hatte ... Zarifa war mit ihr in das öffentliche Krankenhaus geeilt, wo sie versorgt werden konnte. Wäre der Unfall im Dorf passiert, wäre sie möglicherweise gestorben, bevor ihr ärztliche Hilfe hätte zuteil werden können.«

Der Tourismus könnte auch in Mittelägypten ein bedeutender Wirtschaftsfaktor sein. Schließlich liegen so bekannte Kultstätten wie der Osiris-Tempel von Abydos in der Region oder die ehema-

Bewässerung mit der Sakija (Wasserrad)

Dattelpalmen mit Früchten in Mittelägypten

▲ Karte S. 257

lige Hauptstadt des Ketzerkönigs Echnaton. Noch scheuen einige Veranstalter vor Fahrten in die mit dem Stigma des Fundamentalismus behaftete Gegend, doch die Nachfrage steigt. Überwiegend werden die Ziele zwischen Dendera und Minya zur Zeit auf dem Landweg angesteuert, als Zusatzprogramm zu den klassischen Nilkreuzfahrten zwischen Assuan und Luxor.

Hathortempel von Dendera

Das Monument, das ich hier sah, erschien mir wie der Ur- und Inbegriff eines Tempels in seiner höchsten Vollendung ... und ich darf hinzufügen, daß das gesamte Heer, ohne daß man den Soldaten besondere Vorliebe für die Antike nachsagen konnte, ganz ähnlich empfand.

Vivant Denon, Wissenschaftler der napoleonischen Expedition, 1802

Nur wenige Kilometer westlich von **Qena**, der von einem aktiven Gouverneur aufgepeppten Provinzhauptstadt rund 60 Kilometer nördlich von Luxor, zweigt die Straße ab ins westliche Wüstengebiet zum Heiligtum der Hathor von Dendera. Eine mächtige Mauer aus luftgetrockneten Ziegeln umschließt das heilige Areal der Liebes- und Muttergöttin Hathor. Ihr Heiligtum wurde in der ausgehenden Ptolemäerzeit grundlegend vergrößert und unter römischen Herrschern wie Augustus, Nero und Trajan fertiggestellt. Die **Pylone** und der **erste Hof**, die man sich ähnlich wie in Edfu vorstellen kann, wurden jedoch nie vollendet. Dafür erhebt sich der geschlossene, rückwärtige Teil des Tempels majestätisch in dem weiten Bezirk. Kuhohrige Gesichter der Hathor schauen an seiner Fassade von den Kapitellen des **Säulensaals** herab.

Im Inneren verdienen die **astronomischen Darstellungen** an der Decke besondere Beachtung. Der mittlere Prozessionsweg wird von der geiergestaltigen Himmelsgöttin Nechbet beschützt. Links und rechts in den Längsschiffen ist der Lauf der Sonne und des Monds während der Tages- und Nachtstunden zu sehen. Die Decken über den Seitenschiffen ganz links und rechts zeigen das **Nut-Bild** 1: Über die langgestreckte Gestalt der Himmelsgöttin Nut fahren Boote, in denen die Personifikationen altägyptischer Sternbilder zu sehen sind. An der zum Eingang liegenden Schmalseite findet die Geburt der Sonne statt, die allmorgendlich aus dem Schoß der Göttin hervorkommt.

Die Rückseite des Säulensaals ist wie die Fassade eines eigenständigen Tempels gestaltet: Rundstab und Hohlkehle säumen Seiten und oberen Abschluß, die Wand scheint sich wie ein Pylon nach oben zu verjüngen. Unter der geflügelten Sonnenscheibe öffnet sich in der Mitte der Durchgang zum von sechs Pfeilern getragenen **Saal des Erscheinens** 2. Gut kann man sich hier die ursprüngliche Beleuchtung vorstellen: Durch acht schmale Schächte in der original erhaltenen Decke fällt nur spär-

Der Hathortempel in Dendera

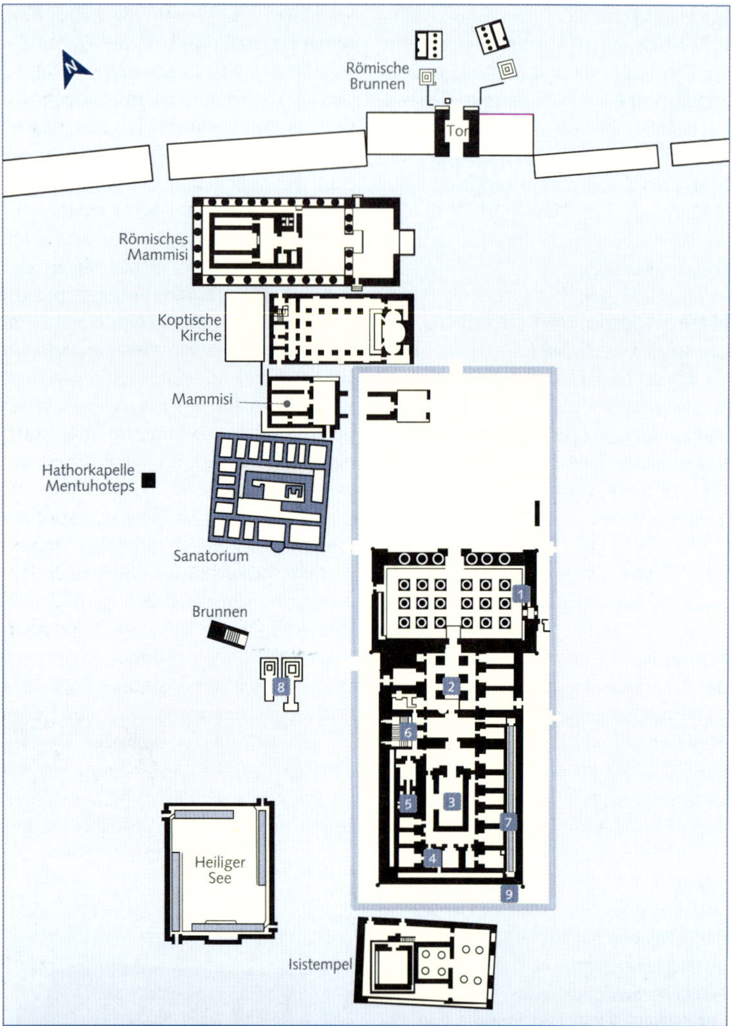

Der Hathortempel von Dendera

Legende

1 Nut-Bild
2 Saal des Erscheinens
3 Barkensanktuar
4 Zugang zur Krypta
5 Neujahrskapelle mit Nut-Decke
6 Treppe zum Dach
7 Treppe vom Dach
8 Nilometer
9 Kleopatra-Relief

Decke des ersten Säulensaals mit astronomischen Darstellungen

lich Licht auf die Reliefs. Der Könige, der hier bei der Gründung des Tempels mit der Hacke in der Hand und einem Tablett voller Steine abgebildet ist, blieb namenlos. Wie an vielen anderen Stellen im Tempel sind die Kartuschen leer geblieben – Thronstreitigkeiten im fernen Alexandria oder gar Rom waren die Ursache.

Salbenkammer und Krypta

Verschiedenste Dinge für den alltäglichen Tempelkult wurden in den Seitenräumen aufbewahrt. Die Inschriften der sogenannten Salbenkammer überliefern Rezepte für Duftöle, die zur Salbung der Götterstatue verwendet wurden: Für das heilige Heken-Öl benötigte man geharzten Wein, in dem Schoten des Johannisbrotbaums eingeweicht wurden. Über Akazienfeuer wurde die Mischung langsam eingedampft, und schließlich mit Weihrauch-, Mastix- und nach Vanille duftenden Styraxessenzen versetzt. Ganze 365 Tage dauerte die vorschriftsmäßige Herstellung dieses kostbaren Götterkosmetikums. Das Nachkochen einer anderen Rezeptur erbrachte ein verblüffendes Resultat: Der Duft der Matet-Salbe erinnert stark an Liebstökkel – und wirkt mückenabwehrend!

Zwei schmale Querräume liegen vor dem **Barkensanktuar** 3, von dessen Umgang elf Nebenkapellen zugänglich sind. In der Kammer direkt in der Mittelachse hinter dem Allerheiligsten, wie auch im Nachbarraum rechts finden sich Öffnungen hoch oben in der Rückwand beziehungsweise im Fußboden. Sie geben Zugang zu geheimen Räumen, in denen wertvolles Tempelgerät versteckt werden konnte.

Besonders schön sind die Reliefs in der unterirdischen **Krypta**, zu der man durch einen sehr engen Treppenschacht gelangt 4. Sie zeigen den Musikgott Ihi als Kind mit der Seitenlocke, wie er vor seiner göttlichen Mutter Hathor das Sistrum schwingt. Ein schwerer Perlenkragen zählte sicher zu den prachtvollen Gegenständen, mit denen die Gottheit im Kult geschmückt wurde.

Falken-Kultbild in der Krypta

Sonnenstrahlen für die Wiederbelebung

In ptolemäischen Tempeln gab es für das große Fest der ›Vereinigung mit der Sonne‹ spezielle Räume: Neben dem Allerheiligsten liegt ein kleiner offener **Hof** 5 mit einem erhöhten, baldachinartigen Raum. Hier zeigt das Deckenrelief eine schöne Variante des Nut-Bilds aus dem großen Säulensaal. Vom Hof aus führt eine mehrfach abknickende **Treppe aufs Dach** 6 zu einem kleinen Kiosk. In der Morgendämmerung trugen Priester die Statue und alles Tempelinventar hinauf; die Reliefs an den Wänden des Treppenaufgangs zeigen diese Prozession. Oben wurde die Statue – das Gefäß göttlicher Energie – von den Strahlen der Sonne mit Lebenskraft erfüllt und anschließend von musizierenden Priestern wieder in die Dunkelheit des Sanktuars geleitet.

Auf dem Dach befindet sich in der nordöstlichen Ecke eine dem Gott Osiris geweihte Kapelle. In ihrem Vorraum war das berühmte Deckenrelief mit dem Sternkreis von Dendera angebracht. Das Original ist heute im Louvre in Paris ausgestellt, vor Ort findet sich eine Kopie. Interessant ist die Vermischung der altägyptischen Sternzeichen mit den bis heute bekannten Tierkreiszeichen. Zwei weitere Varianten des Nut-Bildes ergänzen die Dekoration der Decke. Im anschließenden, nur durch einen einzigen Lichtschacht beleuchteten Raum sind an den Wänden Szenen aus dem Osiris-Mythos zu sehen. Der mumifizierte Leichnam wird von Anubis versorgt, in einem Sarg bestattet, vom Sonnenlicht wiederbelebt – und tritt in Aktion: An der linken Schmalwand zeigt eine Szene den Moment der Zeugung des Horus. Die in eine Falkenweibchen verwandelte Isis läßt sich auf dem erigierten Phallus ihres Göttergatten nieder. Das neue Leben hat den Tod besiegt!

Zurück in den Tempel gelangt man über eine **Treppe** 7, die in gerader Linie hinunter führt zum Opfersaal.

Um den Tempel herum

Draußen lohnt sich die Umrundung des Tempels, denn auf dem Weg zur Rückseite kommt man an der Ummauerung des heiligen Sees vorbei – der heute

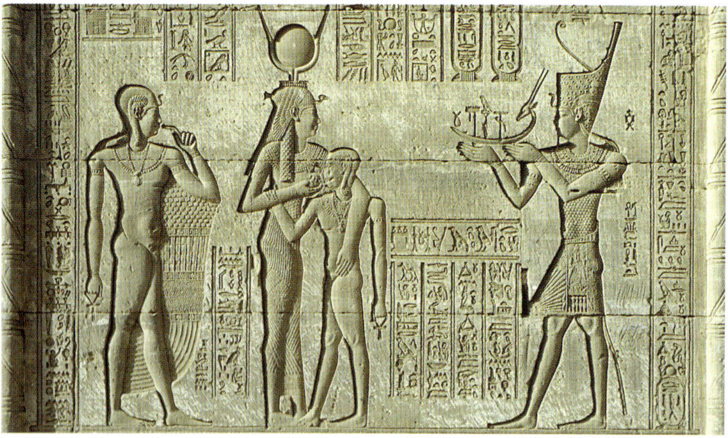

Säulenschranke am römischen Mammisi

▶ Karte S. 260

eher wie ein versenkter Garten wirkt –, entdeckt Spuren alter **Nilometer** 8 und an der Rückseite des Hathor-Tempels ein kleines Isis-Heiligtum. Die Reliefs an der Rückwand des großen Tempels zeigen eine der berühmtesten Herrschergestalten Ägyptens: Mit ihrem Sohn Ptolemaios XV. Caesarion erscheint dort **Kleopatra die Große** 9.

Auch im Vorfeld des Tempels sind noch einige Bauten zu entdecken: Eher unscheinbar wirken die **Überreste eines Sanatoriums**, das in der Römerzeit entstand. Tempelschlaf galt schon in altägyptischer Zeit als probates Heilmittel, die Wannen im Gelände zeigen, daß Dendera ein regelrechtes Kurbad besaß.

Nur noch in Resten erhalten ist das älteste Gebäude direkt nördlich des Bades. Nektanebos hatte dieses **Mammisi** in der 30. Dynastie anlegen lassen, es stand bei der Vergrößerung des Haupthauses ab der Ptolemäerzeit aber im Weg.

Aus dem 5. Jahrhundert nach Christus stammt die **Kirche**, die von Westen her über einen Vorraum mit Taufkapelle zugänglich ist. Pfeilerreihen gliedern die Versammlungshalle, an die sich nach Osten der Altarraum mit der Apsis anschließt.

Das schönste und besterhaltene der Nebengebäude ist das **römische Mammisi**, dessen präzise geschnittene Reliefs an der südlichen Außenwand im Nachmittagslicht schön zur Geltung kommen. Der kleine Ihi, Sohn von Hathor und Horus, wird von seiner Mutter gesäugt. Einen Extrablick verdienen auch die Miniaturszenen auf dem Schurz des Königs. Im Inneren des Mammisi findet sich die Bildfolge der Geburtslegende, wie sie vom Totentempel der Hatschepsut und aus dem Luxor-Tempel bekannt ist.

Abydos

O mein Herr, der die unendliche Zeit durchläuft, der da sein wird für immer; Osiris, Erster der Westlichen, Herr der Ewigkeit, Herrscher der Unendlichkeit... Die Seienden, sie sind bei dir, Götter wie Menschen. Du bereitest ihre Stätte im Totenreich. Die da kommen zu Millionen über Millionen, am Ende steht das Anlanden bei dir.

Aus einem Osirishymnus

Etwa auf halber Strecke zwischen Luxor und Assiut liegt eines der wichtigsten Pilgerziele altägyptischer Gläubiger. Abydos war der Hauptkultort des Osiris, des Herrschers des Jenseits und obersten Richters des Totengerichts. Gerne wäre man in der Nähe dieses großen Gottes bestattet worden; wer immer es ermöglichen konnte, stiftete wenigstens eine Stele in den heiligen Bezirk des Osiris. Bereits in der Frühzeit Ägyptens ließen sich die Herrscher der 1. und 2. Dynastie hier Gräber anlegen – ob sie allerdings tatsächlich hier oder im Friedhof von Saqqara bestattet wurden, ist in Fachkreisen umstritten. Auch die Könige des Neuen Reichs, die ihre riesigen Versorgungstempel in Theben-West anlegen ließen, konnten sich nicht so recht entscheiden, wo ihr Platz für die Ewigkeit sein sollte. Sie gingen auf Nummer Sicher und ließen auch in Abydos Totentempel errichten. Am besten erhalten ist der unter Sethos I. begonnene und von seinem Sohn Ramses II. fertiggestellte Kultbau. Zwei weite Höfe lagen vor dem in seiner Architektur ungewöhnlichen Tempelhaus. Pylone und Umfassungsmauern sind nur noch in wenigen Lagen erhalten. Eine breite Pfeilerhalle gliedert die Fassade, die nach der ursprünglichen Bauplanung sieben Eingänge besaß. Links des Mitteltors überreicht Ram-

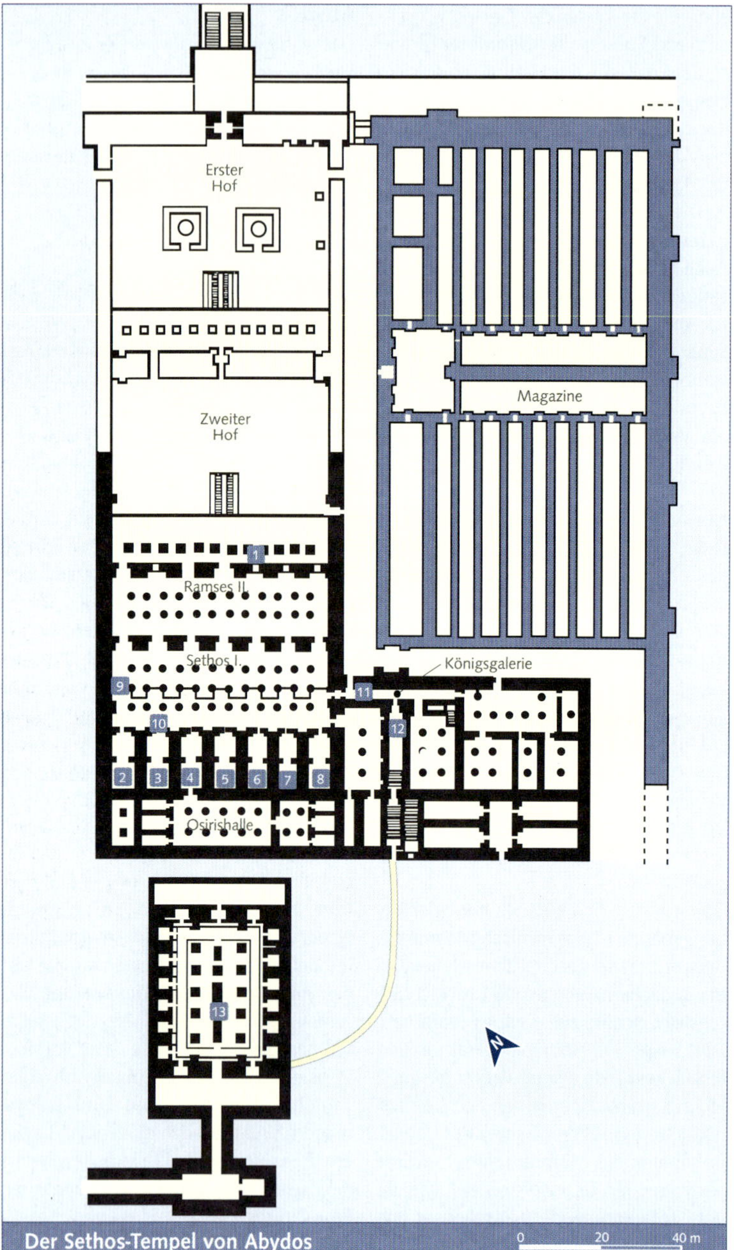

Der Sethos-Tempel von Abydos

ses II. Osiris, Isis und seinem vergöttlichten Vater Sethos I. eine kleine **Figur der Göttin Maat** 1. In einer langen Inschrift berichtet er, wie er als junger Herrscher bei einer Reise durch Ägypten auf die Bauruine des Sethos-Tempels in Abydos stieß. Als vorbildlicher Sohn kümmerte er sich um die Fertigstellung des Baus. So finden sich im Inneren des ersten Säulensaals Darstellungen von Ramses II., erst im zweiten Saal und in den sieben Allerheiligsten tritt Sethos auf.

Sieben auf einen Streich

Mit diesem Gedenktempel ließ Sethos allen großen Göttern Ägyptens ein Denkmal errichten: Von rechts nach links sind die sieben Abschnitte des Heiligtums Horus 2, Isis 3, Osiris 4, Amun 5, Ra-Harachte 6, Ptah 7 und Sethos I. 8 geweiht. Vom Eingang zu den Allerheiligsten finden sich die vertrauten Bilder von der Tempelgründung, der Reinigung des Königs, seiner Krönung und den ersten Opfern vor der jeweiligen Gottheit. Zwar sind für Ramses' Verhältnisse die Reliefs im Eingangssaal sehr fein gearbeitet, doch werden sie in Eleganz und Präzision von denen seines Vaters Sethos I. weit übertroffen. An der rechten Seitenwand vor dem Allerheiligsten des Horus sind sie besonders gut zu erkennen 9, da hier die Bemalung nicht mehr erhalten ist. Die Farbigkeit des Tempels läßt sich an den Wandstücken zwischen den Kapellen sehen. Die Szenen links und rechts des **Isis-Heiligtums** zeigen den König als Kind der Göttin, die ihm die Brust reicht 10. Das tägliche Ritual am Kultbild schmückte die Wände des Allerheiligsten. »Was zu diesem Gott gesagt wird im Anschluß an die beiden Lieder des täglichen Rituals: Horus und Thot sind gekommen, um dich zu schauen im Palast. Sie versehen dich mit dem Wasser der Urflut, mit Natronkugeln aus Elkab. Sie geben Salbe an deine Stirn, Leinen an deine Glieder, sie bringen dir grüne und schwarze Augenschminke dar; Myrrhe und Weihrauch umziehen deine Kapelle.« (nach Assmann, Hymnen). Von der **Kapelle des Osiris** 4 öffnet sich der Zugang zu einem weiteren Komplex, der quer zur Hauptachse des Tempels liegt. Es ist ein ganz den geheimnisvollen Geschehnissen um Osiris und seine Auferstehung geweihter Bereich. Die Reliefs in diesem Pfeilersaal und den rechts anschließenden Kapellen gehören zu den Highlights einer Ägyptenreise.

Die südlichste der sieben Hauptkapellen zeigt die Vergöttlichung des verstorbenen Sethos, der in die Reihen der Ahnen aufgenommen wird. Die falken- und schakalsköpfigen Träger seiner Sänfte sind Verkörperungen dieser verklärten Vorgänger. Die Krönungsszene bestätigt Sethos' Herrschaftsanspruch auch im Jenseits. Im hinteren Teil der Kapelle ist die Barke zu sehen, in der ein Kultbild des Königs aufgestellt wurde.

Legende

1 Ramses II. überreicht Figur der Göttin Maat
2 Kapelle Horus
3 Kapelle Isis
4 Kapelle Osiris
5 Kapelle Amun-Re
6 Kapelle Ra-Harachte
7 Kapelle Ptah
8 Kapelle Sethos' I.
9 Reliefs Sethos' I.
10 Isis säugt Sethos I.
11 Gang mit Königsliste
12 Jagd auf Wildstier
13 Osireion

Die Königsliste von Abydos

An der Südseite des zweiten Säulensaals öffnet sich ein **Gang** 11, an dessen Wand eine für die Erstellung der altägyptischen Chronologie bedeutende Liste entdeckt wurde: Es handelt sich um eine Aufzählung von 76 Pharaonen, die vor Sethos I. regierten. Die Hyksos, Hatschepsut, Echnaton und dessen Nachfolger bis Eje fehlen – so konnte man die Geschichte korrigieren. Vor dieser Liste erscheinen Sethos I. mit einem Räuchergefäß und sein Sohn Ramses mit einer Papyrusrolle, um den verehrten Ahnen Respekt zu erweisen. Der nach rechts abknickende Gang wurde erst dekoriert, als Ramses Pharao geworden war. Er erscheint rechts nach dem Eingang mit seinem Sohn Amun-her-chepeschef bei der **Jagd auf einen Wildstier** 12. Das Lasso hat sich bereits an den Hörner verfangen, Ramses' Sohn packt mutig den Stier am Schwanz. Auf der gegenüberliegenden Seite in der Nähe des Ausgangs ist Ramses bei der Vogeljagd mit dem Schlagnetz zu sehen. Diesmal erhält er Unterstützung von Göttern. Beide Szenen sind im Zusammenhang der Feindvernichtung zu verstehen, die im Tempel des Osiris an dessen Kampf gegen Seth erinnern. Der rückwärtige Ausgang führt zu einem **unterirdisch angelegten Komplex** 13, der erst 1902 entdeckt wurde. Als Grab des Osiris wird diese wuchtige Anlage gedeutet, deren zentraler Bau sich inselartig aus dem Wasser erhebt. Mittlerweile ist jedoch das Grundwasser so stark angestiegen, daß dieses von mythologischen Szenen geschmückte Gebäude nicht zugänglich ist.

Krönung Ramses' II. in Abydos

Dendera und Abydos

Die beiden Tempel werden meist von Luxor aus im Rahmen eines **Halb- oder Ganztagesausflugs** besucht. Täglich starten begleitete Konvois (Anmeldung am Vortag), die entweder nur den nähergelegenen Tempel von Dendera (ca. 60 km nördlich von Luxor) ansteuern oder zunächst zum rund 165 km nördlich liegenden Osiristempel und auf der Rückfahrt zum Heiligtum der Hathor fahren.

Dendera wird auch als **Tagesausflug per Schiff** von Luxor angeboten, der Ausflug dauert insgesamt gut zwölf Stunden (Anmeldung an der Hotelrezeption), es wird nach der Besichtigung an Bord Mittagessen serviert. Im Winter kann es an Deck recht kühl sein, nehmen Sie Jacke und Schal mit – und etwas zu lesen.

Zwar gibt es bei beiden Tempeln je eine **Cafeteria**, doch sind die vom Begleitschutz vorgegebenen Besichtigungszeiten meist so knapp bemessen, daß kaum Zeit bleibt für eine Mittagspause, weshalb die Lokale in der Regel auch nur Getränke, Süßigkeiten oder Chips im Angebot haben. Wer per Bus oder Pkw unterwegs ist, sollte sich mit einem Picknick oder einer Lunchbox vom Hotel selbst versorgen.

▶ Karte S. 264

Tell el-Amarna

Ich errichtete Achet-Aton für Aton, meinen Vater, an diesem Platz! ... Ich baue den großen Tempel für Aton ... ich errichte mir Niederlassungen des Pharao und ich baue einen Harem für die königliche Gemahlin... Man baue mir ein Grab auf dem Berg von Achet-Aton, wo die Sonne aufgeht, in welchem meine Bestattung erfolgen soll nach Millionen von Regierungsjubiläen.

Von den Grenzstelen von Tell el-Amarna

So wie Echnaton es in den vierzehn Grenzstelen rings um seine neue Hauptstadt verkündete, so geschah es. Nur kam es nicht zu den Millionen von Regierungsjubiläen. Und nach wie vor ist unklar, ob und wo es zur Beisetzung des Pharao kam. Die rund 50 Kilometer südlich von Minya gelegene Hauptstadt des Aton-Kultes wurde innerhalb kürzester Zeit aus dem Wüstenboden östlich des Nil gestampft - und verschwand genauso schnell wieder. Denn die nachfolgenden Herrscher hatten sich zum Ziel gesetzt, die Erinnerung an diesen König, der die Grundfesten der Maat erschüttert hatte, auszulöschen. Es gelang ihnen nicht ganz: Seit Archäologen um 1890 erste Grabungen begannen, ließen sich doch noch große Teile der Stadt rekonstruieren. Berühmt wurde die am Nikolaustag 1912 entdeckte Büste der Nofretete, die heute in der ägyptischen Sammlung von Berlin zu sehen ist. Im ehemaligen Stadtgebiet mit seinen beiden Aton-Tempeln, dem Palast, Verwaltungsbauten und herrschaftlichen Villen sind nur noch Grundrisse zu erkennen. Doch fand sich dort noch das Archiv des Auswärtigen Amts - hunderte von Tontäfelchen belegen den regen Austausch zwischen Ägypten und seinen Nachbarstaaten. Diplomaten beherrschten schon damals die Kunst der schönen Rede, wie ein Brief aus Babylon belegt: »Mir ist Wohlbefinden, dir, deinem Haus, deinen Frauen, deinen Kindern, deinem Lande, deinen Großen, deinen Pferden, deinen Wagen sei in hohem Grade Wohlbefinden!«

Die Nordgräber

Die in den Abhang des Ostgebirges geschlagenen Gräber von Beamten und Priestern sind die am besten erhaltenen Denkmäler der Stadt. Sie sind alle im eigenwilligen Stil der Amarna-Zeit gehalten, Echnaton und seine Familie sind die zentralen Elemente der Dekoration. Die vier nah beieinander liegenden Gräber 3, 4, 5 und 6 der nördlichen Gruppe sind relativ gut erhalten und lohnen daher einen Besuch:

Ahmes (Grab 3)

Als Wedelträger zur Rechten des Pharao hatte Ahmes eine hohe Stellung am Hof inne. Sein unfertig gebliebenes Grab ist allerdings eher bescheiden. Es zeigt einen einfachen T-förmigen Grundriß ohne große Säulenhalle. Gleich im Türdurchgang erscheint der Grabherr mit seinem Amtsabzeichen, dem Wedel, in der Hand.

An der mit Stuck verputzten linken Wand des Ganges finden sich noch Reste der Vorzeichnung in roter Farbe neben den bereits reliefierten Stellen. Nahe dem Eingang ist der Aton-Tempel zu sehen mit einer Reihe von Altären, Säulen und Statuen des von Echnaton und Nofretete. Unter dem angrenzenden Tempelschlachthof ist noch ein Teil des Palastes zu erkennen mit dem Schlafzimmer. Entdecken Sie das Bett mit der Kopfstütze?

Weiter rechts sind Soldaten zu sehen, die in der für Echnatons Regierungszeit

Nofretete opfert dem Gott Aton

so typischen tief gebückten Haltung dem königlichen Pferdegespann vorauseilen. Im unteren Bildregister sind Musikantinnen gezeigt, daneben die königliche Familie beim Mahl. Zwei der Töchter von Echnaton und Nofretete sitzen auf dem Schoß beziehungsweise unter dem Stuhl ihrer Mutter. Der unfertig gebliebene rückwärtige Teil des Grabes besitzt zwei in den Fels eingetiefte Grabschächte und eine Mittelnische, in der die stark zerstörte Statue des Ahmes noch zu erkennen ist.

Merire I. (Grab 4)

Im Gegensatz zu seinem Nachbarn besaß der Hohepriester des Aton als einer der wichtigsten Theologen der Zeit ein ausgesprochen großes Grab, dessen Reliefs in der Säulenhalle sehr gut erhalten sind. An der rechten Rückwand seines Grabes findet sich die Abbildung seiner von Gärten umgebenen Residenz. Auch Stallungen mit Pferden sind zu sehen und die älteste Abbildung des Schaduf, eines Wasserschöpfgeräts, das bis Ende des letzten Jahrhunderts noch in Verwendung war. Die restlichen Wände sind der Arbeitsstätte des Merire vorbehalten: Links erkennt man mit seinen offenen Höfen gut den großen Aton-Tempel, auf den Echnaton und Nofretete in Pferdewagen zufahren. Trotz seines pazifistischen Gedankenguts erscheint der Pharao mit Militäreskorte, an seinem Wagen sind Bogen und Köcher mit Pfeilen angebracht. Die linke Eingangswand zeigt das sogenannte ›Erscheinungsfenster‹, eine Art Balkon im Palastbereich, von dem aus Echnaton Empfänge ausländischer Gesandter beobachtete oder an seine verdienten Untertanen Auszeichnungen in Form schwerer Goldketten verteilte. Die rechte Eingangswand zeigt Merire als Priester im Tempel neben der königlichen Familie.

Im angrenzenden Raum, der als zweite Vierpfeilerhalle geplant war, sind die Arbeiten nicht zum Abschluß gekommen. Dafür kann man gut nachvollziehen, wie die Felskammern aus dem Stein geschlagen wurden.

▶ Karte S. 257

Pentu (Grab 5)

Das Grab des Oberarztes Pentu entspricht in der Anlage dem des Ahmes. Es ist nicht fertiggestellt worden und in der Nach-Amarna-Zeit stark beschädigt worden. An der linken Längswand sind Darstellungen der Königsfamilie beim Besuch des Atontempels zu erkennen. Bei genauer Betrachtung sieht man darunter Schiffe, Häuser, Gärten und Stallungen, die ein Bild von der Stadt Achetaton geben.

Panehesi (Grab 6)

Das Grab des ›Aufsehers der Diener des Aton im Atontempel‹ liegt etwa 100 m weiter südlich, ist aber über einen Pfad leicht zu erreichen. Ähnlich angelegt und auch im Bildprogramm verwandt dem großen Grab des Merire, finden sich hier noch einmal sehr detailgenaue Bilder des Atontempels mit zahlreichen Altären voller Opfergaben.

Die Ausfahrt von Echnaton, Nofretete und ihren Töchtern in Pferdegespannen wird wieder begleitet von sich ehrfurchtsvoll verneigenden Soldaten. Selbstverständlich durfte auch die Szene der Verleihung der Ehrengoldkette an Panehesi in seinem Grab nicht fehlen.

Das Grab wurde in chritslicher Zeit zu einer Kirche umfunktioniert, weshalb auf der linken Seite des Pfeilersaals eine Vertiefung in die Wand und an der linken Rückwand eine Apsis eingeschlagen wurden.

Im Durchgang zum zweiten Pfeilersaal erscheint Panehesi mit seiner Tochter, die auch in der Opfertischszene in der Stauennische ihren Vater begleitet. Offenbar war Panehesi verwitwet, denn die anderen Damen in seiner Begleitung werden als seine Schwester mit ihren Töchtern vorgestellt.

i Tell el-Amarna

Das weitläufige Antikengelände der ehemaligen Residenz Echnatons liegt südlich der Kleinstadt **Mallawi** auf dem Ostufer des Nil. Dorthin gelangt man per **Fähre**. Am Ostufer erwarten recht klapprige **Minibusse** die Besucher und bringen sie zu den verschiedenen, weit auseinander liegenden Besichtigungspunkten (pro Ziel fallen Gebühren an). Wer auf diesen Transport angewiesen ist, sollte unbedingt Zeiten für die Besichtigung an den einzelnen Punkten absprechen. Die wenigen Busse reichen bei größerem Andrang nicht – schon ab drei Gruppen wird's eng.

Eine kleine **Cafeteria**, die auf dem Weg zum Nordpalast bzw. den Nordgräbern liegt, bietet einen einfachen Imbiß, den man am besten gleich bei Ankunft am Ostufer vorbestellt.

Tuna el-Gebel

Sämtliche Tiere aber gelten als heilig, Haustiere so gut wie wilde. Jedes hat seinen Wärter, der ein Ägypter oder eine Ägypterin ist, und dieses Amt erbt sich vom Vater auf den Sohn fort. Die toten Katzen werden nach der Stadt Bubastis gebracht, einbalsamiert und in heiligen Grabkammern beigesetzt. Spitzmäuse und Habichte bringt man nach der Stadt Buto, Ibisse nach Hermopolis.

Herodot, um 450 vor Christus

Nach einem Besuch bei den Tierfriedhöfen von Tuna el-Gebel ist man geneigt, dem Bericht Herodots zu glauben, daß alle Tiere als heilig galten. In den unterirdischen Kammern wurden

Das Petosiris-Grab zeigt die Geburt eines Kalbes

anfangs tatsächlich überwiegend Ibisse und Paviane, die beiden heiligen Tiere des hier besonders verehrten Thot, bestattet. Doch fanden die Ausgräber von Mäusen, Schafen, Rindern bis zu Krokodilen eine ziemliche Bandbreite anderer mumifizierter Tiere. Als Friedhofsgebiet zum nahegelegenen Aschmunein, wo Thot als Schöpfer verehrt wurde, erlebte Tuna el-Gebel unter den ersten Ptolemäern eine Blütezeit. Besonders interessant sind die Reliefs im **Familiengrab des Petosiris**, der als Verwalter der Ibisgemeinschaft – einer der Pflege der heiligen Tiere des Weisheitsgottes Thot gewidmeten Gemeinschaft – eine bedeutende Stellung einnahm. Griechische und altägyptische Traditionen mischen und durchdringen sich hier und belegen, daß die Künstler sich beider Stile bedienen konnten. Im Vorraum des wie ein kleiner Tempel gestalteten Grabes beherrschen Alltagsszenen das Bildprogramm: An den beiden Seitenwänden sind Ackerbau (links) und Weinanbau sowie Viehzucht (rechts) dargestellt. Die schmalen Säulenschranken an der Eingangswand dagegen sind handwerklichen Themen vorbehalten. Alle diese Bilder sind stark von der hellenistischen Kunst geprägt – in Körperhaltung und Kleidung unterscheiden sich die Figuren deutlich von denen im konservativ ägyptischen Stil gehaltenen an der Rückwand des Vorsaals. Hier und im angrenzenden **Kultraum** finden sich Darstellungen religiösen Inhalts. Man hat also bewußt für die irdischen Themen den modernen Stil gewählt, während das ›Ewige‹ auf althergebrachte Weise gestaltet wurde. Auszüge aus dem Totenbuch wurden hier wiedergegeben, wobei die große Vignette an der Rückwand hinter dem Grabschacht die Aufmerksamkeit auf sich zieht: Der Skarabäus symbolisiert die Auferstehung. Werfen Sie auch einen Blick auf die Reliefs der Sockelzone: Die sehr lebendige und fröhlich wirkende Reihe der Opferträger – wieder in griechischem Stil – steht in starkem Kontrast zu den strengen Bildern darüber. Im nicht zu-

▶ Karte S. 257

gänglichen **Sargraum** fanden die Ausgräber die Mumien von Petosiris, seiner Gemahlin und einem seiner Söhne.
Im Gebiet von Tuna el-Gebel finden nach wie vor Grabungen statt: Die Universität München forscht in den unterirdischen Tierfriedhöfen, während das Museum von Hildesheim sich mit den Bauten der Humannekropole beschäftigt.

Fürstengräber von Beni Hassan

In Beni Hassan habe ich ein ganzes Felsgrab vollständig auszeichnen lassen; es soll ein Specimen des großartigen Stils der Architektur und der Kunstübung überhaupt während der mächtigen zwölften Dynastie abgeben.

Richard Lepsius an Alexander von Humboldt

Lepsius, der ›Vater der deutschen Ägyptologie‹, war besonders angetan vom **Grab Chnumhoteps II.**, den Pharao Amenemhet II. als Fürst in der Antilopenprovinz eingesetzt hatte. Von insgesamt 39 Grabanlagen, die zwischen 2080 und 1760 im Berghang rund 20 Kilometer südöstlich von Minya angelegt wurden, ist es das schönste und größte.
Der große, in den Felsen getriebene Raum wird von Säulen in **drei Längsschiffe** mit leicht gewölbten Decken unterteilt. Nachdem die Malereien in den Gräbern erst kürzlich vorsichtig gereinigt wurden, erstrahlen die Farben wieder in alter Frische. Ringsum läuft in der Sockelzone eine grüngefaßte Inschrift, in der die Lebensgeschichte Chnumhoteps berichtet wird. Vom Eingang aus links finden sich Szenen der Landwirtschaft, rechts verschiedener Handwerker über Abbildungen der rituellen Bootsfahrt nach Abydos zum Heiligtum des Osiris.
An der nördlichen Seitenwand erscheint Chnumhotep bei der Jagd auf Wüstentiere, unter denen auch Fabelwesen wie Schlangenhalspanther und das mythische Seth-Tier erscheinen. Im hinteren Teil der Wand empfängt der Provinzfürst eine Händlerkarawane von 37 Aamu-Beduinen, die neben Antilopen und Steinböcken spezielle Augenschminke

Die Wächter von Beni Hassan

liefern. Ihre buntgemusterten Gewänder sowie Haar- und Barttracht weisen sie als Bewohner des ägyptisch-vorderasiatischen Grenzgebiets aus; ihr Anführer trägt den Titel ›Herrscher der Fremdländer‹.

An der Rückwand des Saals war in einer Nische die Statue des Verstorbenen aufgestellt. Darüber findet sich eine ungewöhnliche Variante des Vogelfangs: Chnumhotep sitzt auf einem Stuhl hinter einer Art Sichtschutz und hält in der Hand den Strick für das Vogelnetz, in dem bereits die Beute gefangen ist. Zwischen dem Netz und dem Grabherrn ragt ein Baum voller Vögel ins Bild – es ist eines der beliebtesten Motive heutiger Papyrusmaler. Hinter Chnumhotep erscheinen sein Sohn und eine Stufe tiefer der Architekt des Grabes, Baqet.

Links und rechts der Nische finden sich großformatige Bilder des Grabherrn bei der Jagd im Papyrusdickicht, darunter links der Fischfang mit einem großen Schleppnetz und rechts ein Spiel der Bootsmannschaften, das sogenannte Fischerstechen. An der rechten Wand ist die Opferversorgung des Chnumhotep und seiner Gemahlin gezeigt.

Eine Generation früher war das Nachbargrab des Amenemhet entstanden. Es entspricht im Aufbau ganz dem des Chnumhotep, lediglich die Bilder an der Rückwand unterscheiden sich: Die militärische Macht der Provinzfürsten wird hier zur Schau gestellt. Die Amenemhet unterstellten Truppen sind bei Kampfsportübungen in verschiedensten Stellungen gezeigt. Zwei weitere Gräber aus der 11. Dynastie sind für Besucher geöffnet. Baket und sein Sohn Cheti waren ebenfalls Fürsten im Antilopengau mit großer militärischer Befehlsgewalt. Das Bildprogramm entspricht weitgehend dem der späteren Gräber, Tanz- und Ballspielszenen bei Baket oder die beiden Zwerge, die Cheti vorgeführt werden, setzen etwas veränderte Akzente.

Schulausflug nach Tuna el-Gebel

▲ Karte S. 257

Mittelägypten

Wer nicht mit einer Reisegruppe per Bus nach Mittelägypten kommt, für den bietet sich die **Bahn** als bestes Transportmittel an. Von Kairo oder Luxor aus erreicht man **Minya** in wenigen Stunden. Die Kreisstadt eignet sich als Ausgangspunkt für die Besichtigungen von Tell el-Amarna (Tagesausflug), sowie Tuna el-Gebel und Beni Hassan (jeweils Halbtagesausflüge).Am besten mieten Sie sich für diese Besichtigungen ein **Taxi**, mit dem Sie sich dann zum Beispiel auch in Tell el-Amarna unabhängig von den örtlichen Bussen bewegen können (siehe Seite 267).

Nach wie vor sind die **Sicherheitsvorkehrungen** in Mittelägypten streng. Wer das Hotel verlassen möchte – und sei es nur zu einem Bummel an der Corniche – darf dies nicht ohne Anmeldung (mind. 30 Min. im voraus) und – meist recht nettem – Begleitschutz.

Die Strecke nach Tuna el-Gebel führt auf dem Westufer bis kurz vor die Kreisstadt **Mallawi**, wo eine schmale Straße durch kleine Dörfer bis zum Wüstengelände führt. Im Vorfeld des abgegrenzten Antikengeländes erkennt man am Felsabbruch eine Stele, die von einer modernen Schutzkonstruktion umgeben ist. Es handelt sich um eine der Grenzstelen aus der Regierungszeit des Echnaton, dessen Residenz auf dem Ostufer lag und der das fruchtbare Westufer mit eingemeindet hat.Die Fahrt auf dem Ostufer nach Süden Richtung **Beni Hassan** führt entlang des riesigen **Friedhofsgebiets von Sawiet el-Maitin** mit für diese Region charakteristischen Kuppelgräbern. Seit Jahrhunderten wurde dieses Gelände als Friedhof sowohl von Muslimen wie auch Kopten genutzt – kein Wunder also, daß sich hier tausende von Kuppeln wölben. Nach einer knappen halben Stunde Fahrt erreicht man die Treppe, die hinauf zu den Fürstengräbern von Beni Hassan führt.

Da Reisen in Mittelägypten lange Zeit schwierig waren, ist die Auswahl an Hotels eher klein. Die beste Unterkunft in der Region ist in Minya zu finden:
Aton Nile Hotel, Cornish el-Nil, Tel. 086/2342993, Fax 2341517, www.atonnilehotel.com; mittel. Die Lage direkt am Nil ist der absolute Pluspunkt dieses Hotels. Die Zimmer sind in einem langgestreckten Garten verteilt in einfachen, sehr hellhörigen Bungalows. Neben dem Hauptrestaurant gehören zum Hotel gehören zwei weitere Café-Restaurants. Im direkt am Nil liegenden ›Orange Café‹ sitzt es sich abends vor allem während der heißen Zeit sehr schön. An kühleren Tagen bietet das gemütliche ›Aladdin‹ mit einer großen Auswahl an Speisen und Getränken eine gute Alternative.

Tuna el-Gebel: Eine einfache **Cafeteria** am Eingang des Geländes sorgt für Schatten und Getränke, mitgebrachte Speisen können hier verzehrt werden.
Beni Hassan: Am ersten Absatz der Treppe zu den Gräbern findet sich eine kleine **Cafeteria** – bringen Sie sich ruhig eigene Verpflegung mit.

Falls Sie für die Ausflüge Verpflegung einkaufen wollen: In der Parallestraße zur Corniche etwa auf Höhe des ›Aton-Hotels‹ gibt es in einer **kleinen Bäckerei** außerordentlich leckeres Gebäck von der Mini-Pizza bis zu süß gefüllten Blätterteigtaschen.

Sie sind die berühmtesten Denkmäler Ägyptens, vielleicht sogar der Welt. Seit der Antike zählen sie zu den Weltwundern, von denen sie als einzige noch erhalten sind: die Pyramiden.

Wo die Pyramiden stehen

Weltwunder Pyramiden

Bei den Pyramiden Ägyptens denkt jeder sofort an die drei Großen von Gisa – dabei gibt es im ganzen Land 81 solcher Bauten, über die Hälfte davon waren als Königsgräber geplant. Die älteste Pyramide steht in Saqqara, die erste ›richtige‹ in Dahshur und die größte in Gisa. Aber sogar auf der Insel Elephantine stand eine kleine Pyramide, die nicht als Grab, sondern möglicherweise als Symbol einer königlichen Pfalz gedient hatte.

In der 3. Dynastie entwickelte sich in der Regierungszeit des Djoser der Gedanke, dem Pharao als ewige Stätte eine monumentale Himmelstreppe zu errichten. Dieser Bau war ein regelrechtes Experimentierfeld in Sachen neuer Technologie – erstmals wurde ein so großes Denkmal in Stein erbaut. Das ›Lernen beim Bau‹ hörte aber nach dem ersten Erfolg nicht auf: Unter Snofru gingen die Baumeister auf die Suche nach der Vollendung. Sie entwickelten innerhalb von etwa 40 Jahren die glatte, klassische Form an drei Bauprojekten in Maidum und Dahshur. Die gewonnenen Erfahrungen kamen Cheops zugute, dessen Pyramide den Höhepunkt dieser Architekturform markiert. Seine Nachfolger wurden bescheidener: In der 5. und 6. Dynastie pegelte sich die Größe der Pyramiden auf ein durchschnittliches Maß von 150 Königsellen Seitenlänge ein, also etwa 78 Meter.

Wirtschaftliche und innenpolitische Schwäche ließen die Königsgräber nach der 6. Dynastie weiter schrumpfen. Im Mittleren Reich experimentierte man wieder: Nur für das Gerippe und die Außenhaut der Pyramiden wurden Steinblöcke verwendet, die ›Füllung‹ bestand aus luftgetrockneten Lehmziegeln. In den meisten Fällen waren die Sargkammern unterirdisch oder ebenerdig angelegt, die Cheopspyramide hält auch diesbezüglich den Höhenrekord. Zu jeder Pyramide gehörte ein Totentempel, in dem die kultische Versorgung des Herrschers stattfand. Über einen Prozessionsweg war er verbunden mit dem

▲ Karte S. 277

Die Pyramiden von Gisa

Taltempel am Rande des Fruchtlands, der wiederum über einen Kanal vom Nil aus zu erreichen war. Für die Beisetzungsfeierlichkeiten war dieser ›Hafen-Tempel‹ als erste Anlaufstelle der Trauergesellschaft von größter Bedeutung – später wurde er nicht mehr genutzt.

Auch errichtete man für die Ehefrauen und Mütter der Pharaonen kleine Nebenpyramiden, während der Rest des Hofstaats in den quaderförmigen Mastaba-Gräbern bestattet wurde. Eine Vielzahl an Priestern war nötig, um den Kultbetrieb an der Stätte der Ewigkeit aufrechtzuerhalten – sie lebten in den Pyramidenstädten, die möglicherweise auch die jeweilige Residenz des amtierenden Pharao einschloß. Mit einem Wohnsitz in der Pyramidenstadt kam man so ganz nebenbei auch in den Genuß von Steuerbegünstigungen und wurde von Frondiensten ausgenommen. Die Pyramidenstadt von Pepi I., die während der Ersten Zwischenzeit noch als Residenz fungierte, trug den Namen Men-nefer-Pepi: Memphis.

Schon seit der Antike machten sich Besucher der Pyramidenstätten Gedanken, wie denn diese gewaltigen Bauten errichtet worden waren. So heißt es beim griechischen Historiker Diodor im 1. Jahrhundert nach Christus: »Sie ist vollständig aus harten, schwer behaubaren Steinen errichtet ... Man habe sie, heißt es, aus Arabien, von sehr weither, kommen lassen, und mit Hilfe von Terrassen habe man sie zusammengestellt, denn damals hatte man noch nicht die

Die Pyramiden

Maschinen erfunden. Und das Erstaunlichste ist, daß dieses Denkmal inmitten eines sandigen Landes steht, wo man keine Spuren von Terrassen oder Steinmetzarbeiten wahrnimmt, dergestalt, daß es kein Menschenwerk zu sein scheint und daß man glauben möchte, es sei von irgendeiner Gottheit ... erschaffen worden.« Ein paar der Fragen sind mittlerweile beantwortet, doch bleiben noch viele Dinge ungeklärt – mit ein Grund für die Faszination, die die Pyramiden seit Jahrhunderten ausüben.

Pyramiden des Snofru in Dahshur

Seine erste Pyramide ließ Snofru noch am Rand des Faijum in Maidum als Stufenpyramide beginnen. Vermutlich nach dem Umzug der Residenz ins nördlichere Gebiet von Memphis war aber ein Neubau für die Ewigkeit nötig. Man wählte das Gebiet um Dahshur – ein schwieriger Baugrund, wie sich bald herausstellen sollte. Der Tonschieferuntergrund erwies sich als nicht ausreichend tragfähig für die gewaltige Masse der geplanten Pyramide. Dabei war Snofru mit dem zweiten Pyramidenprojekt ein entscheidender Schritt weg vom Stufenbau zur glatten, klassischen Form der Pyramide gelungen. Doch zeigten sich schon während der Bauarbeiten Risse im Gestein. Snofrus Baumeister reagierten schnell – bis heute ist der Knick an der **ersten Pyramide** von Dahshur ihr markantestes Erkennungszeichen. Durch die Änderung des Neigungswinkels von 54 auf 44 Grad reduzierte sich die Masse der Steine beträchtlich, die noch zur Fertigstellung nötig waren. Dennoch wollte man den König lieber nicht in einem eventuell einsturzgefährdeten Grabmal beisetzen. Also wurde Pyramide Nummer drei begonnen.

▶ Karte S. 277

Etwa zwei Kilometer nördlich entstand die **Rote Pyramide**, die von vornherein mit 45 Grad einen sehr flachen Neigungswinkel besaß. Beide Bauten des Snofru erreichten schließlich eine Höhe von 104,5 Metern, allerdings waren die Seiten der Roten Pyramide mit je 220 Metern um 32 Metern länger als die ihres Vorgängerbaus. Dadurch konnte sich die Last des Gesteins auf eine größere Fläche verteilen, die Gefahr der Risse war gebannt. In beiden Pyramiden gibt es ein System von absteigenden und ansteigenden Gängen und von Kammern mit hohen Giebeldächern. Beim Besuch der Roten Pyramide führt eine moderne Treppe an der nördlichen Außenseite auf eine Höhe von 28 Metern. Von dort senkt sich der Korridor bis tief in den gewachsenen Fels zu einer ersten Vorkammer. Über Hilfstreppen steigt man vom folgenden Raum empor zur undekorierten Sargkammer, die etwa ebenerdig liegt. Der ursprüngliche Fußboden der Kammer ist bei der Suche nach der Bestattung herausgerissen worden, tatsächlich fand man Überreste einer Mumie.

Im Süden der Knickpyramide steht noch ein kleine, nur knapp 25 Meter hohe **Nebenpyramide**, die ebenfalls über ein

Die Knickpyramide des Snofru

Kamele bei den Pyramiden

Gang- und Kammersystem verfügt. Wie beim ›Südgrab‹ des Djoser in Saqqara ist auch hier die Funktion der Pyramide nicht eindeutig zu bestimmen, eine echte Bestattung wurde hier wohl nicht vorgenommen.
Östlich und südlich der beiden Snofru-Pyramiden sind im Gelände noch die bizarren Formen der sogenannten **Schwarzen Pyramide** von Amenemhet III. und der Hügel der **Weißen Pyramide** von Sesostris III. zu erkennen. Sie waren aus Lehmziegeln erbaut und sind daher sehr viel stärker verwittert. Einst ragten beide etwa 80 Meter auf und besaßen eine Verkleidung aus polierten Kalksteinblöcken. Wie in Saqqara legten auch in Dahshur die Beamten und Mitglieder der königlichen Familie ihre Gräber in der Nähe des Herrschers an. Der größte Teil dieses Friedhofs liegt aber noch unter dicken Sand- und Schuttschichten verborgen.

Imhotep-Museum in Saqqara

Direkt nach dem Tickethäuschen von Saqqara liegt rechts der Straße ein neuer Komplex mit Cafeteria, Toiletten und einem kleinen, aber sehenswerten Museum. Im Mittelpunkt stehen **Funde aus der Stufenpyramide**: Djoser und Imhotep, sein Baumeister, werden gezeigt, ebenso wie der französische Archäologe Jean-Philippe Lauer, der sein Leben der Rekonstruktion dieses Grabbezirks widmete. Daneben finden sich Fundstücke aus verschiedenen Grabungen, die immer noch das riesige Gelände von Saqqara erforschen.
Ein Relief aus dem Aufweg zur Unas-Pyramide zeigt völlig abgemagerte Beduinen – ob es sich um das Zeugnis einer tatsächlichen Hungersnot handelt oder nur belegen soll, daß die Beduinen in der Wüste ein viel kargeres Leben führen mußten als die unter dem Schutz des Pharao lebenden Niltalbewohner, ist unter Ägyptologen umstritten.
Ein **Holzsarg aus dem Mittleren Reich** mit dem Modell eines Bootes und einer Kopfstütze veranschaulicht die Grabausstattung, zu der auch die sogenannten **Kanopen** gehören, jeweils vier Gefäße, in denen die mumifizierten Eingeweinde aufbewahrt wurden. Statuen aus verschiedensten Epochen vertreten den jeweiligen Stil – kräftig, untersetzt, schlank, feingliedrig, mandeläugig oder mit Stupsnase – und die unterschiedlichen Moden der Zeit: Kurzhaarperücke, lange Zöpfchenmähne, glatter Schurz oder reichplissiertes Kleid mit langen Tütenärmeln. Faszinierend ist das Bildnis aus dem Grab des Aper-El, das die Umbruchzeit am Ende der 18. Dynastie repräsentiert.

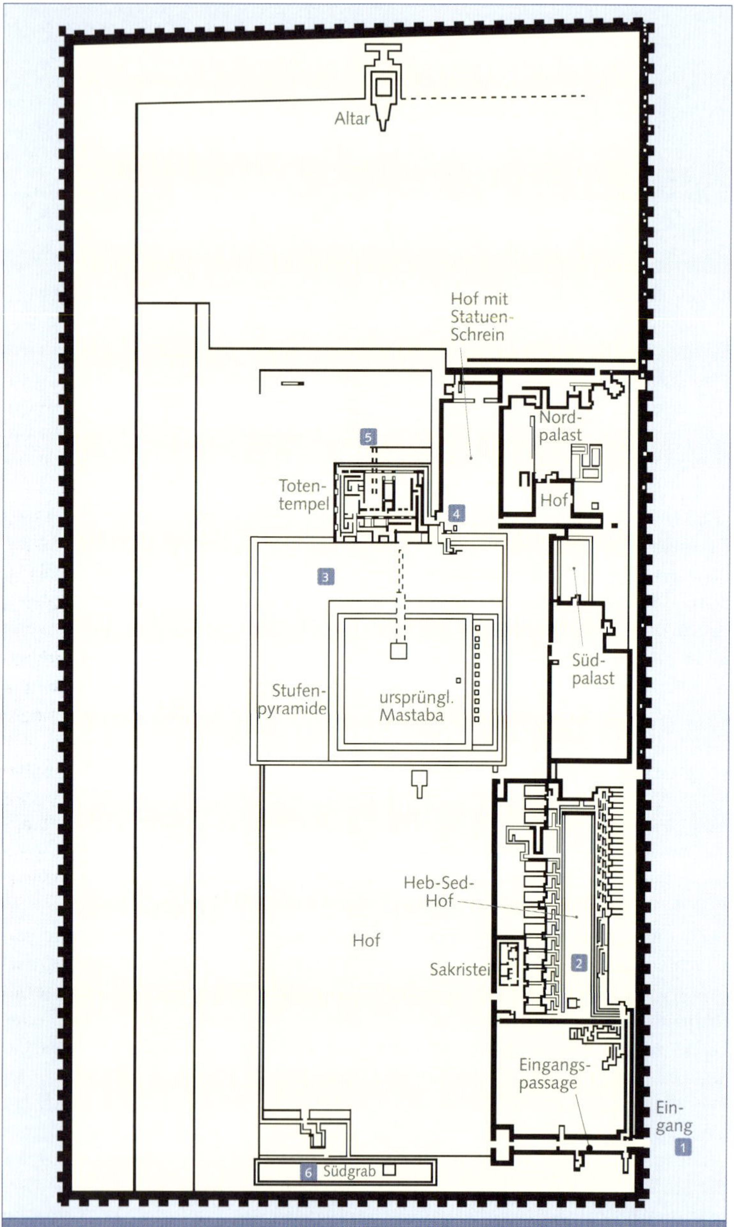

Der Djoser-Komplex

Grabkomplex des Djoser

Ein Areal von 550 auf 330 Meter ist von einer 10,5 Meter hohen Umfassungsmauer umschlossen, die an ihrer Südostecke teilweise wieder aufgebaut wurde. Mit zahlreichen Vor- und Rücksprüngen ahmt sie ältere Lehmziegelbauten nach. Durch das **Tor** 1 betritt man eine gedeckte Passage, die von 21 Nischen auf beiden Seiten flankiert wird – 42 Statuen von Gottheiten, welche die Provinzen Ägyptens verkörperten, standen hier Spalier für den Begräbniszug des Pharao.

Der Weg mündet in einen weiten, offenen Hof, an dessen Nordseite sich die Pyramide erhebt. Auf dem Weg dorthin bietet sich ein Abstecher in den **Heb-Sed-Bereich** 2 an, in dem Kapellen für Djosers Feier des Regierungsjubiläums errichtet worden waren.

Richtung Norden schließt sich der **Palastbezirk** an, der direkt östlich der Pyramide liegt. Schließlich benötigt ein Herrscher auch in der Ewigkeit eine angemessene Residenz. Sowohl bei den Kapellen im Festhof wie auch bei den Palästen handelt es sich um Scheinbauten: Nur ein kurzer Gang oder eine Nische täuschen die Begehbarkeit der Gebäude vor – nach wenigen Metern steht man vor massivem Mauerwerk. Auf diese Art ließ sich die Standfestigkeit der Bauten erhöhen. Interessant sind die Graffiti, die sich im Gang des Südpalastes finden, belegen sie doch, daß schon in altägyptischer Zeit die Pyramiden als Wunderwerke bestaunt wurden und Kulturtouristen nicht widerstehen konnten, ihren Kommentar zu hinterlassen.

Die Stufenpyramide des Djoser

Die Stufenpyramide

Die Stufenpyramide des Djoser 3 machte gleich zwei Männer unsterblich: Djoser – für den sie als monumentales Grab erbaut wurde – und Imhotep, den Baumeister, der aufgrund dieses die Architektur Ägyptens revolutionierenden Werks vergöttlicht wurde. Dabei hatte das Projekt ganz normal angefangen, vielleicht ein bißchen größer als die Anlagen der Vorgänger. Eine quadratische Mastaba mit leicht geböschten Seitenwänden sollte als Oberbau über einem unterirdischen Kammersystem errichtet worden. Neu war hierbei schon die Wahl des Materials: Statt des bisher üblichen Lehmziegels wurde lokaler Kalkstein verwendet. Die erste Mastaba erreichte eine Höhe von 8,4 Metern und besaß eine etwa einen halben Meter niedrigere, umlaufende Randstufe. Blickt man heute von Süden und Osten auf die Pyramide, läßt sich dieser Kernbau ganz klar erkennen. Dabei fällt auf, daß in diesem Bereich relativ kleinformatige Blöcke verbaut wurden im Vergleich zu den weiter oben verwendeten

Legende

1 Tor
2 Heb-Sed-Bereich
3 Stufenpyramide des Djoser
4 Statuenschrein
5 Rampe
6 ›Südgrab‹

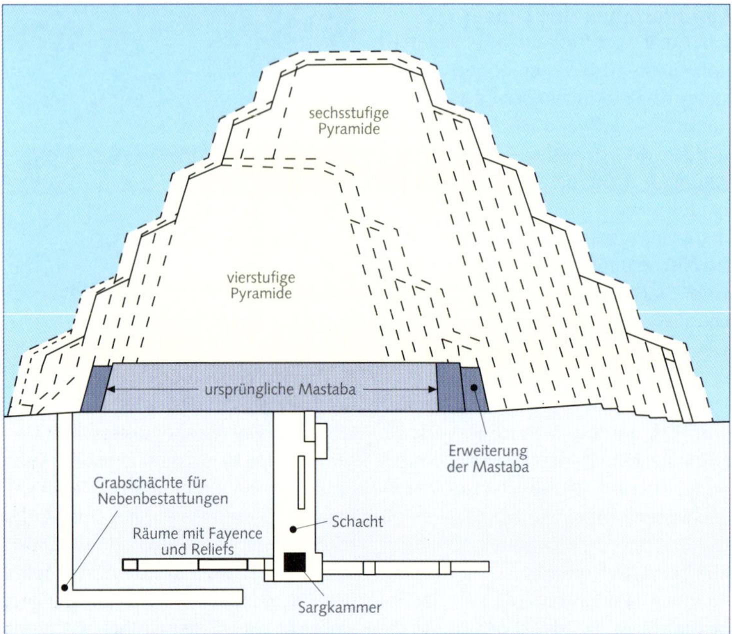

Die Stufenpyramide des Djoser Blick von Norden

größeren Quadern. Während des Baus wurden die gemachten Erfahrungen mit dem neuen Baustoff sofort umgesetzt – Stein läßt größere Formate zu als Lehmziegel.

Elf Grabschächte für die Bestattung von Familienangehörigen wurden direkt östlich der Mastaba ausgehoben, aber eine 8,5 Meter breite Stufe, die direkt an der Mastaba ansetzt, verdeckte ihre Zugänge später. Die Ränder dieser ersten Erweiterungsstufe sind im Mauerwerk deutlich auszumachen. Dieser nächste Schritt war entscheidend: Eine vierstufige Pyramide wurde über dem bereits bestehenden Bau errichtet. Auf quadra-

Eingangstor zum Pyramidenbezirk

▲ Karte S. 282

tischem Grundriß hätte sie eine Höhe von 42 Metern erreicht, wenn man nicht schon kurz nach Beginn dieser Phase eine nochmalige Vergrößerung in Angriff genommen hätte. Sechs Stufen sollten es werden, die oberste 60 Meter hoch in den Himmel aufragen. Der obere Abschluß der letzten Stufe war leicht gewölbt, die unteren Stufen nicht waagerecht, sondern deutlich abfallend. Heute wirkt die Pyramide regelrecht ›gerupft‹, da sie ihrer Verkleidungsschicht beraubt wurde, die die einzelnen Bauphasen umhüllt hatten.

Versorgung für die Ewigkeit

An der Nordostecke der Pyramide lehnt ein **Steinkasten** 4 an der Verkleidungsschicht der untersten Stufe. Er weist die gleiche Neigung auf wie diese Stufe, und auch die Figur des Djoser im Inneren des Steinkastens – das Original befindet sich im Museum in Kairo – lehnt sich nach hinten. Dadurch hebt sich ihr Blick, der durch zwei kreisrunde Gucklöcher nach draußen geht, hinauf zum Himmel. Zu den Polarsternen, die als ›die Unvergänglichen‹ für die alten Ägypter Symbole der Unsterblichkeit waren, soll die Seele des Djoser aufsteigen, die in dieser ›Ka‹-Statue einen ewigen Ersatzkörper erhielt. Die Vorsorgemaßnahme war durchaus sinnvoll, denn die Mumifizierungstechnik war im Alten Reich noch längst nicht vollkommen – und Grabräubern war zuzutrauen, daß sie selbst eine Königsmumie zerstörten. Tatsächlich ist vom Leichnam des Djoser nicht mehr viel erhalten; Graf Minutoli, der im 19. Jahrhundert in die Grabkammer eindrang, fand dort noch den vergoldeten Schädel, Jean-Philippe Lauer – der mit dem ägyptischen Verdienstorden ausgezeichnete Erforscher dieses Geländes – fand 1926 immerhin noch einen Fuß und einen Oberarmknochen. Der Zugang zum Grab erfolgte über eine **Rampe** an der Nordseite 5, über der die Fundamente des Totentempels erhalten sind.

An der Pyramide wird derzeit gearbeitet: Grundlegende Sicherungsarbeiten sollen den unterirdischen Bereich stabilisieren, und auch im Bereich des Totentempels werden Maßnahmen zur Restaurierung und Konsolidierung vorgenommen. Daher ist dieser Bereich im Norden des Komplexes vorübergehend nicht für Besucher zugänglich.

Der Hof vor der Stufenpyramide

Im Süden des weiten Hofs vor der Pyramide liegt ein massives Gebäude. Dahinter verbirgt sich in der Überbauung der Umfassungsmauer eine weitere **Grabanlage** 6 mit einem 28 Meter tiefen Schacht. An dessen unterem Ende liegt eine Kammer, deren Ausmaße von 1,6 auf 1,6 Meter zu klein sind für eine normale Bestattung. Waren hier die Kanopen mit den separat mumifizierten Eingeweiden bestattet? Oder handelt es sich um ein Scheingrab, das die ältere Tradition von zwei königlichen Grabanlagen in Saqqara und Abydos andeutete? Oder wurde hier eine Ka-Statue des Herrschers bestattet? Auch wenn sich die Bezeichnung Südgrab für diesen Komplex eingebürgert hat, sind sich die Ägyptologen doch noch nicht ganz im klaren, welche der Theorien der Wahrheit am nächsten kommt.

Die Grabanlage des Djoser wirkte in den folgenden Jahrhunderten wie ein Magnet – vom König bis zum Nagelpfleger, von der Prinzessin bis zum Arzt, jeder wollte in nächster Nähe zu diesem Wunderwerk seine ewige Ruhe finden. Einige der schönsten Gräber Ägyptens sind hier zu besichtigen.

Gräber von hohen Würdenträgern

Im Wüstengebiet um die Stufenpyramide erstreckt sich ein riesiger Friedhof, der im Lauf der Jahrhunderte von zahlreichen hochrangigen Beamten, Priestern, Politikern und Gelehrten als ewiger Ruheplatz auserwählt wurde. Hier finden sich einige der schönsten Reliefs der pharaonischen Kunst und man sollte mindestens eins dieser Gräber mit Muße besuchen.

Ptahhotep

Der Name Ptahhotep war bekannt im alten Ägypten, vor allem bei den Schülern und Gelehrten. Als Verfasser einer der berühmtesten Weisheitslehren wurden seine Ermahnungen noch Jahrhunderte später abgeschrieben und überliefert. »Niemals noch ist es gut ausgegangen, wenn man Menschen in Furcht versetzt, allein, was Gott anordnet, das geht gut aus. Nimm dir vor, in Zufriedenheit zu leben – was die Götter

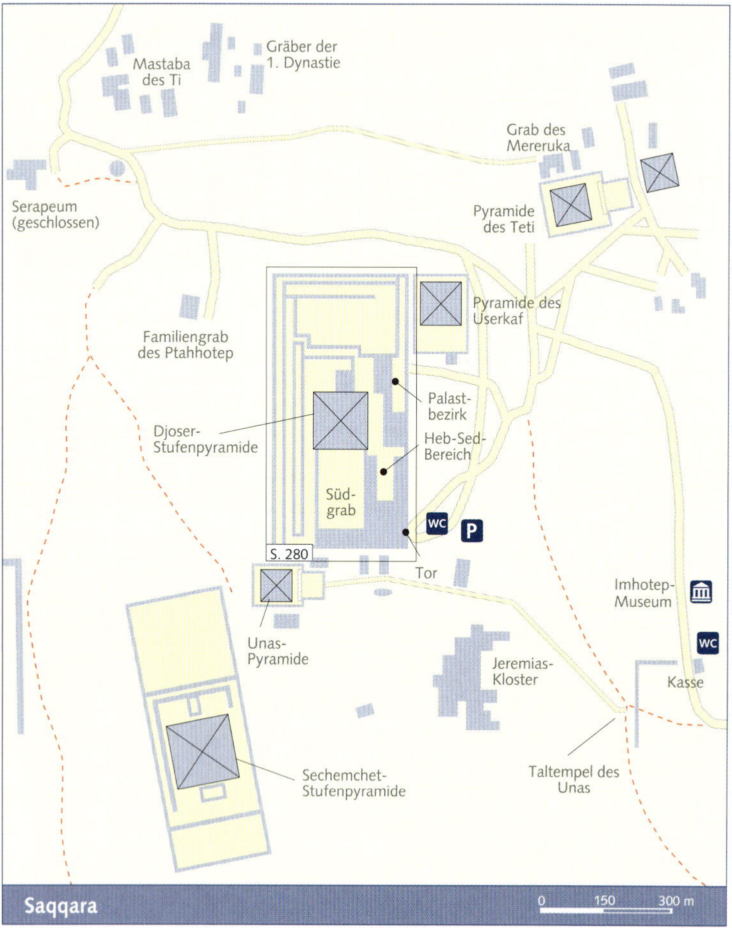

zuteilen, das kommt von selbst.« Ob es sich beim Verfasser der Lehre, der in der Zeit des Pharao Asosi Wesir war, um den gleichen Ptahhotep handelt, der hier bestattet wurde, ist nicht eindeutig festzustellen. Auf alle Fälle waren die beiden Zeitgenossen. Unter Ahtihotep, dem Vater des Ptahhotep, war das Familiengrab um 2400 vor Christus begonnen worden.

Im Eingangsbereich sind die Reliefs nicht fertiggeworden – eine der seltenen Möglichkeiten, Einblick in die Arbeitsweise der Künstler zu erhalten. An verschiedenen Stellen der Wand sind die Bilder bereits bis ins letzte Detail ausgearbeitet: Ganz präzise ist die Wadenmuskulatur des Ahtihotep zu erkennen oder der Kopf eines Esels, während Hirten daneben nur im Umriß angedeutet sind. Sobald die einfacheren Vorarbeiten – vermutlich noch von Lehrlingen ausgeführt – fertig waren, begannen die Meister mit der Feinarbeit. Zum Schluß setzten die Maler mit ihren Farben die Glanzlichter.

Vom zentralen **Vierpfeilersaal** zweigen zwei **Kultkammern** ab, nach Westen die des Ahtihotep, nach Süden die kleinere, aber interessantere des Ptahhotep. Hier findet sich eine wahre Bilderflut an den Wänden. Zwei Scheintüren an der Westwand rahmen das Bild des auf einem Hocker sitzenden Grabherrn, der sich einen Becher voll duftender Salbe vor die Nase hält. Unter seinem Stuhl befindet sich ein Waschgeschirr – schon Herodot bewunderte an den Ägyptern ihren Sinn für Reinlichkeit. Vor Ptahhotep schleppen Diener in mehreren Reihen immer neue Gaben für den großen Opfertisch, der mit Obst, Gemüse, Geflügel und Fleischstücken gut gefüllt ist. An der Schmalwand über dem Eingang sieht man Nagelpfleger, Masseure und Friseure in Aktion um ihren Herrn herum abgebildet.

Die schönsten Bilder finden sich jedoch an der Ostwand, wo zwei große Darstellungen des Ptahhotep jeweils mehrere Bildregister überschauen. Mit faszinierender Liebe zum Detail und Freude am Erzählen werden Szenen aus dem Leben des Grabherrn festgehalten: Rechts führen Bedienstete gefangenes Wild vor: Steinböcke, Gazellen, Kraniche und Gänse gehörten zu den Leckerbissen der Zeit. Links oben an der Wand finden sich die Bilder der Jagd: Abgerichtete Hunde unterstützen die Jäger. Ein Igel schaut aus einer Erdhöhle hervor, Löwen paaren sich und Wildrinder werden erlegt. In der unteren Hälfte der Wand ist die Jagd ins Papyrusdickicht verlegt, wo Vögel und Fische gefangen werden. Lebhaft geht es zu beim Wettkampf der Bootsmannschaften in der unteren Szene. Ganz links am Bildrand sitzt in einem kleinen Boot ein Mann, dem ein Diener aufwartet. Es ist Ptah-anch, der Vorsteher der Künstler, die diese Grabkammer offenbar zur großen Zufriedenheit des Ptahhotep gestalteten.

Mereruka

Mereruka gehörte als Schwiegersohn des Pharao Teti und Wesir zu den obersten Zehn der Gesellschaft am Beginn der 6. Dynastie (um 2350 vor Christus). Direkt gegenüber der Pyramide seines Königs liegt das ungewöhnlich große Grab, das er für sich, seine Gemahlin Heru-atet-chet und den Sohn Meri-Teti erbauen ließ. In der schmalen Eingangspassage erscheint Mereruka mit der Schreibbinse, er malt die Namen der drei ägyptischen Jahreszeiten an die Wand.

Von einem kleinen Vorraum mit Bildern der Jagd im Papyrusdickicht – Frösche und Insekten hocken und krabbeln zwischen den Stengeln – führen Türen nach links in den Bereich der Heru-atet-chet und nach rechts in den des Mereruka. Dort sind an der rechten Schmalwand Goldschmiede bei der Arbeit zu sehen, Zwerge fädeln die breiten Perlenkragen auf. An der gegenüberliegenden Wand ist in lebendigen Details eine Wüstenjagd geschildert.

Im folgenden Raum zeigt die linke Längswand Szenen der Verwaltung: Schreiber kontrollieren die Abgaben und lassen die Wahrheit mitunter aus den Dorfbewohnern herausprügeln.

Ein kurzer Abstecher nach rechts in die Vierpfeilerhalle führt in die ›Privatgemächer‹: An der Eingangswand ist besonders eine Szene interessant, die Mereruka mit seiner Ehefrau auf einem großen Bett sitzend zeigt. Ein Harfner spielt vor den beiden – ›Genieße den Tag!‹ ist das Motto vieler altägyptischer Lieder.

Fast im Zentrum des Grabes liegt die schmale Querkammer, an deren Westseite ein Schacht zur Sargkammer führt. Darüber an der Wand markiert eine Scheintüre die Opferstelle.

Nach Norden schließt sich der größte Raum des Grabes an. Sechs Pfeiler stützen das Dach, an der Rückwand findet sich etwas erhöht eine Nische, aus der die Statue des Verstorbenen tritt. Die Gefolgschaft des Wesirs Mereruka ist an den Wänden abgebildet, Zwerge bringen seine Lieblingshunde herbei. An der Südwand des Pfeilersaals ist der Begräbniszug zu sehen, gegenüber an der Nordwand die Gabenbringer. Opfertiere – unter anderem Hyänen – werden gemästet und geschlachtet, an der Ostwand überwacht Mereruka gemeinsam mit seiner Frau und seiner Mutter die Ernte auf den Feldern, in der Nordostecke sind Musikanten und Tänzerinnen abgebildet. Der kleine Trakt, der von der Nordostecke des Raums aus zugänglich ist, war Meri-Teti geweiht.

▶ Karte S. 284

Die Pyramide des Teti

Fast unscheinbar wirkt die Pyramide des Teti, des Begründers der 6. Dynastie. Auf einer Grundfläche von 78,75 mal 78,75 Quadratmetern erreichte sie eine Höhe von 52,5 Metern. Heute allerdings ist davon nur ein viel niedrigerer, unordentlich wirkender Steinhaufen erhalten. Durch einen etwa 45 Meter langen engen Gang, in dessen Mitte Fallsteine aus Granit einst den Weg blockierten, gelangt man zu den Grabräumen. Die Vorkammer und der Sargraum sind über und über mit Hieroglyphen bedeckt: Es sind Ritualtexte, die im Zusammenhang mit der Beisetzung vorgetragen wurden und die für die Vergöttlichung des ver-

Cheops-Pyramide von der Kante

Der Alabastersphinx von Memphis

storbenen Herrschers wichtig waren. Der Aufstieg zum Himmel ist das zentrale Thema vieler Sprüche dieser Pyramidentexte: »Er gehört nicht zur Erde, er gehört in den Himmel!«

Memphis

»Wo aber befindet sich der zweite Koloß? Wo der Tempel selbst? Wo sind die Pylone, Obelisken und Sphinxalleen? Wo, kurz gesagt, ist Memphis?« Diese Frage stellte sich Amelia Edwards beim Besuch der Ruinen der einstigen großen Hauptstadt Ägyptens, dieser Weltstadt, die in ihrer Blütezeit bis zu einer halben Million Menschen beherbergt haben soll. Auch heute drängt sich die gleiche Frage auf – nur wenig ist von ›Hedsch-Junu‹ übriggeblieben. Die ›Weiße Mauer‹ war der eigentliche Name der Stadt, die von einer mächtigen Umfassungsmauer geschützt war. Memphis ist die griechische Verballhornung des Namens Men-nefer-Pepi für die benachbarte Pyramidenstadt von Pepi I., die Ende des Alten Reichs und in der Ersten Zwischenzeit Residenz gewesen war. Aus Gewohnheit blieb man dann bei dem Namen, auch als die Residenz wieder ins Gebiet von Hedsch-Junu zurückverlegt wurde. Memphis blieb auch dann noch von Bedeutung, als die Könige in den Süden nach Luxor zogen oder unter den Ramessiden die Residenz ins Delta verlegten. Verwaltung und Militär blieben hier stationiert, aber vor allem fand die Krönung eines neuen Herrschers in Memphis statt. Noch Alexander der Große beugte sich dieser uralten Tradition.

Im **Freilichtmuseum** von Memphis liegt ein 10,5 Meter großer Koloß Ramses' II. auf dem Rücken. Ohne Füße und Unterschenkel war eine Aufstellung der einst noch gewaltigeren Statue nicht möglich. Sie dürfte den Eingang zum Haupttempel von Memphis geschmückt haben, sehr wahrscheinlich gemeinsam mit einer zweiten Figur des großen Pharao. Ebenso gehörte der im Gelände aufgestellte Sphinx Amenophis' II. zur Ausstattung des Ptah-Tempels, den man sich ähnlich groß wie den Amun-Tempel von Karnak vorstellen kann. Ausgedehnte Ländereien unterstanden der Priesterschaft des Schöpfergottes mit der blauen Kappe. Das auf einer Stele festgehaltene Dekret des Apries verkündet zusätzliche Steuerbefreiungen für den Tempel. Er war ›das Haus der Lebenskraft des Ptah‹ – Hut-Ka-Ptah –, woraus sich der Name Ägypten entwickelte. Die Bautätigkeit im mittelalterlichen Kairo ist verantwortlich für den Schwund der heiligen Stätten von Memphis. Paläste und Verwaltungsbauten waren aus Lehmziegeln erbaut – sie wurden im Laufe der Jahrhunderte von der immer wiederkehrenden Nilflut aufgelöst.

Die Pyramiden von Gisa

In Gisa locken die weltweit wohl bekanntesten Bauwerke Ägyptens unzählige Touristen an: die Cheops-Pyramide und die Sphinx.

Große Pyramide des Cheops

Wolle mir zuvörderst bei diesem günstigen Anlaß vergönnen, dir einen respektvollen Gruß vom Gipfel der höchsten Pyramide zu Dschiseh zuzurufen ... dicht unter meinen Füßen grüß ich den Sphinx, der, schon seit Jahrtausenden schweigend, dennoch so laut zu uns spricht von vergangener Herrlichkeit und Größe, von Wundern, zu unglaublich für unsere Zeit, und von Rätseln, die noch niemand gänzlich gelöst.

Hermann Fürst Pückler-Muskau, 1844

Vom Sturm auf den Gipfel der Cheops-Pyramide halten den Besucher heute Wächter ab und die Schilder ›Don't climb the monument‹, doch stimmt der zweite Teil von Fürst Pückler-Muskaus Aussage immer noch: Die Majestät und Rätselhaftigkeit des Bauwerks bringt die Menschen nach wie vor zum Staunen. Steht man erst einmal am Fuß dieses gewaltigen künstlichen Bergs aus exakt behauenen Steinblöcken, wird man überwältigt von der schieren Unmöglichkeit, das zu begreifen, was man sieht. Jede einzelne Steinlage ist nahezu mannshoch, das Durchschnittsgewicht eines Blocks liegt bei zwei Tonnen. 2,3 Millionen Kubikmeter Kalkstein wurden hier aufgetürmt als ewige Ruhestätte des gottgleichen Pharao Cheops. Ohne Bagger, Kran, Sattelschlepper, Flaschenzug oder sonstige uns heute bekannte technische Hilfsmittel wurde gearbeitet – kein Wunder, daß manch einer an Außerirdische als Erbauer denkt. Dabei haben die Archäologen mittlerweile eine ganze Reihe von Hinweisen ergraben, die zumindest zum Teil Antworten geben auf Fragen zum Wie und Wer. Südwestlich der Pyramiden konnte eine Großbäckerei und -brauerei freigelegt werden sowie Massenunterkünfte für die Arbeiter. Die Abfallgruben der Siedlung belegen übrigens, daß es keineswegs nur Brot und Zwiebeln gab, sondern daß die Arbeiter mit Rinder-, Lamm- und Ziegenbraten wohl versorgt wurden. Zu tausenden mußten sie untergebracht und versorgt werden, wenn in den Monaten der Nilüberschwemmung aus dem ganzen Land Männer zum Steineschleppen zusammengezogen wurden. Hauptsächlich in diesen drei Monaten – ausgerechnet im Sommer! – wurde der Bau vorangetrieben; den Rest des Jahres wurden die Arbeiter schließlich auf den Feldern benötigt, um die Grundversorgung Ägyptens zu sichern.

▶ Karte S. 289

In den Kalksteinbrüchen des ganzen Landes wurde jedoch rund ums Jahr geschuftet – das Baumaterial wurde teils in weiter Entfernung vom Bauplatz gebrochen und auf dem Wasserweg zum extra angelegten Hafenbecken nahe des Felsplateaus transportiert. Kupfermeißel, Steinpicken, Dolerithämmer und Kupfersägen wurden bei der Steinbearbeitung während des Alten Reichs eingesetzt.

■ Technisches Rätselraten

Voraussetzung für ein Gelingen des Projekts waren die gründlichen Messungen und Berechnungen vor und während des Baus. In einem Papyrus haben sich Rechenaufgaben zum Pyramidenbau erhalten: »Gegeben sei eine Pyramide, 140 Ellen ist ihre Grundkante, 5 ¼ Handbreit ihre Böschung. Welches ist ihre Höhe? Teile eine Elle durch die doppelte Böschung, das heißt durch 10½. 7 (1 Elle: 7 Handbreit) geteilt durch 10½ ist 2/3. Dividiere 140 durch 2/3, das macht 93 1/3. Dies ist ihre Höhe.«

Bei einer Seitenlänge von 230,37 Metern und einem Neigungswinkel von 51,5 Grad erreichte das Grabmal des Cheops die Höhe von 146,6 Metern. Während der Fatimiden- und Mamlukenzeit wanderten die Blöcke der Verkleidung ins nahegelegene Kairo – die Bauten der Stadt machten die Pyramide um gut neun Meter kürzer.

Sternbeobachtungen der Astronomen gingen dem Bau voraus – sie ermöglichten die präzise Nordausrichtung der Pyramide. Das Gelände wurde nivelliert, um einen ebenen Baugrund zu erreichen. Daß man die gesamte Fläche einebnete, ist jedoch unwahrscheinlich. Im Inneren konnte der gewachsene Fels in den Pyramidenkörper integriert werden. Untersuchungen der letzten Jahre erbrachten eine Reihe überraschender Erkenntnisse zum Aufbau der Pyramide. So handelt es sich bei mit Sand verfüllten Kammern im Inneren der Pyramide wahrscheinlich um ›Baubeschleuniger‹: Schließlich war es viel einfacher, Sand in einen Hohlraum zu schütten, als schwere Steinblöcke exakt verfugt neben- und aufeinander zu setzen. Wie die riesigen

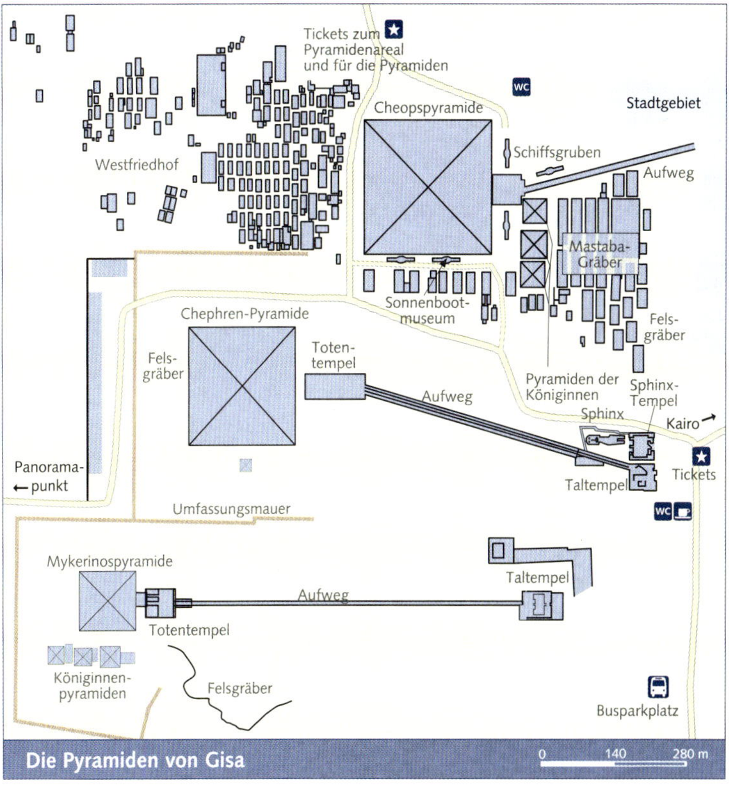

Blöcke bis an die Spitze transportiert wurden, ist allerdings nach wie vor nicht ganz geklärt. Daß Rampen dazu nötig waren, sagt der einfache Menschenverstand und belegen im Gelände kaum mehr sichtbare Spuren. Bei Grabungen in Gisa wurden Anfang des 20. Jahrhunderts Schichten von festgebackenem Schutt aus Steinsplittern, Lehm und Steinkugeln entfernt – vermutlich die Überreste der alten Baurampen. Über das genaue Aussehen dieser Rampen zerbrechen Ägyptologen und Bauforscher sich nach wie vor die Köpfe.

Eine Rampe im Inneren der Pyramide?

Ein französischer Architekt, Jean-Pierre Houdin, stellte vor kurzem eine neue Theorie vor, die bei Ägyptologen und Laien schnell große Beachtung fand: Demnach wurde das untere Drittel der Pyramide mithilfe einer Außenrampe errichtet. Für den weiteren Verlauf aber verlegten die Konstrukteure unter Leitung von Cheops' Bruder Hemiunu die Rampe ins Innere, wo sie sich spiralförmig nach oben zog. An den Kanten ließen Öffnungen genug Raum, um auch große Blöcke wenden zu können. Mit modernsten Meßtechnicken gemachte Aufnahmen der Pyramide scheinen einen solchen Gang innerhalb des Mauerwerks zu bestätigen.

Auch für das Rätsel des Kammersystems im Inneren haben Vater und Sohn Houdin eine Erklärung parat: Insgesamt drei Räume stehen als Kandidaten für die Sargkammer zur Verfügung. 35 Meter führt ein abschüssiger Gang durch Mauerwerk und gewachsenen Fels zur unterirdischen Kammer, die allerdings nie vollendet wurde. Der zweite Raum – irreführend Königinnenkammer genannt – liegt exakt in der Mittelachse der Pyramide, während ein dritter Raum darüber etwas aus der Achse versetzt angelegt wurde. Die Erklärung der Franzosen für die drei Kammern ist verblüffend pragmatisch: Da Cheops zu Baubeginn bereits um die 40 Jahre alt gewesen sein dürfte, mußten seine Baumeister damit rechnen, daß er möglicherweise bereits nach wenigen Jahren verstarb. Also plante man vorsichtshalber von Anfang an eine Grabkammer ein, die aber nach den ersten Jahren aufgegeben werden konnte – schließlich lebte der Pharao noch. Kammer Nr. 2 wurde fertiggestellt, ohne daß Cheops das Zeitliche gesegnet hatte, und so wurde auch die Planung für die große Galerie und die dritte Kammer noch umgesetzt. Die große Galerie war dabei auch als geniale Erleichterung für den Transport schwerster Granitblöcke genutzt worden: Innerhalb der schräg verlaufenden Galerie waren auf Rollen bewegliche Gegengewichte angebracht, die beim Heraufziehen des Sarges und der Deckblöcke für die Grabkammer eingesetzt wurden. Diese mußten noch über die Außenrampe transportiert werden, da sie für die innere Spiralrampe viel zu groß waren.

Der Weg zur Grabkammer

Den ursprünglichen Zugang zur Pyramide schützen zwei massive Giebelblöcke, die heute deutlich in dem seiner Verkleidung beraubten Mauerwerk zu erkennen sind. Besucher benutzen aber einen von Grabräubern möglicherweise bereits in der Ersten Zwischenzeit angelegten Weg. Spätestens ab dem 9. Jahrhundert nach Christus war er permanent geöffnet. Damals hatte der Kalif Maimun Arbeiter losgeschickt, die Pyramide zu öffnen. Seine Hoffnung auf enorme Schätze wurde allerdings enttäuscht – der Legende nach fand er gerade so viel,

▶ Karte S. 289

um die Unkosten der Unternehmung zu decken.

Recht nüchtern beschrieb der abenteuerlustige Fürst Pückler-Muskau seinen Eindruck von dem Kammersystem: »Gänge, in denen man sich kaum umdrehen, selten anders als wie ein Fiedelbogen gekrümmt, oder gar auf dem Bauche kriechend, vordringen kann und die endlich nach aller Mühe einem Heiligtume zuführen, das nur aus ein paar elenden, dunklen Zimmern von den Dimensionen einer Bedientenstube besteht, deren Wände mit düstern, einst polierten, jetzt matten Granitplatten ohne eine Spur von Schrift, Verzierung oder Bilderwerk belegt sind – scheinen mir ebensowenig wie die einfachen steinernen Kastensärge ein Gegenstand der Bewunderung zu sein.« Tatsächlich ist es mühsam, bis zur **Sargkammer** emporzusteigen. Über den **Grabräuberschacht** erreicht man den ursprünglichen, absteigenden Gang, der mit einer Höhe von nur 1,2 Metern gebeugte Haltung verlangt. Nach etwa 25 Metern teilt sich der Weg – abwärts geht es weiter zur Felskammer, während ein aufsteigender Gang zur **Königinnenkammer** und zur **Großen Galerie** führt. Diese hallenartige Erweiterung des Korridors wirkt vor allem wegen ihres steilen Kraggewölbes beeindruckend. Noch einmal muß man am Ende der Galerie tief in die Knie, um unter den Fallsteinen hindurch in die Sargkammer zu gelangen. Der gut 60 Quadratmeter große Raum ist vollständig mit Rosengranit verkleidet, selbst die Decke ist aus mächtigen Granitblöcken gefügt. Darüber liegen fünf Kammern, deren letzte ein Giebeldach aus gewaltigen Granitblöcken trägt. Durch diese Konstruktion wird das Gewicht des noch über der Grabkammer aufgehäuften Gesteins auf das massive Mauerwerk abgeleitet – der Himmel über Cheops ewiger Ruhestätte sollte nicht einstürzen. Die Grabkammer des Cheops ist vollkommen undekoriert, auch der schlichte Sarkophag weist keine Verzierungen oder Inschriften auf. Vermutlich war das Grab bereits in der Ersten Zwischenzeit zum erstenmal geplündert worden.

Schiffsgruben und Sonnenboote

An der Ostseite der Pyramide sind in den Felsen vier große Gruben eingetieft, die in ihrer Form an Schiffe erinnern: Ein zu den Seiten ansteigender Boden gleicht dem Rumpf, Bug und Heck entsprechen dem üblichen Aussehen altägyptischer Holzschiffe. Zwei der Gruben liegen in Nord-Süd-Richtung, die beiden anderen in Ost-West-Richtung. Der in die Ewigkeit entrückte Cheops sollte in ihnen den Sonnengott bei seinen Fahrten begleiten: Dem alltäglichen Sonnenlauf folgend von Ost nach West und nachts zurück von West nach Ost. Die Nord-Süd-Richtung war zum einen vorgegeben durch den Nil, aber auch sie stand im Zusammenhang mit dem Jahreslauf der Sonne zwischen den Wendekreisen.

An der Ostseite stand auch der **Totentempel des Cheops**, von dem lediglich das dunkle Basaltpflaster erhalten ist. Südöstlich davon erheben sich **drei kleine Pyramiden**, in denen die Mutter und zwei Gemahlinnen des Cheops bestattet wurden. Östlich davon liegen **Mastaba-Gräber** weiterer Familienmitglieder und hoher Beamten und Priester.

Direkt an der Südseite der Pyramide liegt das **Sonnenbootmuseum**. 1954 entdeckten ägyptische Archäologen zwei von schweren Kalksteinblöcken verschlossene Gruben an dieser Stelle. Eine der Gruben wurde geöffnet, und in

Das Sonnenboot des Cheops

ihr fand sich die in ihre 1224 Einzelteile zerlegte Zedernholzbarke des Cheops. Aufwendige Restaurierungsmaßnahmen waren notwendig, bevor das Schiff wieder zusammengefügt und der Öffentlichkeit präsentiert werden konnte. Faszinierend ist die Technik, mit der die bis zu 24 Meter langen und zwei Tonnen schweren Planken in einer Art Hohlsaum zusammengenäht waren. Da der Nil im allgemeinen ein eher sanfter Fluß ist, konnte das Schiff ohne Kiel auskommen. Die riesigen Ruder wurden als Stabilisatoren verwendet, denn die königliche Staatsbarke wurde von einer an Land befindlichen Zugmannschaft getreidelt oder von Begleitschiffen in Schlepp genommen. In der großen Kajüte konnte Pharao sich zurückziehen – selbst bei geöffneter Tür war kein Einblick in den hinteren Teil möglich, da eine Trennwand den König vor Blicken verbarg. Holzpflöcke, die neben der kurzen Landungsbrücke an Deck liegen, dienten zum Vertäuen des Schiffes an Land.

Im Museumsbereich unter dem Schiff ist neben der Grube, in der das Boot abgelegt worden war, eine Dokumentation zu Restaurierung und Zusammensetzung zu sehen. Ein Foto zeigt Ahmed Yussef Musatafa – den Mann, der diese diffizile, zehn Jahre dauernde Arbeit leitete.

Pyramiden des Chephren

Die Cheops-Pyramide gilt bis heute als die Vollendung dieser Bauform. Vielleicht sah das sein direkter Nachfolger Radjedef auch so und beschloß, seine Grabstätte nicht in nächster Nachbar-

▲ Karte S. 289

schaft errichten zu lassen. Doch Chephren plagten sicher keine solchen Bedenken. Sein Bauplatz lag etwas versetzt im Südwesten an einer erhöhten Stelle des Gisa-Plateaus. Obwohl sie einst um drei, heute um zwei Meter kleiner ist als ihre Nachbarin, wirkt die Chephren-Pyramide daher größer. An ihrer Spitze ist noch ein Teil der polierten Verkleidung erhalten. Vor über 5000 Jahren müssen die mit Elektron verkleideten Spitzen schon von weitem als gleißende Lichtpunkte über dem Horizont zu sehen gewesen sein. Die unteren Lagen der Chephren-Pyramide waren mit Rosengranit ummantelt worden – eine Neuerung, die in der Folgezeit zum Standard wurde. Die Sonne lieferte das Vorbild für dieses Farbspiel: Sie erscheint morgens und abends dicht über dem Horizont in rötlicher Farbe, doch mittags steht sie weißglühend im Zenit. Gut 15 Meter kürzere Seiten und ein etwas flacherer Neigungswinkel belegen, daß Chephren doch schon ein wenig bescheidener plante als sein großer Vorfahr. Auch im Inneren ist das Kammersystem längst nicht so komplex: Vom Eingang senkt sich der Gang bis knapp unter das Felsniveau, um dann waagerecht bis zur fast genau in der Mitte liegenden **Grabkammer** zu führen. Der moderne Zugang erfolgt über den unteren Korridor, der möglicherweise für eine zunächst geplante, kleinere Pyramide angelegt worden war. Wie bei Cheops sind die Grabkammer und der Sarkophag undekoriert geblieben – bis 1818 Giovanni Battista Belzoni und Colonel Fitzclarence ihre Namen in den Granitsarkophag einkratzten.

Die Chephren-Pyramide

Wieder draußen lohnt sich ein kurzer Abstecher zur Nordwestecke des Geländes. Man erkennt deutlich das wie eine Umfassungsmauer wirkende Felsplateau, in das der Pyramidenbauplatz tief eingeschnitten wurde. Wie eine riesige Tafel Schokolade wirken die aus dem Boden aufragenden, in Reihen angeordneten Blöcke. Es ist ein Teil des **alten Steinbruchs**, der hier noch zu sehen ist – Inschriften an der Wand darüber weisen auf Restaurierungsmaßnahmen unter Ramses II. hin. Einer seiner Söhne hatte sich intensiv um die Wiederherstellung und Pflege der alten Denkmäler bemüht.

An der Ostseite der Pyramide liegen die Überreste des Totentempels. Sie waren aus wuchtigen Kalksteinblöcken gebaut – innerhalb von 150 Jahren seit dem Beginn des Steinbaus unter Djoser hatte man enorme Fortschritte in der Beherrschung des neuen Materials gemacht.

Mykerinos-Pyramide

Noch einmal ein Stück nach Südwesten versetzt scheint die kleine Pyramide des Mykerinos sich im Schatten der beiden großen regelrecht zu verstecken. Nicht einmal mehr halb so hoch wie die Vorgängerinnen, erreicht sie nur eine Höhe von 66 Metern bei einer Seitenlänge von 103,4 Metern.

In den unteren Lagen hat sich noch ein Teil der bis zur Höhe von 20 Metern angebrachten Granitverkleidung erhalten. Die lange Nische an der Nordseite hoch über dem Eingang stammt aus islamischer Zeit, als man mit aller Gewalt versuchte, in das Grabmal einzudringen. Über einen absteigenden Gang erreicht man einen ersten, von 26 Nischen gegliederten Raum. Nur wenig senkt sich der anschließende Korridor dann zu einem **ganz aus dem gewachsenen Fels gehauenen Raum**, an dessen Westseite eine leichte Vertiefung für die Aufnahme des Sarges vorbereitet war. Dort fanden Archäologen 1837 einen **hölzernen Sarkophag** mit dem Namen des Mykerinos und Reste einer Bestattung. Vermutlich war unter Ramses II. eine Neubestattung des alten Pharao vorgenommen worden. Die Mumienreste sind allerdings noch jünger – sie gelangten erst in frühchristlicher Zeit hierher.

Von dieser Sargkammer führt ein vollständig granitverkleideter Gang noch tiefer in die Unterwelt zur von einem Tonnengewölbe bedachten **Sargkammer**. Die schweren Granitblöcke für die Abdeckung des Raums konnten nur durch einen eigens angelegten Tunnel eingebracht werden. Auch hier fand sich ein Sarg, diesmal aus Granit gearbeitet und mit reliefierten Nischen dekoriert. Die damaligen Ausgräber ließen ihn herauszerren und schickten ihn auf eine Seereise nach England – das Schiff geriet in Seenot und versank mitsamt dem Sarkophag des Mykerinos.

Vom Zugang zur Sargkammer gehen ein paar Stufen nach unten zu einer Kammer mit sechs großen Nischen, die entweder als Magazine oder zur Aufstellung von Statuen des Königs genutzt worden waren.

▶ Karte S. 289

An der Südseite der Pyramide stehen **drei kleine Nebenpyramiden**, von denen eine Reste einer Bestattung barg. Der Totentempel an der Ostseite wurde erst unter Mykerinos' Nachfolger in vereinfachter Form fertiggestellt, Prozessionsweg und Taltempel mußten aus Zeitnot sogar in Ziegelbauweise erstellt werden.

Sphinx und Taltempel des Chephren

Wenn Herrscher ihren Ruhm der Nachwelt künden wollen, so mag es durch die Zunge der Bauten wohl geschehen.
Siehst du die Pyramiden, wie sie unverändert trotz aller Zeiten Wechsel immer noch bestehen?

1001 Nacht, 398. Nacht

In einer Senke östlich der Chephren-Pyramide liegt eine der berühmtesten Figuren der Welt: Der Sphinx, ein männliches Fabelwesen, gestaltet aus Löwenleib und Menschenkopf. Sein Name leitet sich vom altägyptischen Ausdruck ›schesep-anch‹ ab, was ›lebendes Abbild‹ bedeutet. Das Mischwesen galt als Erscheinungsform des Gottes Horema-

Der Sphinx

chet – Horus im Horizont. Ringsum waren schon beim Bau der Cheops-Pyramide Steine gebrochen worden, doch ließen die Arbeiter diesen Felsrücken unberührt. Möglicherweise genügte der teils recht weiche Kalkstein nicht den Qualitätsansprüchen für Pyramidenmaterial. Unter Radjedef oder sogar erst unter Chephren wurde aus dem Felsen die Gestalt des Sphinx.

Wind und Sand aus der Wüste machten dem majestätischen Monument von jeher zu schaffen – immer wieder wurde es von Sandmassen begraben. Das ging soweit, daß der göttliche Sphinx jungen Prinzen im Traum erscheinen mußte, um die drohende Totalverwehung zu verhindern.

Als um 1400 vor Christus herum der junge Königssohn Thutmosis einen Ausflug zu den Pyramiden unternahm, erlaubte er sich ein Nickerchen im Schatten der ehrwürdigen Denkmäler. Diese Gelegenheit nutzte der Sphinx und forderte Thutmosis auf, für seine Freilegung zu sorgen – zum Dank würde er dafür Pharao werden. Das Geschäft verlief zu beiderseitiger Zufriedenheit: Dem Sphinx wurde der Sand vom Hals geschafft, und Thutmosis bestieg den Thron. Eine **Stele**, die zwischen den Tatzen des mächtigen Wesens aufgestellt wurde, erinnert an die Ereignisse. Doch schon bald waren weitere Rettungsmaßnahmen nötig – an einigen Stellen begann der Kalksteinkörper zu bröckeln. Das ist ein Problem, das bis heute Ägyptologen und Restauratoren beschäftigt. Die schon in der Antike begonnene Ausbesserung am Löwenleib wuchs im 20. Jahrhundert zu einer vollständigen Ummauerung von den Tatzen bis zum Po. Verwitterung hat besonders im Bereich von Schultern und Hals die Haut des Sphinx abgeschmirgelt. Was genau allerdings mit der Nase passierte, ist umstritten. Als Übeltäter verdächtigt werden mamlukische oder französische Soldaten, die angeblich Schießübungen am Sphinx gemacht haben sollen. Ein Stück vom geflochtenen Bart des Sphinx liegt jedenfalls in London im British Museum. Als Statue einer Gottheit kam dem Sphinx natürlich auch kultische Verehrung zu – der **kleine Tempel** vor seinen Tatzen erscheint vor dem 20 Meter hohen Bild des Gottes winzig.

Direkt neben dem Sphinx und seinem Tempel liegt der zum Pyramidenkomplex des Chephren gehörende **Taltempel**. Wie auch der Totentempel wurde er aus monumentalen Blöcken errichtet, die im Inneren von schweren, unregelmäßigen Granitplatten verkleidet waren. Im schmalen Vorraum fällt ein Loch auf – hier wurde die jetzt im Museum ausgestellte Statue des Chephren mit dem Falken im Nacken entdeckt. Ein großer T-förmiger Saal schließt nach Westen hin an. Mächtige Granitpfeiler trugen einst die Decke, Alabasterplatten bedekken den Boden. Im Fußboden sind rechteckige Vertiefungen zu sehen, in denen Statuen des verstorbenen Herrschers aus schwarz-weißem Diorit aufgestellt waren.

An der Nordwestecke des Raums beginnt ein schmaler Korridor. Der Taltempel wurde ausschließlich währen der Bestattungsfeierlichkeiten genutzt – der neue König, die Familienangehörigen und die Priesterschaft folgten dem Schlitten mit dem Sarg über den Aufweg bis zum Totentempel. Von diesem langen, ursprünglich tunnelartig ummauerten und von einem Dach geschützten Prozessionsweg sind heute nur noch die Fundamente erhalten. Der Weg dorthin lohnt sich dennoch, denn hier kommt man dem großen Sphinx ganz nah.

Pyramidengebiet

Vorwahl: 02.

Tickets Gisa: Ticktes für das **gesamte Areal** gibt es am Eingang ›Mena House‹ und vor dem Sphinx. Sie berechtigen zur **Außenbesichtigung** der Pyramiden und des Taltempels des Chephren sowie zum Besuch einiger Gräber im Friedhofsbereich östlich der Cheops-Pyramide.

Seit Ende 2008 ist der Ticketverkauf für die **Innenbesichtigung** der Pyramiden neu geregelt: Die Karten gibt es nur noch am Haupteingang im Norden der Cheops-Pyramide (Auffahrt ›Mena House‹). Die Chephren- und Mykerinos-Pyramide sind jeweils im Wechsel geöffnet.

Für den Besuch der **Cheops-Pyramide** gelten nach wie vor folgende Einschränkungen: zweimal täglich (morgens um 8, mittags um 12 Uhr) wird jeweils nur eine sehr begrenzte Anzahl von Tickets verkauft – wer die Große Galerie und die Grabkammer des Cheops sehen will, muß unbedingt pünktlich sein!

Tickets für das **Sonnenbootmuseum** gibt es nach wie vor direkt vor Ort.

In Planung ist der Aufbau eines ›Taftaf‹-Systems, das in (naher?) Zukunft alle Besucher per Elektrobähnchen durch das Gelände transportieren soll. Dann werden Reisebusse und Privat-Pkw/Taxis wohl im Vorfeld des Geländes parken müssen.

Öffnungszeiten:

Dahshur: tgl. 8–16 Uhr.

Saqqara: tgl. Winter 7.30–16 Uhr, Sommer 7.30–17 Uhr.

Gisa: tgl. Winter 8–16 Uhr, Sommer 8–17 Uhr.

Achtung: In allen Gebieten wird im Ramadan das Gelände bereits um 15 Uhr geräumt.

In der näheren Umgebung der Pyramiden von Gisa finden sich überwiegend Hotels der gehobenen Klasse.

4- bis 5-Sterne-Kategorie:

Mena House Oberoi, Sh. El-Haram, Tel. 3377 3222, Fax 3376 7777, gebührenfrei aus EU: 00/800/1234-0101, www.oberoimenahouse.com; die Zimmer sind je nach Kategorie und Saison teuer bis sehr teuer. Direkt am Fuß der Pyramiden ließ der Khedive Ismail das Gästehaus für seine illustre Besucherschar erbauen, die anläßlich der Einweihung des Suezkanals im Jahr 1869 nach Ägypten gekommen war. Mittlerweile wurde das alte Haupthaus um zwei Neubauflügel erweitert, dennoch ist das Hotel oft ausgebucht.

Le Meridien, El Remaya Square, Tel. 3377 7070, www.starwoodhotels.com/lemeridien; teuer bis sehr teuer. Schon die großzügige Lobby mit ihrer Café-Bar und den Shoppinggalerien ist beeindruckend. Auch die Zimmer sind groß und modern eingerichtet. Die Pyramiden liegen fast vor der Haustür. Da das Hotel an einer der Hauptverkehrsstraßen von Gisa liegt, dringt leider mitunter auch nachts lautes Hupen und Straßenlärm in die Zimmer.

Oasis Hotel, Alexandria-Desert-Road 44, Gisa, Tel. 38387-333, Fax -666, www.oasis.com.eg; mittel bis teuer. Ursprünglich außerhalb der Stadt gelegen, hat die Mega-City mittlerweile auch das ›Oasis‹ eingeholt. In einer schönen und weitläufigen Gartenanlage verteilen sich in (nicht mehr ganz neuen) Bungalows die Zimmer. Entspannte Atmosphäre, sehr freundliches Personal, Familien sind sehr willkommen.

▶ Karte S. 277

Sakkara Country Club, Saqqara Road (an der Zufahrt zum Antikengelände), Gisa, Tel. 33 81 05-69, Fax -71, www.sakkaracountryclub.com. Buchung z. B. über Pferd&Reiter (www.pferdreiter.de). Für Pferdefans: Hier kann man auch als Nicht-Mitglied Reiterferien buchen und selbst Kinder und Anfänger bekommen den angemessenen Unterricht (deutsch oder englisch). Swimmingpool, Restaurant, guter und gepflegter Reitstall. Die Zimmer im Club sind einfach, aber ordentlich. Ausflüge zu den Sehenswürdigkeiten der Umgebung (Pyramiden von Saqqara und Gisa) können per Pferd unternommen werden. Da das Haus in ländlicher Umgebung liegt (inklusive Bewässerungskanälen), sollte man unbedingt Mückenschutzmittel mitbringen!

Andrea, el-Marijutija Kanal, Gisa; mittags bis kurz vor Mitternacht; preiswert bis mittel. Lassen Sie sich nicht von der scheußlichen Baustelle vor der Tür abschrecken. Hier wird eine neue Brücke gebaut, aber im Gartenlokal ›Andrea‹ sitzt es sich dennoch ruhig und gemütlich – und ißt es sich vorzüglich. Die Karte ist nicht sehr groß – es gibt die landestypischen Vorspeisen und die besten Grillhühnchen der Stadt. Wer Lust hat auf eher ungewöhnliches Federvieh, ist hier richtig: Auch Wachteln werden angeboten. Und dazu gibt es frischgebackenes Fladenbrot.

Christo, an der Ecke Sh. El-Haram/Alexandria-Desert-Road. Fisch und Meeresfrüchte sind die Spezialität des Hauses. Als Extra gibt's von der Terrasse einen herrlichen Blick auf die Pyramiden!

The Moghul Room, im ›Mena House Oberoi Hotel‹, Tel. 33 76 66 44; nur abends geöffnet, 19–23 Uhr, teuer. In dem kleinen, aber sehr feinen Restaurant gibt es ausgezeichnete indische Küche. Unbedingt reservieren!

Allabendlich erstrahlen Pyramiden und Sphinx nach Einbruch der Dämmerung in künstlicher Beleuchtung. Geschichte und Geschichten rund um die Weltwunder und die mächtige Skulptur zu ihren Füßen lassen die Antike lebendig werden. Tgl. bis zu drei Shows in verschiedenen Sprachen, Beginn der Shows im Winter 18.30, 19.30, 20.30 Uhr, im Sommer 20.30, 21.30, 22.30 Uhr, Dauer ca. 45 Min. Deutsche Show Mi (3. Show), So (1. Show).

Dandy Mall mit **Carrefour Supermarkt**, km 28 Alexandria-Desert Road. Koffer weg? Falsche Kleidung dabei? Oder einfach Lust, mal nicht im Touristen-Basar, sondern in einem Mega-Einkaufszentrum ein anderes Lebensgefühl in Ägypten kennenzulernen? Auf der Ausfallstraße von Gisa nach Alexandria liegt eins der größten Einkaufszentren der Stadt. Im Supermarkt findet sich alles – von pikanter Basterma (luftgetrockneter Rinderschinken im Gewürzmantel) über Nüsse, Datteln oder Tahina (Sesampaste) bis zu einer Riesenauswahl an Seifen, Cremes, Mückenschutzmittel, etc. Die Preise sind erschwinglich, für Europäer allemal. Im Komplex gibt es auch verschiedene Bekleidungsgeschäfte, einen Kinokomplex und mehrere (Fast-Food-) Restaurants. Und: Ja, das Eis kann man hier essen. Tgl. 24 Stunden geöffnet.

Niemand hat Kairo verlassen ohne Gewinn und ohne Schaden; denn wenn auch jeder von dort mannigfaltige Eindrücke und lang nachleuchtende Erinnerungen mit sich heimnimmt, so schleicht sich doch zugleich mit ihnen die Sehnsucht in's Herz, die ihn wie mit winkenden Händen an den Nil zurückruft.

Georg Ebers, 1885

Kairo

Die Mutter der Welt

Viele Namen hat die Stadt im Laufe ihrer rund 5000jährigen Geschichte schon gehabt: Hedsch-Junu, Men-nefer-Pepi, Babylon, Misr, al-Fustat, al-Qata'i und schließlich al-Qahira. So heißt Kairo nämlich in der Landessprache; übersetzt bedeutet es ›die Siegreiche‹. Seit 969 nach Christus hört die ›Mutter der Welt‹, wie Kairo liebe- und respektvoll auch genannt wird, auf diesen Namen. Die Fatimiden wählten ihn, aber genaugenommen war es – ein Rabe. Denn als alle schon mit Schaufeln, Hacken und Meßstricken paratstanden, um die Gründung der neuen Residenzstadt genau zur von den Astrologen bestimmten günstigen Zeit zu beginnen, passierte das Undenkbare. Auf einen der mit Glöckchen behängten Stricke, die das Baugelände abgrenzten, ließ sich zur Unzeit ein Rabe nieder. Dieser Unglücksvogel läutete die Glocken, die Arbeiter hörten das angekündigte Signal zum Arbeitsbeginn und schwangen die Hakken. Ausgerechnet in diesem Moment erschien der krieg- und unheilverkündende Mars – arabisch al-Qahir – am Himmel. Ein schlimmes Omen für die Zukunft der noch nicht gebauten Stadt, das nur durch die rechte Namenswahl ausgeglichen werden konnte.

Man darf wohl sagen, daß die Taufpaten klug entschieden hatten, als sie die Stadt unter den Schutz des kämpferischen Planeten stellten. Siegreich ist sie bisher noch aus allen Wirren hervorgegangen, meistert immer wieder die größten Probleme und erträgt gelassen das in ihr brodelnde Chaos.

▶ Umschlagkarte

■ Die Stadt der tausend Minarette

Auch wenn moderne Stadtplaner sich alle Mühe geben, mit auf drei Stockwerken verteilten Brücken den Verkehr zu entzerren und das Stadtbild zu verschandeln, wenn Hochhäuser um die Wette aus dem Boden schießen, so besitzt Kairo doch eine der faszinierendsten Ansammlungen islamischer Architektur. Fast die ganze Altstadt gehört zum UNESCO-Weltkulturerbe, und die Regierung müht sich seit Jahren redlich, diese herrliche Bausubstanz zu erhalten. Dazu werden mitunter drastische Maßnahmen ergriffen: Rings um die Altstadt mußten die kleinen Handwerker mit ihren Werkstätten weichen, Töpfer und Glasbläser machten einfach zu viel Dreck. Da, wo jahrhundertelang die Brennöfen von Fustat Rußwolken gen Himmel schickten, entstanden ein großer Park und ein schönes Einkaufszentrum, in dem modernes und traditionelles Kunsthandwerk angeboten werden. Im Bereich des berühmten **Basars Khan el-Khalili** droht ebenfalls einigen Händlern und Anwohnern der Umzug.

Die Ergebnisse des ›Verschönerungsplans Altstadt‹ kann man zwischen den fatimidischen Stadttoren **Bab el-Futuh** und **Bab es-Suweila** bewundern. Die von alten Kaufmannspalästen gesäumte Gasse Darb el-Asfar wurde im Rahmen einer Restaurierung des ganzen Viertels liebevoll instandgesetzt. Dazu mußten Stromleitungen und Kanalisation von Grund auf erneuert und die Müllentsorgung – eines der dramatischsten Probleme der Stadt – gesichert werden. Viel Miete darf man aber von den Bewohnern der Altstadt nicht erwarten, gehören sie doch überwiegend der ärmeren Schicht an. Mittlerweile sind auch weite Teile der einstigen Prachtstraße zwischen den Toren renoviert – die mit herrlichen Ornamenten geschmückten **Moscheen von Qaitbay, Ashraf, el-Ghuri und Mu'aijad** säumen als eindrucksvolle Beispiele islamischer Architektur diesen Weg.

Minarett der Ibn-Tulun-Moschee

■ Moderne Großstadt

Die enorme Kluft zwischen der Masse der am Rand des Existenzminimums lebenden Menschen und den superreichen ›fetten Katzen‹ ist im Stadtbild zu erkennen. Wohnungen mit Nilblick sind begehrt, an den beiden Ufern des Flusses wachsen schicke Designer-Hochhäuser mit viel Glas, Stahl und hier und da ein paar Stuckschnörkeln empor. Sie kosten Millionen – Dollar, versteht sich –, während in den Randgebieten wacklige Beton- und Ziegelhäuser im Rohbau belassen bleiben: Geld für den Verputz würde die Miete unnötig in die Höhe treiben.

In **Heliopolis**, einem der alten vornehmen Stadtviertel, sitzen die Vertretungen weltbekannter Edellimousinen. Deren Klientel profitierte erst kürzlich von einem Steuernachlaß auf Importwagen. Als gleichzeitig die Benzinpreise stiegen, traf das aber vor allem die autolose Gesellschaft – der Anstieg der Busfahrpreise brachte deren knappe Haushaltskasse noch mehr in Bedrängnis. Das enorme Verkehrsaufkommen gehört zu den größten Problemen der Stadt. Jeden Morgen und Abend kriecht der Stau durch die Straßen, kommt der Verkehr nur knapp am Infarkt vorbei. Die wenigsten Fahrzeuge würden eine ASU-Plakette erhalten, aber immer mehr öffentliche Groß- und Kleinbusse sowie Taxis rüsten auf Gasbetrieb um. In Kairo findet man mehr Gastankstellen als in München oder Hamburg. Einen wichtigen Beitrag zur Entzerrung des Berufsverkehrs leistet die U-Bahn, die stetig weiter ausgebaut wird und mittlerweile auch den Nil unterquert. Zu Stoßzeiten herrscht drangvolle Enge – die Frauen Kairos haben deshalb einen eigenen Damenwaggon, um vor Belästigungen geschützt zu sein.

Unterwegs in Kairo

Vielleicht ist es auf den ersten Blick nicht zu sehen – einfach weil zuviel des ungewohnten Chaos' auf den Fremden einstürmt –, aber Kairo ist eine unglaublich spannende, vielseitige, lebendige und schöne Stadt. Sie besitzt ihren ganz eigenen Charme, der sicher zu einem großen Teil der Gelassenheit ihrer Bewohner zu verdanken ist, die mit der alten Dame am Nil nachsichtig umgehen. Wenn an Feiertagen die Kairener zu tausenden mit Kind und Kegel an der Corniche flanieren, dann steckt deren Lebensfreude auch den zurückhaltendsten Besucher an. Wie wär's denn mal mit einer Bootsfahrt mitten in der Stadt?

Metroplan, Kairo

Midan et-Tahrir

Am Midan et-Tahrir, dem Freiheitsplatz, im Herzen Kairos steht eine Reihe wichtiger Gebäude: Am Südende des Platzes ragt ein häßlicher grauer Klotz empor, der die Zentrale ägyptischer Verwaltung beherbergt. Freiwillig geht kaum jemand in die **Mogamma** - ist sie doch berüchtigt als wahrhaftes Labyrinth der Bürokratie. Ohne Bestechungsgelder gibt es keine Formulare, ohne die es keine Genehmigungen gibt, die selbstverständlich auch von mehreren Stellen Zustimmung brauchen. Wer Beziehungen hat, tut gut daran, den langen Weg durch die Hierarchie abzukürzen, denn das spart Zeit und Geld.

Östlich der Mogamma liegt auf der anderen Straßenseite der ehrwürdige Campus der **American University of Cairo** (AUC), an der viele ägyptische, aber auch ausländische Studenten von Wirtschaftswissenschaften über Informatik bis zur Ägyptologie die verschiedensten Fächer belegen. Mit den drei ägyptischen Universitäten Kairos - Ain Shams, Cairo University und al-Azhar-Universität - und mit der im Jahr 2004 eröffneten ersten deutschen Auslandsuniversität, der German University Cairo (GUC), besitzt Ägyptens Hauptstadt ein gutes Hochschulangebot.

Ramses als Stabträger vor dem Eingang

An der zum Nil gewandten Seite des Platzes steht ein schmales hohes Gebäude, das Ägyptens Bedeutung in der internationalen Politik belegt: Es ist der **Sitz der Arabischen Liga**, hier versammeln sich die Staatschefs von Marokko bis Saudi-Arabien zu ihren Konferenzen.

Nationalmuseum

Die Nordseite des Midan et-Tahrir beherrscht ein neoklassizistisch anmutendes Gebäude - das Nationalmuseum von Kairo. 1902 wurde es vom damaligen Chef der Antikenverwaltung, Auguste Mariette, gegründet. Für rund 5000 Objekte ausgelegt, beherbergt es mittlerweile weit über 100 000 Stücke. Ausgrabungen im ganzen Land bringen immer weitere Exponate, so daß das Museum mitsamt den mehrstöckigen Magazinbauten längst hoffnungslos überlastet ist. Die täglichen Besucherströme tragen das ihre dazu bei, daß eine Modernisierung der Ausstellung kaum möglich ist. Der Neubau eines großen Museums in Gisa in der Nähe der Pyramiden verheißt Hoffnung - in sha Allah wird es tatsächlich 2010 eröffnet werden.

Bevor man in die Ausstellung gelangt, muß man zwei **Sicherheitskontrollen** passieren – lassen Sie Taschenmesser am besten gleich im Hotel. Das Museum ist nicht klimatisiert, aber selbst im Sommer sind die Temperaturen angenehm kühl. Allerdings kann bei großem Besucherandrang die Luft schon recht dick werden.

Auf zwei Stockwerken verteilen sich die Exponate, wobei im **Erdgeschoß** ein Rundgang im Uhrzeigersinn die chronologische Entwicklung altägyptischer Kunst und Kultur von der Frühzeit bis in die ptolemäisch-römische Epoche veranschaulicht.

Im **Obergeschoß** liegt in einem kleinen Nebentrakt der Saal mit den Mumien der Pharaonen, für den man dort ein Extraticket erwerben muß. Der größte Teil der Galerien im ersten Stock wird jedoch von den Objekten aus dem Grab des Tutanchamun eingenommen. An der Rückseite des Obergeschosses sind drei Räume neu gestaltet worden: Rechts findet sich **Schmuck des Alten und Mittleren Reichs**, in der Mitte die Goldmaske, zwei Innensärge und exquisiter Schmuck von **Tutanchamun** 25 und links der **Silberschatz von Tanis** sowie

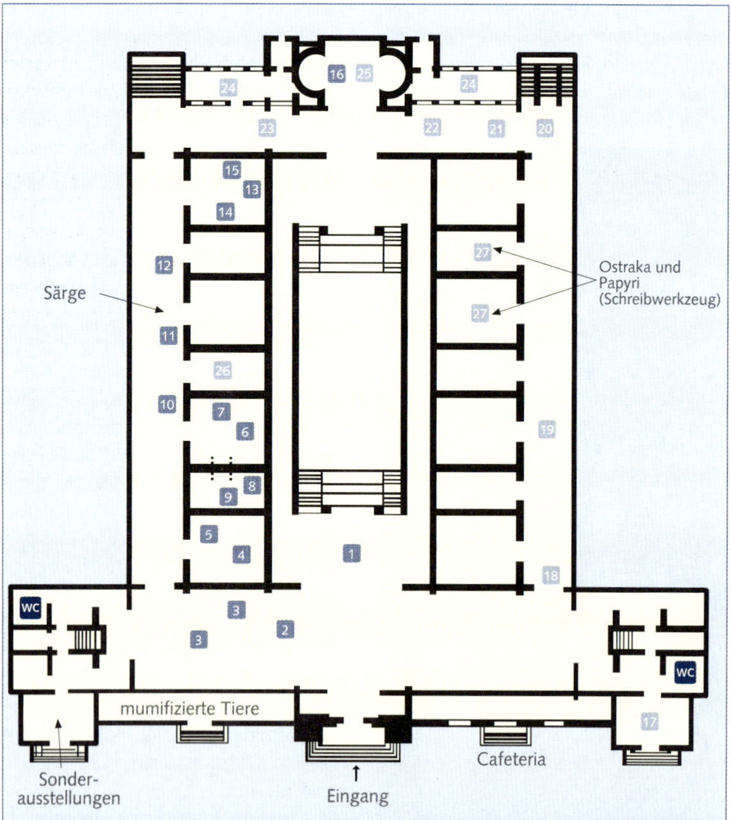

Das Nationalmuseum in Kairo

▲ Umschlagkarte

Im großen Mittelsaal dominiert die Sitzgruppe von Amenophis III. und Teje

schwere Goldketten der Ptolemäerzeit. Ein knapp gefaßter Rundgang zu den wichtigsten Stücken der Sammlung ist im folgenden beschrieben:

Von der Frühzeit zum Bauherrn der ersten Pyramide

Direkt im Eingangsbereich steht in einer Mittelvitrine die ›Mutter aller ägyptischen Reliefkunst‹: Die **Narmer-Palette** aus der Zeit der Reichseinigung 1 zeigt zum erstenmal die für die folgenden 3000 Jahre gültige Repräsentativdarstellung des Pharao beim Erschlagen der Feinde. Als Weihegabe im Tempel eines Falkengottes ist die große Schieferpalette beidseitig dekoriert. Die Rückseite schildert den Triumph des oberägyptischen Narmer über die Delta-Bewohner, während die Vorderseite im Zentrum ein

Legende

Erdgeschoß

1 Narmer-Palette
2 Statue des Djoser
3 Gruppenstatuen des Mykerinos
4 Falken-Chephren
5 Statue des Kaaper
6 Statuen des Rahotep und der Nofret
7 Malerei der Gänse von Maidum
8 Mobiliar aus dem Grab der Hetepheres
9 Statuette des Cheops
10 Statue des Mentuhotep II.
11 Statue Sesostris' III.
12 Statue des Amenemhet III.
13 Kapelle der Hathor
14 Figur des Senenmut
15 Statue des Amenopis Sa Hapu
16 Amarna-Saal

Obergeschoß

17 Mumiensaal
18 Wächterfiguren des Tutanchamun
12 Goldthron
20 Zeremonialbetten
21 Statue des Anubis
22 Kanopenkasten
23 Schreine aus dem Grab des Tutanchamun
24 Schmuckräume
25 Goldmaske des Tutanchamun
26 Modellgruppen aus dem Mittleren Reich
27 Ostraka, Papyri, Schreibwerkzeug

mythologisches Thema zeigt: Zwei Schlangenhalspanther halten in ihren verschlungenen Hälsen die Sonne, um sie so sicher zwischen den Horizonten zu geleiten.
Am Übergang zur linken Galerie steht die **Statue des Djoser** 2, die ursprünglich in einem Steinkasten an der Nordseite der Stufenpyramide aufgestellt war. Die leeren Augenhöhlen lassen Djoser unheimlich erscheinen; Grabräuber haben die aus Glas oder Kristall eingesetzten Augen brutal herausgerissen.

Pyramidenzeit

Beiderseits des Gangs stehen aus dunklem Schiefer gearbeitete **Gruppenstatuen** 3 aus dem Taltempel an der Pyramide des Mykerinos. Dem sehr breitschultrigen Herrscher stehen je zwei Gottheiten zur Seite. Charakteristisch sind die Gesichtszüge des Pharao: volle Wangen, üppige Lippen, eine relativ niedrige Stirn und eine kleine Knubbelnase – so ist er leicht wiederzuerkennen. In den Mittelvitrinen stehen Statuetten von Grabherren mit oder ohne Ehefrau und von Bediensteten, die im Jenseits für das Wohlergehen ihrer Herren sorgten. Besonders schön sind die am großen Bottich stehende Bierbrauerin im ersten Teil der Galerie und der Gabenbringer mit seiner feinen Tasche über der Schulter ganz am Ende.
Der Erbauer der zweiten Pyramide von Gisa thront majestätisch im ersten Saal der Westgalerie. Die aus schwarz-weißem Diorit gehauene **Statue des Chephren** [4] bietet eine Überraschung: Nur von der Seite oder von hinten zu sehen ist der Falke, der seine Schwingen schützend hinter dem Kopf des Pharao ausbreitet.
Im gleichen Raum fasziniert die aus Sykomorenholz gearbeitete, lebensgroße **Statue des Kaaper** 5. So lebendig wirkt der Blick ihrer Glasaugen in dem porträthaft gearbeiteten Gesicht, daß die Arbeiter bei der Entdeckung glaubten, ein Bild ihres Bürgermeisters vor sich zu haben.
Der nächste Saal zeigt ebenfalls noch Stücke aus der 4. Dynastie: **Rahotep und Nofret** 6 beherrschen den Raum – der Prinz und die Königstochter verkörpern das Schönheitsideal der damaligen Zeit. An der linken Wand ist die berühmte Malerei der **Gänse von Maidum** 7 zu sehen, aus einem Grab nahe der ersten Pyramide des Snofru am Rand des Faijum.
Gegenüber öffnet sich ein Nebenraum, in dem **Mobiliar aus dem Grab der Hetepheres** 8 zu sehen ist. Cheops' Mutter hatte ihr Bett, einen Stuhl, einen großen Baldachin, Schmuck und ihre Sänfte mit ins Jenseits genommen. Besondere Beachtung verdient die nur 7,5 Zentimeter große **Elfenbeinstatuette des Cheops** 9: Es ist die einzige erhaltene Figur des Erbauers der größten Pyramide.

Große Pharaonen

Etwa in der Mitte des Gangs markiert die massige **Statue von Mentuhotep II.** 10 den Übergang zur Epoche des Mittleren Reichs. Mit viel zu schweren, dicken Beinen thront der mit der roten Krone Unterägyptens und dem Heb-Sed-Mantel bekleidete Pharao auf einem schlichten Hocker. Die schwarze Hautfarbe ist eine Anspielung auf Osiris und die Hoffnung auf Auferstehung. Schwarz ist die Farbe des fruchtbaren Nilschlamms, aus dem immer wieder neues Leben entsteht.
Nach ein paar Metern erreicht man die faszinierende **Statue Sesostris' III.** 11. Einer der mächtigsten Herrscher Ägyp-

▲ Karte S. 304

tens ließ sich um 1860 vor Christus als deutlich vom Alter geprägter Mann mit riesigen Ohren porträtieren. In seltsamem Kontrast dazu steht sein jugendlich straffer Körper.

Auch sein Sohn **Amenemhet III.** 12 wählte eine ungewöhnliche Darstellungsart für sich: Eine schwere Lockenperücke und ein Vollbart rahmen das fast trotzig wirkende, sehr kräftig modellierte Gesicht dieses Herrschers. Eine Doppelstatue Amenemhtes zeigt die gleiche archaisierende Tracht, und die an der Westseite des Gangs aufgestellten Mähnensphingen wirken viel ›löwiger‹ als die gewohnten Darstellungen dieser Mischwesen. Bei der Entdeckung der Stücke waren die Ägyptologen verwirrt: Man glaubte zunächst, Bildnisse der fremden Hyksos vor sich zu haben.

Amenophis Sa Hapu

Der Raum am Ende des Ganges führt nach Theben-West. Aus dem Allerheiligsten des Totentempels von Thutmosis III. stammt die **Kapelle der Hathor** 13. In reiner Tiergestalt tritt die Göttin aus der buntbemalten Kammer, an ihrem Euter trinkt der jugendliche König. Die intensiv leuchtenden Farben sind original erhalten.

Rechts vor dieser Kapelle steht die **Hockfigur des Senenmut** 14; der Architekt der Hatschepsut war auch Erzieher ihrer Tochter gewesen. Der Kopf der kleinen Nofrure ragt aus der Umarmung des hohen Beamten.

Vor der gegenüberliegenden Wand steht die Statue eines Kollegen des Senenmut aus der Zeit von Amenophis III. Als alter Mann war **Amenophis Sa Hapu** 15 zum Leiter aller Arbeiten für seinen Pharao berufen worden – und als alter Mann ist er in dieser Statue gezeigt. Noch zu Lebzeiten wurde er als eine Art Heiliger zur Anlaufstelle der Gläubigen, die ihn um Vermittlung beim großen Gott Amun anflehten.

Echnaton und Nofretete

Der rückwärtige Quergang des Museums führt zum **Amarna-Saal** 16 mit Stükken aus der Regierungszeit des Echnaton. Die großen Statuen des Königs ziehen mit ihren ungewöhnlichen Körperformen sofort den Blick auf sich. Aber auch die übertrieben langgezogenen Schädel der Prinzessinnen weichen vom üblichen Darstellungsmuster ab. Immer wieder werden Krankheit und Mißbildung als Erklärung bemüht, doch ohne die Möglichkeit einer Überprüfung an Knochenfunden der Familienmitglieder müssen solche Überlegungen Spekulation bleiben. Die Reliefs zeigen Echnaton und Nofretete gemeinsam mit den Töchtern unter den ›Strahlenarmen‹ des Gottes Aton.

In der Mitte des Saals ist der berühmte **Goldsarg aus dem Grab KV 55** im Tal der Könige ausgestellt. Gleich mehrfach spannend und mysteriös ist seine Geschichte: Das Grab wurde in der direkten Nachfolgezeit Echnatons genutzt – offenbar für ein schnell organisiertes Begräbnis, denn die Stücke im Grab tragen Namen unterschiedlichster Personen. Der besser erhaltene Deckel des Sarges wurde seit seiner Entdeckung im Museum ausgestellt, aber die Fragmente des Unterteils verschwanden. Als sie Jahrzehnte später in Deutschland wieder auftauchten, kam es natürlich zu wilden Theorien und Gerüchten über moderne Kunsträuber. Mittlerweile hat sich die Aufregung gelegt, das restaurierte Unterteil des Sarges ist wieder zurück in Kairo – und eine Frage der Ägyptologie ist beantwortet: Eindeutig wurde dieser Sarg für Echnaton hergestellt. Die herausgerissenen Hieroglyphen des Königsnamens am Deckel wiesen schon darauf hin, Inschriften an der Sargwanne bestätigten es nun zweifelsfrei. Wer jedoch im Sarg bestattet wurde, ist deswegen noch lange nicht geklärt.

Von allen Ecken des Museums führen Treppen hinauf ins Obergeschoß. Dort sind die rückwärtige und die östliche Galerie den Funden aus dem Grab des Tutanchamun vorbehalten. Am besten beginnt man in der südöstlichen Ecke mit dem Rundgang. Hier befindet sich auch der Zugang zum **Mumiensaal** 17, Eintrittskarten sind direkt am Eingang zu dem klimatisierten Raum zu erhalten.

▶ Karte S. 304

Der Grabschatz des Tutanchamun

Neben dem Durchgang zu den langen Galerien hängen jeweils Rekonstruktionszeichnungen vom Grab des Tutanchamun, die zeigen, wie Beigaben und Särge im Grab übereinandergestapelt waren. Großformatige Schwarz-Weiß-Bilder an den Wänden der Galerie geben immer wieder einen Eindruck von der originalen Fundsituation. Zwei schwarz-goldene **Wächterfiguren** 18 bilden den Auftakt – sie standen einst vor der Mauer, die den Sargraum verschloß. Statuetten des jungen Königs und verschiedener Gottheiten waren in kleinen Schreinen oder Holztruhen aufbewahrt gewesen. Ebenso die zahlreichen Uschebtis, die in unterschiedlicher Größe aus Holz und Fayence hergestellt worden waren und dem Pharao im Jenseits als Diener zur Seite stehen sollten.

Berühmt ist der **Goldthron** 19, der noch aus den ersten Jahren des Herrschers stammt. Ganz klar sind Elemente des Aton-Kultes in der Szene an der Rückenlehne zu erkennen. Auch die Namen des Königspaars weisen auf die Amarna-Zeit hin: Anches-en-pa-Aton und Tut-anch-Aton erscheinen unter der roten Sonnenscheibe des Aton. Weitere Throne und Hocker sowie die Szepter und Zeremonialstäbe des Königs sind in den folgenden Vitrinen zu sehen. Interessant ist die Gegenüberstellung altägyptischer Wurfhölzer und eines australischen Bumerangs – die Übereinstimmung ist verblüffend.

Am Übergang zur Quergalerie stehen die drei großen **Zeremonialbetten** 20, deren Beine und Rahmen als Himmelskuh, Nilpferd und Löwe gestaltet sind. Ein großer faltbarer Sonnenschirm konnte während Prozessionen über dem Thron des Königs aufgespannt werden.

Anubisstatue aus den Grab des Tutanchamun

Würdevoll und überaus aufmerksam wirkt die auf einem Sockel ruhende Gestalt des Schakalgottes **Anubis** 21. Als Hüter über die Eingeweide des Verstorbenen lag er im Durchgang zwischen Sargkammer und Kanopenkammer.

Der aus einem Block Alabaster geschnittene **Kanopenkasten** 22 zur Aufnahme der vier Eingeweidekrüge gehört sicher zu den schönsten Stücken der Grabausstattung. Die Deckel der Kanopen sind als Porträtköpfe Tutanchamuns gearbeitet. Um den Steinkasten war ein schützender Holzschrein gestellt, der wie auch die Schreine um den großen Sarg reliefiert und mit Blattgold belegt ist. Zusätzlichen Schutz geben die Göttinnen, deren Statuen an den Seitenwänden ihre Arme ausbreiten.

Vier in der Größe gestaffelte blattvergoldete **Schreine** 23 hüllten den Qaurzitsarg ein und füllten den gesamten Sargraum bis auf wenige Zentimeter aus. Sie sind hier nebeneinander aufgestellt, so daß die Dekoration mit Szenen aus den Unterweltsbüchern gut zu sehen ist.

Hier an der Rückseite des Museums liegen die bereits erwähnten **Schmuckräume** 24 – im mittleren findet sich die berühmte Goldmaske des Tutanchamun. Unbedingt einen Besuch wert sind auch die benachbarten Räume, wo unter anderem die Silbersärge und der fein gearbeitete Schmuck aus Gold und Lapislazuli aus Tanis im Westdelta ausgestellt sind. Sie belegen, daß auch nach dem Ende des großartigen ›Neuen Reichs‹ heute eher unbekannte Pharaonen wie Scheschonk, Osorkon und Psusennes die alte Pracht weiterleben ließen.

Bilder aus dem Alltag

Einen Blick in die Welt von Arbeitern und Handwerkern erlauben die aus dem Mittleren Reich stammenden **Modellgruppen** 26, die in einem etwa in der Mitte der Ostgalerie abzweigenden Raum ausgestellt sind. Der Kanzler Meketre hatte in seinem Grab in Theben-West eine ganze Kollektion puppenstubenartiger Modelle. Zwischen zwei Papyrusbooten ziehen Fischer eine Reuse durchs Wasser, Boote mit Kajüten dienten dem Grabherrn als Transportmittel. Eine der wichtigen Aufgaben des Meketre war die Kontrolle der Viehbestände: Die Tiere zogen mit ihren Hirten in die besseren Weidegebiete des Deltas, mußten aber einmal im Jahr zu Hause vorgeführt werden. Fehlten zu viele Tiere oder gab es nicht den erhofften Zuwachs an Jungtieren, setzte es Prügel. Zwei kleine Modelle geben Einblick in eine Weberei und eine Schreinerei. Aus anderen Gräbern stammen die kleinen Kornspeicher, in denen eifrige Arbeiter mit Säcken voller Getreide anmarschieren, während die Schreiber genauestens Buch führen.

Papyri, Ostraka - Kalksteinscherben, die als ›Skizzenblätter‹ oder ›Notizzettel‹ genutzt wurden - sowie **Schreibutensilien** 27 finden sich in zwei Räumen des Ostflügels. Besonders interessant ist der ›Katzen-Mäuse-Papyrus‹, in dem eine verkehrte Welt gezeigt wird: Katzen erscheinen als Diener vornehmer Mäuse.

Das Nationalmuseum ist täglich von 9 bis 19 Uhr geöffnet, im Ramadan von 9 bis 15 Uhr. Fotografieren ist nicht erlaubt. Extra-Tickets für den Saal der Königsmumien im 1. Stock gibt es vor dem Eingang zu diesem Raum. Wer einen ganzen Tag im Museum verbringen möchte, kann Pausen einlegen - sollte aber beim Verlassen des Museums den Ticketkontrolleuren Bescheid geben. Es gibt direkt im Gelände eine kleine Cafeteria. Wer mehr als nur Sandwich essen möchte, findet um den Midan el-Tahrir Richtung Midan Talaat Harb eine Reihe von einfachen Restaurants oder kann im nahegelegenen ›Nile Hilton‹ unter mehreren Lokalen wählen.

▲ Karte S. 304

Koptenviertel

Steigt man direkt vor dem Museum in die Metro - die ganz nach Pariser Vorbild gestaltet ist - und fährt vier Stationen bis zur Haltestelle ›Mari Girgis‹, kommt das einer kleinen Zeitreise von der Pharaonenzeit in die frühchristliche Epoche gleich. Seit Jahren wird hier schwer gearbeitet, denn das gestiegene Grundwasser bedroht die tiefliegenden Kirchen. Schwierig gestaltet sich die Sicherung des Mauerwerks vor dem immer wieder nachsickernden Naß. Zwar sind die meisten Bauwerke mittlerweile an den Seiten bis auf die Fundamente aufgegraben und mit Schutzmänteln umgeben worden, doch dringt durch die Böden nach wie vor Feuchtigkeit ein. Ähnliche Probleme waren schuld an der jahrelangen Schließung des Koptischen Museums - das seit 2008 endlich wieder seine Pforten geöffnet hat.

■ Festungstürme und Georgskirche

Direkt gegenüber der Metrostation sind die Ruinen eines der römischen Wehrtürme zu sehen, der die Einfahrt zum antiken Hafen Per-Hapi-en-On schützte. Der Name On wird in der Bibel genannt, er bezieht sich auf das nahegelegene Heliopolis. Der altägyptische Name klang den Griechen seltsam, und sie verschliffen ihn zu Babylon.

Auf einem zweiten Festungsturm wurde im 20. Jahrhundert die mächtige griechisch-orthodoxe Rundkirche für den heiligen Georg erbaut.

■ El-Mo'allaqa-Kirche

Wie die Georgskirche erhebt sich auch die bedeutendste koptische Kirche auf den Überresten eines Festungsturms:

Die Kirche des heiligen Georg

Kairo, das Koptenviertel

Eigentlich der heiligen Jungfrau Maria geweiht, hat sie wegen ihres Standorts den Spitznamen el-Mo'allaqa erhalten: ›die Hängende‹. Über eine Treppe und einen kurzen gedeckten Durchgang erreicht man einen kleinen offenen Hof vor der Kirche. Hier schon erkennt man an der kleinen **Brunnenanlage** und den Fliesen den Einfluß der islamischen Baukunst des 13. bis 15. Jahrhunderts. Damals war Kairo ein Zentrum des Kunsthandwerks, und auch die nichtmuslimischen Gemeinden gestalteten ihre Gotteshäuser nach der Mode der Zeit. Die Kirche selbst ist jedoch deutlich älter, ihre Gründung geht ins 4. oder 5. Jahrhundert zurück. Mehrfach wurde sie erweitert, ab dem 11. Jahrhundert diente sie dem Patriarchen der koptischen Gemeinde als Sitz.

Gleich am Eingang fällt die Unregelmäßigkeit der Kirchenschiffe auf, die dem Standort der Kirche geschuldet ist. Säulen konnten nur da errichtet werden, wo im Untergrund die Festungsmauern die Lasten tragen konnten. Sehr schön re-

stauriert wurde der offene Dachstuhl, ein charakteristisches Element der frühen koptischen Kirchen. Der Versammlungsraum wird durch eine mit Intarsienarbeiten verzierte Ikonostase vom Altarraum getrennt. Nur zu den höchsten Feiertagen der koptischen Kirche werden die Türen zu diesem Bereich geöffnet – die Priester versammeln sich dann direkt um den Altar. Unter der Woche finden koptische Gottesdienste freitags und sonntags vormittags statt.
Aus dem altägyptischen Kult übernommen hat die koptische Kirche das Sistrum als Rasselinstrument und die leichte Rahmentrommel; eine Orgel gehört nicht zur Ausstattung. Predigten werden überwiegend auf arabisch gehalten, nur zu Ostern oder Weihnachten – das wie in der orthodoxen Kirche am 6. Januar gefeiert wird – werden Teile der Messe auf koptisch gelesen. Mehrere Stunden versammelt sich dann die Gemeinde vom Kleinkind bis zu den Großeltern und nimmt nach Geschlechtern getrennt in den Kirchenbänken Platz. Gerade die Kleinen dürfen aber durchaus zwischendurch im Hof vor der Kirche spielen, die Stimmung erinnert mitunter eher an ein ausgelassenes Familienfest. Während des Gottesdienstes wird wie in der katholischen Kirche Weihrauch verbrannt, am Ende verabschieden sich die Gläubigen von ihrem ›Baba‹ mit einem respektvollen Handkuß.
Auch wenn hier im alten Koptenviertel die Kirchen zu den wöchentlichen Gottesdiensten nicht ganz gefüllt sind, ist die Bindung an den Glauben in der koptischen Gemeinde Ägyptens sehr stark. Streng beachten die meisten Kopten ihre Fastengebote, die ihnen zweimal wöchentlich jegliche tierische Nahrung verbieten. Dazu kommen lange Fastenzeiten wie zum Beispiel während der

Ikonostase der Mo'allaqa-Kirche

40 Tage vor Ostern. Insgesamt zählt das koptischen Kirchenjahr rund 180 Fastentage.
An den Wänden der Kirche hängen zahlreiche Ikonen, Reliquien hochverehrter Heiliger sind im Eingangsbereich und an der Nordseite aufbewahrt. Kleine Zettel mit Bitten oder Danksagungen sind Zeichen des gläubigen Vertrauens. Im Eingangsbereich der Kirche erlaubt ein holzgerahmter Glasstreifen im Boden einen Blick zu den Fundamenten.
Vorbei an den Festungstürmen und der Georgskirche erreicht man einen Treppenabgang, der zu den tieferliegenden Teilen von Qasr es-Schama, der **Festung der Kerzen**, führt. Klöster, Wohnhäuser und weitere alte Kirchen sind in ihren schmalen Gassen zu finden.

Abu-Serga-Kirche

Die den beiden syrischen Soldatenheiligen Sergius und Bacchus geweihte Abu-Serga-Kirche steht an einem besonders heiligen Ort. Während ihres Aufenthalts in Ägypten soll die heilige Familie hier gewohnt haben, da Joseph in der Römerfestung Arbeit als Zimmermann gefunden hatte. Die Grotte, in der Maria, Jesus und Joseph gelebt haben sollen, ist heute nicht mehr zu besichtigen, da sie besonders schwer unter dem eindringenden Wasser zu leiden hat. Der feucht-muffige Geruch durchzieht mittlerweile das ganze Kirchenschiff.

Ähnlich wie die Mo'allaqa-Kirche wurde die Kirche im 4., 5. oder 7. Jahrhundert gegründet und nach mehreren schweren Bränden während des 11. bis 13. Jahrhunderts grundlegend renoviert.

Ebenfalls im 11. Jahrhundert auf älteren Fundamenten errichtet wurde die **Kirche der Märtyrer Kyrill und Johannes**. Da zu diesem Zeitpunkt die Reliquien der heiligen Barbara hierher gelangten, wurde der Neubau kurzerhand umgeweiht.

Ben-Esra-Synagoge

Inmitten des Koptenviertels findet sich auch ein jüdisches Gotteshaus. Die Ben-Esra-Synagoge wurde erst kürzlich mit großer Sorgfalt restauriert und beeindruckt mit ihren reichen Einlegearbeiten. Sie steht an der Stelle einer älteren Michaelskirche, die im 12. Jahrhundert von der koptischen Gemeinde verkauft wurde – die Zahl der Christen war deutlich zurückgegangen, und man brauchte Geld. Günstigerweise war die jüdische Gemeinde gerade auf der Suche nach einem neuen Bauplatz. Es war die Zeit des großen Sultans Salah ed-Din, in der die drei Religionen auch während der Kreuzzüge gut miteinander auskamen.

▶ Karte S. 312

Moses Maimonides, der angesehene Arzt, Theologe, Rechtsgelehrte und Philosoph, hatte mit seiner Familie vom intoleranten Omaijadenreich in Cordoba über Marokko die Flucht nach Ägypten angetreten. Hier wurde er Leibarzt des Wesirs von Salah ed-Din und übernahm 1177 die Leitung der jüdischen Gemeinde. Nach seinem Tod im Jahr 1204 blieb die Führung der Gemeinde noch für weitere 170 Jahre in der Familie. Es war eine Zeit der wirtschaftlichen Blüte, in der Kairo als Handelsdrehscheibe zwischen dem Mittelmeerraum und Indien gute Geschäfte machte. Jüdische Händler hatten dabei ihren Anteil, wie Texte belegen, die man 1890 bei einer Renovierung der Synagoge entdeckte. Rund 250 000 Schriftstücke waren aufbewahrt worden, da sie den Namen Gottes trugen. Darunter fanden sich auch Briefe von Händlern aus Kairo, die mit ihren Geschäftspartnern im Jemen korrespondierten. 150 verschiedene Güter werden aufgelistet, darunter Farbstoffe, Arzneien, Rosinen, Papier und Gewürze. Auf den langen Reisen gingen immer wieder Waren verloren, wie einer der Briefe berichtet: »Das eine Schiff des Scheichs Abu al-Hassan bin Dja'far war in Richtung auf Berbera gesegelt, wurde aber gegen das Bab el-Mandab (Übergang vom Roten Meer zum Indischen Ozean) geworfen, wo es sank. Der Pfeffer ist völlig verloren ....«.

So wie die Abu-Serga-Kirche der Legende nach über der Wohnhöhle der heiligen Familie errichtet wurde, kann auch die Ben-Esra-Synagoge auf ein biblisches Ereignis verweisen, das ihren Standort adelt. Der Nil, dessen Bett vor Jahrhunderten deutlich weiter östlich lag, spielt dabei eine wichtige Rolle. Denn auf dem Fluß trieb ein kleines Körbchen, welches das Interesse der Tochter des Pharaos erweckte. »Und da sie das Kästlein im Schilf sah, sandte sie ihre Magd hin und ließ es holen ... und es ward ihr Sohn, und sie hieß ihn Mose.« Tatsächlich ist Moses ein gut altägyptischer Name, der als ›Sohn‹ übersetzt werden kann.

Koptisches Museum

Dem unermüdlichen Sammler Markus Simaika Pascha, einem angesehenen Kopten aus reicher Familie, ist es zu verdanken, daß über mehrere Jahrzehnte hinweg das Koptische Museum in Alt-Kairo erbaut wurde. Liebevoll mit hölzernen Fenstergittern (Mashrabijas) und herrlich bemalten Holzdecken sowie Stuckornamenten aus älteren koptischen Bauten wurde zunächst der Alte Flügel des Hauses ausgestattet. Die Ausstellungsstücke kamen aus den Kirchen und Klöstern des Landes und den beiden älteren großen Museen Ägyptens in Kairo und Alexandria. Die Eröffnung der ersten Schau koptischer Kunst fand 1910 statt, der ›Neue Flügel‹ des Museums konnte erst 1947 eingeweiht werden. Wasserschäden und das schwere Erdbeben von 1992 erschütterten die Fundamente des Hauses so sehr, daß eine grundlegende und aufwendige Restaurierung nötig wurde.

Eingang zum Koptischen Museum

Der Eingangsbereich verbindet die beiden Flügel des Museums - nach links gelangt man in den älteren Teil, der zunächst mit der sogenannten **Galerie der Meisterwerke** den Auftakt des Rundgangs bildet. Zu den bedeutendsten Produkten koptischer Kunst zählen die feingewebten und teilweise bestickten Textilien. Als Sondersteuern von römischen Herrschern erhoben oder eigens bei koptischen Webern in Auftrag gegeben, zeigen sie häufig dem hellenistischen Mythenkreis verwandte Szenen. Charakteristisch sind auch die von byzantinischer Kunst beeinflußten koptischen Malereien. Säulen, Nischen oder Stelen zierten als Architekturschmuck Kirchen, Klöster und Grabbauten - ihre Bildsprache zeigt mitunter eine faszinierende Mischung altägyptischer und mediterraner Elemente.

Der Kalksteinfries mit symmetrisch um ein Kreuzzeichen angeordneten Akanthusmedaillons stammt aus dem Jeremias-Kloster von Saqqara und datiert ins 6. Jahrhundert. Vom gleichen Fundort kommt auch die großformatige Wandmalerei mit vier Heiligen. Interessant ist die Darstellung des nur noch teilweise erhaltenen Heiligen am linken Bildrand, der im Gegensatz zu seinen in weite Gewänder gehüllten Kollegen lediglich von seinem lang herabwallenden Haupt- und Barthaar bedeckt ist. Bei ihm handelt es sich um den koptischen Heiligen Onophrios, welcher sich der Legende nach 60 Jahre lang ausschließlich von Datteln ernährte. Der Name des Heiligen am rechten Bildrand lautet Pamun und weist - wie auch der Name des Onophrios - auf die altägyptische Herkunft der beiden: Onophrios war ein geläufiger Beiname des Gottes Osiris, und der mächtige Reichsgott Amun ist im zweiten Namen leicht zu entdecken.

Koptisches Kloster im Wadi Natrun

Griechisches Erbe am Nil

Im angrenzenden Raum 3 sind die Bezüge zum griechischen Kulturkreis deutlich zu erkennen: Architekturteile sind geschmückt mit Bildnissen von Orpheus und Eurydike, Aphrodite oder Europa auf dem Stier. Allerdings fällt auch auf, daß es sich nicht um Kunstwerke ersten Ranges handelt, eher schon etwas ungelenk wirkende Provinzarbeiten. Sie stammen überwiegend aus Ehnas im Faijum und entstanden dort im ausgehenden 4. Jahrhundert. In der damals bedeutenden Bischofsstadt lebten offenbar auch viele nicht zum Christentum übergetretene Menschen, die ihre Gräber mit Bildnissen der griechischen Mythologie ausstatten ließen.

Altägyptisch oder christlich?

Im nächsten Raum finden sich Belege für die Übernahme altägyptischer Elemente in die frühchristliche Kunst. So ist das Hieroglyphenzeichen ›anch‹ für Leben ganz selbstverständlich als Variante des Kreuzzeichens übernommen worden. Mitunter erinnern die großen Reliefs dieses Henkelkreuzes mit weit ausschwingenden ›Flügeln‹ fast an Rauschgoldengel. Weintrauben – eng mit Osiris verbunden – sind auch im Christlichen Symbole für Jesus, der wie sein altägyptischer Vorgänger die Hoffnung auf Wiedergeburt und Gerechtigkeit verkörpert.

Klosterkunst aus Saqqara und Bawit

Das Mönchtum – im Ägypten des 4. Jahrhunderts entstanden – breitete sich rasant an den Ufern des Nils und den angrenzenden Wüstengebieten aus. Zahlreiche Klöster sowohl für Mönche wie Nonnen entstanden innerhalb weniger Jahrzehnte. Aus dem über rund fünf Jahrhunderte bewohnten Jeremias-Kloster von Saqqara stammen eine Reihe von Säulen, Kapitellen und besonders eindrucksvollen Wandmalereien. Sie sind im Raum 2, den Sälen 5 bis 9, dem offenen Innenhof und im ersten Stock des Museums in Raum 11 ausgestellt. Die Malereien zierten ursprünglich Gebetsnischen in den einfachen Mönchszellen – die Bilder aus der Hauptbasilika haben sich nicht erhalten.

Das Kloster von Bawit in Mittelägypten wurde nach dem heiligen Apollo be-

▶ Karte S. 312

nannt, der wohl selbst im 6. Jahrhundert die mönchische Gemeinschaft dort leitete. Neben den Architekturteilen sind es besonders die Wandmalereien, die von der Qualität der hier engagierten Künstler überzeugen. Sowohl rein geometrische Muster wie bildliche Szenen mit Heiligen, der Muttergottes und Jesus beeindrucken in Ausgewogenheit und Farbigkeit.

Nag-Hammadi-Codex

Aufsehen erregte 1945 der Fund gnostischer Handschriften in der Nähe der Stadt Nag Hammadi in Oberägypten. Es handelt sich um koptische Übersetzungen griechischer Texte, die teils schon im 2. Jahrhundert nach Christus angefertigt wurden und hier in späteren Abschriften des 4. Jahrhunderts vorliegen. Die Lehre der Gnosis (Erkenntnis) war in den ersten nachchristlichen Jahrhunderten ausgesprochen populär und stellte offenbar eine ernste Bedrohung für das noch junge Christentum dar. Ganz ohne Priester oder Theologen sollte es dem Gnostiker möglich sein, den ihm innewohnenden göttlichen Lichtfunken zu erkennen und so letztendlich der Verhaftung in der körperlichen Welt zu entfliehen. In den Texten von Nag Hammadi finden sich neben altägyptischem, neuplatonischem und alttestamentarischem auch christliches Gedankengut – so wird zum Beispiel Jesus als Lehrer auf dem Weg zur Erkenntnis gedeutet. Frühe christliche Theologen wie Clemens von Alexandria, Irenäus, Athanasius und Schenute verdammten in ihren Predigten diese ihrer Ansicht nach ketzerische Lehre. Ein Teil dieser spannenden Handschriften ist in Raum 15 im 1. Stock des Museums ausgestellt.

Im angrenzenden Raum 16 finden sich teilweise reich illuminierte Bibeln in koptischer und arabischer Sprache, Psalter und Sammlungen von Predigten. Spätestens ab dem 10. Jahrhundert verdrängte das Arabische als allgemeine Umgangssprache das Koptische, die letzte Sprachstufe des Altägyptischen. Die älteste vom koptischen Patriarchat offiziell anerkannte arabische Bibelfassung stammt allerdings erst aus dem 13. Jahrhundert.

Ikonen

Die Räume 20 bis 22 gehören zum Neuen Flügel des Museums, der über eine Verbindungsgalerie zu erreichen ist. Sie sind der eindrucksvollen Sammlung von Ikonen gewidmet, deren älteste bis ins 6. Jahrhundert zurückdatieren. Viele dieser heiligen Bilder stammen aus der direkten Nachbarschaft des Museums und schmückten einst die Wände der Kirchen Alt-Kairos. Beachtung verdient ein nahezu quadratisches Bild am Übergang zwischen Raum 20 und 21, das zwei der ganz großen Heiligen der koptischen Kirche zeigt: den heiligen Antonius und den heiligen Paulus.

Stern der Wüste, Vater der Mönche – so wurde der große Lehrer und Eremit Antonius voller Bewunderung genannt. Schon mit 18 Jahren bekannte sich der in der Gegend von Beni Suef geborene Sohn einer wohlhabenden Familie zum Christentum. Nach dem Tod der Eltern vermachte er sein gesamtes Erbe den Bedürftigen und zog sich als Eremit in das Ostgebirge zurück. Schon bald scharten sich zahlreiche Jünger um ihn. Als er im Alter von 105 Jahren sein nahes Ende spürte, verabschiedete er sich von seinen Anhängern und zog sich in die Einsamkeit zurück. Er wollte wohl vermeiden, daß sich nach seinem Tod an seinem Grab ein Heiligenkult etablierte. Daß dieser Plan keinen Erfolg hat, belegt das Antoniuskloster, das bis heute zu den großen koptischen Pilgerstätten gehört.

Nur ein paar Bergrücken entfernt hatte sich ein weiterer Großer der frühen Christenheit zurückgezogen und fristete in strenger Askese sein Leben. Paulus, um 230 in Alexandria geboren, hatte bereits als 16Jähriger die Flucht vor den damals wütenden Christenverfolgungen ergriffen. Seine Weltabgeschiedenheit war so extrem, daß er sich nicht einmal um seine eigene Versorgung kümmerte – dafür aber mit den wilden Tieren in seiner Umgebung in friedlichem Einvernehmen lebte. Daher sandte Gott ihm jeden Tag einen Raben, der ihn mit frischem Brot versorgte. Als Paulus im Alter von 115 Jahren starb, waren es der Legende nach zwei Löwen, die dem Heiligen das Grab ausscharrten. Auch ihm zu Ehren wurde später ein Kloster im Ostgebirge erbaut, das ebenfalls bis heute von Mönchen bewohnt wird.

Das Koptische Museum ist täglich von 9 bis 17 Uhr geöffnet, mehr Informationen unter www.copticmuseum.gov.eg.

Azhar-Moschee

Mitten in dem wogenden Gewühl der Straßen Kairos gibt es stille Friedensorte, in deren Innerstes das Stimmengewirr und Geräusch der Straßen nur wie ein melodischer Hauch hereintönt: die Moscheen.

Meyers Universum, 1863

Im Zentrum der islamischen Altstadt steht eine der bedeutendsten Moscheen der Welt: Die Azhar-Moschee gilt nach den großen Heiligtümern von Mekka und Medina als die führende Instanz in Glaubensfragen. Seit dem 10. Jahrhundert ist dem Gotteshaus eine Hochschule angeschlossen, in der heute nicht mehr nur die kanonischen Fächer Theologie, Arabische Sprache oder Islamisches Recht unterrichtet werden. Längst hat sich die Azhar zu einer Voll-Universität entwickelt mit Dependancen im ganzen Land. Studenten aus der ganzen Welt kommen nach wie vor hierher, um Islamwissenschaft zu studieren. Da die Azhar noch immer als Moschee und Schule benutzt wird, sollten Besucher daran denken, sich angemessen zu kleiden – körperverhüllend, und die Damen mit Kopftuch. Am Eingang müssen die Schuhe ausgezogen werden.

Während der Zeit der Aijubiden versank die von den Fatimiden gegründete Moschee in eine Art Dornröschenschlaf. Salah ed-Din hatte 1171 das schiitische Symbol schließen lassen in seinem Bestreben, den sunnitischen Islam in Ägypten wieder fest zu installieren. Die

Eingang der Azhar-Moschee vom Hof aus

▲ Karte S. 319

Mamluken übernahmen jedoch knapp 100 Jahre später die Moschee wieder und eröffneten auch den Hochschulbetrieb aufs Neue. In dieser Zeit begannen die Sultane mit den zahlreichen Erweiterungsbauten, die unter anderem dazu führten, daß die Moschee im Lauf der Zeit sieben Minarette besaß, von denen heute noch drei erhalten sind.

Die Azhar war als große Freitagsmoschee das Herz der fatimidischen Residenzstadt. Ihr Name ›die Blühende‹ hatte für die schiitischen Fatimiden eine besondere Bedeutung, war es doch der Beiname der Tochter des Propheten gewesen, jener Fatima, von der die neuen Herrscher am Nil abstammten. Der große Versammlungshof war auf drei Seiten

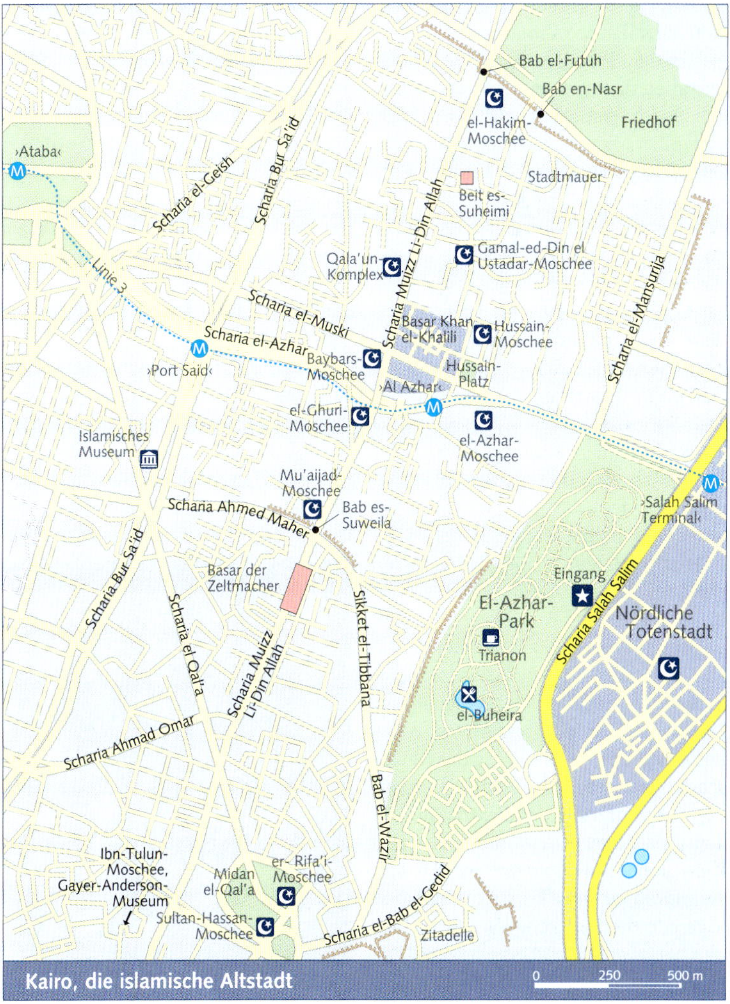

Kairo

von Säulenhallen umgeben. Die Gebetsrichtung nach Mekka zur Ka'aba wurde durch eine tiefere, fünfschiffige Halle betont, an deren Rückwand eine überkuppelte Nische den Platz des Vorbeters markiert.

Die heutige Fassade der Moschee wird von Bauten aus unterschiedlichen Epochen geprägt: Das **Tor der Barbiere** entstand 1752 unter dem osmanischen Herrscher Abderrahman el-Katchoda, als auf dem Platz davor die Friseure ihrer Arbeit nachgingen. Links und rechts von einem schmalen Gang, der auf den Hof führt, liegen sehr feindekorierte **Schulbauten aus dem 14. Jahrhundert**, die heute als Bibliotheken genutzt werden. An der Stelle des ursprünglich fatimidischen Eingangs zum Hof erhebt sich seit 1468 ein prunkvoll mit arabesken Steinreliefs verziertes **Portal**, über dem sich das große Mittelminarett erhebt. Sultan Qaitbay – unter dessen Herrschaft die Architektur eine Blütezeit erlebte – hatte diese Erweiterung in Auftrag gegeben. Rund 50 Jahre später ließ Sultan el-Ghuri ein weiteres Minarett über dem Eingang errichten: Mit seinen doppelten Kuppeltürmchen als oberem Abschluß gilt es als Wahrzeichen der Azhar.

An den Seiten des Hofs liegen die sogenannten **Riwaqs**, wo Studenten einfache Unterkünfte finden, auf der Nordseite liegt auch der **Hof der Waschungen**. Der Weg zum **ältesten Mihrab** wird betont durch eine Erhöhung des Mittelschiffs, ein charakteristisches Element der Fatimidenzeit. In diesem Bereich kann man auch heute noch auf einen Kreis von Studenten treffen, die den Ausführungen ihres Professors lauschen – gerade die traditionellen Fächer werden hier noch auf althergebrachte Weise vermittelt.

▶ Karte S. 319

Hinter dem ältesten Teil der Moschee schließt sich nach einer Stufe eine zweite **Säulenhalle** aus der Zeit Abderrahman el-Katchodas an. Von ihrer Nordseite ist ein weiterer **Nebenkomplex** zugänglich, der eine Kombination von Mausoleum und Schule darstellt. Wohlhabende Muslime stifteten gerne zu ihrem eigenen Seelenheil Schulen oder andere gemeinnützige Einrichtungen. In der Hoffnung, von den Gebeten der Gläubigen zu profitieren, ließen sie sich in der Nähe bestatten. So hielt es auch der Emir Gauhar Qunqubay, dem als Schatzmeister des Mamlukensultans Baybars sicher die nötigen Mittel zur Verfügung standen. Die Verzierungen des um 1450 erbauten Trakts bieten ein schönes Beispiel mamlukischer Kunst.

Zwischen den Toren der Fatimidenstadt

Vom Bab el-Futuh im Norden zum Bab es-Suweila im Süden zog sich eine von Palästen gesäumte Prachtstraße durch die für die Masse gesperrte Stadt der fatimidischen Herrscher. Aus dieser Zeit haben sich nur die Tore, Teile der Stadtmauer und einige wenige Moscheen

Gänsemarkt beim Bab es-Suweila

erhalten. Nach dem Ende der schiitischen Dynastie ließ Salah ed-Din die Stadttore öffnen und gab das Gelände zur Bebauung frei. Heute säumen mamlukische Moscheen und Mausoleen sowie Bauten aus der osmanischen Zeit den Weg zwischen den Toren.

Basar Khan el-Khalili

Ganz in der Nähe der Azhar-Moschee lockt der Basar Khan el-Khalili. Seinen Namen erhielt der seit dem 11. Jahrhundert weltberühmte Handelsplatz vom Handelshaus des Djarkas el-Khalili, der 1382 ein besonders prächtiges Haus für seine exquisiten Waren erbauen ließ.
Zwischen den zahllosen Geschäften, die vom Touristenkitsch bis zu teurem Goldschmuck und Teppichen aller Art nahezu alles im Angebot haben, laden Cafés zum Verweilen ein. Berühmt ist das altehrwürdige **Kaffeehaus Fischawi**, das in einer schmalen Gasse parallel zum Midan Saijidna Hussain liegt. Dieser Platz wird von der **Hussain-Moschee** beherrscht, die heute als Freitagsmoschee der Stadt Kairo dient. Sie wurde zu Ehren des bei Kerbela getöteten Enkels des Propheten Mohammed errichtet, der vor allem von schiitischen Muslimen sehr verehrt wird. Der Platz vor der Moschee ist gerade während des Fastenmonats Ramadan einen Besuch wert. Kurz vor Sonnenuntergang werden überall Tische aufgestellt, an denen die Fastenden auf den Kanonenschuß von der Zitadelle warten – das Zeichen, daß gegessen werden darf. Bis tief in die Nacht hinein herrscht dann noch buntes und fröhliches Treiben in den Gassen des Khan el-Khalili.
Überall wird hier restauriert, um die Schönheit der alten Bausubstanz zu retten, die teilweise durch schäbige moderne Einbauten arg verschandelt wurde.

Midan Saijidna Hussain mit Hussain-Moschee

Die **Scharia el-Muski**, die Hauptstraße durch den Basar, beginnt an der Südwestecke des Hussain-Platzes und zieht sich nach Westen. An der Kreuzung der Scharia el-Muski mit der zwischen den Stadttoren verlaufenden Scharia Muizz li-Din Allah erheben sich links und rechts zwei Moscheen. Mit ihrem rot-weißen Streifenmuster fällt die kürzlich vollständig renovierte **Madrasa-Moschee** des Sultans Ashraf Baybars aus dem Anfang des 15. Jahrhunderts ins Auge. Von ihrem Minarett bietet sich ein guter Blick über das Herz der Stadt.

Mamlukische Prachtbauten

Im Norden der Scharia Muizz li-Din-Allah liegen zwei der schönsten Bauten der Innenstadt: Der aus Madrasa, Moschee und Mausoleum bestehenden **Komplex des Qala'un**, dem einst ein berühmtes Krankenhaus angeschlossen war, ist ein Prachtwerk mamlukischer Baukunst:

Filigran geschnittener Spitzendekor überzieht Kuppel und Minarettschaft, das hohe Tor zum Mausoleum zeigt herrlichste Stuckschnitzerei, und das wunderbar restaurierte Holzgitter um die Grablege ist ein Beispiel schönsten Kunsthandwerks. Vom Dach des Mausoleums geht der Blick auf die Nachbarbauten von Sultan en-Nasir Mohammed und Sultan Barquq. Auch sie gehören seit dem Ende der Renovierung zu den besonderen Schmuckstücken der Stadt.

Beit es-Suheimi

Schon seit einigen Jahren wiederhergestellt sind die Häuser reicher Kaufleute des 17. und 18. Jahrhunderts in der Darb el-Asfar, die rund 200 Meter weiter nördlich nach rechts abzweigt. Besonders das Beit es-Suheimi lohnt den Besuch: Nach außen wirkt das Haus verschlossen, die Privatsphäre seiner Bewohner sollte geschützt werden. Durch einen schmalen Korridor gelangt man in einen schönen Innenhof, in dem ein Brunnen plätscherte. An seiner Nordseite lud ein überdachter Platz Gäste zum Sitzen ein.

Ein Rundgang durch die Räume zeigt die durchdachte Anordnung öffentlicher und privater Gemächer. Der Haremsbereich befindet sich im Obergeschoß, von wo aus die Damen durch feingeschnitzte Holzgitter fast alles beobachten konnten, was sich im Männerbereich zutrug – ohne aber selbst gesehen zu werden. Raffiniert ist auch die Anordnung von Fenstern und Balkonen, die vor allem in den Sommermonaten für eine angenehme Klimatisierung sorgten. Ein zweiter Hof liegt hinter dem Haus; hier waren Wirtschaftsräume wie die Küche, ein Brunnen und eine Mühle untergebracht, aber auch ein schön überkuppeltes Bad.

▲ Karte S. 319

El-Hakim-Moschee und Bab el-Futuh

Zurück zur Hauptstraße führt der Weg nach Norden zur el-Hakim-Moschee und dem Bab el-Futuh. Der Zugang zum fatimidischen Stadttor erfolgt über das Minarett der Hakim-Moschee. Von dort hat man auch einen guten Blick in den großen Hof dieser schiitischen Moschee aus dem 10./11. Jahrhundert. Die ungewöhnlichen Minarette mit ihrem gerippten Abschluß stammen aus einer späteren Umbauphase, als nach dem großen Erdbeben von 1303 auch die Fundamente mit einem massiven Stützkorsett umzogen wurden. Die **Stadtmauer**, die ab 1087 zum größten Teil mit Blöcken aus dem Friedhofsgebiet von Gisa erbaut wurde, ist eins der Meisterwerke armenischer Architekten, die unter Badr el-Gamali el-Gujushi die ältere Lehmziegelmauer ersetzten. Wer genau hinschaut, findet das Relief eines Nilpferds unter einem der Fenster im Inneren der Wehrmauer über dem Bab el-Futuh.

Bis zum nur 400 Meter entfernten Bab en-Nasr, dem **Siegestor**, ist die Mauer begehbar. Von dort führt der Weg zu-

Hof der el-Hakim-Moschee

Reliefs aus den Gräbern von Gisa im Bab el-Futuh

rück nach Süden vorbei an der **Chanqa** (Sufikloster) und dem **Mausoleum des Baybars el-Gashankir**, der vor allem aufgrund seiner Restaurierungsarbeiten an der Azhar- und der el-Hakim-Moschee nach dem Erdbeben bekannt ist.

Durch das Viertel el-Gamalija

Liebevoll restauriert wurde die 1408 erbaute **Moschee des Gamal ed-Din el-Ustadar**, die zwischen zwei mächtigen osmanischen Lagerhäusern aus dem 17. Jahrhundert steht. Sie ist ein schönes Beispiel einer um einen kleinen Hof angelegten Moschee mit bunten Glasfenstern und exquisiten Steineinlegearbeiten. 12 000 Golddinare soll Gamal ed-Din für seine Grabmoschee bezahlt haben.

Nach rund 200 Metern erreicht man die Rückseite der großen Hussain-Moschee. Genehmigen Sie sich einen Mokka oder Minztee und gönnen Sie Ihren Füßen eine kleine Pause, bevor Sie sich auf den Weg Richtung Bab es-Suweila machen.

Sultan el-Ghuris Schatzkästlein

Durch den Fußgängertunnel gelangt man vom Hussain-Platz zur anderen Seite der el-Azhar-Straße, wo man an der Fassade der Azhar-Moschee vorbeigeht und dann nach rechts abbiegt. Ein großer Obst- und Gemüsemarkt versteckt sich dort – schließlich müssen die Bewohner der Altstadt ja auch irgendwo einkaufen. Kleine Limonen oder Berge duftenden Knoblauchs liegen als Appetitanreger direkt am Eingang.

Auf dem weiteren Weg nach Süden passiert man die Fassade der **Wakalat el-Ghuri**, eines großen Warenhauses vom Beginn des 16. Jahrhunderts. Sultan el-Ghuri war auch der Bauherr der **Moschee** und des **Mausoleums** mit anschließender Chanqa, die den Zugang zur Südhälfte der Scharia Muizz li-Din Allah flankieren. Die elegante Fassade beider Bauwerke beeindruckte schon im 19. Jahrhundert den berühmten Maler David Roberts, der sie in einem seiner Gemälde festhielt. Wer noch kein Mina-

Minarett der el-Ghuri-Moschee

rett bestiegen hat, sollte die Gelegenheit nutzen und durch die wunderschön restaurierte Moschee hindurch den Weg nach oben wagen.

Zu Füßen der Moschee haben Kleiderhändler ihre Stände installiert, schon im Mittelalter lag hier der Basar der Seidenhändler. Bis zur großen **Hofmoschee des Sultan Mu'aijad** und dem Bab es-Suweila windet sich die Straße vorbei an weiteren Geschäften und an Baumwolllagern – hier im Süden der Altstadt ist das Angebot deutlich weniger auf Touristen ausgerichtet. Die beiden traditionellen Fez-Hersteller mit ihren blinkenden Messinggeräten auf der Westseite der Straße ziehen die Blicke auf sich.

▲ Karte S. 319

Am Bab es-Suweila

Frisch renoviert leuchtet das helle Mauerwerk der **Mu'aijad-Moschee** aus dem Dunkel der Gassen. Das zwischen 1415 und 1422 errichtete Gotteshaus entstand infolge eines Gelübdes von Mu'aijad: Aufgrund einer der damals durchaus üblichen Intrigen war Mu'aijad von seinem Vorgänger ins Gefängnis geworfen worden, das sich einst an dieser Stelle befand. Nicht nur die Wärter, sondern vor allem Flöhe und Läuse quälten ihn so sehr, daß er schwor, diesen Kerker abreißen zu lassen und durch einen heiligen Platz für Gelehrte zu ersetzen – falls eine der nächsten Intrigen ihn an die Macht bringen sollte. So geschah es dann auch. Angeblich mußten vor Baubeginn erst tagelang die Knochen der Armen, die im Gefängnis vergessen worden waren, beiseitegeschafft werden.

Moschee, Mausoleum, Madrasa, Chanqa und Krankenhaus wurden zu einem mächtigen Komplex zusammengeschlossen. Das gewaltige, von einer hohen Nische betonte **Portal** bildet bereits einen majestätischen Auftakt – üppige Stalaktiten zieren den oberen Abschluß. Das mit Sternenmuster verzierte Metalltor gehörte ursprünglich zur Moschee Sultan Hassans – Mu'aijad scheute nicht davor zurück, es für sich zu requirieren. Ein großer Hof bildet das Kernstück der Moschee, in seiner Mitte erhebt sich der **Brunnen** für die rituellen Waschungen. Elegante Einlagen aus verschiedenfarbigem Marmor schmücken die **Kibla-Wand**. Ungewöhnlich ist der Standort der beiden **Minarette**: Sie wurden einfach frech auf die Türme des Bab es-Suweila aufgesetzt. Von hier aus startete in der Mamlukenzeit die jährliche Karawane nach Mekka, die den mit Silberfäden bestickten Überwurf für die

Ka'aba in einem feierlichen Zug zur heiligsten Stätte des Islam geleitete.

Außerhalb der Stadtmauern führt der Weg weiter zu dem gedeckten **Basar der Zeltmacher**. Hier sitzen nach wie vor die Männer in ihren kleinen Budenwerkstätten und nadeln eifrig an den bunten Applikationsarbeiten. Zwar werden heute nur noch selten große Festzelte in dieser aufwendigen Technik bestellt, aber Kissen und Wandbehänge finden ihre Käufer. Neben den traditionellen Arabesken haben die Meister der Nadel im Hinblick auf die Liebe der Touristen zu altägyptischen Designs ihr Repertoire erweitert.

Vom Bab es-Suweila führt die Scharia Ahmed Maher nach Westen zum **Platz Bab el-Chalq**. Dort befindet sich das eindrucksvolle Gebäude des **Islamischen Museums**, das gegenwärtig wegen grundlegender Renovierungsmaßnahmen geschlossen ist. Und eine der interessantesten **Kräuterapotheken** ist ebenfalls hier zu finden: Das Geschäft von Abderrahman Mohammed Harraz ist seit 1868 im Familienbesitz und hat für jedes Wehwehchen die richtige Medizin.

Unterhalb der Zitadelle

In dem Gebiet unterhalb der Ausläufer des Moqattam-Gebirges wurde bereits im 9. Jahrhundert eine großzügige Neustadt angelegt, von der jedoch nur noch die Moschee des Ibn Tulun erhalten ist. In einem zweiten Anlauf wurde das Gelände von baufreudigen Mamluken und später auch osmanischen Würdenträgern erschlossen. Der Bereich zwischen den Stadttoren der Fatimidenzeit war schnell zu eng geworden, die prunksüchtigen Sultane brauchten mehr Platz. So findet sich heute unterhalb der Zitadelle eine ganze Kollektion von architektonischen Schmuckstücken verschiedener Epochen, von denen viele in den letzten Jahren nach und nach restauriert wurden.

Ibn-Tulun-Moschee

Im 9. Jahrhundert verlegte Ahmad Ibn Tulun, der ehrgeizige neue Herrscher Ägyptens, die Residenz von el-Fustat nach Nordosten. Nach zeitgenössischen Schilderungen muß el-Qata'i, wie er die Stadt nannte, prachtvoll angelegt gewesen sein. Ein großer Palast, Pferderennbahnen, Gärten und eine gewaltige Hofmoschee beeindruckten die Besucher. Doch nur wenige Jahrzehnte nach ihrer Gründung wurde die Stadt im Auftrag der Abbasiden dem Erdboden gleich gemacht. Nur die Moschee wurde verschont, da es sich nicht ziemte, eine heilige Stätte zu zerstören. Die auf einer Fläche von 2,5 Hektar erbaute Ibn-Tulun-Moschee hebt sich in dem dichtbebauten Gebiet südwestlich der Zitadelle deutlich ab. Eine abweisend wirkende, fensterlose Mauer umzieht sie völlig. Sie wird lediglich von dem ungewöhnlichen, schneckenförmig gedrehten **Minarett** überragt.

Brunnenhaus im Hof der Ibn-Tulun-Moschee

Innerhalb der Mauer erhebt sich die in nur drei Jahren zwischen 876 und 879 aus gebrannten Lehmziegeln erbaute Hofmoschee. Ihre Bauweise ist typisch für Samarra, die irakische Heimat Ibn Tuluns.

Den großen Hof umziehen auf allen Seiten **Arkadenreihen**, deren Bögen mit abwechslungsreichen Stuckmustern verziert sind, die deutliche byzantinische Einflüsse aufweisen. Die Ausrichtung nach Mekka wird durch eine tiefere **Säulenhalle** an der Südostseite betont. In der Mitte ihrer Rückwand ist ein sehr schöner **Mihrab** eingesetzt, der unter Sultan Lagin im Jahr 1296 mit einem typisch mamlukischen Steinmosaik geschmückt wurde. Aus seiner Zeit stammt auch die geschnitzte Holzkuppel über dem Mihrab und die mit Sternmuster verzierte Holzkanzel sowie das **Brunnenhaus** in der Mitte des Hofs. Der Sultan hatte gute Gründe für seine Großzügigkeit: Ein paar Jahre zuvor hatte er sich in der verfallenen Moschee versteckt, nachdem sein Putschversuch gescheitert war. Er gelobte, diese Ruine wieder in einen respektablen Zustand zu versetzen, sollte er je an die Macht kommen. Er erfüllte sein Gelübde und ließ sogar eine Schule für Recht und Medizin in der Moschee einrichten.

Doch schon bald verfiel die Moschee wieder und wurde zur Karawanserei für Pilger und Händler umfunktioniert. Noch schlimmer wurde es im 19. Jahrhundert, als erst eine Weberei und später ein Irrenhaus im Umgang eingerichtet wurden. Seither ist die Moschee mehrfach restauriert worden, die letzten, sehr aufwendigen Arbeiten wurden erst 2006 beendet.

▲ Karte S. 319

Gayer-Anderson-Museum

An der Südostecke des großen Moschee-Umgangs liegt das Museum des Gayer Anderson. Der britische Major und Liebhaber islamischer Kunst ließ zwischen 1935 und 1942 zwei Wohnhäuser aus dem 16. und 17. Jahrhundert renovieren, um sich mit seiner Sammlung wohnlich darin einzurichten. Der Rundgang beginnt im älteren der beiden Häuser auf der linken Seite, das überwiegend orientalisch eingerichtet ist. Im ersten Stock liegt eine sehr schöne, von Holzgittern umgebene Terrasse. Über einen Verbindungsgang erreicht man das zweite Haus, das die europäische Sammlung von Möbeln und Gemälden enthält. Allen James-Bond-Fans mag das Haus bekannt vorkommen: Teile des Films ›Der Spion, der mich liebte‹ wurden hier gedreht. Das Museum ist täglich von 9 bis 16 Uhr geöffnet.

Sultan-Hassan-Moschee

Von der Ibn-Tulun-Moschee führt die Scharia es-Salibija zum **Midan el-Qala'a**, dem Platz unterhalb der Zitadelle. An dessen Westseite erheben sich zwei der imposantesten Moscheen Kairos, die des Sultan Hassan und die des heiligen er-Rifa'i. Mitte des 14. Jahrhunderts – in der Blütezeit der Bahri-Mamluken – begann man mit dem Bau der Sultan-Hassan-Moschee, die Madrasa, Gebetsstätte und Mausoleum miteinander verband. Schön und vor allem sehr groß sollte sie werden, koste es was es wolle.

Das leicht schräg angesetzte **Portal** ragt 68 Meter empor. Seine überaus reiche Dekoration mit einer Stalaktitenkuppel und mehreren Steinmosaiken wurde jedoch nie ganz fertiggestellt. Wäre es

Verzierte Metalltür der Sultan-Hassan-Moschee

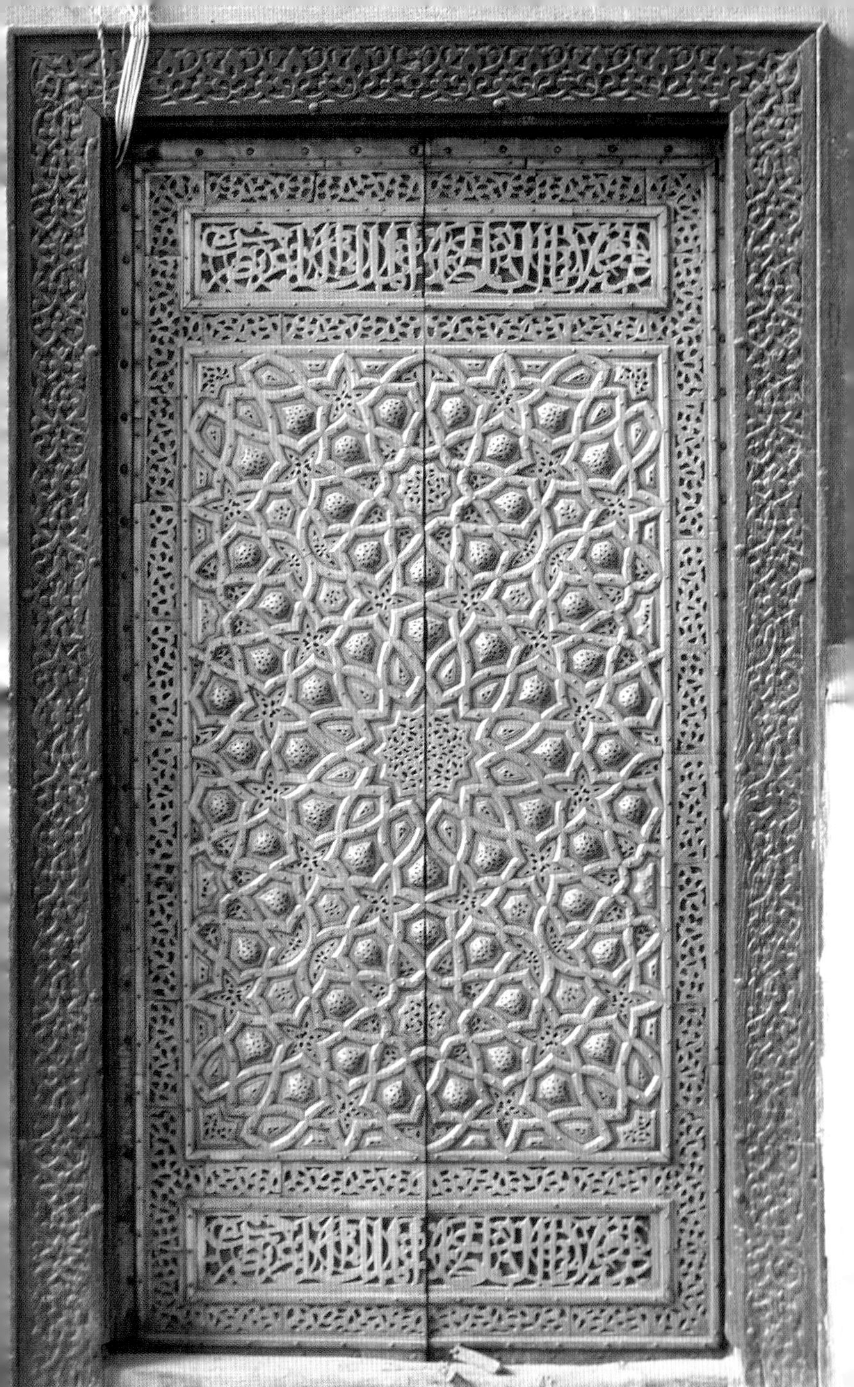

Mihrab und Minbar der Sultan-Hassan-Moschee

nicht eine Schande für das ganze Land, wenn ein ägyptischer Sultan seine Moschee nicht fertig bauen könnte, so würde er am liebsten den Bau einstellen, soll Sultan Hassan gesagt haben, als ihm die Kosten allmählich über den Kopf wuchsen. Über dem Portal sollte einst ein Minarett aufragen, das aber schon 1360 einstürzte und dabei 300 Menschen erschlug.

Hinter dem hohen Tor liegt ein reich mit Steinmosaiken dekorierter **Empfangsraum**, der in luftiger Höhe von einer eleganten Kuppelkonstruktion gekrönt wird. Ein langer, mehrfach abknickender Gang führt vorbei an den Zugängen zu den Studentenwohnräumen zu einem offenen Hof. Vier weite, von hohen Kielbögen gerahmte Hallen öffnen sich an seinen Seiten, sie sollten als Unterrichtsräume dienen. In der Mitte des Hofs liegt der **Brunnen**, der von einem mächtigen Kuppeldach, das auf schlanken Säulen ruht, beschirmt ist.

Zum Gebet versammelten sich die Gläubigen in der hohen **östlichen Halle**, an deren Rückwand ein prächtiger Mihrab zu sehen ist. Ein breites, plastisch gearbeitetes Inschriftband umzieht die drei Seiten dieses Raums: ›Im Namen Gottes, des Erbarmers, des Barmherzigen! Siehe, wir haben dir einen offenkundigen Sieg gegeben, zum Zeichen, daß dir Gott deine früheren und späteren Sünden vergibt und seine Gnade an dir erfüllt und dich auf einem rechten Pfad leitet, und daß Gott dir mit mächtiger Hilfe hilft. Er ist es, welcher herabgesandt hat die Ruhe in die Herzen der Gläubigen, damit sie zunehmen an Glauben – und Gottes sind die Heere der Himmel und der Erden, und Gott ist wissend und weise –, auf daß er die Gläubigen, Männer und Frauen, einführe in Gärten, durcheilt von Bächen, ewig darinnen zu weilen, und ihre Missetaten zuzudecken; und dies ist bei Gott eine große Glückseligkeit.‹ Dieser Beginn der Siegessure mag für den verhaßten Sultan tröstlich gewesen sein, wird ihm dort doch in Aussicht gestellt, daß seine Sünden vergeben werden.

Hinter der Kibla-Wand liegt das **Mausoleum** für den Bauherrn, das von einer mächtigen Kuppel überwölbt wird. Es ist allerdings nicht mehr das Original, das

▲ Karte S. 319

1660 ersetzt werden mußte. Zu oft hatten von der Zitadelle abgeschossene Kanonenkugeln das Dach getroffen und Löcher hineingerissen. Mamlukische Soldaten hatten sich hier verschanzt, die mit dem herrschenden Sultan unzufrieden waren und vom Dach der Moschee aus dessen Residenz auf der Zitadelle unter Beschuß genommen hatten. Sultan Hassans Ruhe hat das jedoch nicht gestört - er war 1363 nach 15 Jahren an der Macht ermordet und nie in seiner prachtvollen Grabmoschee beigesetzt worden.

Er-Rifa'i-Moschee

Von der Monumentalität her ebenbürtig und im Stil ähnlich erhebt sich die er-Rifa'i-Moschee neben der des Sultan Hassan. 1869 wurde sie von der Mutter des Khediven Ismail in Auftrag gegeben, konnte aber erst nach einer langen Pause - wegen Finanzierungsproblemen - 1912 fertiggestellt werden.

An dieser Stelle befand sich bereits das Mausoleum des Sufi-Heiligen er-Rifa'i. Sein Grab und das von Sheikh Abdallah el-Ansari, einem Gefährten des Propheten Mohammed, bilden das Kernstück der riesigen Grabmoschee. Außer ihnen fanden auch eine Reihe gekrönter Häupter dort ihre letzte Ruhestätte: König Fuad (1917–1936) und auch König Faruq, der 1952 abdanken und das Land verlassen mußte, sind im Westtrakt bestattet. In einem reichverzierten Raum liegt das Grabmal des letzten Schah, Reza Pahlevi, dem der ägyptische Präsident Sadat nach der Revolution im Iran 1979 Asyl gewährte.

Nach Osten hin öffnet sich der riesige **Gebetssaal**. Neunzehn verschiedene Marmorarten wurden verwendet, und aus der Türkei importiertes Blattgold ziert die Wände und die Decke.

An der Nordseite der Moschee befindet sich ein weiterer **Mausoleumstrakt**. Hier sind der Khedive Ismail, seine Mutter Chushair, zwei seiner Töchter, zwei Söhne und drei Ehefrauen bestattet. Auch der von den Briten auf den Thron gesetzte König Hussain Kamil fand hier eine würdige Grabstatt.

Die Zitadelle

Der Zugang zur Zitadelle erfolgt heute über das **Bab el-Gebel** 1 auf der den Moqattam-Bergen zugewandten Ostseite. Strenge Kontrollen am Eingang stehen vor dem Besuch - Taschenmesser und Alkoholika jeder Art werden gefunden und müssen beim Wächter deponiert werden. Vorbei an den Mauern der **mamlukischen Küchengebäude** 2 und den **Ruinen der Münze** 3 führt der Weg zunächst in die südwestliche Ecke des

Im Hof der Ibn Qala'un-Moschee

weitläufigen Geländes. In der Mamlukenzeit war dieser Teil nicht für die Öffentlichkeit zugänglich, denn hier lagen der Palast und die Privatbereiche der Herrscher mit den Unterkünften für die Damen des Hofs. Heute erhebt sich hier der unter Mohammed Ali erbaute **Gohara (Juwelen)-Palast** 4, und von der Grünfläche davor bietet sich der schönste Blick auf die große Alabaster-Moschee.

Ibn-Qala'un-Moschee

Zunächst empfiehlt sich der Besuch der kleineren, um rund 500 Jahre älteren **Moschee des en-Nasr Mohammed Ibn Qala'un** 5. Antike Säulen unterschiedlichster Größe tragen die Arkaden um den kleinen Innenhof – um die Kapitelle auf gleiche Höhe zu bringen, wurden die Sockel individuell angepaßt. Spezialisten aus Täbris waren an den ägyptischen Hof gerufen worden; ihr Einfluß ist deutlich an der Gestaltung des Minaretts und den grünglasierten Fliesen der Kuppel zu erkennen. Das Innere der Moschee muß einst außerordentlich prachtvoll gewesen sein; Reste der reichen Marmorverkleidung sind an den Wänden noch zu erkennen. Der osmanische Sultan Selim der Grausame ließ sie demontieren und nach Istanbul verschiffen.

Neben der kleinen Moschee liegt der Hauptzugang zum nördlichen Teil der Zitadelle, wo im 14. Jahrhundert das Militär stationiert war und die **Brieftaubenpost**. 900 Tauben soll Sultan el-Ka-

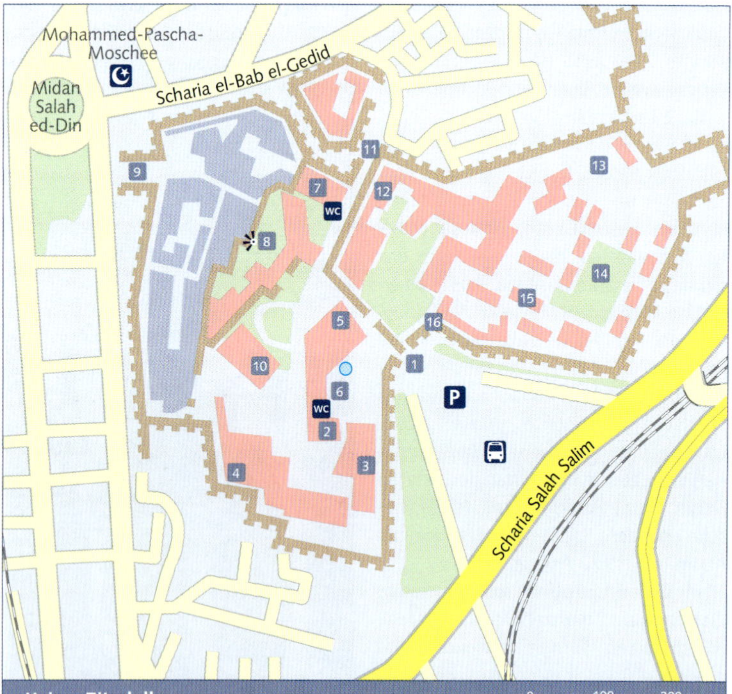

Kairo, Zitadelle

In der Suleiman-Pascha-Moschee

mil Anfang des 13. Jahrhunderts gehabt haben, die Briefe durch ganz Ägypten transportierten.

Hinter der Moschee liegt der **Josephsbrunnen** 6, der nicht an den Joseph der Bibel erinnert, sondern an Jusuf Salah ed-Din – den berühmten Saladin. Er ist der Begründer der Zitadelle, die er nach seiner Machtergreifung im Jahre 1171 als sicheren Herrschaftssitz nach dem Vorbild syrischer Stadtburgen errichten ließ. Zur Sicherung der Wasserversorgung wurde ein 87 Meter tiefer Brunnenschacht durch den Fels getrieben. Von Ochsen gedrehte Wasserräder förderten das Grundwasser nach oben. Eine Wendeltreppe um den Schacht ermöglichte den Zugang bis zum Fuß des Brunnens.

Suleiman-Pascha-Moschee

Durch das Tor gegenüber der Nordseite der en-Nasr-Moschee gelangt man vorbei am **Militärmuseum** 12 in den Garten-Hof. Ganz im Norden wölben sich dort die Kuppeln der ältesten osmanischen Moschee in Ägypten. Selten besucht, ist die Suleiman-Pascha-Moschee 13 doch ein echtes Kleinod mit herrlicher Kuppeldekoration und eleganten Wandmosaiken. Im anschließenden kleinen **Mausoleum für den heiligen Saijid Sarija** zieren mächtige Turbane die Grabplatten der später hier bestatteten Janitscharen.

Aussichtsterrasse

Dort, wo heute im Westen der Zitadelle das **Polizeimuseum** 7 und eine **Terrasse** 8 mit Blick auf den Midan el-Qala'a

Legende

1 Bab el-Gebel, Eingang
2 Ruinen der mamlukischen Küchen
3 Ruinen der Münze
4 Gohara- (Juwelen-)Palast
5 en-Nasr Mohammed Ibn Qala'un-Moschee
6 Josephsbrunnen
7 Polizeimuseum
8 Terrasse des Polizeimuseums
9 Bab el-Azab (geschlossen)
10 Alabaster-Moschee
11 Bab el-Gedid (geschlossen)
12 Militärmuseum
13 Suleiman-Pascha-Moschee
14 Gartenmuseum
15 Kutschenmuseum
16 Moqattam-Turm

liegt, standen noch in der Zeit der Mamluken der Palast und die Gerichtshalle. Unter Mohammed Ali wurde das gesamte Gelände umstrukturiert. Von der Terrasse bietet sich an klaren Tagen ein herrlicher Blick über ganz Kairo bis zu den Pyramiden von Gisa. Die hochaufragenden Türme des Außenministeriums, der schlanke Netzschaft des alten Fernsehturms auf der Insel Gezira sowie die Hotels und großen Shopping-Malls zeigen an, wo der Nil verläuft. Näher an der Zitadelle, Richtung Südwest, erkennt man im Häusermeer das große Viereck der Ibn-Tulun-Moschee. Beim Blick nach Norden verblüfft die Vielzahl der Minarette, die sich im Bereich der islamischen Altstadt gen Himmel recken. Nicht umsonst trägt Kairo den Beinamen ›Stadt der tausend Minarette‹.

Im tieferen Trakt direkt unterhalb der Terrasse waren einst die Stallungen untergebracht. Rechter Hand sind die beiden vorspringenden **Türme des Bab el-Azab** 9 zu erkennen, die auf den Platz mit der Sultan-Hassan und er-Rifa'i-Moschee weisen. Ein schmaler, von hohen Mauern gesäumter Gang zieht sich von dort zu einem der inneren Tore. An dieser Stelle endete für viele der mamlukischen Emire das große Fest, zu dem Mohammed Ali geladen hatte, auf blutige und endgültige Weise. Der neue Herr Ägyptens hatte 1811 die wichtigsten Mamlukenführer eingeladen und sie beim Empfang im Palast gebeten, ihre Waffen abzulegen. Das Fest endete in einem Gemetzel, bei dem der Legende nach nur einem Mamluken die Flucht gelang, indem er kühn mit seinem Pferd über die Zitadellenmauer setzte. Alle anderen wurden getötet, viele von ihnen wohl in jenem engen Gang. So viel Blut soll geflossen sein, daß es die Gassen unterhalb der Zitadelle rot färbte ...

▲ Karte S. 330

Alabastermoschee des Mohammed Ali

Da Mohammed Ali gerade eine neue Zeit einläutete, kam es ihm sicher zupaß, daß 1827 bei einer Explosion im Arsenal der alte Palast und ein paar weitere mamlukische Bauten in die Luft flogen. Er nutzte den freigewordenen Platz, um dort seine große Alabaster-Moschee 10 zu errichten. Ihren Spitznamen erhielt sie aufgrund der bis zu einer Höhe von elf Metern angebrachten Verkleidung aus hellem Alabaster. Im Stil der Blauen Moschee von Istanbul erbaut, war die Mohammed-Ali-Moschee mit ihrer mächtigen Kuppel und den 82 Meter hohen, bleistiftdünnen Minaretten eine klare Machtdemonstration gegenüber der Hohen Pforte. Gleichzeitig verbirgt sich in vielen Details aber auch eine Art Liebeserklärung des Bauherrn an das von ihm so bewunderte Frankreich. Allein der rein dekorative **Brunnen** im großen Vorhof der Moschee wirkt mit seinen Blumengirlanden wie frisch aus Versailles importiert. Tatsächlich aus Frankreich stammt der schwere **Uhrturm**, der an der Westseite auf den Arkaden thront: Als Gegengeschenk für den Obelisken von Luxor hatte ihn König Louis Philippe an den Nil geschickt, wohl wissend, daß Mohammed Ali ein leidenschaftlicher Fan der neuesten technischen Errungenschaften war. Man kann nur hoffen, daß dem damals schon in geistige Umnachtung gefallenen Herrscher nicht auffiel, daß das Uhrwerk nie richtig funktionierte. Mohammed Ali starb vor Vollendung seiner Moschee und wurde in einem weißen Marmorsarkophag in der Südwestecke des Gebetsraums beigesetzt.

Vier monumentale Pfeiler tragen die 52 Meter hohe und im Durchmesser 21 Meter große **Mittelkuppel** und die

Brunnenhaus in der Alabastermoschee

kleineren flankierenden Halbkuppeln. Aus Stabilitätsgründen wurden die Kuppeln aus Holz erbaut, das an der Innenseite mit Stuck überzogen wurde, während an der Außenseite leichtes Metallblech aufliegt. Sie gehören nicht mehr zum originalen Baubestand, denn 1930 hatten Risse in den Kuppeln und Pfeilern grundlegende Überarbeitungen nötig gemacht.

Die Dekoration der Moschee zeigt eine Mischung osmanischer und europäischer Elemente – ob die Sonnensymbole mehr an das Osmanische Reich oder eher an Frankreich erinnern, ist wohl nicht so ganz zu entscheiden. Besonders auffällig ist diese Stilmischung an dem großen grün-goldenen **Minbar**, der sehr weit in den Raum hineinragt. Ein zweiter, kleinerer Minbar aus Alabaster wurde 1939 von König Faruq gestiftet. Beim Verlassen der Moschee durch das südliche Tor betritt man eine weite **Terrasse**, die noch einmal einen guten Rundblick über die Stadt und auf die Moqattam-Berge ermöglicht. Mit Glück und etwas Wind, der den Dunst über der Stadt vertreibt, erkennt man am westlichen Horizont sogar die Pyramiden!

Öffnungszeiten: tgl. Winter 8–16 Uhr, Sommer 8–17 Uhr. Die Alabastermoschee ist freitags während des Mittagsgebets nicht zugänglich.

Kairo-Informationen

Vorwahl: 02.
Bitte achten Sie beim Besuch der Moscheen, aber auch der Kirchen im Koptenviertel auf angemessene Kleidung: Damen mit körperbedeckender Kleidung und ggf. Kopftuch - vor allem beim Besuch der el-Azhar-Moschee, aber auch Herren nicht in kurzen Hosen! Halten Sie eventuell ein paar Zweitsocken bereit, falls Sie nicht barfuß gehen möchten. In einigen Moscheen gibt es Überzieher für die Schuhe, in anderen können Sie die Schuhe am Eingang abgeben (Trinkgeld bereithalten).

Unterwegs

■ Mit dem Flugzeug

Kairos **internationaler Flughafen** im Südosten der Stadt mit mittlerweile drei Terminals ist die große Drehscheibe des Landes. Lufthansa, Austrian Airlines, Egyptair, Swissair und Singapore Airlines werden ab Anfang 2009 den neuen Terminal 3 benutzen, Inlandsflüge starten und landen an Terminal 2. Nahezu alle großen internationalen Airlines fliegen die ägyptische Hauptstadt an.
Von hier gehen (mitunter mehrfach) täglich Flüge von **Egypt Air** nach Luxor, Assuan, Sharm el-Sheikh und Hurghada, die Oasen der Westwüste werden mehrmals pro Woche angeflogen.

■ Mit der Bahn

Vom **Hauptbahnhof** in der Innenstadt (Midan Ramsis) fahren täglich mehrmals Züge nach Alexandria, zum Suezkanal und Richtung Oberägypten (z.B. Minya, Luxor, Assuan). Für die **Langstrecke** empfiehlt sich die Fahrt im Nachtzug mit Schlafwagen, www.sleepingtrains.com, Midan Ramsis, Tel. 257 49-474, Fax -074; Preise für die Strecke Kairo–Assuan 2009 in einer Doppelkabine inkl. Abendessen und Frühstück 60 US-Dollar, unbedingt rechtzeitig reservieren.
Generell sollte man sich auch für **Kurzstrecken** eine Fahrt 1. Klasse leisten (mit Platzreservierung) - und vorsichtshalber Jacke/Pullover/Schal bereithalten. Wenn die Klimaanlage eingeschaltet ist, wird es richtig kalt im Abteil!

■ Mit dem Bus

Dasselbe gilt für Fahrten mit den **Überlandbussen** Richtung Sinai, Delta und Oasen. Bei Nachtfahrten empfiehlt sich außerdem die Mitnahme von **Ohrstöpseln**, denn im Bus werden gern lautstark Videos gespielt. Tickets kauft man am besten ein bis zwei Tage im voraus.
Vom neuen **Turguman-Busbahnhof** nordwestlich der Metrostation ›Orabi‹ gehen die Busse Richtung Delta, Alex-

Kleidermarkt vor der Ghuri-Moschee

▶ Umschlagkarte

andria und weiter nach Marsa Matruh sowie nach Hurghada ab. Von der gleichen Station starten die Busse nach Oberägypten und in die Oasen der Westwüste.

Busse zum Suezkanal und dem Sinai starten auch von der **Haltestelle Abbasia**.

Unterkunft

Kairo bietet für jeden Geldbeutel die entsprechende Unterkunft. Die augenblicklich wohl exklusivste und auch teuerste Adresse im Zentrum der Stadt ist das ›Four Seasons‹ direkt am Nil.

Viele Pauschalreisende steigen in den 4- bis 5-Sterne-Häusern der internationalen Hotelketten wie ›Safir‹, ›Sheraton‹, ›Sofitel‹, ›Mövenpick‹, ›Hilton‹ oder ›Conrad‹ ab – entweder in der Innenstadt oder am Stadtrand in Gisa oder Heliopolis.

Die größte Auswahl an Billighotels findet sich im Stadtzentrum. Hier lohnt es sich, einen Blick auf die Bettwäsche und ins Bad zu werfen (Klospülung testen!), bevor man einzieht.

■ 4- bis 5-Sterne-Kategorie

Four Seasons at Nile Plaza, Corniche El Nil 1089, Garden City, Tel. 2791-7000, Fax 27916900, www.fourseasons.com/caironp; sehr teuer. Erst 2007 eröffnet, gehört dieses elegante Nobelhotel zu den anspruchsvollsten Verwöhnadressen direkt am Nil. Die Zimmer sind sehr großzügig geschnitten (46–89 m², Suiten bis zu 320 m²), ein eigener Spa-Bereich bietet mit eigenem Pool, Sauna, Dampfbad, Ruheraum und 15 Behandlungszimmern ausreichend Gelegenheit zum Entspannen. Wie wär's mit einem Milchbad à la Kleoptra? Sechs Restaurants und drei Bars sorgen für's leibliche Wohl.

Sofitel El Gezirah, Tel. 27373737, Fax 27355056, www.sofitel.com; teuer. An der Südspitze der Insel Gezira erhebt sich der hohe Rundturm mit schönem Blick auf den Nil. Nach der Renovierung bietet das Haus elegante Zimmer, mehrere schöne Restaurants und Bars (u.a. direkt am Nil).

Shepheard Hotel, Corniche el-Nil, Garden City, Tel, 279210-00, Fax -10, www.shepheard.com; saisonal bedingt mittel bis teuer. Es ist zwar nicht das neueste Hotel am Nil, aber seit vielen Jahren ein bewährter Klassiker direkt am Nil in Fußwegentfernung zum Nationalmuseum und der Metrostation ›Sadat‹ am Tahrir-Platz. Große Zimmer (viele mit Nilblick) und ein gutes Frühstücksbuffet sind weitere Pluspunkte.

■ 2- bis 3-Sterne-Kategorie

Longchamps, Sh. Ismail Mohammed 21, Tel. 27352311, Fax 2735-9644, www.hotellongchamps.com; mittel. Das freundliche Hotel mit den kürzlich renovierten Zimmern liegt günstig im Zentrum und ist dennoch relativ ruhig.

Isis Hotel, Sh. Ramses 33b, im 14. Stock des Ma'aruf Tower, Innenstadt, Tel. 25781895, Fax 25799757, www.isiscairo.com; preiswert. Allein schon die hohe Lage der Zimmer dieses ordentlichen Zwei-Sterne-Hotels garantiert einen tollen Blick über das Stadtzentrum und dennoch eine gewisse Ruhe. Das Haus liegt in nächster Nähe zu Museum, Nil und innerstädtischer Shoppingmeile. Zimmer mit eigenem Bad und Klimaanlage (für den ganz kleinen Geldbeutel gibt es auch Zimmer mit Gemeinschaftsbad und Ventilator). Kostenloser Abholservice vom Flughafen bei Mindestaufenthalt von zwei Nächten.

Unklassifiziert

Garden City Hotel, Sh. Kamal El Din 23/Salah Street, Garden City (südlich des Midan et-Tahrir), Tel. 27948400, Fax 27944126, www.gardencity house.com. Liegt zentral und ist ausgesprochen günstig. Inklusive Frühstück kostet die Nacht im sauberen Doppelzimmer mit eigenem Bad ca. 25 Euro.

In der Sharia Talaat Harb 37 (unweit Midan el-Tahrir/Ägyptisches Museum) finden sich in einem Haus gleich **drei Budget-Hotels** mit ähnlicher Ausstattung: Zimmer mit Gemeinschaftsbad oder eigenem Bad, Frühstücksrestaurant, Gästeküche, Internetzugang (Wi-Fi), Wäscherei, rollstuhlgerecht, Aufzug, Klimaanlage.

Rotana Palace Hostel, 6. Stock, Tel. 23904380, www.rotanapalace hostel.com; preiswert.

King Tut Hostel, 8. Stock, Tel. 2391-7897, www.kingtuthostel.com; preiswert.

Ramses II Hostel, 12. Stock, Tel. 239-5045; preiswert.

Restaurants

L'Aubergine, Sayed al-Bakry/26th of July; mittel. Das hat lange gefehlt in Kairo – ein vegetarisches Restaurant mit angenehmer Atmosphäre, wirklich leckeren Gerichten und einer für den weiteren Abend günstig im oberen Stock gelegenen Bar. Der ideale Ausgangspunkt für einen entspannten Tagesausklang mit guten Freunden.

The Place, Sh. Montaza el-Gezira, Zamalik, Tel. 27361111, www.thepla ceboat.net; mittel. An der Südspitze von Gezira, direkt neben dem ›Sofitel El Gezirah Hotel‹, ankert dieses Restaurantboot. Ausgezeichnete ägyptische Küche, aber auch eine breite Auswahl an internationalen Speisen (die asiatischen Gerichte sind ausgesprochen lecker!) und dazu ein schöner Blick auf den Nil!

Beim Fez-Macher von Kairo

Happy Dolphin, Sh. Abdel Aziz Al Saud/Cornish el-Nil, Al-Manjial, Tel. 23621180, mobil 012/3956668; mittel. Auf der Terrasse am Nil oder auf dem fest verankerten Restaurantboot gibt es gute ägyptische Küche (à la carte oder Buffet) zu sehr erschwinglichen Preisen. Auch bei Ägyptern sehr beliebt, daher am Wochenende entweder vor 20 Uhr erscheinen oder reservieren!

Taboula, Sh. Latin America 1, Garden City, Tel. 27925261; mittel. Phantastische libanesische Küche mit den berühmten Vorspeisen (mezze) und sehr guten Hauptgerichten (wie wär's mit Knoblauch-Hühnchen?) macht dieses Kellerlokal schon lange zu einem Dauerbrenner in der Innenstadt. Am Wochenende unbedingt reservieren.

▸ Umschlagkarte

Café Naguib Mahfus und **Restaurant Khan el Khalili**, Sikket el Badistan (im Herzen des Khan el Kalili, ca. 150 m geradeaus von der Südwest-Ecke der Husseinmoschee in die Basargasse hinein), Tel. 23048567; mittel. Das von der Hotelkette ›Oberoi‹ betriebene Café und Restaurant bietet gepflegte Atmosphäre und gutes ägyptisches Essen mitten im Basar.

Felfela, Sh. Hoda Sharawi 15 (zwischen Midan et-Tahrir und Midan Talaat Harb), Tel. 2392751; mittel. Aus einem einfachen Lokal hat sich im Lauf der Jahrzehnte eine Institution entwickelt – günstig im Zentrum gelegen, bietet die Speisekarte eine große Auswahl ägyptischer Speisen zu angemessenen Preisen. Probieren Sie Ful und Taamija oder die leckere Linsensuppe! In der Nähe der Pyramiden gibt es auf der Alexandria Desert Road eine große Dependance, das **Felfela Village**.

Unterwegs am Abend

Makan, Sharia Saad Zaghloul 1, Al Munira, Tel. 27920878. Jeden Mittwoch um 20 Uhr traditionelle Zar-Musik mit der Mazaher-Band.

El Sawy Cultural Wheel, Sharia 26 Julio (unter der Brücke des 15. Oktober am Westufer von Zamalik), Zamalik, Tel. 27368881, www.culturewheel.com. In zwei Veranstaltungsräumen – der ›River Hall‹ und der ›Wisdom Hall‹, wird ein abwechslungsreiches Programm von Sufi-Musik zu modernem ägyptischem Pop geboten, und auch internationale Konzerte bereichern das Angebot. Daneben gibt es eine kleine Open-air Bühne und ein einfaches Café direkt am Nil. Die Preise – auch für die Konzerte – sind sehr günstig.

Beit es-Suheimi, Al-Darb Al-Asfar (südlich von Bab el-Futuh/el-Hakim-Moschee), Tel. 25913391. Jeden Sonntag wird hier traditionelle Volksmusik gespielt. Eintritt frei (rechtzeitig da sein!). Im Ramadan findet allabendlich ein abwechselndes Programm statt.

Cairo Jazz Club, Sh. 26. Juli, Mohandessin, Tel. 33459939, www.cairojazzclub.com. Wer in Ägypten Live-Jazz hören will, findet hier die richtige Adresse. Vor und nach den Konzerten kümmern sich verschiedene DJs um den richtigen Sound. Drinks und kleine Speisen gibt es ebenfalls.

Al Azhar Park, Zugang an der Sh. Salah Salem zwischen Azhar-Straße und Zitadelle, www.alazharpark.com; Eintritt je nach Wochentag 3–7 Pfund. Nicht nur am Abend lohnt der Azhar-Park einen Besuch – ein Spaziergang durch die gepflegten Grünanlagen ist auch tagsüber erholsam. Mehrere Lokale bieten von ägyptischer Küche bis zu apple-pie eine große Bandbreite leckerer Verführungen. Besonders schön sitzt es sich im Restaurant **el-Buheira** (Tel. 25109162) am künstlichen See oder im Open-air-Café **Trianon** auf dem mitten im Park liegenden Hügel mit herrlicher Rundumsicht.

Pub 28, Sh. Shagaret El-Dorr 28, Zamdik, Tel. 27359200; tgl. mittags–2 Uhr nachts; preiswert bis mittel. Typisch britische Pub-Atmosphäre und daher gute Auswahl an alkoholhaltigen Getränken. Wer an einem der wenigen Tische zum Essen Platz finden will, sollte vorher reservieren.

Blue Nile Boat, Sh. Saray El Gezira 9a, (hinter dem ›El Andalous Garden‹), Tel. 27353114, mobil 012/3900256; teuer. Ausgesprochen edles Restaurantboot mit mehreren Restaurants, Nightclubs und Bars: Von Tex-Mex-

Food (11 Uhr mittags–2 Uhr morgens), marokkanischer Küche in orientalischer Club-Bar-Atmosphäre (20.30–3.30 Uhr), italienischer Pasta & Pizza (12–3 Uhr morgens), asiatischen Köstlichkeiten (12–2.30 Uhr morgens), brasilianischem Flair auf dem ›Moon Deck‹ (20.30–3.30 Uhr), dem rund um die Uhr geöffneten **Café O'Nile** und zwei mit libanesischer Küche lockenden Bereichen auf der Terrasse bzw. im gemütlichen Inneren (je 12–2.30 Uhr morgens) ist für alle Geschmäcker gesorgt. Tanzen kann man hier übrigens auch.

Cairo Opera, El Borg Gezira, Information: Tel. 27 39 01 44, Ticketing Office: Tel. 27 39 01 14, www.cairoopera.org. Im Süden der Insel Gezira lockt das Kulturzentrum mit Oper und Konzerthaus zu einem Besuch. Hier finden u.a. auch alljährlich das Festival für Arabische Musik oder das Internationale Filmfestival statt.

Einkaufen

■ Bücher

L'Orientale, Sharia Qasr el-Nil 15 und in der Shopping Mall neben dem ›Nile Hilton Hotel‹ am Midan el-Tahrir, www.orientalebooks.com. Große Auswahl an alten Büchern über Ägypten und Lithografien von David Roberts.

Shorouk Bookstore und **Madbouli Bookstore**, beide am Midan Talaat Harb. Bieten große Auswahl (überwiegend auf arabisch, englisch, französisch) an Fachbüchern, Romanen, Zeitschriften und Wörterbüchern. Nicht nur bei Arabisch-Studenten beliebt.

■ Kosmetik

Nefertari Body Care Shop, Sharia El Gezira el-Wusta 26, Zamalik-Kairo, www.nefertaribodycare.com; tgl. 9–21 Uhr. Bietet eine breite Palette in Ägypten handgemachter Naturprodukte rund um die Schönheitspflege für den ganzen Körper.

■ Kunsthandwerk zu Festpreisen

Fair Trade Center, Scharia Jahja Ibrahim 27, Zamalik, 2. Stock, App. 8, www.fair-tradeegypt.org; Sa–Do 9–20, Fr 9–17 Uhr. Wenn Sie Zeit in Kairo haben, lohnt sich der Besuch der Verkaufsstelle des **Fair Trade Centers**. Hier haben sich verschiedene Organisationen zusammengeschlossen, um ihre Waren direkt zu verkaufen: Es gibt Teppiche der Beduinenfrauen aus Marsa Matruh, von Achmim kommen koptische Textilarbeiten und handgewebte Stoffe, Kissen und Wandbehänge fertigen Frauen einer Selbsthilfegruppe aus Kairo an. Die Preise sind hier fest und korrekt – und man tut etwas Gutes beim Einkauf. Die Scharia Jahja Ibrahim liegt im Norden von Zamalik, nicht weit vom ›Marriott‹-Hotel.

Kunsthandwerkszentrum Souk El-Fustat, neben der Amr Ibn el-As-Moschee; die meisten Läden haben Sa–Do 10–16 Uhr geöffnet. Unbedingt einen längeren Abstecher wert ist dieses relativ neue Kunsthandwerkszentrum. Einige Geschäfte bieten Waren von verschiedenen Kooperativen aus dem ganzen Land an, so z.B. schöne handgewebte Stoffe aus Achmim oder Stickarbeiten aus dem Sinai (El Arish Needlework Program), Papiere (www.elnafeza.com) und Patchworkarbeiten der Müllsammler von Kairo – darunter liebevoll gemachte Stoffbilderbücher für die ganz Kleinen. Aber auch elegant mit arabischer Kalligraphie verzierte Taschen, Lampen oder Wandbehänge und orientalische Kosmetik sowie Keramik sind im Angebot.

▲ Umschlagkarte

Khan Misr Touloun, gegenüber der Ibn Tulun-Moschee; Mo–Sa 10–17 Uhr. Bietet ebenfalls eine Vielfalt von Produkten: Glasperlen, Schmuck, Keramik aus dem Faijum, reichbestickte Gewänder im Stil der Beduinen, bestickte Wandbehänge – hier findet sich garantiert das gesuchte Mitbringsel.

Nomad, Sh. Saray el Gezira 14, Zamalik und im ›Nile Hilton Hotel‹ am Midan et-Tahrir bzw. im ›Marriott Hotel‹ auf Zamalik; tgl. 10–19 Uhr bzw. in den Hotels bis 21 Uhr. Hier gibt es u.a. eine gute Auswahl an Tüchern, Silberschmuck, Metall- und Keramikarbeiten zu angemessenen Preisen.

Applikationsarbeiten auf dem Zeltmacherbasar

Applikationen

Die beste Auswahl der traditionellen Arbeiten findet man im **Zeltmacherbasar** außerhalb des Bab es-Suweila, z.B. bei **Fatooh Sons** (in einem neugestalteten Hinterhof der Zeltmachergasse) oder schräg gegenüber bei **Ashraf Hashem**. Achten Sie bei der Auswahl darauf, daß die Stoffe mit feinen Stichen auf den Untergrund genäht wurden. Die Auswahl an Motiven ist bei den meisten Händlern groß: Arabesken, Kalligraphie, pharaonische Motive

Goldgeschäft im Khan el-Khalili

und ganze Bildergeschichten sind als Kissenbezug, Wandbehang, Bettüberwurf oder kleiner Tischläufer zu haben. Die Preise können verhandelt werden, allerdings sind sie bei kleineren Kissen oder Wandbehängen von vornherein nicht allzu hoch angesetzt.

Mitten im Khan el-Khalili gibt es ein paar Geschäfte, in denen die Händler ebenfalls mit moderaten Preisen aufwarten: Im 1. Stock einer alten Karawanserei liegt der **Suq es-Silahdar**, wo schöne Metallarbeiten (Lampen, Teller, Tischplatten), Holzintarsien und Kelims angeboten werden. Man erreicht den Suq am besten vom bekannten Café ›Naguib Mahfus‹ aus, indem man von dort nach Süden Richtung Sh. el Muski geht. Wenige Meter nach der ersten Gassenkreuzung führt linkerhand eine steile Treppe nach oben.

Sprachführer

Die arabische Sprache hat sich längst in viele Dialekte aufgespalten. Das Ägyptische ist dank der Filmstudios von Kairo fast überall bekannt und gilt als eine besonders liebliche Form des Arabischen. Das liegt unter anderem daran, daß man im Ägyptischen den Kehllaut ›q‹ meist einfach gänzlich ignoriert und nur durch ein Absetzen der Stimme andeutet: Der Ausruf ›misch ma'qûl‹ wird so zu ›misch ma'ûl‹ (in etwa: ›nicht zu fassen!‹), ›qalbi‹ – mein Herz – wird zu ›albi‹. Damit entfällt dann auch die Verwechslungsmöglichkeit mit ›kalbi‹, das ›mein Hund‹ heißt und wahrlich nicht als liebevolle Anrede durchgeht.

Der dem italienischen ›g‹ in ›giorno‹ ähnliche Laut klingt am Nil einfach wie ein deutsches ›g‹: Deswegen heißt der Ort, wo die Pyramiden stehen, Gisa und nicht Dschiza. ›A‹ wird häufig zu ›e‹ verschliffen – deshalb lesen Sie öfter auch die Namensvariante Gize.

Daß deutsch-, französisch- und englischsprechende Menschen jeweils eine ihnen einleuchtende Umschrift entwickelt haben und dann noch Wissenschaftler und Laien unterschiedliche Schreibungen pflegen, führt zu den zahlreichen Schreibvarianten arabischer Worte in lateinischer Schrift: Sharif (engl.) oder Charif (frz.) oder Scharif (deutsch) – chalas (schluß! aus, fertig) oder khalas. Daher stammt das ›z‹ als Umschrift für das auch im Englischen gebräuchliche stimmhafte ›s‹. Denn im Arabischen unterscheidet man drei verschiedene s-Laute: sîn – ein scharfes ›s‹, sâd – eine dunklere, weiter im Rachen artikulierte Variante - und zain, das stimmhafte ›s‹.

Daneben gibt es fünf Laute, die dem ungeübten Hörer alle wie ›d‹ oder ›t‹ – je nach Dialekt auch wie ›s‹ – klingen. ›Gh‹ entspricht dem Rachen-r Norddeutschlands, das ›normale‹ ›r‹ wird süddeutsch gerollt; ein ›h‹ nach Vokalen dient nicht als Dehnungsvokal, sondern wird gesprochen (aha!), Langvokale haben ein ^. Verzweifeln Sie nicht, wenn es mit der Aussprache nicht auf Anhieb klappt – schließlich finden auch wir einen ausländischen Akzent im Deutschen reizvoll.

Im Arabischen unterscheidet man deutlich zwischen männlichen und weiblichen Formen: Du/Sie (männlich) heißt ›enta‹, die weibliche Variante lautet ›enti‹. ›Schön‹ heißt ›gamil‹ (m) oder ›gamila‹ (w), ich brauche: ana aiz (m) oder ana aiza (w). Kurz und knapp kann man Sätze ganz ohne Verb formulieren: ›Der Tempel ist groß‹ heißt dann einfach ›el-ma'abad kebîr‹.

Im folgenden ist die Umschrift so vereinfachend wie möglich gewählt und entspricht dem ägyptischen Dialekt und deutschen Lesegewohnheiten. Vor Ort in Ägypten werden Sie die unterschiedlichsten Umsetzungen arabischer Schrift in lateinische Buchstaben finden – manchmal braucht man etwas Phantasie beim Lesen. Aber was würde wohl passieren, wenn wir unseren fremden Gästen Straßenschilder auf japanisch, arabisch oder kyrillisch bieten wollten?

Die ›basmallah‹ – eine beliebte Segensformel

Allgemeines

z	stimmhaftes s
gh	Rachen-r
h	nach Vokalen dient nicht als Dehnungslaut, sondern wird gesprochen
Vokale mit ^	werden lang gesprochen
ja	aiwa
nein	la
bitte	min fadlak/min fadlik
danke	schukran
gut/in Ordnung	kwaijs/tammâm
Herr/Frau	saijid/saijida
Guten Morgen	sabah el-cheir (bis mittags)
Guten Tag/Abend	misa' el-cheir (ab mittags)
Gute Nacht	laila sa'ida/tisbah(i) ala cheir
Mein Name ist ...	ismi ...
Wie heißt Du?/heißen Sie?	mâ ismak?
Wie geht es Dir/Ihnen?	Izzaijak/izzajik?
Gott sei Dank	Al-hamdu li-llah
Es geht mir gut	ana bi-cheir
Ich bin krank	ana aijan(a)
Ich bin etwas angeschlagen/müde	ana ta'abân(a)
heute	en-naharda
morgen	bukra
gestern	embârah

Im Restaurant

Wo finde ich ein Restaurant?	fên matam?
Bitte ein Glas/Tasse Wasser/Tee	min fadlak fingan maja/schai
Ich möchte bitte ...	ana aiz(a) min fadlak ...
Wasser	maja
Bier	bîra

Brot	äisch
Suppe	schurba
Butter	zubda
Paprika	filfil
Fisch	samaka
Salz	milh
Pfeffer	filfil aswad
Zucker	sukar
Essig	chall
Öl	zait
ein bißchen	schwaija
heiß	harr/hâmi
kalt	bârid
Ich möchte ...	aiz(a) ...
Was kostet es ?	bikam
Haben Sie ...?	hal ändakum .../fi...?
Geben Sie mir bitte ...	a'tini min fadlak ...
Herr/Frau Ober ...	lau samacht(i) (wörtlich: wenn es gestattet ist)
Auf dein Wohl	fi sahitak – fi sahi-tik
Bezahlen bitte!	al hisâb min fadlak

Orientierung

Museum	mathaf
Tempel	ma'abad
Hotel	fundu'
Bank	bank
Straße	sharia
Platz	midan
Krankenhaus	mustaschfa
Basar	sûq
Restaurant	mat'am

Bahnhof	mahattat el-(q)itar
Flughafen	matâr
Wo ist das Stadtzentrum?	fên wast el-medina?
Wo ist die Straße ...?	fên scharia-...?
Wo ist der Tahrirplatz?	fên maidan et-tahrir?
Wo ist das Hotel ...?	fên el-funduk ...?
Wo ist der Bahnhof?	fên mahattat el-(q)itâr?
Wo ist die Bank?	fên el-bank?
Wo ist ein Krankenhaus/Apotheke?	fên mustaschafa/saidalia?
Wo ist ein Postamt?	fên maktab el-barid?
Wo ist der Markt ?	fên es-sûk
Wo ist die Toilette?	fên et-toalet?
Wo ist ein Taxi ?	fên taksi?
Zum Flughafen	ila-l-matâr
Zum Hotel	ila-l-funduk
In die Nil-Straße bitte!	ila schära n-nil, min fadlak
links	schemal
rechts	jamîn
geradeaus	alatul
hier	hunna
dort	hunnâka
hinter	chalfa
neben	ganb
unter	tacht
geöffnet	maftûh
geschlossen	mughlaq
weit	ba'îd
nah	'uraib

Bank und Post

Ich möchte Euro wechseln	aiz(a) asraf juro
Reisepaß	gawâs es-safr

Geld	fulûs
Was kostet ein Brief nach Deutschland?	bikam er-risâla ila almanija?
Was kostet eine Briefmarke?	bikam tabai'-l barîd?

Zahlen

0	sifr
1	wahid
2	ithnain
3	thalâtha
4	arba'
5	chamsa
6	sitta
7	saba'a
8	thamânia
9	tisa
10	aschara
100	mija
200	mijatain
1000	alf

Ohne Arabischkenntnisse geht es hier nicht weiter

Reisetips von A bis Z

Alkohol

Ägypten als überwiegend muslimisches Land ist nicht das Paradies der Weintrinker, aber in den großen Hotels hat man sich auf die Wünsche der Gäste eingestellt. Die ägyptischen **Weine** hatten von 1998 bis 2002 einen kurzen Höhenflug, momentan kämpft man wieder um den sauberen Geschmack. Dafür ist ägyptischer Wein wesentlich günstiger als alle importierten Weine. **Sekt** ist sehr teuer und eher selten zu haben.

Es gibt gutes einheimisches **Bier**, Importbier ist deutlich teurer. Harte Getränke gibt es an jeder Hotelbar in recht großer Auswahl, sie sind nicht überteuert. Preise werden übrigens je nach Hotelkategorie vom Staat vorgeschrieben.

Nicht alle Lokale haben eine Lizenz zum Alkoholausschank – im Bereich des Khan el-Khalili um die el-Azhar- und die Hussain-Moschee wird grundsätzlich kein Alkohol serviert. Einheimische Spirituosen sind aus Gesundheitsgründen eher nicht zu empfehlen. Im Ramadan ist das Trinken von Alkohol während des Tages in der Öffentlichkeit problematisch, verlegen Sie es besser in die späteren Abendstunden in die Hotelbar.

Anreise

Die meisten Besucher kommen mit dem **Flugzeug** nach Ägypten. Kairo, Luxor und die Badeorte am Roten Meer haben internationale Flughäfen und werden von zahlreichen Linien- und Charterfluggesellschaften angeflogen. Flüge mit **Egypt Air** müssen spätestens 24 Stunden vor Abflug rückbestätigt werden.

Schiffsverbindungen von Italien oder Griechenland sind seit Jahren kaum mehr im Angebot, über die aktuelle Situation informiert die ›Neptunia Schifffahrts GmbH‹ in München unter www.neptunia.de oder Tel. 01805/316191.

Bei der Einreise mit dem **Auto** sollte man sich unbedingt zeitnah beim örtlichen Automobilclub über die aktuell geltenden Bestimmungen informieren. Der Grenzübergang Libyen–Ägypten ist für Pkw und Busse geöffnet, die Grenzen nach Israel und Gaza sind für Privatreisende mit eigenem Pkw zur Zeit nur sehr schwer passierbar.

Apotheken

Die Versorgung mit Apotheken ist in den größeren Städten sehr gut. Das Angebot entspricht nicht immer dem bei uns üblichen – halten Sie den Beipackzettel bereit. Die meisten Apothekerinnen sprechen ganz gut Englisch. Die Preise sind im Vergleich zu Europa niedriger. Tampons sind nur in den auf ausländische Kundschaft eingestellten Apotheken in Kairo oder Alexandria und vereinzelt in Luxor zu erhalten.

Ärztliche Versorgung

Die ägyptischen Ärzte genießen seit der Antike hohes Ansehen. Die größeren Hotels haben alle Verbindungen zu **englisch- oder französischsprechenden Ärzten**, die ins Hotel kommen. Behandlungen müssen direkt bar bezahlt werden – die Quittung können Sie zu Hause bei der Versicherung einreichen.

Sollte ein **Krankenhausaufenthalt** nötig werden, stellen Sie sich auf ganz andere Verhältnisse ein, und nehmen Sie am besten einen Ägypter oder eine Ägypterin mit, die Ihnen den Weg von der Aufnahme bis zum Behandlungszimmer und zur eventuell folgenden Betreuung ebnen. Geben Sie Pflegern und Krankenschwestern im voraus ein Trinkgeld – das ägyptische Krankenhaussystem kennt keine Rundumversorgung, denn darum

Anstehen vor Kom Ombo

kümmert sich im Normalfall die Familie. Bei schwierigen Fällen kontaktieren Sie die deutsche Botschaft und deren Vertrauensärzte.

Banken und Wechselstuben

Die meisten **großen Hotels** haben eigene Bankfilialen, die (fast) rund um die Uhr geöffnet haben. Hier werden Bargeld und Reiseschecks eingetauscht.
Kartenautomaten sind noch kein zuverlässiges Instrument, verlassen Sie sich nicht darauf, überall per Karte an Geld zu kommen!
Die **Öffnungszeiten der Banken** sind täglich außer freitags von 8.30–13.30 und von 18–20 Uhr.

Behinderte

Gleich vorweg: Ägypter sind außerordentlich hilfsbereit und reagieren sehr schnell auf die Bitte um Unterstützung. Allerdings ist das Gelände um die Antiken oder auch in der islamischen Altstadt von Kairo für Rollstuhlfahrer nur sehr eingeschränkt tauglich. Auch in Restaurants oder Museen sowie den kleineren Hotels sind Rampen oder ähnliche Hilfsmittel nicht immer vorhanden – aber, wie gesagt, es wird gerne geholfen.
Spezielle Reisen für Behinderte bietet Dr. Sami Bishara, **ETAMS-Tours**, an: 13, Scharia Qasr el-Nil, Kairo, Tel. 0020/2/25752462.

Botschaften und diplomatische Vertretungen

In Deutschland:
Botschaft der Arabischen Republik Ägypten
Stauffenbergstr. 6/6
10785 Berlin
Tel. 030/4790 1880
www.egyptian-embassy.de
Ägyptisches Generalkonsulat
Eysseneckstr. 34
60322 Frankfurt am Main
Tel. 069/955 1340
Ägyptisches Generalkonsulat
Harvestehuder Weg 47
20149 Hamburg
Tel. 040/413 3260
In Österreich:
Botschaft der Arabischen Republik Ägypten (mit Konsularabteilung)
Hohe Warte 50–54
1190 Wien
Tel. 01/370 8104
www.egyptembassyvienna.at
In der Schweiz:
Botschaft der Arabischen Republik Ägypten
Elfenauweg 61
3006 Bern
Tel. 031/352 8055
Ägyptisches Generalkonsulat
47, Route de Florissant
1206 Genève
Tel. 022/347 6379
Vertretungen in Ägypten:
Deutsche Botschaft

2, Sh. Berlin/Seitenstraße Sh. Hassan Sabri
Zamalek/Kairo
Tel. 02/27399600
Fax 27360530
germemb@tedata.net.eg
www.german-embassy.org.eg

Österreichische Botschaft
Sh. El-Nil/Ecke 5, Sh. Wissa Wassef, 5. Stock, Riyadh-Tower
Gisa, 11111 Kairo
Tel. 02/35702 97-5, Fax -9
kairo-ob@bmaa.gv.at
www.austriaegypt.org

Botschaft der Schweiz
10, Sh. Abdel Chaleq Sarwat
Stadtmitte Kairo
Tel. 02/25758284
Fax 25745236
vertretung@cai.rep.admin.ch
www.eda.admin.ch

Ein- und Ausreisebestimmungen

Für die Einreise brauchen Sie einen **Reisepaß**, der noch mindestens sechs Monate gültig ist, für Deutsche noch drei Monate. Bei einer Einreise mit **Personalausweis**, die für Deutsche möglich ist, unbedingt **Paßfotos** für die dann auszufüllenden Formulare mitbringen, an den Flughäfen gibt es keine Fotoautomaten!

Kinder unter 16 Jahren müssen entweder im Paß der Eltern eingetragen sein oder eigene Reisedokumente vorweisen.

Am Flughafen erhalten Sie das einen Monat gültige **Touristenvisum**, es kostet 15 US-Dollar bzw. ca. 12 Euro.

Geld kann in unbegrenzter Menge eingeführt werden, muß aber bei Beträgen über 10000 US-Dollar deklariert werden. Ägyptische Währung kann zwar ebenfalls eingeführt werden, doch ist es nicht sinnvoll, schon zu Hause zu tauschen, da der Kurs in Ägypten günstiger ist. Geld wechseln können Sie bei den Bankschaltern am Flughafen – allerdings akzeptiert man hier keine Reiseschecks!

Bei der **Einreise** sind 200 Zigaretten oder 200 g Tabak oder 25 Zigarren frei sowie 1 l Spirituosen und Gegenstände für den persönlichen Bedarf.

Bei der **Ausreise** sind zollfrei erlaubt: 200 Zigaretten oder 100 Zigarillos oder 50 Zigarren oder 250 g Rauchtabak, 1 l Spirituosen über 22‰ (Schweiz: 15‰) oder 2 l Spirituosen unter 22‰ (Schweiz: 15‰), Waren und Geschenke bis zu einem Gesamtwert von 175 Euro oder 300 Schweizer Franken.

Die Ausfuhr von **Antiquitäten** – alles, was älter als 100 Jahre ist! – ist strengstens verboten und wird kontrolliert.

Pflanzen und Tiere aus Naturschutzgebieten sowie Korallen dürfen nach den Bestimmungen des Artenschutzabkommens weder aus Ägypten aus- noch nach Europa eingeführt werden.

Elektrizität

220 Volt Wechselstrom. Unterschiedliche Steckdosen sind noch in Gebrauch, nehmen Sie einen Adapter mit.

Nilschiff unterwegs

Feiertage

Der ägyptische Kalender kennt eine Fülle von Feiertagen, die sich in staatliche, christliche und islamische unterteilen lassen:

Staatliche Feiertage

1. Januar: Neujahr.
22. Februar: Tag der Einheit.
25. April: Befreiung des Sinai.
1. Mai: Tag der Arbeit.
23. Juli: Jahrestag der Revolution von 1952.
6. Oktober: Tag der Streitkräfte (Erinnerung an den Sechs-Tage-Krieg).
24. Oktober: Suez-Tag.
23. Dezember: Tag des Sieges.
Frühlingsbeginn: Scham en-Nassim (›Der Duft des Windhauchs‹) ist ein noch auf altägyptische Bräuche zurückreichender Festtag, der am Montag nach dem koptischen Osterfest gefeiert wird.

Koptische Feiertage

11. September: Neujahr.
6./7. Januar: Weihnachten.
Etwa 1 Woche nach dem westlichen Osterfest feiern die Kopten Ostern.
12. Juli: Pfingsten.

Islamische Feiertage

Das islamische Jahr ist als Mondjahr etwa 11 Tage kürzer als das Sonnenjahr, daher wandern die Festtage durch den Gregorianischen Kalender. Auch die Jahreszählung weicht ab: Das Jahr 2006 AD entspricht dem Jahr 1426/27 AH. AH steht für Anno Hidjra, das Jahr, in dem der Prophet Mohammed von Mekka nach Medina zog. Die Daten können um ein bis zwei Tage schwanken.

1. Moharram: Neujahr, 18.12.2009, 7.12.2010, 27.11.2011.
10. Moharram: Ashura, 7.1.2009, 17.12.2010, 6.12.2011.
12. Rabi el-Awwal: Maulid en-Nabbi (Geburtstag des Propheten), 9.3.2009, 26.2.2010, 15.2.2011.
1. Ramadan: Beginn des Fastenmonats, 22.8.2009, 11.8.2010, 1.8.2011.
27. Ramadan: Lailat el-Qadr, in dieser besonders heiligen Nacht wurde die erste Sure des Koran herabgesandt.
Id el-Fitr: Fest des Fastenbrechens, 21.9.2009, 10.9.2010, 31.8.2011.
Id el-Adha: Das große Opferfest wird zur Erinnerung an die Bereitschaft Abrahams, seinen Sohn zu opfern, gefeiert. 27.11.2009, 12.11.2010, 2.11.2011.

FKK

Nackt baden oder auch nur oben ohne ist in Ägypten verboten. Im Hinblick auf die sehr traditionelle Haltung der muslimischen und koptischen Bevölkerung sollten sich solche Freizügigkeiten von selbst verbieten.

Fotografieren und Filmen

Alle Jahre wieder wechseln die Bestimmungen:

Gegenwärtig ist das Fotografieren und Filmen in allen Gräbern, Museen und in den **Tempeln von Abu Simbel** verboten. Kameras müssen in solchen Fällen meist am Eingang abgegeben werden.

Auf dem **Hochdamm von Assuan** ist das Filmen mit Video und der Einsatz von Zoom-Teleobjektiven nicht gestattet.

Überall sonst ist Fotografieren erlaubt. Aber bitte denken Sie vor allem beim **Ablichten von Menschen** daran, deren Einverständnis einzuholen. Es ist eine Frage der Höflichkeit, eine Ablehnung auch zu akzeptieren.

Sollte Ihnen das **Film-/Fotomaterial** ausgehen, können Sie vor Ort aufstocken, Qualität und Preise sind in Ordnung. Bei Digitalkameras sollten Sie ausreichend **Speicherchips** mitbringen, hier ist die Versorgung noch nicht überall gewährleistet.

Touristen in Aktion

Gesundheit

Bitte beachten: Sonnenschutz, ausreichend trinken, ausreichend salzen, Salzstangen o.ä. mitnehmen.

Lieber nicht: Baden im Nil, eiskalte Getränke, grüne Salate, rohe Tomaten.

Oft liegt es nicht am ungewohnten Essen allein, wenn der ›Fluch des Pharao‹ zuschlägt. Hitze und Sonneneinstrahlung sind meist Mit-Auslöser – die trockene Hitze und das daraus resultierende Gefühl ›Ich schwitze ja gar nicht so sehr‹ täuschen darüber hinweg, daß der Körper doch stärker belastet ist. Achten Sie unbedingt auf ausreichende **Flüssigkeitszufuhr**. Nehmen Sie am besten Brausetabletten mit, um dem kohlesäurelosen Mineralwasser etwas Geschmack zuzuführen, dann macht das Wassertrinken mehr Spaß. Und tragen Sie **Hut** – das schmückt (manchmal) und schützt (immer).

Leitungswasser eignet sich nicht als Trinkwasser, auf dem Schiff sollten sich empfindliche Menschen sogar die Zähne mit Mineralwasser putzen.

Womit man eher nicht rechnet, sind **Erkältungskrankheiten**. Aber dank Klimaanlagen kommt der Schnupfen oft schneller als gedacht. Hier helfen Schals und – falls es doch passiert ist – heißer Limonensaft oder Karkadé mit Honig. Wen der Husten im Hals kratzt, der probiere Anistee (Yansûn) oder heißen Ingwertee (ganzabîl) mit Honig.

Haustiere

Es empfiehlt sich für einen zwei- oder dreiwöchigen Urlaub in Ägypten nicht, Haustiere mitzunehmen. Auch für Vierbeiner oder Federvieh ist die klimatische Umstellung schwierig, ganz abgesehen von Problemen bei der Ein- und Ausreise, Nahrungsbeschaffung und eventuell unbekannten Tierkrankheiten.

Informationen vor Reiseantritt

Die ägyptischen **Fremdenverkehrsämter** in Deutschland, Österreich und der Schweiz bieten einen sehr schwankenden Service – mal gibt es prompt viele schöne Broschüren, mal kommt keine Antwort oder völlig veraltete Informationen. Vermutlich erhalten Sie in Ihrem Reisebüro bessere Auskunft. Oder suchen Sie gezielt im Internet (siehe auch ›Ägypten im Internet‹). Dennoch hier die Adressen:

Ägyptisches Fremdenverkehrsamt Deutschland
Kaiserstr. 64a
60329 Frankfurt am Main
Tel. 069/25 23 19
Fax 23 98 76

Ägyptisches Fremdenverkehrsamt Österreich
Elisabethstr. 4
1010 Wien
Tel. 01/58 76 63-3, Fax -4

Schweiz: Office du Tourisme d'Egypte
9, Rue des Alpes
1201 Genève
Tel. 022/732 91 32, Fax 738 17 27

Internet

Internetcafés gibt es in Ägypten wie Sand in der Wüste. Speziell Luxor hat sich sehr auf die Bedürfnisse der Gäste eingestellt und bietet im Stadtzentrum und an der Corniche große Auswahl. Nicht überall sind die Verbindungen sehr schnell, dafür aber recht billig. In den großen Hotels stellen die **Business-Center** Online-Anschlüsse zur Verfügung, das aber zu horrenden Preisen.

Kleidung

Ägypten ist ein **konservatives Land**. Auch wenn die Masse der Besucher das nicht zur Kenntnis nimmt, knappe Bekleidung brüskiert die Gastgeber. Ein Sprichwort sagt ›Kleide dich, wie es deinem Nachbarn gefällt und iß, was dir schmeckt‹. Abgesehen davon, daß es nicht schön aussieht, wenn Menschen in knappsten Hosen und bloßem Oberkörper ihren Sonnenbrand spazierentragen, wirkt es auch in Heiligtümern oder Museen deplaziert – selbst wenn die Menschen, deren kulturelle Leistungen da bestaunt werden, längst tot sind. **Kirchen und Moscheen** dürfen in zu knapper Kleidung nicht betreten werden.

Am sinnvollsten ist **leichte, weite Kleidung** aus Naturfasern. Damit schützt man sich am besten vor den klimatischen Herausforderungen Ägyptens. Ab November bis in den März hinein kann es abends und frühmorgens noch kühl sein, eine **Jacke oder ein Pullover** sollten im Gepäck dabei sein. Auch in den heißen Monaten ist ein warmes Kleidungsstück angeraten – Klimaanlagen in Hotels, Bussen oder Flugzeugen schaffen mitunter Kühlschranktemperaturen.

Für ausgedehnte Besichtigungstouren empfehlen sich **bequeme Schuhe**, die meisten Denkmäler liegen in sandig-gerölligem Gebiet, allerdings muß man nicht mit Tiefsand rechnen.

Da nicht überall Schattenplätze zu finden sind, ist eine **Kopfbedeckung** wichtig, die auch vor Sonnenstich schützt. Im Zweifel hilft ein Regenschirm – aber wählen Sie bitte aus Rücksicht auf andere Besucher ein kleines Modell! Wer in den heißeren Monaten unterwegs ist, sollte einen **Fächer** einpacken.

Zwei Dahabijas vor Gebel es-Silsile

Öffnungszeiten

Generell kann man in Ägypten rund um die Uhr an jedem Tag der Woche einkaufen. Dafür wird über die **Mittagszeit** zwischen 13 und 15 Uhr Pause gemacht.

Freitag ist der gesetzliche Feiertag, an dem Banken, die Post, Ämter und viele Büros geschlossen bleiben. Aber die Geschäfte sind überwiegend geöffnet, nur zur **Gebetszeit am Mittag** wird geschlossen.

Im **Khan el-Khalili** in Kairo ist ein Großteil der Geschäfte sonntags zu – viele Ladenbesitzer sind Kopten. Lebensmittelgeschäfte und fast alle Souvenirläden haben abends bis 22 Uhr geöffnet, im Ramadan sogar bis Mitternacht.

Ein Touristenpolizist

Polizei

Zum Schutz der Gäste gibt es in Ägypten die **Touristenpolizei**, die überall in der Nähe touristisch interessanter Stätten präsent ist. Bei Schwierigkeiten wenden Sie sich an die uniformierten Herren mit der Armbinde, auf der ›Tourist Police‹ steht.

Bei **Konvoifahrten über Land** sollten Sie sich unbedingt an die Anweisungen der begleitenden Sicherheitspolizei halten.

Polizei-Notruf: 122
Touristenpolizei: 126
Ambulanz: 123

Post und Telekommunikation

Ägyptens Postdienst wurde unter Mohammed Alis Nachfolgern effektiv ausgebaut – was nicht heißt, daß er mit den drastisch gestiegenen Anforderungen der Neuzeit noch Schritt gehalten hat. Post aus Ägypten nach Mitteleuropa braucht im Schnitt eine Woche. Sie können Ihre Urlaubskarten in den meisten Hotels oder auf den Schiffen an der Rezeption abgeben oder in den Hotelbriefkasten werfen. Sie wird weitergeleitet und nicht – wie zweifelnde Gäste immer wieder befürchten – entsorgt.

Telefonieren vom Hotel ist relativ teuer, unterwegs gibt es mittlerweile eine Reihe von Telecommunication-Centers, von denen man billiger nach Hause telefoniert. **Handybenutzer** sind in Ägypten gut erreichbar – lediglich auf dem Nassersee und auf kurzen Abschnitten in Ober- und Unterägypten sowie in den Wüsten und auf dem Sinai gibt es Funklöcher. Erkundigen Sie sich vor der Abreise bei Ihrem Netzanbieter über seine Roamingbedingungen. Mit Prepaid-Karten kann es zu Schwierigkeiten bei der Netzeinwahl kommen.

Presse

Internationale Zeitungen kommen vor allem während der Hochsaison mit nur kurzer Verzögerung am Nil an.

In Ägypten gibt es einige **englisch- und französischsprachige Zeitungen**: ›Al-Ahram Weekly‹ und die französische ›Al-Ahram Hebdo‹ bieten gute Informationen zu Kultur, Wirtschaft und Politik – wenn auch der Tenor sehr staatstreu ist. ›Egypt Today‹ ist eine Hochglanz-Monatszeitschrift mit einer Mischung von interessanten Essays, Gesellschaftsklatsch und Werbung. Mehr zur Politik bietet die ›Middle East Times‹.

Reiseveranstalter

Biblische Reisen GmbH
Ökumenischer Arbeitskreis für Biblische Reisen e.V.
Postfach 150461
70076 Stuttgart
Tel. 0711/619250
kostenlose Servicenummer:
0800/6192510
www.biblische-reisen.de

Helios-Reisen
Paul-Heyse-Str. 12
80336 München
Tel. 089/54495200
www.helios-reisen.de

Studiosus Reisen
Postfach 500609
80976 München
Tel. 089/500600
www.studiosus.com
Klassische Studienreisen auf hohem Niveau, große Auswahl an Programmen mit unterschiedlichen Schwerpunkten.

Dr. Tigges Studienreisen
Holzkoppelweg 19
24118 Kiel
Tel. 0431/54460.

Orientaltours
Fritz-Erler-Str. 12
60437 Frankfurt am Main
Tel. 069/5483708
Fax 95408956
www.orientaltours.de
Ein besonderes Schmankerl im Angebot: Mit dem liebevoll restaurierten Segelboot ›Dongola‹ – einer typischen Dahabija aus dem 19./20. Jahrhundert – verläuft die Reise zwischen Assuan und Luxor charmant-nostalgisch.

Anta Karana
Schulstr. 7
82211 Breitbrunn
Tel. 08152/99917-3, Fax -4
www.antakarana.de
Der auf alternative Touren spezialisierte Veranstalter organisiert Reisen auf einer einfachen Felukka.

ARR Natur- und Kulturreisen
TRAVEL-forever Reisebüro
Ungargasse 6–8
1030 Wien
Tel. 01/9081234-0, Fax -90
www.arr.at

AGR Reisen – Aktion Gemeinsam Reisen
Neilreichgasse 113/23/2
1100 Wien
www.behindertenreisen.at
Für Behinderte lohnt sich ein Blick auf die Seite von **AGR-Reisen**.

Telefonvorwahlen

Ägypten: 0020
Assiut: 088
Assuan (inkl. Abu Simbel): 097
Hurghada: 065
Kairo (inkl. Gisa): 02
Luxor: 095
Minya: 086
Sharm el-Sheikh: 069

Souvenirs

Papyrus, **Parfum**, **T-Shirts**, **Gewürze** und **Goldschmuck** gehören zu den Klassikern der ägyptischen Souvenirs. Qualität und Preis variieren mitunter beträchtlich; wenn möglich, vergleichen Sie – und handeln Sie – unbedingt! In Kairo lohnt sich der Besuch der Verkaufsstelle des **Fair Trade Centers**, www.fair-trade-egypt.org: Es gibt Teppiche, koptische Textilarbeiten und handgewebte Stoffe, Kissen und Wandbehänge zu festen Preisen (siehe Seite 338).

Gewürze kaufen Sie am besten in Assuan auf dem Basar. Die Auswahl an **Goldschmuck** ist in Kairo und Luxor am größten – der Handelsspielraum in den Goldgeschäften des Khan el-Khalili ist eher gering. Beobachten Sie die ägyptischen Frauen beim Feilschen und lernen Sie von ihnen.

Ziselierte **Messing- und Kupferwaren** finden Sie in großer Auswahl im Khan el-Khalili in Kairo, vor allem in der Richtung Bab el-Futuh führenden Scharia Muizz li-Din Allah.

Im Herzen des Khan el-Khalili gibt es das blasige bunte **Muski-Glas**: Vom Wasser- oder Weinglas über die Karaffe bis zur Weihnachtskugel sind die Produkte von Kairos Glasbläsern eine Augenweide. Wenn Sie sich von der Scharia Muski zum Café ›Naguib Mahfus‹ durchfragen, kommen Sie direkt an der Glasgasse vorbei.

Typisch sind auch die mit Intarsien versehenen **Holzkästchen** – wollen Sie wissen, wie die gemacht werden? Dann machen Sie auf dem Weg zu den Glaswaren einen kurzen Abstecher die steile Treppe hinauf zum Suq es-Silahdar, einer der alten Karawansereien. Dort werden in einer kleinen Werkstatt in Handarbeit Kästchen und Möbel dekoriert.

Ziseleure bei der Arbeit

Reliefs zum Mitnehmen in Luxor

Zu den traditionellen Handarbeiten gehören die **gestickten Applikationen** vom Zeltmacherbasar südlich des Bab es-Suweila. Auch hier lohnt sich ein Vergleich der Qualität – die Preise sind für diese aufwendige Handarbeit in der Regel sehr zivil.

Luxor ist berühmt für seine **Alabasterfabriken**. Handgearbeitete oder maschinell gefertigte Waren unterscheidet man leicht an der matten beziehungsweise hochpolierten Oberfläche. Prüfen Sie vor allem die Handarbeiten auf Flickstellen mit Wachs und benutzen Sie die Gefäße nicht als Vase – sie werden sich auflösen. Hier müssen Sie unbedingt hart handeln, die Erstpreise sind mitunter indiskutabel.

Eine schöne Auswahl von **Reliefs** und **Keramikwaren** bieten die kleinen Läden direkt beim Gräberberg von Scheich Abd el-Qurna in Theben-West.

Liebevoller Service an Bord

Trinkgeld

Bakschisch - ein Wort, das bei vielen Reisenden Irritation oder sogar Aggression auslöst. Aber Trinkgeld ist für viele der im Tourismus arbeitenden Menschen von größter Bedeutung, da oft die Grundgehälter sehr niedrig sind. Wenn Sie also zufrieden sind mit dem Busfahrer, dem Zimmerservice, dem Kellner oder Reiseleiter, dann drücken Sie das nicht nur in Worten - doch, darüber freuen sich die Menschen auch! -, sondern auch in Geldscheinen aus.

Auf den Schiffen ist es üblich, am Ende der Reise für die ganze Crew - vom Schiffskoch bis zum Wäscher und Ingenieur - ein **Sammeltrinkgeld** an der Rezeption abzugeben.

Geben Sie aber nicht einfach aus Mitleid **bettelnden Kindern** Geld, Süßigkeiten oder Kugelschreiber - damit korrumpieren Sie die jungen Menschen und bringen eventuell sogar das häusliche Sozialgefüge ins Wanken. Wenn Kinder mehr erbetteln als der Vater durch Arbeit verdienen kann, ist das problematisch - nicht nur, weil die Kinder dann nicht mehr in die Schule gehen.

Unterkunft

Ägypten als Land des Massentourismus bietet für jeden Geschmack und jeden Geldbeutel die passende Unterkunft. Die meisten Pauschalreisenden sind in Hotels und Nilschiffen der Drei- bis Fünf-Sterne-Kategorie untergebracht. Nicht immer sind die berühmtesten Hotels auch die besten - der Massenansturm erschwert die nötigen Instandhaltungsarbeiten. Zur Standardausstattung gehören das eigene Bad, Fernseher, Telefon und Kühlschrank. Aufgrund leidiger Probleme beim Bezahlen haben die meisten Hotels den Minibar-Service in den Zimmern eingestellt. Bestellungen rund um die Uhr nimmt der Room Service entgegen.

Nilkreuzfahrten werden meist als Paket in Kombination mit Landaufenthalten in Kairo und/oder am Roten Meer angeboten. Die im Buch beschriebenen Unterkünfte sind in vier Preiskategorien unterteilt, siehe Seite 12. Bei Nilkreuzfahrten schwanken die Preise je nach Anbieter für dasselbe Schiff mitunter deutlich, je nach den außer Unterbringung und Verpflegung eingeschlossenen Leistungen.

Das berühmte ›Old Cataract‹-Hotel in Assuan

Unterwegs im Land

Größere Entfernungen legt man am besten mit dem **Flugzeug** zurück - bei ›Egypt Air‹ arbeitet man in letzter Zeit hart daran, den Flugplan besser einzuhalten.

Alternativ kann man sich mit Bus und Bahn durchs Land bewegen. Überlandfahrten werden generell nur in **Begleitung der Sicherheitspolizei** gestattet. Die Anmeldung sollte mindestens einen Tag im voraus erfolgen. Erkundigen Sie sich an der Rezeption oder beim Fahrer, wo Sie sich melden sollen. Bei regulären Konvoifahrten wird man Ihnen Zeitpunkt und Ort der Abfahrt nennen, bei seltener gefahrenen Routen dürfen Sie eigene Vorschläge unterbreiten.

Für längere **Bahnfahrten** empfiehlt es sich, erster Klasse zu reisen. Die Preise sind durchaus erschwinglich, und man hat eine Sitzplatzgarantie. Die Wagen sind klimatisiert und meist sehr kühl. Kaufen Sie die Tickets mindestens einen Tag im voraus am Bahnhof.

Innerhalb Kairos bewegt man sich am besten per **Taxi** - Preise sind Verhandlungssache, erfragen Sie vorab an der Rezeption einen Richtwert und stellen Sie sich darauf ein, den Preis vorher zu verhandeln. Zur Orientierung: Eine Fahrt von den Pyramiden in die Innenstadt Kairos sollte maximal 40 bis 50 Pfund kosten, vom Zentrum Luxors nach Karnak nicht mehr als 15 Pfund.

Währung

Livre égyptienne (LE, EGP), ägyptisches Pfund, 1 LE: 100 Piaster (fils); 100 LE: 14,18 Euro oder 21 Schweizer Franken (Stand 1/2009). Es werden hauptsächlich Scheine verwendet: 5, 10, 25 und 50 Piaster; 1, 5, 10, 20, 50, 100 und 200 Pfund. Seit einiger Zeit gibt es vermehrt 1-Pfund-Münzen. Achtung, verwechseln Sie nicht 50 Piaster und 50 Pfund! Mit den großen Scheinen bringen Sie in Restaurants oder Geschäften mitunter den Kellner oder Kassierer in Verlegenheit.

Kamele warten auf Kundschaft

Horten Sie **kleine Scheine** - ganz Ägypten tut es auch. Einzelne Pfunde sind besonders begehrt, geben Sie sie nie ohne echte Not (Toilette) her.

Sie werden sicher unterwegs mehrfach gebeten, **Euro-Münzen** zu wechseln - entweder in kleine Euro-Scheine oder in ägyptische Währung. Dahinter steckt keineswegs betrügerische Absicht, die Banken in Ägypten nehmen wie weltweit keine Fremdwährung in Münzen zum Tausch an. Wenn Sie ein paar zusätzlich 5- oder 10-Euro-Scheine mitnehmen, können Sie einigen Menschen eine Freude bereiten.

Zeit

Im Winter ist Ägypten eine Stunde vor der MEZ, während der Sommerzeit herrscht Gleichstand.

Glossar

Abydosfahrt Darstellung einer Schiffsreise nach Abydos, die den Transport des Verstorbenen zum Hauptkultort des Osiris zeigt. Dort wäre man gerne bestattet worden, um, wie Osiris, zu neuem Leben zu erwachen. Da man aber gleichzeitig auch zu Hause begraben werden wollte, damit die Familie sich um die kultische Versorgung kümmern konnte, wurde die Reise nach Abydos in den Gräbern des Neuen Reichs nur im Bild verwirklicht.

Amduat Siehe Unterweltsbücher.

Chanqa Eine Art Kloster für die Angehörigen der mystischen Orden des Islam (Sufis), erstmals unter Salah ed-Din in Ägypten eingeführt.

Dahabija Wörtlich: Die Goldene. Große Segelschiffe mit Kajüten und kleinem Sonnendeck, wie sie Ende des 19. Jahrhunderts in Mode waren. Heute fahren rund zehn solcher liebevoll restaurierten Schiffe zwischen Assuan und Luxor.

Erschlagen der Feinde Dieses Bild zieht sich durch die gesamte Kunst Ägyptens seit der Frühzeit. Als heraldisches Motiv dient es dazu, die Bedrohung durch alles Feindliche zu bannen. Unverzichtbar an der Fassade eines Pylons, wo der Pharao vor ihm kniende Feinde mit Keule oder Schwert bedroht. Der Gott empfängt die neuen Untertanen, gleichzeitig aber gewährt er auch immer aufs Neue den Sieg. So spricht Horus in Edfu: ›Ich gebe dir Kraft, um deine Feinde zu töten, und ich mache deinen Arm stark gegen deine Widersacher. ... Ich gebe, daß die beiden Länder (Ober- und Unterägypten) von deiner Faust umschlossen, daß die Neunbogenländer (Feindesländer) allesamt unter deinen Sohlen sind.‹

Hadsch/Hadj Ägyptisch Hagg, weiblich Hagga: Ehrentitel für Mekka-Pilger, wird aus Respekt aber gerne allgemein bei der Anrede älterer Menschen verwendet.

Heb-Sed Regierungsjubiläum des Pharao, das in der Regel zum erstenmal im 30. Regierungsjahr eines Herrschers gefeiert wurde. Beim Heb-Sed mußte der Pharao nachweisen, daß er körperlich noch in der Lage war, das Land zu regieren: Ein Kultlauf und ein Kampf mit einem Wildstier gehörten zu den verwikkelten Abläufen dieses uralten Rituals. Dabei wurde der König von den Göttern ›verjüngt‹ – oft zeigen Bildnisse der Herrscher nach ihrem 30. Jahr ein regelrecht ›geliftetes‹ Gesicht. Je nach innenpolitischer Lage konnte das Fest auch schon früher gefeiert werden.

Hathor säugt ihren Sohn Ihi, Darstellung im römischen Mammisi von Dendera

Hohlkehle Obere Mauerbegrenzung bei altägyptischen Tempeln, in der meist die geflügelte Sonnenscheibe als Relief abgebildet ist.

Horussöhne Vier Gottheiten mit Menschen-, Falken-, Schakal- und Paviankopf. Beschützer der mumifizierten Eingeweide.

Ichneumon Mungoähnliche Schleichkatze, in Afrika beheimatet.

Imam Wörtlich ›Anführer‹, ›der, der vorne steht‹. Wenn mehrere Menschen gemeinsam beten, bestimmen sie einen Imam, der den Rhythmus des Gebetes mit seinen Verneigungen und Niederwerfungen vorgibt. In diesem Sinne muß ein Imam keine theologische Ausbildung haben. An großen Moscheen werden jedoch in der Regel ausgebildete Geistliche als Imame eingestellt.

Ka Lebenskraft eines Menschen, Teil seiner Seele. Der Ka wird gleichzeitig mit dem Körper des Menschen geschaffen und existiert auch nach dem Tod weiter. Der Ka ist es auch, der auf die Versorgung mit Opfern angewiesen ist. Nicht nur Menschen oder Lebewesen besitzen einen Ka, auch Dinge wie zum Beispiel Speisen.

Kibla Ausrichtung nach Mekka, in Moscheen meist durch eine Nische, den Mihrab, gekennzeichnet.

Madrasa-Moschee Schul-Moschee; unter Salah ed-Din in Ägypten eingeführte Kombination von (Hoch-)Schule und Moschee, wobei dem Studium der vier Rechtsschulen besondere Bedeutung zukam. Im Grundriß spiegelt sich das in vier von einem zentralen Hof abgehenden Räumen wieder.

Mammisi Göttliches Geburtshaus, das zu jedem Tempel gehört. Analog zu den Geburtslauben, die Ägypterinnen zur Niederkunft aufsuchten, zog auch die schwangere Muttergöttin zur Geburt aus dem Haupthaus aus. In der Regel wurde das Mammisi vor dem Pylon und im rechten Winkel zur Achse des Hauptheiligtums angelegt. Typisch sind die Hathorkapitelle auf den Säulen, die das Gesicht der Muttergöttin Hathor zeigen.

Mastaba Quaderförmige Grabbauten aus dem Alten Reich mit geböschten Seitenwänden.

Mihrab Nische an der Rückwand einer Moschee, die die Gebetsrichtung nach Mekka anzeigt. Meist von einer Kuppel überkrönt, die als Verstärker für die Stimme des Vorbeters diente.

Minbar Kanzel in einer Moschee, die vom Imam während der Freitagspredigt benutzt wird.

Nilometer Nilstandsmesser, der zu jedem Tempel gehört. Skalen an den Wänden dienten zur Beobachtungen des Nilstands während der Überschwemmungszeit. Je nach Höhe wurden von den Priestern die Steuern auf die zu erwartende Erntemenge vorausberechnet.

Obelisk Griechisches Wort für ›kleiner Bratspieß‹, bezeichnet die überwiegend aus Granit geschlagenen, monolithen Steinnadeln, die meist paarweise vor den Tempeltoren aufgestellt waren.

Pharao Aus dem altägyptischen Ausdruck per-a'a, ›das Große Haus‹, leitet sich der Titel für den regierenden Herrscher ab.

Pronaos Vorhalle; vor allem bei ptolemäischen Tempeln schließt sich an den offenen Hof ein erster Säulensaal an, dessen Fassade nur durch halbhohe Mauern vom Hof abgetrennt ist.

Pylon Torturm eines Tempels, der als mächtiges Bauwerk schützend und abwehrend die Fassade bildet. In der Regel erscheint der Pharao hier beim Erschlagen der Feinde. Vor dem Pylon stehen

Obelisken, Statuen und in Nischen eingepaßte Fahnenmasten. Die Bauweise mit geböschten Wänden, Rundstab und Hohlkehle geht auf Vorbilder der Lehmziegelarchitektur zurück.

Sanktuar Allerheiligstes; kleine Kapelle im hinteren Teil des Tempels, in der die Götterstatue aufgestellt war.

Scharia Arabisch für Weg, Straße. Im übertragenen Sinn die Bezeichnung des islamischen Rechts, wie es aus den Vorschriften des Koran und den Aussprüchen des Propheten (Hadith) hergeleitet wird. In präzedenzlosen Rechtsstreitigkeiten ist die Diskussion der Gelehrten (Ulama) gefordert, deren ›Idjtihad‹ (Anstrengung, Bemühung) bei einer den Prinzipien des Koran entsprechenden Urteilsfindung verlangt wird. Vier bedeutende Rechtsschulen gehören zur Sunna: die in Ägypten überwiegend vertretenen Schafi'iten (Imam as-Schafi'i ist in Kairo bestattet – sein Grab in der Totenstadt gilt als Pilgerstätte), die Malikiten, die Hanbaliten und die Hanafiten. Daneben gibt es auch eigene schiitische Rechtsschulen wie die der Zajidija oder der Zwölfer-Schia.

Schiiten Vom arabischen Ausdruck ›Schi'at Ali‹ – Partei des Ali – abgeleitet, bezeichnete das Wort diejenigen, die Ali als nahen Verwandten des Propheten Mohammed für den geeignetsten Führer der Muslime hielten. Dahinter steht der Gedanke, daß Gottes Segen (baraka) nicht nur Mohammed, sondern auch seine Nachkommen aus der Masse der Menschen heraushebt und mit besonderen Fähigkeiten ausstattet. Nach dem Tod der drei ersten Kalifen Abu Bakr, Omar und Uthman wurde schließlich Ali zum Stellvertreter (Chalifa) gewählt. Daraus entwickelte sich bei seinen Anhängern der Anspruch auf eine Art Erbdynastie, die von den sunnitischen Muslimen abgelehnt wird. Schon in der Frühzeit des Islam kam es zu heftigen Auseinandersetzungen zwischen den Gruppen. Von besonderer Bedeutung wurde der Kampf zwischen Hussain, einem Sohn Alis, und seinem Widersacher Yazid – bei Kerbela wurde Hussain getötet, sein Kopf als Trophäe nach Damaskus gebracht (heute in Kairo, siehe Hussain-Moschee, S. 321). Diese traumatisierende Erfahrung beförderte vor allem ab der Zeit der Safawiden (16. Jahrhundert) im Iran die Ausbreitung von Märtyrerkulten. Die Safawiden führten zur Stabilisierung ihres Reiches einen hierarchisch organisierten Klerus als staatstragende Institution ein, wie er ansonsten in der islamischen Welt unbekannt ist.

Die Anhänger der Schi'at Ali spalteten sich im Lauf der Jahrhunderte in weitere Untergruppen, deren Mitglieder jeweils andere Erben als letzte rechtgeleitete Führer (Imame) anerkannten. Daher stammen Bezeichnungen wie Fünfer-Schia (Zajidija, überwiegend im Jemen), Siebener-Schia (Ismailiten, mit weiteren Untergruppen wie den vom berüchtigten Hassan-i-Sabah geleiteten Assassinen des 12./13. Jahrhunderts oder den Nachfolgern der Nizarija unter dem bis heute amtierenden Aga Khan; auch die Fatimiden zählten zu den Ismailiten) oder Zwölfer-Schia (seit der Safawidenzeit besonders im Gebiet des Iran und Irak). Mit dem Tod des zwölften Imam endet die Reihe der schiitischen Imame. In der Zwölfer-Schia entwickelte sich die Hoffnung auf die Wiederkehr des ›entrückten‹ letzten Imams – des Mahdi (Rechtgeleiteten) – und die damit verbundene Herstellung paradiesischer Zustände. Alle Schiiten zusammen stellen etwa zehn Prozent der Muslime weltweit.

Der erste Pylon von Karnak

Sed-Fest Siehe Heb-sed.

Scheintür An der Westwand eines Grabes angebrachte Nische in Gestalt einer Türe. Vor ihr lag ein Opferstein, auf dem Gaben für die Versorgung im Jenseits niedergelegt wurden. Im Bildfeld der Scheintür findet sich meist ein Bild des Verstorbenen vor einem Speisetisch und eine Liste der wichtigsten Opfergaben. Die Scheintür bildet die Kontaktstelle zwischen Diesseits und Jenseits. Aus der Sargkammer konnte der Ka des Verstorbenen auftauchen, um sich mit dem Ka der Opfergaben zu stärken.

Sistrum Musikinstrument, das im Kult weiblicher Gottheiten benutzt wurde und heute noch in der koptischen Kirche Verwendung findet. Das Geräusch des rasselartigen Instruments ahmt das Rascheln des Papyrusdickichts nach.

Stationskapelle In vielen Tempeln finden sich in den offenen Höfen oder vor dem Eingangspylon kleine Kapellen, die während der Prozessionen als eine Art ›Pausenstation‹ genutzt wurden.

Sunniten Von Sunna – Tradition, Übereinstimmung. Sunniten sind die Anhänger der islamischen Glaubenslehre, die sich streng nach der Offenbarung im Koran und der Sammlung der Aussprüche des Propheten (Hadith) sowie seiner exemplarischen Lebensführung (Sira) richten. Eigentlich sind damit alle Muslime bezeichnet, erst in der Auseinandersetzung zwischen Schiiten, Charidschiten (einer frühen fundamentalistischen Gruppierung) und anderen Gruppen entwickelt sich eine Einschränkung. Auch bei den Sunniten gilt den Nachkommen des Propheten und seines Stammes – den Quraisch – besondere Achtung. Doch soll die Leitung der Gläubigen durch Wahl und Konsens der Gemeinde einem vorbildlichen Muslim anvertraut werden, im Gegensatz zur Vererbung des Amts. Zumindest in der ersten Zeit des Islam handelte es sich dabei auch um Mitglieder aus dem ›Haus des Propheten‹. Als Scharifen wird ihnen bis heute Respekt gezollt.

Die sunnitischen Haschemiten in Jordanien sowie das sunnitische marokkanische Königshaus legitimieren ihren Machtanspruch auch aus der Abstammung vom Stamm des Propheten. Die Sunniten machen heute rund 90 Prozent aller Muslime aus.

Totenbuch Eine Zusammenstellung von Sprüchen, die dem Verstorbenen die Reise in die Unterwelt erleichtern und helfen sollen, eventuelle Gefahren zu erkennen. Im Gegensatz zu den Unterweltsbüchern nicht nur für den König, sondern auch für normale Ägypter benutzt. Bekannt ist die Szene des Totengerichts mit dem Wiegen des Herzens.

Unterweltsbücher In verschiedenen Büchern wurde ›das Wissen von dem, was in der Unterwelt ist‹ zusammengefaßt. Dabei sind die Nachtfahrt der Sonne vom West- zum Osthorizont, die Einteilung des Jenseits in zwölf Bereiche, die Verjüngung und Wiederbelebung der Jenseitigen, das Totengericht und die Überwindung der Götterfeinde die wichtigsten Themen. Die wichtigsten Unterweltsbücher sind das Amduat, das Pfortenbuch, das Höhlenbuch, das Buch von der Erde und das Buch vom Tag und von der Nacht.

Uschebti ›Antworter‹, kleine mumiengestaltige, meist aus Fayence gearbeitete Statuetten, die den Verstorbenen als Diener mit ins Grab gelegt wurden. Im Idealfall gab es für jeden Tag des Jahres eine Figur. Nicht nur die reiche Oberschicht konnte sich diese genialen Helfer leisten, für die einfache Bevölkerung wurden schlichte Männlein aus Tonwülsten geformt. Selbstverständlich besaßen Pharao und sein Hofstaat deutlich exquisitere Exemplare.

Ägypten im Internet

Im weltweiten Netz findet sich eine unübersehbare Fülle von Links zu Ägypten – hier soll eine kleine Auswahl den Einstieg ins Thema erleichtern.

www.egypt.travel Das Tourismusministerium hat eine neue Website gestaltet, die mit aktuellen Infos zu Ausgrabungen und Badeorten, einem kleinen Crashkurs Ägyptisch-Arabisch und Tips zu Reisen, sportlichen Aktivitäten u.ä. aufwartet.

www.egyptdailynews.com Englischsprachige Seite mit einer Vielzahl von Informationen, von aktuellen Nachrichten bis zu Links zu Religion, Popmusik, der ägyptischen Luftwaffe und Reden von Präsident Mubarak sowie dem täglichen Wetterbericht.

www.egyptianmuseum.gov.eg Englische, aber sehr gut bebilderte Seite zum Ägyptischen Museum in Kairo. Ideal zur Vorbereitung, Einstimmung oder Suche nach Lieblingsstücken.

www.egypttoday.com Englische Monatszeitschrift, die durchaus kritische Artikel zu Politik und Gesellschaft bringt, aber auch News aus Kunst und Kultur.

www.kopten.de Eine deutsche Infoseite zur koptischen Gemeinde nicht nur in Ägypten.

www.luxor-westbank.com Die auf deutsch und englisch verfügbare Seite bietet viele Infos rund um Luxor, aber auch zu ganz Ägypten.

www.selket.de Eine schöne Seite mit Informationen zum Alten Ägypten. Vom Totenkult, Göttermythen und modernen Mythen bis zu Bücher- und Ausstellungstips ist hier viel zu finden.

www.maat-ka-ra.de Bietet einen sehr umfassenden Überblick zu Hatschepsut, ihrer Zeit und ihren Denkmälern.

www.aegyptologie.com Im Forum der Site wird allen möglichen ägyptologischen Fragen akribisch nachgegangen.

Literaturhinweise

■ Landeskunde, Religion, Zeitgeschichte

Aldred, Cyril: Echnaton. Lübbe Verlag, Bergisch Gladbach 1968.

Alexanderlied des Pfaffen Lamprecht, www.lettere.unipv.it/scrineum/wight/alexsv.htm.

Armstrong, Karen: Im Kampf um Gott. Fundamentalismus im Christentum, Judentum und Islam. Siedler Verlag, München 2004.

Assmann, Jan: Theologie und Frömmigkeit einer frühen Hochkultur. Kohlhammer Verlag, Stuttgart 1991.

Ders.: Ägyptische Hymnen und Gebete. Orbis Biblicus et Orientalis, Vandenhoeck&Ruprecht, Göttigen 1999.

Bongioanni, Alessandro/Sole Croce, Maria: Ägyptisches Museum Kairo. Mairs Geographischer Verlag, Ostfildern 2002.

Brunner, Hellmut: Altägyptische Weisheit – Lehren für das Leben. Artemis&Winkler Verlag, Leipzig 1998.

Brunner-Traut, Emma: Die Kopten. Herder Verlag, Freiburg 2001.

Dies., Altägyptische Märchen. Bechtermünz Verlag, Augsburg 1997.

Germer, Renate: Mumien – Zeugen des Pharaonenreichs. Patmos Verlag, Düsseldorf 2005.

Endreß, Gerhard: Einführung in die islamische Geschichte. Beck Verlag, München 1982. Sachliche Darstellung der Geschichte und der Entstehung der verschiedenen Richtungen innerhalb des Islam.

Görg, Manfred: Mythos, Glaube und Geschichte. Patmos Verlag, Düsseldorf 2002.

Haase, Michael: Das Vermächtnis des Cheops. Herbig Verlag, Leipzig 2003. Gut lesbare Informationen nicht nur zur großen Pyramide.

Hermann, Alfred, Ägyptische Königsnovelle. Leipzig 1938.

Hobbs, Joseph: Bedouin life in the Eygptian Wilderness. AUC Press, Kairo 1990.

Hornung, Erik: Echnaton. Patmos Verlag, Düsseldorf 2003.

Ders., Das Totenbuch der Ägypter. Patmos Verlag, Düsseldorf 2004.

Jelloun, Tahar Ben: Papa, was ist der Islam? Berlin Verlag, Berlin 2002.

Kurth, Dieter: Treffpunkt der Götter. Artemis&Winkler Verlag, Leipzig 1998. Alle Zitate im Edfu-Kapitel dieses Reiseführers stammen aus diesem Buch.

Luyendijk, Joris: Die Kinder der Midaq-Gasse. Erlebnisse eines Auslandsstudenten in Kairo. Rotbuch Verlag, Hamburg 2001.

Mohi El Din, Khaled: Memories of a Revolution. AUC Press, Kairo 1995.

Napoleons Aufruf an die Ägypter, www.thuto.org/ubh/afhist/egypt.htm#nap.

Papyrus Ebers, www.medizinische-papyri.de/PapyrusEbers. Eine leicht zugängliche Online-Übersetzung des medizinischen Papyrus.

Perthes, Volker: Geheime Gärten – Die neue arabische Welt. Goldmann Verlag, München 2003.

Reeves, Nicholas/Wilkinson, Richard H.: Das Tal der Könige – Geheimnisvolles Totenreich der Pharaonen. Bechtermünz Verlag, Augsburg 2000. Ein Überblick über alle Gräber im Tal.

Sauneron, Serge/Stierlin, Henri: Die letzten Tempel Ägyptens. Atlantis Verlag, Stolberg 1978.

Schlögl, Hermann A.: Echnaton. Rowohlt Verlag, Reinbek 1987. Gute Zusammenstellung zu dieser spannenden Zeit.

Schneider, Thomas: Lexikon der Pharaonen. dtv, München 1996.

Shedid, Abdel Ghaffar: Das Grab des Sennedjem. Zabern Verlag, Mainz 1994.

Schimmel, Annemarie: Und Muhammad ist sein Prophet. Diederichs Gelbe Reihe, München 1995.

Studienkreis für Tourismus: ›Ägypten verstehen‹ und ›Islam verstehen‹. Zwei der sehr gut gemachten Sympathiemagazine des Studienkreises.

Weeks, Kent R./DeLucca: Araldo, Im Tal der Könige, Frederking&Thaler Verlag, München 2001. Toller Bildband!

Weeks, Kent R.: Ramses II., Das Totenhaus der Söhne, Droemer Knaur Verlag, München 2001.

Ägyptische Schriftsteller

El-Hakim, Tawfik: Die Sprache der Steine, in: UNESCO Kurier 2/3 1980.

Ibn Iyas: Alltagsnotizen eines ägyptischen Bürgers, 1501, Bibliothek Arabischer Klassiker. Edition Erdmann, Lenningen 2004.

Mahfus, Naguib: Echnaton. Unionsverlag, Zürich 2001.

Ders.: Die Kinder unseres Viertels. Unionsverlag, Zürich 1995.

Ders.: Die Midaq-Gasse. Hörbuchverlag, München 2002.

Philipp, Peter/Khoury, George (Hrsg.): Fatimas Träume. Neuer Malik Verlag, Kiel 1994. Daraus: Bakr, Salwa, Der Mais; Sadek, Abbas Musatpha, Ein Dorf am Nil.

El-Saadawi, Nawal: Der Sturz des Imam. dtv, München 1994.

Salih, Tajjib: Zeit der Nordwanderung. Lenos Verlag, Basel 1998.

Salmawy, Mohammed: A Concerto for the Nay, aus: Hutchins, W. M. (Hrsg.), Egyptian Tales and Short Stories. AUC Press, Kairo 1987.

Soueif, Ahdaf: Landkarte der Liebe. Goldmann Verlag, München 2003. Eingebettet in zwei bi-kulturelle Liebesgeschichten wird die Geschichte Ägyptens von der Kolonialzeit bis zu den Terrortaten von Islamisten spannend erzählt.

Belletristik und Reiseberichte

Belzoni, Giovanni Battista: Entdekkungsreisen in Ägypten 1815–1819. In den Pyramiden, Tempeln und Gräbern am Nil. DuMont Reiseverlag, Ostfildern 1990.

Beyer, Ursula (Hrsg.): Kairo – Die Mutter aller Städte. Insel Taschenbuch Verlag, Frankfurt am Main 1983. Enthält u.a. Zitate von Georg Ebers und Hans Ludwig von Lichtenstein.

Clayton, Peter A.: Das wiederentdeckte Alte Ägypten in Reiseberichten und Gemälden des 19. Jahrhunderts. Gondrom Verlag, Bindlach 1987. Enthält u.a. Zitate von Gustave Flaubert und Vivant Denon.

Edwards, Amelia: A Thousand Miles Up the Nile, 1888. Online-Ausgabe der 2., verbesserten Auflage (www.touregypt.net).

Eggebrecht, Eva: Ägypten, Faszination und Abenteuer. Zabern Verlag, Mainz 1982.

Freier, Elke/Grunert, Stefan: Eine Reise durch Ägypten. Henschel Verlag, Berlin 1988. Enthält u.a. einen Brief von Richard von Lepsius an Alexander von Humboldt.

Herodot: Historien, 2. und 3. Buch.

Lessing, Gotthold E.: Nathan der Weise, 1779. Der Klassiker zum Thema religiöse Toleranz.

Mathes, Judith: Tage des Ra. Area Verlag, Erftstadt 2005. Gründlich recherchierter historischer Roman, der in die chaotischen Zeiten Ende der 19. Dynastie führt.

Peters, Elizabeth: Kreuzfahrt ins Ungewisse. Ullstein Verlag, Frankfurt am Main 2004.

Dies.: Der Donner des Ra. Ullstein Verlag, Frankfurt am Main 2003. Da die Autorin Ägyptologie studiert hat, sind ihre witzigen Krimis aus der viktorianischen Zeit auf dem Stand der Forschung des 20. Jahrhunderts! Zu empfehlen sind auch die anderen Ägyptologen-Krimis der Amelia-Peabody-Reihe im Ullstein Verlag.

Pückler-Muskau, Hermann Fürst von: Aus Mehmed Ali's Reich, 1844. Gutenberg Edition, www.projekt.gutenberg.de.

Rademacher, Cay: Mord im Tal der Könige. Lübbe Verlag, Bergisch Gladbach 2004. Schön in den Texten von Deir el-Medina recherchierter Whodunnit-Krimi.

Rilke, Rainer Maria: In Karnak war's, aus: Ausgesetzt auf den Bergen des Herzens. Insel Taschenbuch Verlag, Frankfurt am Main 1975.

Sole, Robert/Walter, Marc/Arque, Sabine: Legendäre Reisen in Ägypten, Frederking&Thaler Verlag, München 2004.

Strabo: Geographica XVII.

Hinweise zu den Zitaten

Alle Zitate im Edfu-Kapitel dieses Reiseführers stammen aus Dieter Kurths ›Treffpunkt der Götter‹. Die Osirishymnen wurden aus Jan Assmanns ›Hymnen und Gebete‹ zitiert, die Totenbuch-Sprüche aus Erik Hornungs ›Das Totenbuch der Ägypter‹. Die Zitate von Georg Ebers und Hans Ludwig von Lichtenstein stammen aus dem von Ursula Beyer herausgegebenen Werk ›Kairo – Die Mutter aller Städte‹ und die Zitate von Gustave Flaubert und Vivant Denon aus Peter A. Claytons ›Das wiederentdeckte Alte Ägypten‹. Der Beduine Saalih Ali wurde zitiert nach Joseph Hobbes' ›Bedouin life in the Eygptian Wilderness‹.

Die Autorin

Barbara Kreißl, 1961 geboren, studierte in München Ägyptologie, Arabisch und Ethnologie. Seit 1985 arbeitet sie als Studienreiseleiterin am Nil und in anderen arabischen Ländern. Daneben verfaßte sie mehrere Bücher zum Thema Reisen in Ägypten, aber auch ägyptologische Publikationen in Zusammenarbeit mit dem Ägyptischen Museum in München. Es ist ihr in ihrer Arbeit ein wichtiges Anliegen, anderen Menschen Ägyptens reiche und bis heute spannende Geschichte näherzubringen und ihnen durch die Beschäftigung mit dem ›Anderen‹ neue Wege zum Verständnis fremder Kulturen zu öffnen.

Ortsregister

Personen- und Sachregister

Bildnachweis

Alle Bilder von Barbara Kreißl, außer:

Ottmar Kreißl: S. 49, 62, 86, 114, 117, 189, 191, 192, 197, 214, 215, 226, 238, 259, 261, 266, 294, 305, 307, 313, 315, 333
Guiseppina Mango: Klappenfotos, S. 12, 55, 218, 344
Bernd Maria Rössler: S. 10/11, 21

Titelfoto: Sphinx am Amun-Tempel in Luxor
Vordere Klappe: Pyramiden von Gisa, Blick auf Kairo
Hintere Klappe: Boote bei Luxor
S. 4: Auf dem Basar Khan el-Khalili
S. 18/19: Unterwegs in der Wüste
S. 122/123: Blick auf die Südspitze der Insel Elephantine
S. 178/179: Widdersphingen in Karnak
S. 274/275: Pyramiden von Gisa
S. 298/299: Blick über das Zentrum von Kairo

Kartenlegende

- Bahnhof
- Busbahnhof
- Café
- Denkmal
- Fähre
- Flughafen
- Hotel
- Kirche
- Kloster
- Moschee
- Museum
- Restaurant
- Ruine/Ausgrabungsstätte
- Synagoge
- Sehenswürdigkeit
- Turm

- Autobahn
- Autobahn im Bau
- sonstige Straßen
- 243 Straßennummern
- Eisenbahn
- Grenzübergang
- Staatsgrenze
- Hauptstadt
- Stadt/Ortschaft

Kartenregister